D1731758

Holm – engHolm
und zurück

Für mich.
Ich wollte verstehen.

Marlies Jensen-Leier

Holm – engHolm
und zurück

ihleo ◐ verlag

**Bibliografische Information
der Deutschen Nationalbibliothek**

Die Deutsche Nationalbibliothek verzeichnet diese Publikation in der
Deutschen Nationalbibliografie; detaillierte bibliografische Daten sind im
Internet über http://dnb.d-nb.de abrufbar.

Impressum

© ihleo verlag, Husum 2018

Gesamtherstellung: ihleo verlagsbüro
– Dr. Oliver Ihle –
Schlossgang 10, 25813 Husum
info@ihleo.de, www.ihleo.de

ISBN 978-3-940926-78-4

Inhalt

Vorbemerkungen

Geschichte in Einzahl gibt es nicht

Lebensgefühl und Bilder hinter den Kulissen der politischen Bühne, Biografisches, Autobiografisches und Zeitgeschehen verwoben mit *Textminiaturen*, die mir im Laufe der Jahre entstanden sind. Zunächst hab ich es für mich aufgeschrieben, um dabei zu einem tieferen Bewusstsein für Vergangenheit, Gegenwart und für Möglichkeiten von Zukunft zu gelangen und es dann – vielleicht – zu hinterlassen als ein Stück Gedächtnis meiner Zeit.

Geschichtsschreibung erfolgt in aller Regel erst, wenn die, die es erlebt haben, tot sind. Aber was macht sie mit dem, was es war, als es noch atmete, das von woanders geguckt hat, das auch lesen, denken, schreiben, das widersprechen konnte? Ich hab mich gefragt: Darf ich meinen Blickwinkel auf meine Zeit zur Welt, zur Sprache, zur Veröffentlichung bringen? Wer bin ich? Wer sind die anderen?

Ich hab mich entschlossen, meine *KIELlinie* auf den Weg zu bringen – beginnend hundert Jahre vor meiner Zeit mit der Entwicklung KIELs zum Schiffbaustandort, mit den Verknüpfungen meiner Verwandtschaft mit dieser Stadt – bis in die Gegenwart. Nach bestem Wissen und Gewissen. Diese Chronologie ist begleitet von meiner Auswahl zum Weltgeschehen sowie zum Musikgedächtnis, jener Musikbox, die jeder und jede in sich trägt und jederzeit auf wunderbare Weise in sich abspielen kann.

Weil es mich fassungslos macht, was trotz der Vorsätze meiner Generation inzwischen geworden ist, hab ich versucht, Antworten zu finden auf die drängenden Fragen der Gegenwart: Was hinterlassen wir? Was können wir angesichts des Zustandes unserer weltweiten Gesellschaft noch bewirken in Verantwortung für unsere Zeit?

Es ist mir wichtig, zu Beginn meiner Aufzeichnungen auf Folgendes hinzuweisen: Ich hab hier nach bestem Wissen und Gewissen meine Erinnerungen, meine Meinung wiedergegeben. Ich geh davon aus, dass die große Mehrheit unserer gewählten VertreterInnen sowie haupt-

und ehrenamtliche MitarbeiterInnen, Menschen in der Politik, in aller Regel nach bestem Wissen und Gewissen schwer arbeiten. In den letzten drei Jahrzehnten bin ich aber mehr und mehr zu der Überzeugung gelangt, dass unser gegenwärtiges politisches System den notwendigen Anforderungen für eine verantwortbare Weltgestaltung für alle Menschen und für die Zukunft der nachfolgenden Generationen – so wie es weiter und weiter läuft – nicht mehr gerecht werden kann. Trotz vieler auch *nachhaltiger* Absichtserklärungen und Bemühungen haben Institutionen und Parlamente sich vollkommen in den in die Irre rasenden Kapitalismus verstrickt – mit erschütternden Auswirkungen …

Wir brauchen einen *gesamtgesellschaftlichen Dialog* auf allen Ebenen. Wir brauchen eine Weiterentwicklung der Demokratie.

Meine Sprache

Mitunter bin ich erstaunt, was meine Sprache mit mir macht. Als ich mich 2015 in diesen Text vertiefte, bemerkte ich, dass ich das an Tätigkeitswörter angehängte „e" nicht mehr ertrag. Es kam mir plötzlich so gestelzt vor. Es widerstrebte mir dermaßen, dass ich mich gezwungen sah, es wegzulassen, wo es überflüssig ist. Ich lese, ich denke, ich schreibe nicht. Ich les. Ich denk. Ich schreib.

Ich bin ein Buchstabenmensch, das wurde mir schon in der ersten Klasse klar. Aber *bewusst* zu sprechen, *bewusst* zu schreiben, wurde mir erst während meiner Tätigkeit im Schleswig-Holsteinischen Landtag bewusst. Ich stamm aus einer vollkommen plattdeutschen Familie. Für meine jüngeren Vorfahren, bis zu den Urururgroßeltern können wir zurückschauen, war Hochdeutsch nicht Muttersprache, sondern in der Schule erlernte Fremdsprache. Sie, die Fischer waren, Kätner und Schneider, Haushaltsgehilfinnen, Köchinnen und Schneiderinnen, die zudem für den Hausgebrauch nebenbei beinahe jedes andere Handwerk konnten, die in der Lage waren, eigenständig zu leben, sich eigenständig zu ernähren und zu überleben, sie haben ihr Leben lang in erster Linie Platt gesprochen (einige von ihnen auch Dänisch und Plattdänisch). Ich hab erlebt, welche Unsicherheiten und Hemmungen sich daraus auf hochdeutschem Parkett ergaben mit Auswirkungen auf

Betonung, Gestik und Mimik, ja, auf unser ganzes Lebensgefühl. Zu meiner Kindheit galt Plattdeutsch als die Sprache der Ungebildeten, als Sprache derer, die möglicherweise nicht richtig Hochdeutsch konnten. Wie war es mir peinlich – als Schulkind, als Jugendliche, wenn ich bei Begegnungen meiner Eltern, meiner Großeltern mit Hochdeutschen daneben stand – jenes Halb-Hoch-halb-Platt, durch das teilweise verkehrtes Hochdeutsch entstand. Es sollte noch dauern, bis ich begriff, dass unsere alte Sprache im Rahmen ihrer Kultur vollkommen war, bis ich begriff, wie gut sie bis ins Kleinste formulieren kann, wie feinsinnig er ist, ihr hintergründiger Humor, der die von schwerer Arbeit ausgefüllten Tage meiner Vorfahren auf wunderbare Weise trug. Es sollte noch dauern, bis ich begriff, wie viel klüger meine Menschen in vielem waren als manch einer mit brillantem Hochdeutsch, mit Titel, mit hohem Amt, die ich später traf. 1977 brachte ich – unbewusst – noch vom Plattdeutschen geprägtes Hochdeutsch mit nach KIEL. Mitunter bemerk ich, wie das Plattdeutsche noch heute meine Satzstellung steuert: „Denn da das menschliche Gemüt die Wiege, Heimat und Wohnung der Sprache ist, so gehen unvermerkt und ihm selbst verborgen, alle ihre Eigenschaften auf dasselbe über." (Wilhelm von Humboldt)

Ich hab die Rechtschreibregeln auf Deutsch gelernt. Fremdwörter, Wissenschaftssprache muss ich mir erarbeiten. Ich wollte, ich will verstehen. Ich will, dass alle verstehen. Ein Fremdwort – übersetzt – führt oft zu einer besseren, oft auch zu einer schöneren und in aller Regel zu einer für alle verständlichen Formulierung, wenn es mitunter auch zwei, drei Wörter oder einen Halbsatz braucht. Ich mag hochtrabende Fremdwörter nicht, aber ich mein nicht die gegenseitige Bereicherung von Sprachen durch Wörter, die über Jahrhunderte ein- und aus- und hin- und hergewandert sind. Es ist *so* schön, das Dänische, das Französische … im Deutschen, im Plattdeutschen … Wie schön auch unser Wort „Kindergarten", das mit Aufnahme ins Englische Weltgeltung erlangte, das während der Überfahrt nur in der Aussprache das „r" in seiner Mitte verlor, während es sich in seiner Heimat ganz verlor, weil es durch „KiTa" ersetzt wurde. Ich freu mich über die Wörter, die von unserem alten Platt ins Anglische/Englische/Angloamerikanische ausgewandert und teilweise zurückgewandert sind wie z. B.: Schört = Schürze = Shirt = Hemd; Swieter = Schwitzer = Sweatshirt = Schwitzschürze = Schwitzhemd; tooch = zäh = tough = zäh … Ich freu mich über die sich mehr und mehr ausbreitende Weltsprache Englisch, die eng verwandt ist mit unserem Platt, die neben allen anderen Muttersprachen und Vatersprachen unbedingt notwendig ist, damit wir Menschen weltweit einander besser verstehen. Was ich mein, ist verfremdete, abgehobene, konstruierte Verwaltungs-, Juristen- und Wissenschaftssprache, sogenannte Expertensprache, die leicht in „Umgangssprache" übertragbar wär und so für alle verstehbar sein könnte. Machtausübendes Herrschaftswissen und Herrschaftssprache sind – auch – Instrumente zur Unterdrückung. Aber Sprache ist – wie das Geschehen auf der Erde – als historisch-gesellschaftliche Erscheinung kritisierbar, kritikbedürftig und veränderbar. Es ist nicht egal, welche Wörter wir gebrauchen, das genaue Wort ist die Brücke zur Verständigung.

Bundeskanzler Helmut Schmidt sagte auf dem SPD-Parteitag 1982 in München: „Zu unserer politischen Moral als Sozialdemokratie gehört unverzichtbar auch die Vertretung der materiellen Interessen der kleinen Leute. Und das geht nur in deren eigener Sprache und in deren eigener Begriffswelt. Es gehört also zu unserer politischen Moral, die Sprache der Arbeiter und Angestellten und nicht die Sprache der Hohen Schulen zu sprechen."

Vorspiel – viele KIELometer von jetzt

Keiner Frau hat man jemals so direkt und über keine hat man so oft gesagt, dass sie hässlich ist. Aber wer das sagt, kann sie nicht kennen. KIEL ist eine salzige Schönheit, die mit weltoffenen Armen im frischen Wind an der Ostsee steht. Meine Liebe zu dieser Stadt wurde lange vor meiner Zeit auf Kiel gelegt, viele KIELometer von jetzt – als die Arbeiterbewegung[1] in Kinderschuhen geht. Als KIEL emporblüht mit Schiffbau und Seefahrt, mit Kiellegungen, Schiffstaufen und Stapelläufen, mit Probefahrten und Landungsmanövern, mit Be- und Entladen an den Kais. Mit einer von innerer Verbundenheit angeregten, beharrlich tätigen Arbeiterschaft, ohne die das alles nichts geworden wär.

Als Deutschland einen Kaiser kriegt, der die Zukunft seines Landes auf dem Wasser sieht, der die Stadt und das Land mit seiner Marine, mit seiner Segelleidenschaft prägt. Als KIEL in Kaiserbegeisterung gerät, als Wilhelm II. am Bahnhof empfangen wird mit einer Ehrenpforte, mit Girlanden und: „Hurrahhh!" Mit dem gesellschaftlichen Glanz der

---

1 Kiel ist bedeutender Ausgangspunkt der deutschen Arbeiterbewegung, der sich große Teile der Arbeiterschaft anschließen – seit 1863 im Allgemeinen Deutschen Arbeiterverein und in der 1869 gegründeten Sozialdemokratischen Arbeiterpartei. 1875 schließen sie sich zusammen zur Sozialistischen Arbeiterpartei Deutschlands. Die Partei wird 1878 unter Reichskanzler Bismarck mit dem „Gesetz gegen die gemeingefährlichen Bestrebungen der Sozialdemokratie" – kurz: „Sozialistengesetz" – verboten. Nach großem Zulauf für die Sozialdemokratie bei den Reichstagswahlen 1874 und 1877 hatten sich Reichsregierung, bürgerliche Parteien und Reichskanzler beunruhigt gezeigt. Nach zwei fehlgeschlagenen Attentaten auf Kaiser Wilhelm I. behauptet die Regierung einen Zusammenhang zwischen den Attentaten und angeblichen Umsturzplänen der Sozialdemokratie. Tatsächlich standen nachweislich die Attentäter in keinerlei Beziehung zur Sozialdemokratie. Aber: Die Arbeiter nennen den Kaiser „Lehmann" (Kaiser Wilhelm I. war in der Revolution 1848 als Prinz unter dem Decknamen „Herr Lehmann" nach London geflohen). Sie mögen ihn nicht. Sie glauben, er sei schuld daran und könnte es ändern, dass sie arbeiten und arbeiten und arm sind und arm bleiben und dass bei ihnen Schmalhans Küchenmeister ist … Das Sozialistengesetz blieb bis 1890 in Kraft, verfehlte aber seine Absicht. Die deutsche Sozialdemokratie ging aus der Zeit des Sozialistengesetzes gestärkt hervor. Seit 1890 nennt sich die Partei SPD – Sozialdemokratische Partei Deutschland. Parallel zur Arbeiterbewegung entsteht die Gewerkschaftsbewegung.

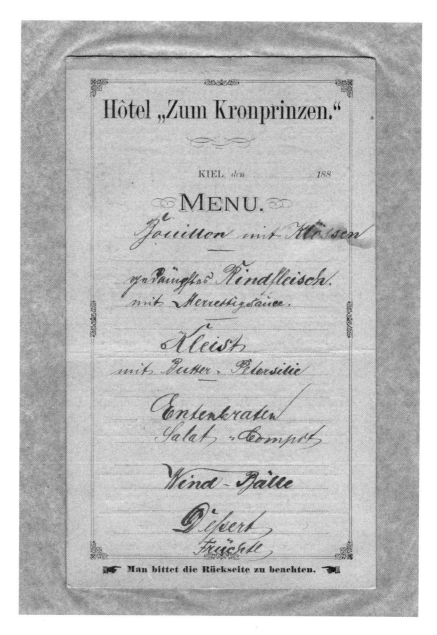

SPEISEKARTE VOM „HOTEL ZUM KRONPRINZEN"
AUS DEN 1880ER-JAHREN

Hohenzollern, mit Jubelfeiern, Schiffsbegrüßungen, Regatten und Diners. Mit der „Kaiserlichen Marine", die sich ab 1900 zu einer der größten und modernsten Kriegsflotten der Welt entwickelt. Mit Bällen, mit Lampionkorsos und Feuerwerken. Mit mehr und mehr Weltinteresse an der KIELer Woche, mit überfüllten Geschäften, Restaurants, Cafés und Hotels. Mit Offizieren in schneidigen Uniformen. Mit Kindern in Matrosenanzügen. Mit Blauen Jungs und verliebten Mädchen. Mit Tanz fürs Volk auf den Fördedampfern. Mit Badeleben vor Bellevue, vor Falkenstein, vor Möltenort, vor Strande, vor Laboe ... Mit Flottenparaden. Mit Segelschiffromantik. Mit Empfängen bei Prinz Heinrich. Mit Wachablösungen am Schloss. Mit Übungen und Aufmärschen auf den Exerzierplätzen, mit Militärumzügen mit Marschmusik. Mit Untertanen. Mit Kaisers Geburtstag ...

Es ist aber nicht etwa Kaiserbegeisterung, wovon sich meine Sippe anstecken lässt! Es ist die Marine, das Maritime ... Zuerst ist es Onkel Arnold, Großvaters Schwesters Mann, der bei uns in die Blaue-Jungs-Geschichte eingeht. Er geht in KIEL an Bord. Er fährt als Leutnant zur See auf der kaiserlichen Yacht „Hohenzollern". Er sieht Japan. Er sieht China. Er sieht Indien. (Ich hab noch die schön gerahmten, teefarbenen Fotos und Gemälde im Kopf, die Onkel Arnold aus fremden, fernen Welten mitgebracht hatte, die Ton in Ton mit der Tapete an Tante Hedis Stubenwänden hingen.) Arnold Lübcke ist einer der ersten Militär-U-Boot-Fahrer der „Kaiserlichen Marine". Er ist zum „Schutz der deutschen Seehandelswege" unterwegs. Er überlebt den Ersten Weltkrieg, stirbt vor dem Zweiten. In seinen Grabstein auf dem Holmer Friedhof war das silberne U-Boot-Abzeichen eingelegt.

Dann ziehen Großvater und sein Bruder mit flatternden Bändern an Matrosenmützen gemeinsam in den Krieg, Detlef und Carl Jensen-Leier, Deten und Corl, die nur ein Jahr auseinander, die wie Zwillinge, die unzertrennlich sind. Am 30. März 1915 hat auf der Kaiserlichen Werft in KIEL der Kleine Kreuzer „SMS Frankfurt" Stapellauf und wird am 20. August 1915 in Dienst gestellt. Das ist ihr Schiff!

Die „Frankfurt" führt Handelskrieg im Skagerrak und im Kattegat. In der Skagerrakschlacht ist sie das Flaggschiff der II. Aufklärungsgruppe, erhält nur wenige Treffer. Im März und April 1916 unternimmt sie mehrere Vorstöße zur englischen Ostküste. Im Sommer 1917 kommt es unter den Matrosen der „Kaiserlichen Marine" wegen schlechter Ver-

Großvater
bei den
Blauen
Jungs

pflegung und Kriegsmüdigkeit zu ersten Meutereien und der Forderung nach Frieden und Brot. Im Herbst 1917 sind Deten und Corl bei der Besetzung der Baltischen Inseln, der „Oesel-Unternehmung", dabei. Am 17. November erleben sie das zweite Seegefecht vor Helgoland. Ihr Schiff wird mehrfach getroffen. Sechs Kameraden fallen, achtzehn werden verwundet. Die beiden Brüder gehören zu jenen Matrosen, die die verwundeten und die sterblichen Überreste der gefallenen Kameraden von Deck bringen. Ende Ok-

GROSSVATER ALS MATROSE DER „SMS FRANKFURT"

tober 1918 befinden sie sich in einer der Mannschaften, mit denen die Flotte der „Kaiserlichen Marine" zu einer letzten Offensive gegen die britische Royal Navy auslaufen soll, als es auf den Schiffen der deutschen Hochseeflotte vor Wilhelmshaven zu Meutereien kommt. Der Krieg gilt seit dem Sommer als verloren. Die Besatzungen befürchten ein „Himmelfahrtskommando". Sie verweigern ihren Offizieren den Gehorsam, um nicht in „einer letzten heldenmütigen Geste geopfert zu werden". Nach der Meuterei wird das III. Geschwader verlegt und trifft am 1. November mit fünf Großschiffen mit etwa 5.000 Mann Besatzung im Heimathafen KIEL ein. Die Rädelsführer werden in Arrestanstalten untergebracht. Zur Beruhigung der Mannschaften wird großzügig Landurlaub gewährt. Großvater und sein Bruder gehen von Bord, aber sie sind nicht bei den Demonstrationen am 3. November dabei. Sie gehen nicht zur Versammlung des Arbeiter- und Soldatenrates im Gewerkschaftshaus in der Fährstraße (spätere Legienstraße, benannt nach dem deutschen Gewerkschafter Carl Legien), wo Matrosen ihre Forderung nach Abdankung des Kaisers vortragen. Deten und Corl waren widerwillig in den Krieg gezogen, sie wollen nur noch nach Hause, auf ihre geliebte Insel, den Holm, wollen zurück an ihr Handwerk, die Fischerei. Sie machen sich zu Fuß nach Schleswig auf den Weg (seit ich seit früher Jugend zwischen Schleswig und KIEL pendel – da

SEEGE-FECHT AM 17. NO-VEMBER 1917

FRÜHJAHR 1918: GROSSVATER MIT EIMER, SEIN BRUDER MIT TROMPETE, KAMERAD MIT SCHIFFERKLAVIER

UNTEN: GROSSVATER, RECHTS SEIN BRUDER – VOR DER KAMERAD-SCHAFT – AUGUST 1917

MUSIKKAPELLE AUF DEM B.A.K. DECK

BLICK VON DER „SMS FRANKFURT" AUF DER HÖHE VON BERGEN 1918

ist schon 'ne Rille von mir – begegnen die beiden mir). In Marineuniform gehen sie von Bord und dann Hindenburgufer – Schlossgarten – am Prinzengarten vorbei – Dänische Straße – Kehdenstraße – über die Holstenbrücke zum Rathausplatz – am Rathaus vorbei. Rathausstraße rauf – Exerzierplatz – Möllingstraße – vorbei am Wilhelmplatz – endlos die Eckernförder Straße, die Alte Heerstraße nach Norden. Auf der Levensauer Hochbrücke geht ein eisiger Wind. Vielleicht wärmen sie sich im Gasthof Levensau mit einer Ochsenschwanzsuppe auf. Dann durch den Tunnel unter der Eisenbahnlinie. Auf Feldern friedliches Damwild. Bauernhöfe im November. Hier war der Weltkrieg nicht. Die Gettorfer Mühle mahlt. Die nackten Buchenwälder auf der Steilküste halten die Wacht vor der Eckernförder Bucht. Die Torpedoversuchsanstalt lassen die Heimkehrer rechts liegen. Am Bahnhof Eckernförde begegnen sie dem Händler, der ihnen im Sommer in Siesby ihren Fang abkauft. Dann geht ihr Blick über das Windebyer Noor, wo sie die Noorfischer am Werk sehen. Jetzt wird ihr Schritt noch einmal schneller. Bei Weseby, beim ersten Wiedersehen mit ihrer geliebten Schlei, kommen ihnen ihre alten Lieder in den Sinn. Sie singen. Sie singen das alte Arbeitslied der Holmer Fischer „So heiß em op".

So heiß em op	hochdeutsch:
So heiß em op, so hol em op,	So hiev ihn hoch, so hol ihn hoch
	(den Fang, das Netz)
So treck em an dat Land und roop:	So zieh ihn an das Land und ruf:
He ho, he ho, hurrah, frisch na!	…
He ho, he ho, hurrah, frisch na …	…
He, hurrah, wi gahn een brave	He, hurrah, wir gehen einer bra-
Stimm' na	ven Stimme nach
He ho, he ho, hurra frisch na!	…
…	

Sie singen das Huldigungslied für „Friedrich und Marie"[2]:

---

2 Urfassung von 1790, Composition Musikdirektor Carl Hanke. Das Lied wurde zu jenem Fischertanz gesungen, den 24 junge Holmer weiß gekleidet, mit roten Schärpen geschmückt und mit einem leichten Ruder ausgerüstet aufgeführt hatten, als sich im Jahr 1790 der spätere König Friedrich VI. von Dänemark mit der Tochter des Landgrafen Carl (Carl von Hessen) mit der Prinzessin Marie Sophie Friedericke

16

Es plätschert in der glatten Schley
Der Fische zahllos Heer.
Die Hechte, Baarse,[3] Stint und Bley,[4]
Sie hüpfen hin und her. |:|

Die Welle trägt ihr herrlich Bild;
Es lockt den Fisch herbey.
Von ihm ist Schilf und Rohr erfüllt;
Es segnet unsre Schley! |:|

Der Brassen, der berühmte Aal.
Schlüpft aus der Tief herbei.
Von Norden zieht die große Zahl
Des Heerings in die Schley. |:|

Die Fischer rudern singend her,
Verstehn auch Lieb' und Scherz;
Und wünschen ihrem Weiber-Heer
Marien's gutes Herz. |:|

Wir fischten nun schon Jahre lang,
Wir fischten mancherley;
Doch Friedrich that viel schönern Fang,
Es widerhall die Schley! |:|

Wer unsre Wade[5] künftig zieht,
Wer fischet spät und früh:
Der stimme an sein Fischer-Lied

Von Friedrich und Marie! |:|

Sein Garn war ganz vom Segen schwer.
So fischten wir noch nie!
Es schalle über Land und Meer!:
Er fischte weg Marie! |:|

Jetzt kommt ihnen, die sich selbst „Petri-Jünger" nennen, bald ihr St.-Petri-Dom in Sicht. Hinter Fahrdorf, auf der Brücke über dem Noor, blinkern ihnen von ihrer Insel auf der anderen Schleiseite kleine Lichter. Das Historische Gasthaus Haddeby ist hell erleuchtet. Das Haus

vermählte. Die Stadt Schleswig hatte zur Feier dieses Ereignisses auf der „Freiheit" ein glänzendes Fest gegeben. Diese Aufführung war mit großem Beifall aufgenommen worden und hatte dann nahezu geschichtliche Bedeutung erlangt, wie es in der Stadthistorie heißt. Die Melodie lebt auf dem Holm bis heute weiter. Zuletzt wurde anlässlich der Hochzeit von Kronprinz Frederik von Dänemark und Mary Donaldson im Mai 2004 durch Gerhard Fischer aus Dänisch Nienhof (dessen Vorfahren auf den Schleswiger Holm zurückgehen) unter der Überschrift „Marie og Mary" in „FLENSBORG AVIS" an das alte Lied erinnert.

3 Baarse = Barsche

4 Bley ist die ältere plattdeutsche Bezeichnung für die Brasse. Großvater sagte noch „Bley". Die Holmer sagen in der Einzahl nicht „Brasse", sie sagen „Brassen" wie in der Mehrzahl.

5 Wade – das sogenannte Zugnetz für die gemeinsame Wadenfischerei

ist für sie seit frühesten Kindertagen mit Pfingsten verbunden, mit Vergnügen, mit Sackhüpfen und Eierlaufen, mit Steckenpferdreiten, mit Musik und Tanz. Durch Friedrichsberg spüren sie ihre Füße kaum noch. Am Prinzenpalais, an Schloss Gottorf schweben sie vorbei. Nach der Schleipromenade die Silberpappelallee an den Königswiesen, dort, wo in Schleswig der Erlkönig reitet, rascheln sie durch den Novemberabend. Dann kommen sie vorbei an den großen, schwarzen Kohlenschuppen der Reederei Horn (wo Großvater als Schüler Bürobote gewesen war, eine Lehrstelle als Buchhalter angeboten bekommen hatte, schließlich aber doch lieber Fischer werden wollte). Jetzt wird es Deten und Corl warm ums Herz. Jetzt liegt er im Abendfrieden vor ihnen, ihr geliebter Holm. Hein und Gret nehmen sie heilfroh in Empfang, ihre Jungs. „Deten!" „Corl!" Äußerlich sind sie unversehrt! Gott sei Dank! Sie sind ihre ganze Hoffnung, sie sind der Nachwuchs für ihre Existenz!

Als KIEL dann vier Tage lang im Mittelpunkt der Weltgeschichte steht, als von dort aus das Signal zum Umbruch vom Kaiserreich zur Republik ausgeht, als am 5. November auf den Kriegsschiffen die roten Fahnen wehen, sind Deten und Corl mit ihrem Vater, Hein Leier I., in ihrem Kahn zum Fischen auf der Schlei.

Der „Matrosenaufstand" geht in die Geschichtsbücher ein, bringt die Novemberrevolution und das Ende der Monarchie. Der Kaiser dankt ab. „SMS Frankfurt" wird nach Kriegsende in Scapa Flow (Mainland/Orkney/UK) interniert. Am 21. Juni 1919 wird der Befehl zur „Selbstversenkung" gegeben. Den Briten gelingt es, die Versenkung zu verhindern. Im März 1920 wird er als Kriegsbeute an die USA ausgeliefert und am 18. Juli 1921 wird er bei Versuchen mit Fliegerbomben versenkt, der Kreuzer, auf dem Großvater und sein Bruder gefahren sind.

Der Erste Weltkrieg ist vorbei. Zehn Millionen Todesopfer. Zwanzig Millionen verwundete Soldaten. „Weltenbrand". „Mutterkatastrophe"[6] des 20. Jahrhunderts. – Warum eigentlich nicht „Vaterkatastrophe"[7]? Inzwischen heißt es: „Ur-Katastrophe".

---

6 Golo Mann

7 Antwort auf die Suchanfrage „Vaterkatastrophe": „Leider wurden für die Suchanfrage keine Ergebnisse im Internet gefunden."

Als im März 1921 Vater geboren wird, hat es sich, was den Kaiser angeht, „aushurrahhht". Aber mit der Marinebegeisterung ist es nicht vorbei. Vater wächst als gehätscheltes Einzelkind auf und wird von seiner Sippe entweder „süße Hein" oder „Prinz Heinrich" genannt! Dabei hatten sie nicht nur Heins Großvater, unseren Heinrich I., im Sinn. Sie hatten tatsächlich auch Prinz Heinrich von Hohenzollern im Sinn, den Bruder des Kaisers, nach dem die eine der maritimen Mützen benannt ist (jene, die mit Kanzler Helmut Schmidt neue Berühmtheit erfuhr und die in maritimen Kreisen heute noch gern getragen wird). Prinz

„SÜSSE HEIN"

Heinrich, der als Seeoffizier die ganze Welt bereiste und u. a. Kommandant der Kaiseryacht „Hohenzollern" war, der sich wegen seiner Freundlichkeit, seiner Bescheidenheit und seiner offenen Art bei den Mannschaften großer Beliebtheit erfreute, aber auch beim Volk, weil er den Kontakt mit den einfachen Leuten nicht scheute: Seine Heimat war KIEL. Wenn er an Land ging, residierte er oberhalb der Seegartenbrücke im Schloss. In den Wirren des Matrosenaufstandes 1918 hatte er sich dann aber davongemacht ...

Und „süße Hein"? Er wird als Kind in den Zwanzigerjahren als Matrose verkleidet wie damals sonntags beinahe alle kleinen Jungs.

Nachdem die Lockenpracht ab ist, wird er Hein Leier genannt und will Stehgeiger oder Kunstmaler werden. Er verbringt seine Ferien bei Tante Elle und Onkel Otje in KIEL, Großmutters Schwester und Schwager, die in der Gerhardstraße wohnen. Elle und Otje, die selbst keine Kinder kriegen, ziehen die vier Kinder von Großmutters und Elles verwitweter Schwester groß, die wieder verheiratet, die nach Berlin gegangen

DIE VIER HALBWAISEN VOM HOLM

ist (die Kinder wollten nicht mit, sie wollten in KIEL, sie wollten bei Tante Elle und Onkel Otje bleiben).

Onkel Otje, 1900 – unehelich – auf dem Schleswiger Holm geboren, von Mutter und Großmutter aufgezogen, arbeitet in den Zwanziger- und Dreißigerjahren als Technischer Zeichner auf der Germania-Werft. Er ist ein Mensch, der sich und andere und vor allem die Jugend über alle Maßen begeistern kann. Er spielt Mundharmonika, er pfeift, er singt die Schlager, die Gassenhauer seiner Zeit. Er ist wassersportbegeistert, er ist Segler, er ist Schwimmer, er ist Mitglied der DLRG[8]. Als 1935 die Lessinghalle fertig ist, springt er Saltos vom Drei-Meter-Turm.

Hein ist begeistert vom Schwimmbad, von der Seebadeanstalt Düsternbrook, von der Förde, von Laboe, von der blauen, salzigen Ostsee, der man auf den Grund gucken kann und die besser trägt als das grüne Brackwasser der Schlei. Er fährt mit den Fördedampfern. Er bestaunt die großen Pötte, die auf den Werften entstehen und die Graue Flotte

8 Deutsche LebensRettungsGesellschaft

vor Holtenau. Er freut sich über die flatternden Bänder an den Mützen der Blauen Jungs. Hein *schwärmt* von KIEL.

Hein wird, wie die meisten Holmer Fischersöhne, Fischer auf der Schlei. 1939 – schon wieder Krieg! Großvater und sein Bruder werden zu Beginn des Krieges nur kurz eingezogen und dann sehr bald „zur Ernährung der heimischen Bevölkerung" freigestellt. Hein ist achtzehn, als er zur Kriegsmarine eingezogen wird. Er kommt zunächst in die Niederlande und nach Belgien, kommt nach Rotterdam, nach Brügge, nach Gent, nach Ostende, wo er sich wegen der Sprache sofort zuhause fühlt (er hat sein Leben lang immer mal wieder Sätze an uns durchgegeben wie der Fahrer den Fahrgästen in der überfüllten Straßenbahn in Ostende: „Achtr wietr döörchloope!").

Vater bei den Blauen Jungs

„PRINZ HEINRICH" – NICHT DER VON HOHENZOLLERN, SONDERN DER VOM HOLM

Dann wird er zur Mittelmeerflotte in das mit Deutschland verbündete Italien abkommandiert. Er lernt begeistert Italienisch (er wird sein Leben lang „italienische Anfälle" kriegen, von einem auf den anderen Augenblick begeistert ganze Sätze dieser schönen Sprache sprechen. Ich kann die klangvollen Namen der Orte, in deren Häfen er mit „seinem" Torpedoboot gelegen hat, schon als kleines Kind auswendig).

Hein wird Signalgast.[9] Er fährt auf einem umgebauten Fischereischiff, auf der „Petsamo" (die er später in seinen Erzählungen „Sardinenbüchse" nennen wird).

---

9 Das ist der Matrose, der der Übermittlung von Nachrichten und Signalen mit Signalflaggen und Signallampe dient.

Signalgast auf der „Petsamo"

„Die Sardinenbüchse", die „Petsamo" – vor dem Umbau

Am 25. Juli 1943 findet in Rom der Regierungsumsturz statt, der die Beseitigung Mussolinis und des faschistischen Regimes zur Folge hat. Am 8. September kapituliert Italien bedingungslos. Am 13. Oktober erklärt die königliche italienische Regierung dem deutschen Reich den Krieg.

Wie ich erst nach Vaters Tod 2002 erfahr, gibt es im Grunde genommen zu dem Zeitpunkt gar keine Mittelmeerflotte. In seinem Nachlass finde ich das Buch „Die Flottille. Außergewöhnlicher Seekrieg deutscher Mittelmeer-Torpedoboote". Es macht mich fassungslos. Wirich von Gartzen schreibt: „Verfrühte Vorfreude auf Italien. Nach Durchführung der mit dem Verlust der Kameraden und des Bootes zusammenhängenden Aufgaben in Brest fahre ich zum Marinegruppenkommando West nach Paris und berichte dort als einziger geretteter Offizier über den Gefechtsablauf in der Biskaya [...]. Von Paris aus fahre ich zur Meldung nach Swinemünde zum Führer der Zerstörer und Torpedoboote und berichte dem Kapitän zur See Max-Eckart Wolff [...]. Anschließend nimmt mich der Chef des Stabes vom FdZ beseite. [...] : ‚Gartzen – wir haben ein neues schönes Kommando für Sie – in Italien!' – ‚Wie bitte – in Italien? Da haben wir doch gar keine Schiffe? Wollen Sie mich etwa an Land setzen?' – ‚Nein, Sie fahren wieder zur See, Sie werden Chef einer neu aufzustellenden Torpedobootflottille in La Spezia!'" Anfang 1944 ist Gartzen als Korvettenkapitän Chef der zehnten Torpedobootflottille im Mittelmeer: „Nachdem ich vor meinen Frankreicheinsätzen mit T 25[10] annähernd drei Jahre im höchsten Norden Norwegens auf Zerstörern nur wenig über das Kriegsgeschehen an anderen Fronten gehört habe und allenfalls den täglichen, natürlich auf Siege und Erfolgsmeldungen ausgerichteten Wehrmachtsbericht über Funk erhielt – mit dem man ein wahres Bild von der Lage jedoch nicht bekommen konnte – waren mir auch die Vorgänge im Mittelmeer so gut wie unbekannt. [...] Nach dem Überlaufen der italienischen Flotte war die Seeherrschaft der alliierten Streitkräfte auch im Mittelmeer vollkommen. Wir konnten ihnen nur kleine Küstenfahrzeuge entgegensetzen."

---

10 Flottentorpedoboot „T 25" – nach Treffern durch feindliche Kreuzer über und unterhalb der Wasserlinie gesunken am 28. Dezember 1943 in der Biskaya.

Nach Vaters Tod 2002, nachdem ich das Buch von Wirich von Gartzen gelesen hab, nehm ich Vaters Kriegsfotos, auf deren Rückseiten sich Zeugnisse anrührender Kameradschaft finden, noch einmal neu wahr, sitz vor Stapeln erschütternder Bilder. Trauerfeiern in italienischen Kirchen. Ausgehobene Gräber. Massenbegräbnisse. Jetzt wird mir tiefer bewusst, was Kriegskameradschaft bedeutet haben muss (ich weiß, die Kameraden haben einander bis ins hohe Alter besucht). Ich versuch, mich hineinzudenken in die unfassbaren Umstände, denen nach der Absetzung Mussolinis, nach der Kriegserklärung durch die königliche italienische Regierung die deutschen Marineeinheiten im Mittelmeer ausgesetzt gewesen sind. Während des Zweiten Weltkriegs standen insgesamt 48 Zerstörer und 79 Torpedoboote der deutschen Kriegsmarine an allen Fronten im Einsatz. Nur 15 Zerstörer und 11 Torpedoboote überstanden den Krieg. Im Mittelmeer überlebte kein einziges Boot das Kriegsende.

Seit Onkel Otje und der Älteste seiner vier Ziehkinder im Krieg sind, pendelt Tante Elle mit drei Gör'n (bei aller Liebe: Kinder wurden in unserer Sippe Gör'n genannt) zwischen KIEL und Schleswig, zwischen Gerhardstraße und Holm. Zur Zeit der großen Bombenangriffe auf KIEL kriecht sie mit dem lütten Hotte und den Zwillingen Christa und Lisa ganz bei meinen Großeltern unter in den kleinen Stuben auf dem Holm. Als Elle nach den schweren Angriffen feindlicher Flugzeuge am

BRIEF AUS DER GEFANGENSCHAFT,
ITALIEN 1944

4. und 5. Januar 1944 auf KIEL am 6. Januar mit unguter Vorahnung
nach KIEL fährt, um in ihrer Wohnung nach dem Rechten zu sehen,
sich vom schwer getroffenen Hauptbahnhof auf den Weg macht, sieht
sie das Schloss in Trümmern, sieht sie die getroffenen Häuser an der
Koldingstraße und steht dann vor dem Schutt und der Asche ihres Hab

und Guts in der Gerhardstraße. Vom Haus steht nur noch die Außenwand, die Speisekammerwand …

… an der noch ein Teil ihrer Milchpottsammlung hängt:

1 Rosenthal

1 Gmundner

1 Bunzlau

1 Lomonossov

1 Pirkenhammer

1 Majolika

1 Kopenhagen

1 Lunéville

1 Wedgwood

1 Hedwig Bollhagen

und die Kuh aus Delft, aus deren Maul Milch oder Kakao für die Görn geflossen war. Der weiße mit blauen Punkten, der kobaltblaue mit weißem Rand, der aus Frankreich ohne Stempel, der braun-beige-dromedarhaarschlappenkarierte … hängen nicht mehr.

Tante Elle kehrt mit hängenden Armen nur mit ihrer Tante-Elle-Tasche nach Schleswig zurück und mit jenem Bild im Kopf von ihren Milchpötten an der verräucherten Speisekammerwand.

Onkel Otje kommt aus der Gefangenschaft direkt nach Schleswig, denn 1945/46 ist Weltende in KIEL. Die Stadt liegt in Trümmern. Das Ostufer mit den Werften ist platt. Der Hafen ist ein Schiffsfriedhof.

Es finden sich keine Wörter und Worte, die es beschreiben wollen, das Grauen, das sich durch die Todesfabriken des Naziregimes von jedem anderen Grauen unterscheidet, das alle Rechtsordnungen übersteigt und an dem „das deutsche Volk", wie es heißt, für immer schwerste Schuld zu tragen haben wird – mit Auswirkungen bis in die Seelen seiner Kinder und Enkel und … das wir gegen das Vergessen wachhalten müssen – wieder und wieder und wieder und wieder und …

Vollständige/zuverlässige Angaben zu den Todesopfern der nationalsozialistischen Verbrechen, zum unvorstellbaren Ausmaß der Taten gibt es nicht. Nach Schätzungen wurden 6.000.000 jüdische Menschen ausgegrenzt, aus ihren Wohnungen gerissen, ihres Eigentums beraubt, in Ghettos, in Konzentrationslager verschleppt, gequält, geschunden, erschossen, vergast, verbrannt, vernichtet. Bis zu 220.000 Roma und Sinti europaweit, bis zu 350.000 geistig oder körperlich behinderte Menschen wurden gequält und vernichtet (Euthanasie). 3.300.000 sow-

KIEL, INNENSTADT, 1945. UNTEN RECHTS DIE DÄNISCHE STRASSE

jetische Kriegsgefangene, 2.500.000 christliche Polen, 100.000 Zwangs-
arbeiter aus der Sowjetunion … wurden Opfer dieses Regimes.
Im Zweiten Weltkrieg sollen 50.000.000, mit Verbrechen und
Kriegsfolgen bis zu 80.000.000 Menschen weltweit umgekommen sein.
21 Millionen Obdachlose. 30 Millionen Kriegsversehrte. 15 Millionen
Heimatlose. Nach Schätzungen sollen über 6.000 Söhne KIELs auf den
Schlachtfeldern der Deutschen Wehrmacht ihr Leben verloren haben,
8.000 werden bei Kriegsende vermisst, 8.000 kommen verwundet oder
als Kriegsversehrte zurück.

WELTENDE IN KIEL: SCHLOSSSTRASSE / FLÄMISCHE STRASSE

Ohne Dich, KIEL, hätte ich das alles nicht gedacht.

HOLM

BIEDERMEIER – Kindheit und Jugend auf dem Schleswiger Holm

1949

Im Advent 1949 werd ich bei KIELschwärmerei auf Kiel gelegt. Werd geboren zur selben Stunde, als mein Vater in einer brottigen[11] August-nacht 1950 mit seiner Wade[12] über dreihundert Pfund dicke Aale im Haddebyer Noor vor Haithabu fängt (das war sein größter Fang, das hat er mir wieder und wieder erzählt.)

Da hab ich schon fast zwei Jahre einen Bruder, der jetzt an meinem Körbchen steht. An einem Sonntagmorgen im Oktober zieht Vater sei-ne hohen Wadenstiefel an und holt mit einer Kömbuddel[13] Wasser aus der Schlei. Mittags kommt der Pastor ins Haus und ich werd mit aller-bestem grünen Brackwasser getauft.

Uralt einge-sessen

Meine Menschen wohnen ziemlich weit oben im Norden, im deutsch-dänischen Grenzland, in Nachbarschaft und Verwandtschaft mit Dänemark. Sie leben auf dem Schleswiger Holm, einer Fischerin-sel, die zur Landschaft Angeln gehört. Unsere Vorfahren haben hier über Jahrhunderte friedliches Miteinander, irrsinnige Kriege, Grenz- und Sprachverschiebungen und eben erst *wieder* einen Krieg erlebt.

Die Holmer leben bis in meine Kindheit noch wie im Biedermeier, betreiben ihr Handwerk noch weitgehend wie ihre Altvordern über Jahrhunderte zuvor. Sie haben das Glück, ein Fischereirecht[14] zu be-

---

11 brottig (plattdeutsch) = brütend warm, schwül

12 Wade – das sogenannte Zugnetz für die gemeinsame Wadenfischerei. Plattdeutsch: Woi/Woifischeri. Das Wort war Vorsilbe für alles, was sich um die gemeinsame Fi-scherei drehte: die Stiefel, die Kähne, das Brot …

13 Kömbuddel – Kornflasche – Köm = Korn = der Schnaps, den die Holmer mit Vor-liebe tranken.

14 Das Fischereirecht der Holmer Fischer geht auf ältestes Schleswiger Stadtrecht aus dem zwölften Jahrhundert zurück und wurde mit dem „Schleiprivileg" von König Christian I. von Dänemark im Jahr 1480 bekräftigt. Wie aus den Annalen her-vorgeht, mussten die Holmer sich dieses Recht über all die Jahrhunderte immer

sitzen, in dem es heißt: „Die Fischer haben das Recht, frei zu fischen auf der ganzen Schlei und sie dürfen ihre Netze zum Trocknen an Land ausspannen, so weit sie mit der Ruderpinne vom Schiff aus werfen können."

Die Holmer sind hüttig.[15] Vor ihren Häusern blühen Rosen. Ihre Kinder sind ziemlich artig. Bei der Begrüßung machen Jungs einen Diener und Mädchen einen Knicks. Wenn Erwachsene sich unterhalten, sind die Kinder still. Sie sind bescheiden, sie wissen, dass das zu gutem Benehmen gehört.

Wir sind arm (unsere Alten sagen es selbst: „Wi sind arme Lüüd." „Wir sind arme Leute."). Aber wir leben nicht im Elend, wir sind zufrieden. Wir haben unsere Fische. In unserem Garten wachsen Kartoffeln, Gurken und Petersilie, Äpfel, Birnen, Kirschen, Quitten und Stachelbeeren. Wir haben Hühner. Wir haben Brot *und* Kuchen. Der Bäcker wohnt gleich nebenan. Wir haben einen Höker.[16] Wir haben einen Schlachter, bei dem es neben Fleisch und Wurst Kolonialwaren gibt. Bei uns gibts Schmoraal[17] und Aalfrikassee! Wir essen von Tellern mit *goldenem* Rand. Wir haben ein Plumpsklo auf dem Hof.

---

wieder neu erkämpfen. Es gilt bis heute mit einer kleinen Einschränkung: Nach dem Ersten Weltkrieg war ein Kleinkrieg auf der Schlei entstanden. Die Holmer Fischer zogen den Arnissern die Wade aus dem Wasser, wenn diese zum Fischen in die obere Schlei vorgedrungen waren. Die Arnisser Fischer warfen mit Steinen auf die Holmer Fischer und übergossen deren Netze mit Säure. 1924 wurde der Krieg durch Gerichtsurteil offiziell beendet. Danach dürfen Kappelner und Arnisser Fischer schleiaufwärts und die Holmer Fischer schleiabwärts bis zum sogenannten „Schwonslock" bei Sieseby fischen.

15 hüttig – kommt von „Hütte", bedeutet froh und munter sein – wie in der Geborgenheit einer Hütte. Nach heutigem Deutsch: „Er ist gut drauf". Das Wort „hüttig" kann gut auch im Hochdeutschen verwendet werden. Ich hab es in keinem Wörterbuch gefunden. Es stammt aus der Landschaft Angeln und war in meiner Familie mütterlicherseits lebhaft in Gebrauch.

16 Höker – altes Wort für Tante-Emma-Laden, in dem es alles gibt.

17 Schmoraal: Wir sagen nicht „Räucheraal", wir sagen „Schmoraal"; „/schmoren/ smoren" – Niederdeutsch, Mittelniederdeutsch, Niederländisch – ist verwandt mit dem englischen smother = Dampf, Qualm; nach sprachwissenschaftlicher Erkenntnis soll es im 17. Jh. als „Küchenwort" entstanden sein, aber wer weiß, das Wort kann auch viel älter und lautnachahmend sein, denn wenn man in den Räucherofen, also in die Aalhölle hineinhorcht, schmort und smort und schmurgelt es darin.

HOLM / NIENSTATT
UM 1950

„WOITRECKEN"
V. L.: GROSSVATER, EIN GAST, VATER, GROSSONKEL CORL

BLICK VOM ELTERNHAUS AUF DEN HOLMER FRIEDHOF

Als ich zum ersten Mal auf meinen eigenen Beinen aus dem Haus komm, geht mein Blick auf den Friedhof. Da bieg ich aber lieber erstmal nach links ab, zu Bäcker Münster, da gibt es Dauerlutscher, Kirschlutscher, Gummiteddys, Kaugummi, Lakritzschnecken, Salmiakpastillen, Schokoladenplätzchen mit bunten Kügelchen drauf, Zoutjes und Eis am Stiel. Und dann bieg ich nach rechts ab, zu Milchmann Schmidt, da gibt es Brausebonbons, Brausepulver, Brausewürfel, rosa Fischlollys mit Brausegeschmack, Wundertüten und Waffelbruch. Da gibt es Milch und Rahm und Buttermilch. Da gibt es geschlagene Sahne und saure Sahne. Da gibt es Edamer, Gouda, Tilsiter und Quark.

Zur Musikbox:
1951 Conny Froboess „Pack die Badehose ein"; Peter Alexander „Das machen nur die Beine von Dolores"; 1952: Lale Andersen „Blaue Nacht am Hafen"; 1953: Ella Fitzgerald und Louis Armstrong „Autumn in New York"; Bibi Johns „Bella Bimba"; Rita Wottawa „Oh, mein Papa"; 1955: Caterina Valente „Ganz Paris träumt von der Liebe", 1956: Louis Armstrong „High Society"; Elvis Presley: „Love me Tender"; Bill Haley „Rock

around the Clock"; Margot Eskens „Tiritomba"; Lys Assia „Arrivederci, Roma" ...

Wir haben eine „Beliebung",[18] das ist eine Gilde mit altem Brauchtum, mit altem Silber und mit alten Liedern. Die feiert jedes Jahr um Mittsommer ein großes Fest. Mit Umzügen. Mit durch-und-durch-gehender Marschmusik. Mit einem Orchester, das Mozart spielt. Mit alten Tänzen, die ein Tanzmeister Jahr für Jahr mit den Erwachsenen von Neuem einstudiert. Sie tanzen langsamen Walzer. Sie tanzen Tiroler Walzer. Sie tanzen die Quadrille. Zu Ehren ihrer Toten tanzen sie das Menuett und nennen es Totentanz. (Großvater wusste noch vom Fandango zu berichten, einem alten spanischen, dem Flamenco ähnlichen Tanz, den die Alten vor ihm noch tanzten und dessen Aufführung eine Stunde lang gedauert haben soll.) – Zum Kinderfest ziehen die Mütter ihren Mädchen Organdykleider an, setzen ihnen Blumenkränzchen aufs Haar und binden ihnen kleine Silberkettchen um. Die Jungs werden in weiße Manschetthemden geknöpft und in kurze Trikotträgerhosen oder in Lederhosen gesteckt. Dann bringt uns eine Musikkapelle mit unseren Körben voll duftender Juniblumen ins Festlokal. Dort angekommen

„HOLMER BELIEBUNG"

18 Die Holmer Beliebung ist eine Totengilde. Sie entstand während der Pestzeit im Jahre 1650, als die Holmer einander versprachen, in guten wie in schlechten Zeiten zusammenzuhalten, einander beizustehen und ihre Toten zu Grabe zu tragen. Im Gegensatz zu den Zünften wurden „Beliebungen" nicht von der Obrigkeit angeordnet, sondern die Menschen versprachen es einander von sich aus: „nach eigenem Belieben". Die Holmer Beliebung feiert immer noch alljährlich um Mittsommer ihr großes Fest.

binden die Holmer Frauen unsere Blumen an einem Holzgestell zu einer großen Pyramide. Zur Belohnung bekommen wir kalte Heißewecken und selbstgerührte Limonade. Dann ruft der Tanzmeister zum Tanz auf. Den Jungs wird gesagt, dass sie die Mädchen „auffordern" sollen. Jungs spielen nicht oder nur ausnahmsweise mit Mädchen, aber zur Beliebung fordern sie uns auf. Wir tanzen und singen: „Ach lieber Schuster, Du." „Mit den Füßen geht es trapp, trapp, trapp, und mit den Händen geht es klatsch, klatsch, klatsch, hübsch und fein, artig sein, müssen alle kleinen Kinderlein ..." Wir tanzen Polka. Wir tanzen Schieber. Wir tanzen Walzer. Wir rutschen und huschen und ziehen uns gegenseitig kreuz und quer durch den Saal. Bei den Großen sitzen einmal im Jahr, zur Beliebung, die Groschen locker – dann haben wir Kinder kleine, dicke Portemonnaies, die wir gleich wieder entleeren – an langen, langen Tischen, auf denen alle Naschsachen ausgebreitet sind, die es gibt. Wir naschen und naschen.

Wir trinken gelben, braunen und weiße Sprudel ... Wir trinken Bluna, Cola und Fanta und ... Wir tanzen und tanzen und wenn der Tanzmeister „Polonaise!" ruft, folgen wir ihm in langer Schlange mit hochroten Köpfen mit zerzausten Haaren kreuz und quer durchs Lokal. Zum Schluss verleiht der Tanzmeister jedem Jungen einen goldenen Papporden mit Glitzersteinen und drückt jedem Mädchen ein Blumensträußchen in die Hand (aus den Blumen, die beim Binden der Pyramide übriggeblieben sind). Dann geht es in einem zauberschönen Rausch mit Marschmusik durch die Stadt wieder nach Haus.

Wir haben einen Schulweg, der jeden Tag ein Abenteuer ist. Wir sind 38 in der Klasse. Wir lernen auf Schiefertafeln. Wir lernen selbstverständlich und ohne jede Diskussion: Lesen, Schreiben, Rechnen und mehr. Wir erfahren, dass vor uns eine „schlechte Zeit" gewesen ist. Wir wissen, wir leben in einem geteilten Land. Wir packen in der Schule Päckchen für Familien in der „Ostzone". Unsere Lehrerin sagt: „Den Menschen drüben geht es so viel schlechter als uns."

Zur Musikbox:
1957 Margot Eskens „Cindy, oh Cindy"; Daris Day „Que Sera, Sera"; Bing Crosby & Grace Kelly „True Love"; Harry Belafonte „Island in the Sun"; 1958 Peter Kraus „Hula Baby"; Caterina Valente „Wo meine Sonne

Oben links: Naschtüte

Oben:
Die blöden Trainingshosen

Links: Schiefertafel

scheint"; Ella Fitzgerald: „Porgy and Bess"; 1959 Freddy „Die Gitarre und das Meer"; Dalida „Am Tag, als der Regen kam"; Bill Ramsey „Souvenirs, Souvenirs"; Hazy Osterwald Sextett „Kriminal Tango"; Peter Kraus „Sugar Baby"; 1960 Rocco Granata „Marina"; Lolita „Seemann"; Heidi Brühl „Wir wollen niemals auseinandergehn"; Edith Piaf „Milord"; Lale Andersen „Ein Schiff wird kommen"; Elvis „It's Now or Never", „Are you lonsome tonight?"; Connie Francis „Die Liebe ist ein seltsames Spiel"; Ray Charles „Georgia on my Mind" ...

Mutter putzt und kocht und ist streng. Vater fischt und singt und pfeift und sagt *mir*, wenn ich versuch, sein Pfeifen nachzuahmen: „Mädchen,

MIT ZWERGHAHN HANS

PUPPENHOCHZEIT

ZWIEBACK-
REGATTA MIT
ONKEL OTJE

die pfeifen, und Hähnen, die kräh'n, denen wird man beizeiten den
Hals umdreh'n."

Kinder-
paradies

Unsere Insel ist ein Kinderparadies. Wir spielen draußen. Wir spielen
um den Friedhof herum, und wenn unser Ball 'rübergeflogen ist, klet-
tern wir über das Eisengitter und holen ihn uns mit mulmigem Gefühl
von einem der Gräber zurück. Wir spielen in den Gärten hinter den
Häusern. Wir spielen Tick und Versteck durch die schmalen, unüber-
sichtlichen Gänge hindurch. Wir spielen auf den Höfen mit ihren Ecken
und Winkeln, mit ihren Ställen und Plumpsklos. Wir spielen auf dem
Kopfsteinpflaster, mitten auf der Straße Völkerball, Federball, Fußball

38

und Kreisspiele: „Rote Kirschen ess ich gern …", „Der Plumpsack geht um …", „Wer im Mai geboren ist …" … Vom Trittoir[19] aus spielen wir über die Straße hinweg „Fischer, Fischer, wie hoch ist das Wasser?" Wo noch Erdboden ist, spielen wir mit Schraubenziehern Eierpick, Länderklauen, Hinkelpoot und mit Marmeln – mit Glasmarmeln und mit Tonscheißern – dibsen oder auf Loch. Im weichen Sand an der Schlei nehmen wir des anderen Kindes Hand, schleudern es wild im Kreis, lassen es los und wie es dann zu stehen oder zu liegen und zu gucken kommt, bleibt es stehen oder liegen und guckt. Dieses Spiel heißt Fratzenschneider. Und wir feiern Puppenhochzeit und Großsein und dass wir Kinder kriegen und Mutter sind.

Erst wenn die Schlei pottdicht zugefroren ist, wenn wir nach strikten Verwarnungen vor offenen und dünnen Stellen an den Strömungen vor Haddeby die Erlaubnis haben, gehen wir aufs Eis. Wir Mädchen versuchen Eiskunstlauf und die Jungs spielen Eishockey und rasen mit Segelschlitten über die Schlei. Sommersonntags segeln die Männer mit ihren Jungs, mit ihren Kähnen mit eichenlohebraungeborkten Segeln, und wir Mädchen öschen mit Öschfässern[20] das 'reingelaufene Wasser aus. Ein Mal im Jahr ist Zwiebackregatta. Bei uns bekommt der Letzte den Preis: Eine Tüte trockenen Zwieback vom Holmer Bäcker Münster.

Die einzigen Bücher bei uns zuhause sind die Bibel und das Gesangbuch. Den Duden leihen wir aus bei unserm Nachbarn Stütt. Wir kennen Lampenschirme. Wir kennen Regenschirme. Bildschirme kennen wir nicht. Aber wir kennen die Kinoleinwand: Sonntags kriegen mein Bruder und ich von Oma und Opa 'ne Mark für die Sparkassenspardose, fünfzig Pfennig fürs Kino und zwanzig Pfennig zum Vernaschen. Wir kriegen beide immer genau dasselbe. Mein Bruder spart. Ich nasch: Erdnüsse, Lakritz-Meterband, Prickel-Pit und Salinos. Weingummi, Rahmbonbons, Schokolinsen und Vivil. Mars, Bounty und Milkyway. Erfrischungsstäbchen und Schokolade. Ich krieg schlechte Zähne.

Wir Kinder vom Holm, wir sehen Dornröschen, Froschkönig, Aschenputtel und die Bremer Stadtmusikanten. Wir sehen „Aufruhr

---

19 Wir sagten wie Großmutter: „Trittoir".

20 Kleine, hölzerne Schaufeln

39

im Schlaraffenland". Wir sehen „Die Trapp-Familie" und „Sissi". Wir sehen „Dick und Doof". Wir sehen Wildwest, wir sehen „Fuzzy"[21]. Wir sehen „Die Feuerzangenbowle". Wir sehen „Die Zeitmaschine". Wir sehen Maria Schell und Ruth Leuwerik. Wir sehen Charlie Chaplin und Jerry Lewis. O.W. Fischer, Walter Giller und Nadja Tiller. Wir sehen Heinz Rühmann. Wir sehen die Wochenschau. 1961 sehen wir schwarz-weiß den Mauerbau in Berlin. (Ich weiß noch, wie es mir da im stickigen Kino mitten im August kalt über den Rücken läuft.)

Zur Chronologie:
In der eisigen Nacht vom 16. auf den 17. Februar 1962 erreicht ein Orkan der Stufe 13, erreicht eine Sturmflut mit einer gewaltigen Flutwelle tiefgelegene Hamburger Stadtteile bis hinein in die Innenstadt (Höchststand 5,73 Meter über NN am Pegelstand St. Pauli). Für eine Evakuierung ist es zu spät. Innensenator Helmut Schmidt übernimmt die Leitung des Katastrophenstabs unbürokratisch. Er setzt die Bundeswehr ein, obgleich das Grundgesetz (damals) einen solchen Einsatz nicht zulässt. Trotz dieser umsichtigen Maßnahmen sterben 315 Menschen.

Zur Musikbox:
1961 Nana Mouskouri „Weiße Rosen aus Athen"; Blue Diamonds „Ramona"; Connie Francis „Schöner fremder Mann"; 1962 Elvis Presley „Return to Sender"; Gerhard Wendland „Tanze mit mir in den Morgen"; Mina „Heißer Sand"; Pat Boone „Speedy Gonzales"; Conny Frobess „Zwei kleine Italiener"; Will Brandes „Baby Twist"; Caterina Valente und Silvio Francesco „Quando, quando" …

Immer noch Biedermeier | Bis Mitte der 1960er-Jahre ist bei uns Biedermeier. Nach außen, in Zunft und Gilde, herrschen die Männer und nach und von innen die Frauen. Seit Anfang der 1950er-Jahre ist der Fischbestand in der Schlei rapide zurückgegangen. Die Fischerei bietet weniger und weniger Familien ein Auskommen. Vater hat 1956 schweren Herzens seine geliebte Fischerei aufgegeben. Jetzt ist er Arbeiter in der Schleswiger Zuckerfabrik. Und mir wird bewusst: Ich wohn am engsten Ort der Welt. Haus an Haus. Gang an Gang. Mauer an Mauer. Gedanke an Gedan-

---

21 „Fuzzy" = Cowboyfilme mit dem urspr. Stummfilmkomiker Alfred „Al" St. John.

ke. Es wird hinter den Tüllgardinen geguckt. Es wird getraaatscht – die uralteingesessenen Sippschaften wissen übereinander so ziemlich alles, alles über alle bis hin zu jenen, die in der zweiten und dritten Schicht schon lange ohne Grabstein im schönen Rund unseres Friedhofs liegen.

Ungefähr jetzt sagt Vater schmunzelnd: „Wer Dich wohl mal bändigen sollte?!" Bei Mutter herrscht eine Mischung aus christlichem und tierischem Ernst. Die hat sie aus Angeln mitgebracht. Bei aller Liebe: Sie verprügelt uns. Warum ist sie *so* zornig?

Ich möchte zur Mittelschule. Mutter sagt: „Das können wir nicht bezahlen!" (Sie befürchtet, dass man dort seine „Lernmittel" selbst kaufen muss, dass meine Ansprüche hinsichtlich neuer Klamotten steigen, dass ich womöglich in den Turnverein will ...)

Ich bin zwölf, als mein Angeliter Großvater meinem Bruder und mir die Tanzstunde bezahlt. Dieser Großvater kann nicht tanzen. Das hat er sein Leben lang bedauert. So soll es uns nicht ergehen. Mein Bruder möchte gar nicht, aber er muss. Wir lernen Tanzen. Im „Ballhaus Hohenzollern". Ich bemerk: Ich hab Schwierigkeiten beim Paartanz und ich weiß nicht, warum.

TANZSTUNDE

Alles wird anders

1963   Im November ist Kindergeburtstag auf dem Holm. Mein Bruder ist heute 15 geworden. Ich darf – einmal – mitspielen. Die Jungs spielen Politiker. Hanselmann in Seppelkniestrümpfen, in kurzer Lederhose mit Latz, in omagestricktem Pullover, kriegt plötzlich ein langes Gesicht wie de Gaulle und hält eine kleine Rede, die richtig französisch klingt. Peter grinst bis zu den Ohren, spricht mit hochrotem Kopf irgendwie Russisch und haut mit dem Schuh auf den Tisch. Erny, der Bäckersohn, sagt: „Ich bin ein Birlinir." Mein Bruder guckt sich das an, hält sich, wie immer, zurück. Ich bin Königin Elisabeth, spür mein Brokatkleid, meine Krone, sag irgendwas auf Englisch. Das haben wir alles aus der Kino-Wochenschau und aus den Lesemappen, die jede Woche gegen neuere, aber schon drei Wochen alte (die aktuellen sind zu teuer), ausgetauscht werden. Oma liebt das „Goldene Blatt" und die „Bunte Illustrierte". Sie leidet mit Soraya. Einmal beim Lesen sagt sie halb hoch, halb platt: „Meine Güte, wat hebb se denn bloß al werder mit Soraya[22] vör?!" („Meine Güte, was haben die denn nur schon wieder mit Soraya?!).

Ich bin 13. Will leben. Will frei sein. Will raus aus den ollen schwarzen, innen angerauten Trainingshosen, die ich unter Röcken tragen muss (siehe Foto auf der Seite 37), weil Mutter noch im Mai, wenn andere schon Söckchen tragen und baden gehen, meint, dass ich mich ohne diese Hosen verkühl. Ich krempel sie unter den blöden filzigen Schirm-Rock, so wirkt der von außen jedenfalls irgendwie wie mit Petticoat. Wie ich mich freu über abgelegte Kleider von Birgit, meiner Spielkameradin aus der Nachbarschaft, die zwei Jahre älter ist als ich: Unvergesslich, ihr in Patentmuster handgestrickter rosa Traum von einem Mohair-Pullover, Wahnsinn ihr enger schwarzer Cord-Minirock mit Schlitz, die ich jetzt hab. Als mein Badeanzug (der auch ein schon abgelegter war, als ich ihn bekam) von der Rutsche im Luisenbad durchgescheuert ist, bekomm ich keinen neuen. Mutter meint kurz und bündig: „Ick strich di ’n nüe Insatz för dien Achtersten!" („Ich strick

---

22 Soraya war die erste Frau des Schahs von Persien, die verstoßen wurde, weil sie ihm keinen Thronfolger gebar.

dir einen neuen Einsatz für den Po!") Ich schäm mich. Mutter sagt: „Du bruuks di nich schaneern, wi sind arme Lüüd." („Du brauchst dich nicht zu schämen, wir sind arme Leute.")

Zur Musikbox:
1963 Stan Getz/João Gilberto „The Girl from Ipanema"; Beatles „Please please me", „I want to hold your hand", „She loves you", „Twist and shout", „Roll over Beethoven", „All my Loving", „Do you want to know a secret"; Manuela „Schuld war nur der Bossanova", „Ich geh noch zur Schule"; Freddy „Junge, komm bald wieder"; Blue Diamonds „Suki Yaki"; Chris Montez „Let's Dance"; Tornados „Telstar"; Marilyn Monroe „Happy Birthday, Mr. President".

Mit 14 bin ich zum ersten Mal in KIEL! Da denk ich noch: KIEL kommt von Kiel. Wer es nicht besser weiß, wird das sofort glauben – spätestens seit jener sogenannten zweiten Stadtgründung 1865, als KIEL zum preußisch-deutschen Marinestützpunkt erhoben wird, als 1868 bei Ellerbek die „Königliche Werft" entsteht, die Basis ist für die „Kaiserliche Werft", als der Schiffbau in KIEL mehr und mehr an Bedeutung gewinnt, weshalb sich die Bevölkerung von 1867 bis 1885 von 24.000 auf 52.000 mehr als verdoppelt, womit die Stadt binnen weniger Jahre von einer Kleinstadt zur vom Schiffbau geprägten Großstadt wird. 1964 – zum ersten Mal in KIEL!

Aber nein: KIEL kommt nicht von Kiel. KIEL geht auf die alte Bezeichnung der Gegend, „tom kyle", zurück, die für „an der Förde", „am Keil des Meeres" stand. Dann wurde KIELL daraus. Dann wurde es KIEL. (Aber so ganz verkehrt hab ich es nicht gedacht: Der Schiffs„kiel" hat sprachlich dieselbe Wurzel und beschreibt das ursprünglich immer keilförmig zulaufende, untere Schiff. – „Keil" heißt auf Plattdeutsch „Kiel", sodass wir davon ausgehen können, dass der Name dieser Stadt auf das Plattdeutsche zurückgeht!) – Jetzt ist 1964 und das Wirtschaftswunder[23] hat längst begonnen. Bei HDW werden wieder Schiffe gebaut. Die Werft hat 13.000 Beschäftigte! 1953 schon war in der Hoffnung, Wirtschaftswunder

---

23 1953 schon veröffentlicht die britische Zeitung „The Herald" in einer Aufstellung über die führenden Handelsschiffswerften der Welt die Deutsche Werft Hamburg mit 147.000 BRT und die Kieler Howaldtswerke mit 129.000 BRT an erster und zweiter Stelle. Aus: Von Howaldt zu HDW, Christian Ostersehlte, Koehlers Verlagsgesellschaft, Hamburg 2004.

DER NEU GEBAUTE 65.000-T-RIESENTANKER „OLYMPIC CHALLENGER" BEI
HOWALDT, 1958

dass wieder Freundschaft mit den nordischen Ländern entsteht, die
Bundesbahnfähre „Deutschland" vom Stapel gelaufen, die zwischen
Großenbrode und Gjedser verkehrt. 1955 wurde – trotz massiver Widerstände der Bevölkerung – die Bundeswehr gegründet. Seit 1956 sind
die Blauen Jungs wieder da, sind mit Kriegsschiffen auf den Meeren
unterwegs. 1958 war Onassis zur Taufe seines 65.000-Tonnen-Riesen-
tankers „Olympic Challenger" in KIEL.

Jetzt bin ich zu Besuch bei Vaters Cousine, Tante Lisa, eines der Gör'n,
die bei Tante Elle und Onkel Otje in der Gerhardstraße aufgewachsen
sind. Sie hat auf dem Oberpräsidium in Schleswig gelernt und dann
bei der Landesregierung in KIEL gearbeitet. Jetzt ist sie verheiratet,
wohnt in Hassee, in der Schleswiger Straße und ist Hausfrau. Tante
Lisa und Onkel Heinz haben mich mit dem Auto in Schleswig abgeholt. Am nächsten Tag fahr ich mit Tante Lisa zum ersten Mal mit der
Straßenbahn in die Kieler Innenstadt (da gibt es ihn noch, den Schaff-
ner mit jenem patenten Kleingeldautomaten um den Bauch, der rum-

SCHIFFSTAUFE DER „OLYMPIC CHALLENGER". BILDMITTE: ARISTOTELES
ONASSIS, RECHTS DANEBEN FRAU WESTPHAL (FRAU DES WERFTDIREKTORS)

kommt und kassiert und die Fahrkarten abknipst). Und dann gibt es
für mich nichts Schöneres, als allein zu Fuß von der Schleswiger Straße
in die Innenstadt: Hamburger Chaussee, Sophienblatt, Hummelwiese, Andreas-Gayk-Straße (da weiß ich noch nicht, wer das ist). Und
dann, wie dann mein Herz hüpft, wenn ich 'reinkomm bei C & A![24] Bei
Karstadt Ecke Holstenstraße/Alter Markt kauf ich mir vom Taschengeld von Oma und Opa (von den Eltern gibt es keins) einen hellblauen,
ärmellosen Rippenpulli aus Synthetik, der „Sexypulli" heißt. Das ist
jetzt der letzte Schrei. Der Mann meiner Tante, der bei Karstadt Abteilungsleiter in der Herrenkonfektion ist, wird wütend, als er mich   Fassbin-
abends darin sieht. Es ist Fassbinderzeit.[25]   derzeit

---

24 Unvorstellbar damals, dass C & A 2015 eine „Flüchtlingsunterkunft" sein wird.

25 Rainer Werner Fassbinder sollte wenig später mit seinen Filmen die spießige Nach-
kriegsgesellschaft dokumentieren, u. a. „Liebe ist kälter als der Tod" ('69), „Die
Sehnsucht der Veronika Voss", „Effi Briest", „Angst essen Seele auf" ('79), „Die Ehe
der Maria Braun" ('79), „Lili Marleen", „Lola" ('81) – mit den Schauspielerinnen
und Schauspielern Hanna Schygulla, Rosl Zech, Brigitte Mira, Klaus Löwitsch,

Zur Musikbox:

1964 Marianne Faithfull „As tears go by"; Trini Lopez „If I had a Hammer", „America"; Beatles „Love me do"; Pat Boone „Memphis Tennessee"; Tony Sheridan „Skinny Minny"; Roy Orbison „Pretty Woman"; Cliff Richard „Sag No zu ihm"; Millie Small „My Boy Lollipop" ...

1965 Als ich mit 15 ausgehen will, sagt Mutter: „Nee!" und Vater sagt: „Du hess jo al werder Briketts op de Oogen?!" („Du hast ja schon wieder Briketts auf den Augen?!"). Er mag nicht, wenn ich mir die Wimpern tusch und mir Lidstriche zieh. Dabei haben sich unsere Vorfahren in Haithabu schon vor über tausend Jahren die Augen so ähnlich angemalt! Zu toupiertem Haar sagen die Alten: „Wat sind dat denn för Möörnester?" („Was sind das denn für ..." – Nester aus Heu, in die man die Winteräpfel legte, die, vor dem Frost geerntet, dort die richtige Reife bekamen).

Zum Mick-Jagger-Poster über meinem Bett sagt Vater: „Dor kanns jo bang för warrn!" („Vor dem kann einem ja angst und bange werden!").

Es macht mich tieftraurig, mit welchen Wörtern Mutter mir jetzt oft begegnet (die ich bis heute nicht in den Mund nehmen mag). Ich versteh die Erwachsenen nicht. Ich hab noch keinen „schlimmen" Gedanken gehabt. (Später weiß ich: Das war in aller Unbeholfenheit ihre gesellschaftliche Angst, ihre Gottesfurcht, ihr: „Wat sött de Lüüd denken?!"/ „Was sollen die Leute denken?!" Die Furcht der Eltern – die meist selbst hatten heiraten *müssen* –, dass ihre Töchter vorzeitig und/ oder von einem unpassenden Mann schwanger werden könnten, war aus heutiger Sicht unvorstellbar groß. Viele Mädchen hatten das Leid einer Abtreibung erfahren – mit Grüner Seife zuhause oder bei einer Engelmacherin. Viele der Frauen waren danach verblutet oder wären, wie Tante Lisa, beinahe verblutet und konnten dann nie mehr ein Kind kriegen. Uns Mädchen wurde „die Schande eines unehelichen Kindes" vorgehalten. – Warum wurde das Schöne so vergiftet?) Dass die Alten feiern, singen, trinken und lieben, dass sie sie vergessen wollen, „die schlechte Zeit", wie sie sie nennen, kann ich verstehen.

Gian Carlo Giannini, Armin Müller-Stahl, Barbara Sukowa, Mario Adorf, Helga Feddersen ... (Sie wurden allesamt berühmt!)

Wir Kinder werden zur Verschwiegenheit ermahnt, wir sollen draußen nicht erzählen, was zuhause passiert und besprochen wird. Wir müssen pünktlich sein. Wir müssen höflich sein. Mutter sagt: „Nich, datt du anner Lüüd op de Döör liggst, datt du dor wullmöglich vör de Flimmerkist sitten deist!" („Nicht, dass du anderen Leuten zur Last fällst, dort womöglich vor dem Fernseher sitzt!"). Wir werden regelmäßig vor Gefahren gewarnt: Nicht gleich nach dem Mittagessen baden, zwei Stunden warten, sonst platzt der Magen; nicht zu weit 'rausschwimmen, man könnte einen Krampf kriegen und ertrinken; bei Einbruch der Dunkelheit nach Hause kommen; die Ofenluke im Kinderzimmer schließen, wenn der Ofen durchgebrannt ist, sonst ist man am nächsten Morgen tot (Kohlenmonoxidvergiftung!). Wir gehorchen.

Zur Musikbox:
1965 Beatles „And I love her", „I'm a Loser", „A Hard Day's Night", „Mr. Moonlight", „I should have known better", „Another Girl", „Rock and Roll Music", „Michelle", „Girl", „Norwegian Wood", „Help", „Yesterday", „I need you"; John Travolta und Olivia Newton-John „You're the one that I want"; Sonny and Cher „I got you Babe; Bob Dylan „Like a Rolling Stone", „I really want you to do", „It's all over now, Baby Blue"; Rolling Stones „Satisfaction", „The last Time", „Time is on my Side"; The Walker Brothers „The Sun ain't gonna shine anymore"; Petula Clark „Downtown"; France Gall „Poupée de Cire, Poupée de Son"; Cliff Richard „Das ist die Frage aller Fragen"; Wanda Jackson „Santo Domingo"; Byrdes „Mr. Tambourine Man"; Peggy March „Mit 17 hat man noch Träume"; The Renegades „Cadillac"; Diana Ross & The Supremes „Stop! In the Name of Love" …

Ich will weiter zur Schule gehen! Ich will Innenarchitektin werden! 1966 (ich mal dauernd Häuser und richte mit Pinsel und Tusche Wohnungen ein). Oder: Ich will Modezeichnerin werden! (ich mal dauernd Frauen in schönen Kleidern; nähte schon mit drei bei meiner Tante, die Schneiderin war, die mir später erzählte, dass ich die Knopflöcher mit meinen Mausezähnchen in den Stoff gerissen haben soll). Oder: Ich will Sprachen lernen. Ich will als Au-pair-Mädchen ins Ausland. Ein Jahr Italien! Ein Jahr England! Ein Jahr Dänemark! Ich will weg, weg, weg! Aber daran ist gar nicht zu denken. Mutter und Vater sagen:

„Mädchen heiraten ja doch!" (Das Leben als Frau schien einzig auf dieses Streben ausgerichtet zu sein.) Als Mutter mal wieder sagt: „Wir haben kein Geld", bezahlt Onkel Otje (siehe Kapitel „Vorspiel" und „KIEL ins Ohr gesetzt") mir – schon im zweitletzten Schuljahr – meinen ersten Steno- und Schreibmaschinenkurs. Ich lern Steno, ich lern Eilschrift, ich lern Tippen im Schleswiger Stenografenverein. Meine Lehrer (die sich dort nebenberuflich für den Nachwuchs einbringen) und einige Lehrsätze: Uwe Mahnke – Steno: „Sag nicht, ich werde. Sag nicht, ich will. Greife dein Werk an und handle still." Günther Marten – Schreibmaschine, Zehn-Finger-System auf der uralten Continental – blind – mit eingeklemmtem Blatt Papier über den Händen über der Tastatur aus silber gerahmtem Plexiglasrund mit schwarzen Buchstaben auf Weiß: „Die Geschwindigkeit nicht auf Kosten der Sicherheit erhöhen." Hella Marten – Eilschrift: „Gehe unvoreingenommen und zuversichtlich an die Häkchenregel heran." Die Aufregung zur Vereinsmeisterschaft … Der alljährliche Stenoball in Ravens-Hotel, dem ersten Haus am Platz, wo (noch bis in die 1960er-Jahre hinein) Pagen vor der Tür die Gäste in Empfang nehmen, die in glänzenden, schwarzen Karossen vorfahren …

Im März ist erstmal Konfirmation (= Bestärkung). Es ist (noch) Tradition, dass schon Tage vorher eine Kochfrau ins Haus kommt, sogar bei uns armen Leuten. Unter ihrer Regie wird das Silber gewienert, wird das gute Elfenbeinporzellan abgewaschen und poliert, werden Speisen vorbereitet … Der Tag dann in Gottesfurcht und tierischem Ernst. Um halb zehn rufen uns die gewaltigen Glocken in den großen, alten, hohen, dunkelbunten Dom: Frierendes Etwas mit blondem Bob im Kleinen Schwarzen aus Wollgeorgette – mit Bolero. In den ersten Nylons – schon ohne Naht, aber noch komisch befestigt. In ersten Pumps – wöddelig (wackelig wie auf Wurzeln) durch die Mitte voller Bänke, beobachtet von der Gemeinde der Gläubigen. Die strenge Predigt. Die gewaltige Orgel – warum ist sie *so* zornig? Fromme Lieder. Die Urkunde. Jetzt bin ich konfirmiert. Zuhause warten die vielen Geschenke, die während des Kirchgangs abgegeben worden sind … Aber erstmal das gute Essen mit der damals noch großen, großen Sippe.

Die Geschenke: jede Menge silberne Kaffeelöffel (bei uns im Südjütländischen spricht man Kaffee wie in Dänemark, mit einem kurzen „e"!), Kuchengabeln, einige Esslöffel, die große Suppenkelle mit Gravur von Großmutter aus Angeln (*der* Großvater, dem *zwei* Weltkriege in den Knochen saßen, ist schon gestorben). Ein goldenes Armband von den Holmer Großeltern. Eine goldene Armbanduhr von der Patentante. Ein Wecker. Von Holmer Frauen umhäkelte Spitzentaschentücher. Mehrere Frisierumhänge. Eine Lederhandtasche. Zwei Strumpftaschen. Drei Kulturtaschen. Kultur*taschen*??? Kein Geld. „Geld schenkt man nicht!"

Viel wichtiger als die Konfirmation ist mir, um Mittsommer zum ersten Mal bei den Feierlichkeiten der Erwachsenen zur Holmer Beliebung dabei zu sein – in tantegenähtem langen Abendkleid mit Marschmusik durch die Stadt zu marschieren (diese bis ins Mark betörende Marschmusik, bei der es mir immer gerade noch so gelingt, mich daran zu erinnern, zu was allem *diese* Musik verführt hat ...). Und dann die ganze Nacht durch den Hohenzollernsaal wogen, der von uns Holmern, der von Jasmin- und Flieder- und Nelken- und Rosenduft, von Köm- und Biergeruch, der von lebendiger Musik, der von Frohsinn *über*füllt ist. Tanzen. Tanzen und tanzen. Und zum ersten Mal trinken.

Aber erstmal beginnt am 1. April das Berufsleben. Vater hat mir eine Rathaus
Lehrstelle im Rathaus besorgt, beim Stadtbürodirektor, Hans Reincke (der vom Holm stammt, dessen Vater Fischer ist). Jungs werden Beamte. Mädchen werden Bürogehilfinnen. Der erste Tag im Rathaus ist wirklich der 1. April. Im Hauptamt kriegen wir neuen Lehrlinge mit, wie ein älterer Lehrling offenbar von Büro zu Büro geschickt und zuvor telefonisch angekündigt wird: Er soll die Impulse holen ... Wie gemein! Böberster für die Ausbildung der Lehrlinge ist Amtmann Rasmussen (an den ich *nur* gute Erinnerungen hab). Er „verpflichtet" uns am ersten Tag „zur Verschwiegenheit" (mir werden Dinge anvertraut werden, über die ich zu schweigen hab, mir wird klar, was es bedeutet, vertrauenswürdig zu sein). Dann werden wir auf verschiedene Ämter verteilt. Ich soll erstmal ins Schul- und Kulturamt (das damals seinen Sitz im „Martha-Haus", im Haus der Volkshochschule in der Königstraße hat). Ich bin irritiert. Ich hab gedacht, ich fang im Rathaus an, brauch zur Mittagspause nur die Fischbrückstraße runter ... Der Kulturreferent Dr. Christiansen, „Dr. Theo", wie die Kolleginnen und Kollegen ihn nennen, hat für Schleswig gerade (sich der Bedeutung seiner Stadt bewusst) den Begriff „Schleswig – Spek-

trum europäischer Kultur" geprägt. Das ist auch der Titel der neuen
Broschüre des Touristbüros. – „Dr. Theo" schärft meinen Blick für
meine schöne Stadt. Er nimmt mich mit auf Fototour. Er will vor
dem bevorstehenden Abriss großer Teile historischer Stadtquartie-
re jedes einzelne Haus fotografieren und dokumentieren. – Ich erleb
die Schauspieler und Schauspielerinnen, die im Schul- und Kultur-
amt ein- und ausgehen (darunter Dietrich Mattausch, der später als
Fernsehschauspieler bekannt werden wird). Frollein Sill und Frollein
Nieber überreden mich zu einem Schülerabonnement. Ich geh ins
Theater, ins schöne Stadttheater am Lollfuß, das ich schon von den
Aufführungen des alljährlichen Weihnachtsmärchens kenn. In den
Pausen bewunder ich die Miniaturen der Bühnenbilder, die im Foyer
ausgestellt sind. (In mir sind bis heute Szenen der Aufführungen von
„Iphigenie auf Tauris", „Tartuffe", „Der eingebildete Kranke", „Wind
in den Zweigen des Sassafras" … lebendig). Später, in der Lohn- und
Gehaltsabteilung, an der alten, schwarzen Buchungsmaschine mit be-
stimmt zwei Meter langem Wagen, mit Zählwerken für die einzelnen
Lohnstreifenpositionen, mit Tasten mit Buchstaben unter Plexiglas,

erfahr ich, dass die Schauspieler, die Schauspielerinnen die gerings-
ten Gehälter bekommen (das macht mich bis heute fassungslos – sie
sind Künstler, sie verstehen sie nicht nur, sie können all die vielen
Rollen auswendig, sie halten uns Spiegel vor, sie sind großartig ...).
Dann holt der Stadtbürodirektor, der Holmer Fischersohn, mich für
längere Zeit ins Hauptamt. Während der Ratsversammlungen sitz
ich neben ihm im altehrwürdigen Ständesaal.[26] Lern Protokollfüh-
ren. Ich bemerk, ich bin mitunter ganz schön verträumt. Ich bemüh
mich um Konzentration! Wenn ich mein Büro verlass, um irgendwas
im Haus zu erledigen, muss ich am Zimmer des Stadtbürodirektors
vorbei, klacker auf meinen Pumps über das Stragula, komm nie ungeschoren vorbei. Er ruft mich jedes Mal zu sich 'rein. Ich bemerk:
Er macht sich einen Spaß daraus. Von nun an zieh ich meine Schuhe
aus, geh strumpfsock an seiner Tür vorbei. Ich komm beinah durch
alle Ämter. Erleb, lern *ungefähr*, wie Kommunalverwaltung geht
(nicht nur der Blockunterricht in der Verwaltungsfachschule in Bor-
desholm, auch der verwaltungsinterne Unterricht im Rathaus ist nur
für Beamtenanwärter. Wie blöd! Es hätte doch nichts gekostet, wenn
wir Mädchen uns – beim Unterricht im Rathaus – dazugesetzt und
mitgelernt hätten). Das Beamtische, das Pinnschieterige (das Überge-
naue) ist (und bleibt) mir fremd. Machtausübung, Unhöflichkeit und
Wichtigtuerei von Beamten gegenüber Bürgern, die ich ab und zu
miterleb, sind mir peinlich.

Zur Musikbox:
1966 Beatles „Eleanor Rigby", „When I'm sixty-four", „Paperback Writer",
„Fixing a Hole", „Yellow Submarine", „Getting better", „Lovely Rita",
„Strawberry Fields forever", „We can work it out"; Rolling Stones „Have
you seen your Mother, Baby", „Paint it black", „Get off of my cloud",
„19th nervous Breakdown"; Simon and Garfunkel „The Sound of Silence";
Beach Boys „Sloop John B.", „Barbara-Ann"; Troggs „With a Girl like
you"; Cher „Bang Bang"; Nina Simone „Take me to the Water"; Barbra
Streisand „People"; Al Martino „Spanish Exes"; Frank Sinatra „Strangers
in the Night"; Chris Andrews „Yesterday Night"; Dave Dee, Dozy, Beaky,
Mick & Tich „Bend it"; Mamas & Papas „Monday, Monday"; Nancy Sinatra „These Boots are made for walking"; Udo Jürgens „Merci, Chérie", „17
Jahr, blondes Haar" ...

Einmal eine Einladung von Matrosen

Meine Kollegin Anke und ich stehen im Ständesaal bereit. Unter der Regie der Hausmeisterfrau, Hedwig Mumm, der Seele der Ratsteeküche, sollen wir Sekt ausschenken und belegte Brötchen servieren. Das Küstenminensuchboot „M.S. Schleswig" ist in seiner Patenstadt zu Besuch. Die Besatzung wird im Rathaus empfangen. Jetzt seh ich sie endlich einmal aus der Nähe: Offiziere in schneidigen, marineblauen Uniformen mit goldenen Knöpfen, mit bedeutenden goldenen Streifen, mit Orden und Ehrenzeichen. Jetzt seh ich sie endlich einmal aus der Nähe: Matrosen wie Vater einer war, mit blau-weiß-gestreiften Matrosenkragen und -mützen mit blauen Bändern mit goldener Schrift ... – Beim Sekteinschenken kommt es dazu, dass zwei der Besatzungsmitglieder Anke und mich einladen, sie wollen abends mit uns tanzen gehen. Als wir als wohlerzogene Töchter unseren Chef, den Stadtbürodirektor, dem wir mit ziemlichem Respekt gegenüberstehen (der mir im Rückblick in seiner markanten Zwei-Meter-Statur, in seinem Auftritt und in seinem Ton als für den altehrwürdigen[26] Schleswiger Ständesaal geschnitzt erscheint), fragen, ob wir der Einladung folgen dürfen, sagt der: „Denn binnt sick man de Ünnerbüxen dicht." („Dann bindet euch man die Unterhosen zu." – Wie es den Alten gelang, mit einem einzigen plattdeutschen Satz jedweden Zauber vom Himmel zu holen ...). Anke und ich haben trotzdem die Einladung angenommen. Anke hatte schon ein Auto. Wir fuhren mit ihrem Käfer. War er gelb? War er hellblau?

Nach der Lehre komm ich erstmal für einige Monate in die Ratskanzlei. Da gibt es schon Tipp-Ex auf dem Büromaterialienmarkt, aber das ist eine ziemlich bröckelige Angelegenheit. Stenotypistinnen und Sekretärinnen träumen von Tippfehlerkorrektur wie von Zauberhand, glauben aber nicht, dass es die jemals geben wird. Dann komm ich

---

26 Im altehrwürdigen Schleswiger Ständesaal fand 1836 die „Erste Ständeversammlung" des Landesteils Schleswig statt. Die Französische Revolution hatte neue Ideen von Herrschaft mit sich gebracht, die bei Weitem noch keine Demokratie bedeuteten, nach denen aber in nichtöffentlicher Sitzung der Wille des Volkes von Abgeordneten mit beratender Funktion artikuliert werden sollte, die nur ihrem Gewissen verantwortlich sind. Uwe Jens Lorensen bemühte sich um ein „Verfassungswerk in Schleswig-Holstein", das 1841 erschien.

zurück ins Hauptamt. Da steht schon
eine der ersten elektrischen Schreibmaschinen. Wenn die Vorzimmerdame des
Bürgermeisters in Urlaub oder krank ist,
sitz ich im Vorzimmer von Bürgermeister Dr. Werner Kugler (1955 bis 1973). Eine
Persönlichkeit! Bedeutungsvolle Aus-
strahlung. Ungefähr 1,78 groß. Schmiss
am Kinn. Schon weißes Haar. Dunkel-
blauer Anzug, gestärkter Kragen, Fliege,
polierte Schuhe (waren es Lackschuhe?).
Bei besonderen Anlässen Stresemann. Er

Ganz rechts: Dr. Kugler
am Ältermannstisch der
Holmer Beliebung

ist so elegant. Er raucht wie Großvater Zigarren, aber nicht aus Papp- Beim
schachteln, aus Holzkisten. Und Zigarillos wie Vater, aber aus Blech- Bürger-
schachteln. Er ist Mozartliebhaber. Von ihm hör ich zum ersten Mal meister
das Wort „Köchelverzeichnis", lern: Das ist Mozarts Werkverzeichnis,
das Ludwig von Köchel erstellt hat. Der Herr Bürgermeister kennt das
Köchelverzeichnis auswendig. Wie aufgeregt ich bin, wenn ich beim
Diktat stenografierend vor seinem Schreibtisch sitz. Wenn ich an der
tollen, neuen, roten IBM-Kugelkopfmaschine in seinem Vorzimmer
sitz und tipp. Wenn ich ihm die Unterschriftenmappe bring. Wenn er
sie mir zurück ins Vorzimmer reicht. Dr. Kugler ist *sehr* freundlich.
Alte Schule. Man kennt sich.[27] Herr Dr. Kugler ist Ehrenmitglied unserer „Holmer Beliebung". Er hat große Wertschätzung für die Holmer
Fischerzunft, für die Männer vom Holm.

Schleswig hat seit 1958 Städtepartnerschaften. Mit Hayes and Harling- 1967
ton, einem Außenbezirk von London, der inzwischen eingemeindet Städte-
wurde und jetzt Hillingdon heißt. Und mit Mantes-la-Jolie bei Paris. partner-
Diese Partnerschaften sind nach dem Krieg entstanden, um die Völ- schaften
ker zu versöhnen. Es soll ein Europa der Bürger entstehen. Als Lehrling der Stadtverwaltung kann ich in diesem Sommer am Schüleraus-
tausch teilnehmen. Meine Eltern machen mir die Hölle heiß, malen
mir aus, was alles passieren könnte … Aber ich setz mich durch. Ich

---

27 Großvaters Bruder (Corl) war von 1949 bis 1962 Ältermann, Großvater (Deten) war
Buchhalter der „Holmer Fischerzunft".

fahr nach Frankreich! Ich bin bei der Familie Harnois untergebracht, beim Blumenhändler von Mantes-la-Jolie. Wie gastfreundlich, wie charmant die Franzosen sind. Wir fahren zur Floralies nach Orléans. Wir sehen das Schloss in Fontainebleau. Wir sehen die Kathedrale in Chartres. Wir fahren ans Meer, nach Cabourg. Wir fahren nach Paris. (Ich denk an meinen Angeliter Großvater, der im Krieg hier war. Wie hat er von dieser Stadt geschwärmt!). Es sind unvergessliche Tage. (Ich weiß noch die mit Portwein gefüllte Honigmelone als Vorspeise zum sechsgängigen Abendessen im „Centre Administrativ" – ich hatte noch nie eine Melone gegessen. Ich weiß noch den Tanz mit Gilbert in der Diskothek bei Procol Harums „A whiter Shade of Pale" – overdressed in hellblauem Perlonkleid mit gesmoktem Oberteil. Ich weiß noch, wie gehemmt und verklemmt ich mich als Deutsche in Frankreich gefühlt hab – über zwanzig Jahre nach dem Krieg.)

Kino   Wir gehen ins Kino. Jetzt naschen wir „Rolo zu zweit", denn wir sind „alt genug, alles zu teilen" (wie es in der Werbung hieß). Wir sehen den Neuen Deutschen Film. Wir sehen Oswald Kolle. Vater sagt zu meinem Bruder und mir: „Anundförsick sull ick ji nu jo mol opklärn, over ji wött dat jo gor nich höörn." (An und für sich sollte ich euch jetzt ja mal aufklären, aber ihr wollt das ja gar nicht hören."). Wir sehen „Das Schweigen". Wir sehen „Es". Wir sehen Humphrey Bogart und Ingrid Bergmann. Katharine Hepburn und Spencer Tracy. Romy Schneider und Alan Delon. Sophia Loren und Marcello Mastroianni. – Italienische Filme, jedwedes italienische Stichwort, lösen bei Vater weiterhin italienische Anfälle aus, ohne Ankündigung beginnt er fließend Italienisch zu sprechen und zu singen. (Die Anfälle treten immer wieder auf. Als mein Kind sie später erlebt, sagt es: „Mama, wenn Opa von Italien erzählt, dann hört sich das nicht an, als wenn er da im Krieg war, das hört sich an, als wenn er da in Urlaub war.")

Zur Musikbox:
1967 ist der sogenannte „Summer of Love": Scott McKenzie „San Francisco"; Beatles „All you need is Love", „Lucy in the Sky with Diamonds", „With a little Help of my Friends"; Rolling Stones „Ruby Tuesday", „Let's spend the Night together"; Bee Gees „Massachusetts", „To love somebody"; The Moody Blues „Nights in white Satin"; Nancy Sinatra und Lee

Hazlewood „Summer Wine"; Herman's Hermits „No Milk today"; Band Procol Harum „A whiter Shade of Pale"; Nancy and Frank Sinatra „Something stupid"; Tom Jones „Green, green Grass Of Home" …

Mit großem Interesse verfolg ich in den Lesemappen, in der Wochenschau im Kino, im Fernsehen (seit 1967 haben wir einen Fernseher) die „Studentenunruhen" in Berlin, in Paris, in den USA … '68, das schon 1967 begonnen hat, übt mit einer weltweiten Jugendbewegung Vergangenheits-, Gegenwarts- und Zukunftskritik, die mir richtig erscheint! – „Nachkriegskinder" wenden sich gegen die wieder in Amt und Würden eingesetzten Nazis, die sich gewaltiger Verbrechen mitschuldig gemacht haben. Sie beginnen mit der Eltern- und Großelterngeneration eine Auseinandersetzung über das „Dritte Reich". Die einen fragen: „Wie konntet ihr das zulassen?" oder „Warum habt ihr mitgemacht?". Die anderen fragen: „Warum habt ihr nichts gegen die Nazis unternommen?" Ich frag meine Eltern: „Warum habt ihr nicht *mehr* gegen die Nazis unternommen?" Mutter sagt: „Wenn man dor gegenan güng, keem man glieks achter Schlott und Riegel." („Wenn man sich dem Regime widersetzte, kam man sofort ins Gefängnis.") Vater sagt: „Wenn ick mi weigert harr, as ick inberoopen wurr, harr man kotte Prozess mit mi mookt, denn harr man mi dootschotten." („Wenn ich mich der Einberufung verweigert hätte, hätte man kurzen Prozess mit mir gemacht, dann hätte man mich erschossen.") – Die Bewegung mischt sich in den Ost-West-Konflikt ein, dessen Dramen sich vor allem in Berlin abspielen. Sie richtet sich gegen den irrsinnigen Vietnamkrieg, in dem die USA schon 1965 in einem ersten Einsatz zur Entlaubung von Wäldern 72 Millionen Liter des Unkrautvernichtungsmittels „Agent Orange", ein erbgutschädigendes Dioxin, abwarfen, wodurch viele 100.000 Menschen erkrankten, unter schweren Behinderungen litten (und leiden – Ungeborene werden bis heute geschädigt). – Die Bewegung zeigt tiefes Misstrauen gegen die Große Koalition in Bonn, mit der neunzig Prozent der Parlamentarier die Regierungsparteien repräsentieren, sodass ihr eine wirkungsvolle demokratische Kontrolle nicht mehr möglich erscheint. Da ist die Diskussion über die „Notstandsgesetze", welche die Handlungsfähigkeit des Staates in Krisensituationen sichern sollen. In großen Teilen der Bevölkerung hat sich die Sorge ausgebreitet, dass diese Gesetzgebung ein neues „Ermächtigungsgesetz"

1968
Studentenunruhen

(1933) bedeuten könnte. – Die Bewegung richtet sich gegen Hunger und Krieg und Herrschaft in der Welt. Dutschke sieht (jetzt schon!) das Wirtschafts- und Sozialsystem der Bundesrepublik Deutschland als Teil eines weltweiten, vielschichtig zusammenhängenden Kapitalismus, der alle Lebensbereiche durchdringe und die lohnabhängige Bevölkerung unterdrücke. – Da ist der Kampf der Studentinnen und Studenten für bessere, für demokratische Studienbedingungen, Mitbestimmung an den Universitäten … Die Nachkriegskinder formulieren eine Vorstellung davon, wie eine andere Gesellschaft aussehen könnte und versuchen, die Veränderung zu leben. – Vater sagt über Dutschke: „Polit-Rowdy" und Mutter sagt: „Warr bloß nich mol so'n Oolsche as Rosa Luxemburg." („Werd nur nicht mal so eine Person wie Rosa Luxemburg!") Ich möchte raus! Ich möchte nach Berlin oder nach San Franzisco oder jedenfalls nach KIEL!

Wiking-Turm Ende der 1960er-Jahre befindet sich in Schleswig das WIKING-Projekt in Planung, das direkt am äußersten Ende der Schlei, auf der alten Gashalbinsel entstehen soll, dort, wo sich einst Gottorfs Küchengarten befand. Die Modelle des Architektenwettbewerbs sind im Ständesaal ausgestellt. (Ich seh sie noch vor mir …) Mir gefallen die südländisch wirkenden, vom Wasser aus in Terrassen sanft ansteigenden Modelle am besten. Sie werden „mediterran" genannt. Der Rat entscheidet sich mehrheitlich für den neunzig Meter hohen, achteckigen Turmbau, der in Schloss Gottorfs Nachbarschaft stehen soll. Der Bürgermeister ist auch dafür. Die Bevölkerung protestiert heftig, sie ist der Auffassung, dass dieser Turm das harmonische Stadtbild zerstört. (Die Proteste dauern auch noch während der Bauphase an. Als gebaut wird, als der Architekt des Vierzig-Millionen-DM-Projekts, Dr. Hisam aus Westerland, Konkurs anmelden muss, als 1973 (offenkundig deshalb) Bürgermeister Dr. Kugler den Freitod wählt, als er von den Holmern zu Grabe getragen und auf dem Holmer Friedhof bestattet wird, bin ich schon weg.)

Zur Chronologie 1968:
Im Januar beginnt der „Prager Frühling".
Der Vietcong drängt gegen die Amerikaner bis Saigon vor.
Martin Luther King wird erschossen. Die Studentenrevolte verschärft sich. In vielen deutschen Städten kommt es zu Demonstrationen und zu

Übergriffen auf den Springer-Verlag, dem eine verzerrte Berichterstattung vorgeworfen wird. In Berlin, in Paris toben Straßenschlachten zwischen Studenten und Polizei. Auf Rudi Dutschke wird am Gründonnerstag ein Attentat verübt. Der Bundestag verabschiedet mit 384 gegen 100 Stimmen die Notstandsverfassung, gegen die es im Mai viele Proteste und Demonstrationen gegeben hat. Im August marschieren Ostblocktruppen in die Tschechoslowakei ein, Präsident Dubček wird verhaftet. Die USA, Großbritannien und die UdSSR unterzeichnen den Atomwaffensperrvertrag. Papst Paul VI. bekräftigt die Ablehnung aller künstlichen Verhütungsmittel durch die Kirche. Das Pillenverbot stößt angesichts der Bevölkerungsexplosion auf Kritik auch in katholischen Kreisen.

Zur Musikbox:
Beatles „Hey Jude", „Across the Universe", „Blackbird", „Lady Madonna", „Come together", „Here comes the Sun", „Let it be", „Something"; John Lennon „The Ballad of John and Yoko"; Louis Armstrong „What a wonderful World"; Joe Cocker „With a little Help from my Friends"; Esther + Abi Ofarim „Morning of my Life"; Mary Hopkin „Those were the Days"; Bee Gees „Words"; Udo Jürgens „Mathilda" …

Auf das Vorzimmer des Bürgermeisters besteht keine Aussicht. Es ist besetzt. Bruno, mein Lehrkollege, macht mich auf eine Stellenanzeige in der Landeszeitung aufmerksam: „Kultusminister Prof. Dr. Braun sucht ‚jüngere zweite Sekretärin'." Ich schreib eine Bewerbung. Ich werd zur Vorstellung eingeladen. Bruno fährt mich in seinem Käfer nach KIEL. Der Personalchef empfängt mich, ein sehr freundlicher, alter Herr, der sagt: „So jung hätten wir eigentlich nicht gedacht." Er sieht sich meine Bewerbungsunterlagen an. Er stellt mir gleich die Stelle in Aussicht. Aber der Minister ist nicht im Haus. Ich soll noch einmal kommen, soll mich ihm persönlich vorstellen. Als ich meinen Eltern meinen Ausflug beichte, heißt es: „Nee! Dor kümms Du uns bloß ünner de Röder!" („Nein, da kommst Du uns nur unter die Räder!" – in diesem Fall wohl besser gesagt: unter den Kiel oder in die Schraube. Das ist alte Angst.) Ich muss absagen. (Das hat mein ganzes Leben durcheinandergebracht!) Aus Trotz verlob ich mich und bewerb mich als Chefsekretärin beim Ersten Direktor der Kreissparkasse Schleswig.

1969/71
KIEL:
erster
Versuch

Werd angenommen. Fahr mit dem Omnibus nach KIEL. Kauf mir bei Chick & Anmut (C & A) neue Klamotten für meine neue Arbeitsstelle. Ich seh mich noch auf dem Weg zum ersten Arbeitstag: Unterm pinkfarbenen Maximantel mintfarbener Rolli, cremefarbener Strickminirock mit Fransen gesäumt, beige Wildleder-Riemchen-Pumps. Ich geh in das wunderschön zuckerbäckerstuckverzierte Haus Ecke Stadtweg/Bismarckstraße (das wenig später abgerissen werden wird, der Neubau dahinter ist schon in Arbeit). Der altehrwürdige erste Sparkassendirektor Alfred Miethke (Vater des später als Präsident des Sparkassen- und Giroverbandes bekannt gewordenen Dr. Jürgen Miethke) ist gerade in den Ruhestand verabschiedet worden. Guckt mitunter noch mal 'rein, trinkt mit seinem Nachfolger Franz Bank, der jetzt mein Chef ist, ein Glas Wein. Ich lern, dass man nach dem Entkorken die Bleihülle bis auf die Hälfte sauber vom Flaschenhals nimmt. Franz Bank ist von KIEL nach Schleswig gekommen. War Leiter der Kreditabteilung der KIELer Spar- und Leihkasse. Ich weiß noch, wie es sich in mir dreht, als ich zum ersten Mal mit den frisch ins Formular getippten Börsenkursen, die, wie aufregend!, mit dem Fernschreiber gekommen sind, die gewundene Marmortreppe mit goldenem Geländer ins Erdgeschoss zum zweiten Direktor Scharrel runterweh. „Er ist streng!" heißt es. Er ist freundlich. Er unterschreibt. Wenig später stehen die Börsenkurse eingerahmt im Sparkassenschaufenster zum Stadtweg. Der Fernschreiber: Er befindet sich in einem (heute unvorstellbar altertümlichen) riesigen Eichenholzgehäuse. Zuerst wird der Text auf Lochstreifen geschrieben. Die Tastatur ist behäbig, geht mir zu langsam, so langsam, dass bei schnellem Schreiben sich Tasten verhaken. Wenn das Fernschreiben zum Versand gelangt, wenn der Lochstreifen durchläuft, geht das schnell und es entsteht ein enormes Geratter. Während meiner Tätigkeit bei der Kreissparkasse hab ich Gelegenheit, an einem Seminar an der Wirtschaftsakademie KIEL (WAK) teilzunehmen. Dort lern ich „Mnemotechnik" zur Steigerung der Merkfähigkeit, „Psychologie im Büro" und *Vom anderen her denken* (einen der klügsten Sätze, die mir in meinem Leben begegnet sind!).

Zur Chronologie 1971:
Am 21. September wird Willy Brandt zum Kanzler gewählt.
US-Präsident Nixon hebt die Goldbindung des Dollars auf (das ist die Basis für die Finanzkrise, die sich in den vergangenen zwanzig Jahren mehr und mehr verstärkt hat).
Private Kreditnehmer zahlen sieben bis acht Prozent Zinsen. Für Spareinlagen mit zwölfmonatiger Kündigung gibt es um die 4,5 Prozent.

Zur Musikbox:
1969–1971: Desmond Dekker „Israelites"; Leonard Cohen „Suzanne"; John Lennon „Give Peace a Chance", „Cold Turkey"; Mercedes Sosa „Navidad"; Archies „Sugar, Sugar"; Barry Ryan „Eloise"; Serge Gainsbourg & Jane Birkin „Je t'aime, moi non plus"; Shoking Blue „Venus"; Elvis „In the Ghetto"; Zager & Evans „In the Year 2525"; Fifth Dimension „Aquarius"; 1970 Simon & Garfunkel „El Condor Pasa" …

1972 gibt frau selbstverständlich noch ihre gute Arbeitsstelle auf, um ihrem Mann an seinen Dienstort zu folgen: Husum. Meine Verwandten sagen schwermütig: „Nu muss Du in de ‚Graue Stadt an't Meer." („Nun musst Du in die ‚Graue Stadt am Meer.")

„Graue Stadt am Meer"

Ich find sie gar nicht grau. Die Husumer sind *so* freundlich. Hier ist viel weniger Dünkel als in der ehemaligen preußischen Provinzhauptstadt. Ich fang als Chefsekretärin bei der Husumer Schiffswerft an. Das ist eine vollkommen neue Welt für mich: Den Gebrüdern Hans und Karl Kröger, die gemeinsam mit Walter Brauer 1928 in Warnemünde die Yacht- und Bootswerft Gebr. Kröger gegründet hatten, war nach dem Krieg 1948 ein Neuanfang mit den Kröger-Werften in Rendsburg und Husum gelungen. Während die Auftragszahlen für den Schiffbau Anfang der 1970er-Jahre weltweit, aber besonders in den Industrienationen stark zurückgegangen sind, lässt der Reeder Asger Lindinger aus Kopenhagen mithilfe von Anteilseignern auf der Husumer Schiffswerft ein Frachtschiff nach dem anderen bauen, will das ganze Alphabet durchbuchstabieren, jedes Schiff ein Edelstein – von AMBER bis ZENIT.[28] Ich beginn bei Lindinger EMERALD. Zudem werden in Husum Fahrgastschiffe für die Wyker Dampfschiffsreederei, für die Reederei Paulsen auf Nordstrand und für dänische Reeder für die dänische Inselwelt gebaut. Eine Serie von Bohrinselversorgern für eine norwegische Reederei. Küstenmotorschiffe für Reedereien an der Unterelbe sowie für den legendären Hein Danz aus Burg in Dithmarschen am Nord-Ostsee-Kanal. Ich schreib einen Schiffbauvertrag nach dem anderen.

Anfang der 1970er-Jahre schauen die Husumer Schiffbauer weit voraus, sie wollen ihr zweites Standbein vergrößern, die Abteilung Schiffsreparatur. Sie bauen jenseits der engen Schleuse, auf der Außenwerft, ein Trockendock. Da draußen werden auch die großen, rostigen Stahlteile, die Sektionen für die Neubauten geschnitten, da werden die Schiffe auf Kiel gelegt, da entstehen die Schiffskörper. Da ist Stapellauf: Jedes Mal von Neuem atemberaubend, denn die Schiffe, die in Husum gebaut werden, gleiten nicht wie auf anderen Werften majestätisch von einer Helling, nein, man zieht ihnen die Holzkeile, auf denen sie entstanden

Husumer Schiffswerft

---

28 Ich lern: AMBER ist Bernstein; EMERLAD ist Smaragd; ZENIT ist Scheitelpunkt über einer Person – Höhepunkt, höchster Stand bis hin zum Sternenstaub.

sind, unter dem Boden weg und lässt sie mit der Breitseite zu Wasser fallen, so, dass die Wellen hoch über das gegenüberliegende Ufer gehen. Meistens geht das gut. Abends wird dann im vornehmen Thomas-Hotel – schräg gegenüber der alten Werft am Zingel – groß gefeiert. An damastgedeckten Tafeln, an Tischkarten, an edlem Porzellan, an Silberbesteck, an Kristallgläsern, an guten Weinen sitzen dann mit ihren Frauen fein in Gala Reeder und Anteilseigner, die Leute vom Germanischen Lloyd und von Bureau Veritas in Hamburg, vom Direktoratet for Statens Skibstilsyn in Kopenhagen, der Husumer Bürgermeister, der Sparkassendirektor, der Direktor der Schiffshypothekenbank zu Lübeck AG aus KIEL, Werftdirektor Uwe Niemann und Frau Karin geb. Kröger und die anderen Mitglieder der Familien Kröger und Brauer, die Teilhaber der Kröger-Werft GmbH sind. All die und im Mittelpunkt die Taufpatin, die ein neues Schmuckstück mit Edelstein trägt. Aber auch jedes Mal neu auserwählte Meister aus den verschiedenen Gewerken und Leute aus den Büros sind zu Stapellauffeiern eingeladen. Es werden Reden gehalten und es wird getrunken auf das Schiff und auf die Patin, auf die Banken und auf die Stadt, auf Deutschland und Dänemark und auf das Glück des Arbeiters, der Arbeit hat. Zwischen den Reden gibt es, wie zu „Babettes Fest", Schildkrötensuppe, die „Lady Curzon" heißt. Weißen Heilbutt mit Ingwer-Reis und Sauce béarnaise. Braten von verschiedenen Tieren, Gemüsegebirge, Kartoffelkroketten, sämige Soßen aus Saucieren … und schließlich süßestes Süßes süß garniert. Dann wird bis in den frühen Morgen getanzt, getrunken, geschnackt und geraucht. Dann wird der rostige Stahlkoloss, den man so unsanft vom Stapel gelassen hat, in den Binnenhafen verholt. Jetzt liegt der für Husumer Verhältnisse riesige Lindinger-Pott von 1599 Bruttoregistertonnen zur Innenausrüstung im innersten Winkel des Hafenbeckens, liegt wie ohne Wasser und bei Ebbe tatsächlich ohne Wasser mitten in der Stadt. Liegt direkt vor meinem Bürofenster. Die alte Husumer Schiffswerft (da, wo heute das Rathaus in aller Ruhe bei Ebbe auf das historische Gemäuer des Binnenhafens schaut und bei Flut zuguckt, wie sich die Husumer Au und die Nordsee küssen) ist ein (heute unvorstellbar) lebendiges Idyll. – Ich verlieb mich in Husum. In die nordfriesische Küste. In die Wehlen mit ihren Vogelwelten. In die Stöpen. In den Deich seewärts als Liegestuhl. In Krabben- und in Schafskötelgeruch. In die Farben krokuslila und schlick. Ich verlieb

STAPELLAUF

MS „Hans Kröger"

für die
Partenreederei MS „HANS KRÖGER"
Korr.-Reeder K. H. Danz
Burg/Dithmarschen

am 6. Juli 1973
im Thomas Hotel, Husum

Oben links: Geburtstagsfeier im alten Besprechungszimmer = Museum im Bürogebäude am Zingel (wo heute das Rathaus steht)

Unten links: „M.S. Hans Kröger"   Unten rechts: Einladungskarte

mich in Theodor Storm. Ich verlieb mich in den Blanken und in den ungezogenen Hans. Ich seh sie bunt, die graue Stadt und nach Westen hin weltoffen und frei.

Zur Chronologie 1972:
Die XX. Olympische Spiele in München, die als „Fest des Friedens" geplant worden waren, werden von Terror überschattet: Die palästinensische Terrororganisation „Schwarzer September" stürmt am 5. September gegen 4.35 Uhr das Quartier der israelischen Olympiateilnehmer im Olympischen Dorf und bringt neun Sportler in ihre Gewalt. Zwei können fliehen. Sie fordern die Freiheit von zweihundert in Israel inhaftierten Palästinensern sowie der beiden RAF-Terroristen Andreas Bader

und Ulrike Meinhof. Premierministerin Golda Meir erklärt: „Wenn wir nachgeben, wird sich kein Israeli irgendwo auf der Welt noch seines Lebens sicher fühlen." Die Befreiungsmission misslingt. Als auf dem Militärflughafen Fürstenfeldbruck zwei Helikopter für die Terroristen und Geiseln bereitstehen, kommt es zu Auseinandersetzungen mit Schusswechsel. Alle neun Sportler sowie fünf der Terroristen werden getötet.

Zur Chronologie 1973:
Ölkrise: Ausgelöst durch den Jom-Kippur-Krieg drosselt die Organisation erdölexportierender Länder (OPEC) bewusst die Fördermengen. Sie wollen die westlichen Länder unter Druck setzen, weil sie Israel unterstützen. Der Ölpreis steigt von rund drei auf über fünf Dollar. In unserem Land wird ein Energiesicherungsgesetz erlassen. Allgemeines Fahrverbot an vier autofreien Sonntagen. Für sechs Monate Geschwindkeitsbegrenzungen auf 80 km/h, auf Autobahnen 100 km/h.

Zur Chronologie 1974:
Der Ölpreis steigt weltweit auf zwölf Dollar. Die Wirtschaftskrise verstärkt sich und führt zu einem deutlichen Anstieg von Kurzarbeit, Arbeitslosigkeit, Sozialausgaben und Konkursen von Unternehmen. Das Bundeswirtschaftsministerium beginnt die Kampagne: „Energiesparen – unsere beste Energiequelle".

Zur Chronologie 1975:
Am 10. Januar gibt Hamburg den neuen Elbtunnel für den Verkehr frei. Am 1. Mai endet der Vietnamkrieg.

Sturm-
flut 1976 beginnt mit einer großen Sturmflut. Am 3. Januar zieht einer der stärksten Orkane des 20. Jahrhunderts mit bis zu 150 Stundenkilometern über uns hinweg, der im Zusammenspiel mit einer Springtide an der Nordseeküste 17 Meter hohe Wellen mit sich bringt. Rundfunk und Fernsehen berichten rund um die Uhr. Der Pegelstand in Husum erreicht 5,66 Meter über NN. Unsere Neffen, die gleich hinter Husum, im Finkhaushalligkoog, hinterm Deich wohnen, sind sicherheitshalber bei uns in der Nordbahnhofstraße einquartiert. Der siebenjährige Björn ist ganz blass, er scheint etwas auf dem Herzen zu haben … Ich denk, er denkt an seine Eltern im Finkhaushalligkoog. Aber nein,

er fragt sich, er fragt mich, ob seine Fische zuhause im Süßwasser-
aquarium überleben, wenn die salzige Nordsee bis ins Dachgeschoss
steigt. Es ist die höchste Sturmflut seit Beginn der meteorologischen
Aufzeichnungen, aber dank der nach der großen Februarflut 1962
eingeleiteten Küstenschutzmaßnahmen geht das Unwetter in der Husumer Bucht glimpflich ab. Als Mitte Januar das Wasser wieder ab-
gelaufen ist, kommt jemand vorzeitig von einer Schiffsprobefahrt auf
der Nordsee zurück. Er ist mit den Gezeiten aufgewachsen, ist selbst
Nordsee und Ebbe und Flut. Er weiß, die Kinder kommen gern bei
Mondwechsel zur Welt. Er erwartet ein Kind. Nachdem in der Nacht
vom 14. auf den 15. Januar Husum mit Puderzucker verziert worden
ist, bring ich morgens um Viertel nach neun mein Wunschkind auf
die Welt.

Zur Chronologie 1976:
26. Oktober: Baubeginn am Atomkraftwerk Brokdorf unter Poli-
zeischutz. Der Bauplatz wird wie eine Festung eingezäunt und mit Sta-
cheldrahtrollen und Wassergräben gesichert. 30. Oktober: Erste Großde-
mo am Bauplatz Brokdorf, mehr als 5.000 Teilnehmer. Rund 2.000 davon
brechen gewaltsam in die Baustelle ein, um sie zu besetzen. Mehrere
Hundertschaften Polizei räumen das Gelände mit Wasserwerfern und
Tränengas. 13. November: Großdemonstration mit 30.000 internationalen Teilnehmern. Die Polizei errichtet Straßenkontrollen und riegelt das
Gelände weiträumig ab, ausgerüstet mit Wasserwerfern, Tränengasgra-
naten, Pferden, Hunden und Hubschraubern. Es finden bürgerkriegsähn-
liche Gefechte statt. 3.000 Demonstranten stürmen erneut den Bauzaun.
Mehr als 250 Verletzte, davon 79 Polizisten. Am 17. Dezember verfügt das
Verwaltungsgericht Schleswig einen vorläufigen Baustopp.

Zur Musikbox:
1971 bis 1976 John Lennon „Imagine", „Power to the People", „Woman";
George Harrison „My sweet Lord"; „What is Life"; Ringo Starr „It don't
come easy"; Aretha Franklin „Spanish Harlem"; Juliane Werding „Am
Tag, als Conny Cramer starb", Middle of the Road „Soley Soley"; Rolling
Stones „Angie"; Elton John „Goodbye Norma Jean", „Crocodile Rock";
Joe Cocker „Woman to Woman", „You are so beautiful"; Abba „Honey
Honey"; „Mamma Mia", „Fernando"; Ike & Tina Turner „Notbush City

Limits", „River deep, Mountain high"; „Suzi Quatro „The wild One";
Santana „Samba Pati" (1970/1974); Udo Jürgens „Griechischer Wein"; Rod
Stewart „Sailing"; Harpo „Movie Star"; Pussycat „Mississippi", „Georgie";
Abba „Fernando", „Dancing Queen", „Mamma Mia"; 5000 Volts „I'm on
Fire"; Peter Maffay „Und es war Sommer", „Josie" …

Im Sommer 1977 verlass ich den Blanken und den ungezogenen Hans
und schaff endlich den Sprung nach KIEL.

KIEL ins Ohr gesetzt

Als ungefähr vierzig Jahre nach meiner Ankunft, dreiundzwanzig Jahre nach Engholm und über zehn Jahre nach „ZURÜCK" meine Gedanken wieder eine Wohnung in meiner alten Liebe KIEL beziehen, wird mir klar: Letztlich war es Onkel Otje, der mir diese Stadt ins Ohr gesetzt hat. 1945, nach dem Weltende in KIEL, hatten er und Tante Elle sich ein neues Leben in Schleswig aufgebaut und meinem Bruder und mir ihre Enkelkinderliebe geschenkt. So waren wir dreifach mit Großeltern gesegnet. Sie nannten uns Hasipippi und Kaylemann. Weihnachten 1957 hatten sie mich mit dem ersten Pippi-Langstrumpf-Band und meinen Bruder mit Tom Sawyer und Huckleberry Finn verdorben. Onkel Otje arbeitete jetzt beim Schleswiger Arbeitsamt, war im Ortsvorstand der DLRG und nebenberuflich Bademeister im Louisenbad. Er brachte uns das Schwimmen bei. Als wir uns freigeschwommen hatten, nahm er uns sonntags ab und zu mit, wenn die Schleswiger Schwimmer der DLRG mit dem Omnibus zur neuen Schwimmhalle nach Neumünster fuhren. Zum ersten Mal in einer Schwimmhalle. Zum ersten Mal warm duschen. Zum ersten Mal unter jener Düse, die einem was gegen Fußpilz auf die Füße sprüht. Beim ersten Eintauchen ins Schwimmbecken wär ich beinah abgesoffen. Da bemerkte ich, wie viel weniger das Chlorwasser trägt als die brackige Schlei. Nach dem Schwimmen bin ich zum ersten Mal in einer Milchbar (ich fühl noch, wie ungelenk ich hoch oben auf einem Barhocker sitz, durch einen dicken Plastikhalm schaumige Erdbeermilch schlürf, dazu ein hartgekochtes Ei ess und Schmalzstullen von zuhaus).

Als Tante Elle dann – viel zu früh – starb, durfte ich ab und zu für Onkel Otje einkaufen und kochen, was ich zu Hause nicht durfte, weil Mutter Angst hatte, dass ich ihre Küche schmutzig mach. – *Er* besorgte mir ein altes Fahrrad und ließ es für mich auf Vordermann bringen. Ohne ihn hätte ich in meiner Jugend nie ein Fahrrad gehabt. – *Er* wollte, dass was aus uns wird: Meinem Bruder, der schon dabei war, sich zu einem Daniel Düsentrieb zu entwickeln, ermöglichte er den Zugang zu „Amateurfunk". Mir hielt er Großvater vor, der neben der Fischerei mit seiner schönen Schönschreibschrift Buchhalter für die Holmer Fischerzunft war. „Schönschrift ist wichtig!" Und er hielt mir Vaters

Cousinen, die Zwillinge Christa und Lisa, die er gemeinsam mit Tante Elle in KIEL großgezogen hatte, als blühende Beispiele vor: „Sie haben beim Oberpräsidium in Schleswig gelernt! Sie haben bei der Landesregierung in KIEL gearbeitet! Christa war *Kanzleivorsteherin* im Sozialministerium!" *Er* trainierte mich in Stenografie. Als ich 100 Silben pro Minute schaffte, durfte ich mir neue Schuhe kaufen, bei 120 Silben ein neues Kleid, bei 140 Silben einen Anorak. Und er erzählte mir immer von Neuem die alten Geschichten aus KIEL. 1976, kurz bevor ich Husum verließ, kurz bevor ich tatsächlich in KIEL im Landeshaus landete, starb Onkel Otje. (Er wurde noch einmal ganz lebendig in mir, als ich 1997 den Film über die „Comedian Harmonists" von Joseph Vilsmeier sah. Das war seine Zeit. Das waren die Lieder, die er immer gesungen und gepfiffen hatte, mitunter im Duett mit Vater. Mitunter sang der eine und der andere blies auf dem Kamm oder auf der Mundharmonika: „Bel Ami", „Ein Freund, ein guter Freund", „Mein kleiner, grüner Kaktus", „Ich wollt, ich wär ein Huhn", „Gnädige Frau, wo war'n Sie gestern?", „Daisy, Daisy", „Liebling, mein Herz läßt Dich grüßen", „Veronika, der Lenz ist da", „Wenn wir uns wiedersehn!" … Mit dem Film vertieften sich bei mir noch einmal die mündlich überlieferten Eindrücke, das Lebensgefühl der letzten Jahrzehnte vor meiner Zeit. Ich hab mir den Film vier Mal angesehen.)

KIEL! KIEL!

1977 findet man völlig problemlos Arbeit. Ich fahr nach KIEL. Ich geh zum Arbeitsamt. Ich kann es mir aussuchen: Dr. Hell[29] oder SPD-Landtagsfraktion. Ich stell mich bei beiden vor. Entscheide mich für den Landtag. Als ich Vater von meinem neuen Arbeitsplatz erzähl, meint er: „Politik ist ein schmutziges Geschäft." Dass er das immer noch so sieht? Ich weiß, meine Familie wählt, bei aller Marinebegeisterung, seit Kaisers Zeiten sozialdemokratisch. Aber offenbar sitzt Vater noch das Dritte Reich in den Knochen. Ich kann nur ahnen, was es für meine Familie bedeutet haben mag an unserem engen Ort, als dort beinahe alle braun flaggen, einer sogar sein Haus braun anmalt. Als Vater bei einem Marsch mit dem Jungvolk von einem HJ-Führer schikaniert wird, tritt er dem in den Hintern und muss zum „Arbeitsdienst". Das ist ihm lieber. Denjenigen, die sich den strammen Nazis unter den Holmern nicht unterwerfen, wird angedroht: „Wenn wi de Krieg wunnen hebb, wenn wi werderkomen, hangen wi ji twischen de Kirchhoffsböhmer op!" („Wenn wir nach gewonnenem Krieg zurückkehren, werden wir euch zwischen den Kirchhofsbäumen aufhängen!"). Ich mag das Wort nicht, aber wenn ich es auf etwas bin, dann darauf, dass weder meine Großeltern beiderseits noch meine Eltern in der NSDAP waren, dass meine Großmutter an unserem engen Ort auch nach Aufforderung den Hitlergruß verweigert hat, dass Großvater, wenn er bemerkte, dass am Fenster gehorcht wurde, eines der kleinen Fenster in der Eingangstür (die immer noch da ist) geöffnet und gesagt hat: „Kumm man 'rin, denn kanns' better höörn!" („Komm man 'rein, denn kannst du besser hören.")

Jetzt ist Frieden. Wir leben in einer Demokratie. Ich bin in Freiheit. Ich bin endlich am KIEL meiner Träume.

Das Wichtigste in meinem Gepäck sind meine kleine Tochter und Kinderfrau Timmi. Die Lütte ist anderthalb und spricht alles, was ihr bedeutend erscheint, doppelt: „EssenEssen!" „MamaMama!" „Timmi-

---

29 Dr. Hell, der Hellseher, der den Hellschreiber und den digital erzeugten Fotosatz erfunden hat.

Timmi!" „BaggyBaggy!": Das ist die damals angesagte und bis heute unübertroffen patente Klappkinderkarre namens „Buggy", blau-weiß gestreift und leicht und transportabel wie ein Regenschirm. Jetzt kommt ein neues Doppelwort hinzu: „KIEL!KIEL!" – Wie ich es genieß, dass niemand mich kennt in KIEL! – Im Radio läuft die Neue Deutsche Welle an, die deutschsprachige Spielart des Punks und des New Wave. Es ist Sommer. Ich freu mich auf meine neue Arbeitsstelle. Ich hab eine Wohnung gefunden in der Nähe des HDW-Anlegers Dietrichsdorf. Wir lernen unsere neue Stadt kennen. Wir fahren mit der KIELER VERKEHRS AG. Wir haben eine Monatskarte. Wir fahren mit dem Omnibus. Wir fahren mit dem Fördedampfer. Wir fahren mit der Straßenbahn. Wir können fahren wann, wohin und so oft und so lange wir wollen.

Und seit der ersten Fahrt – jetzt – mit der KIELer Straßenbahn liegt sie mir auf der Seele, meine

Bitte an die Stadt KIEL zur Umbenennung einer Straße

Vorgeschichte

Ich sitz mit meinem Kind in Linie 4, in der Straßenbahn zwischen Wellingdorf und Holtenau, zwischen Schwentinemündung und der Fähre am Nord-Ostsee-Kanal. Das Kind ist anderthalb und fragt und fragt und fragt und … Und als es einmal nicht fragt, hör ich die Haltestelle und frag mich: Wie kann es sein, dass man eine Straße so benennt? Ich denk darüber nach, was es bedeuten muss, mit dieser Adresse zu leben.
Es geht mir nicht aus dem Kopf.

Jahre später telefonier ich mit dem Stadtvermessungsamt. Herr Bleihöfer, sehr freundlich, schickt mir das „Kieler Straßenlexikon", dessen Ursprung die Broschüre „Straßennamen – Herkunft und Bedeutung" ist, die wir dem Mitarbeiter der Statistikstelle KIEL, Hans-Christian Voß, zu verdanken haben und dann dem KIELer Bürger Hans-G. Hilscher, der in jahrelanger Arbeit das Lexikon zusammengetragen hat.
Auszug aus dem „Kieler Straßenlexikon": „ELENDSREDDER … Benennung seit 1904 nach einem alten Feldweg. Der Name hat wohl kaum mit Elend zu tun, sondern hängt eher mit einem Personennamen zusam-

men. Bei der Ausgestaltung des Amtes Kronshagen hatte einen besonderen Anteil der Geh. Rat von Ellendsheim, der auch der erste Amtmann dort wurde. Er hieß vor seiner Erhebung in den Adelsstand Professor Elend. Ihm gehörte zeitweilig der Hof Hammer, und es ist nicht ausgeschlossen, daß er auch in der Wik Besitz hatte. Einem Legate seiner Tochter Henriette vom Jahr 1808 verdankt das Stadtkloster sein Entstehen. (StK) Die Anwohner der Straße ‚Elendsredder' stellten mehrfach Anträge auf Änderung des Straßennamens, weil sie der Meinung waren, daß der Name ein Gebiet für Umherziehende und Verwahrloste bezeichnen würde. Den Änderungswünschen wurde jedoch seitens der Stadt nicht nachgegeben."

Brief an die Stadt KIEL
(… auf den Weg gebracht mit diesem Buch irgendwann 2018)
Betr.: Bitte an die Stadt KIEL zur Umbenennung einer Straße

Verehrter Herr Oberbürgermeister, verehrte Ratsleute,
es liegt mir schon seit vierzig Jahren auf der Seele und jetzt komm ich nicht mehr umhin, auf diesem Weg endlich und in aller Form um Umbenennung jener Straße zu bitten. Sollte der in der Vorgeschichte beschriebene Sachverhalt nicht ausreichen, dann stell Dir doch bitte mal vor, Stadtmutter, Stadtvater, Du hast einen kleinen Sohn, der sagen soll, wo er wohnt, und Du bist stolz darauf, dass er schon so gut sprechen kann, aber er muss: „Elendsredder" sagen … Oder: Du kommst in den Kindergarten, um Deine kleine Tochter abzuholen und eine Mutter mit ihrem Kind will sich mit Euch verabreden und fragt, wo Ihr wohnt, und Du musst „Elendsredder" sagen … Oder Deine Tochter, sie ist 16, lernt in der Disko einen jungen Mann kennen, sie verabreden sich für den nächsten Morgen und als er nach ihrer Adresse fragt, muss sie „Elendsredder" sagen … Oder stell Dir einfach nur vor, dass Du am Elendsredder geboren und aufgewachsen bist.
Zudem: Die Geschichte zum Elendsredder im „Kieler Straßenlexikon" klingt mir sehr vage. Es bleibt letztlich ungeklärt, ob es einst ein elendiger Redder gewesen ist, was es heute nicht mehr ist, oder ob die Straße wirklich nach dem Gönner der Stadt, dem Geheimen Rat von Ellendsheim benannt ist (der vor seiner Erhebung in den Adelsstand Prof. Elend hieß). Wenn die Straße unbedingt an ihn erinnern muss, warum nennt Ihr sie

nicht: „Professor-Elend-Straße" oder „Prof.-von-Ellendsheim-Straße"?
Oder, weil die Wahrscheinlichkeit, dass an dem Redder, an dem alten
Feldweg in der Wik, einst Brombeeren wuchsen, größer sein könnte als
die Wahrscheinlichkeit, dass Prof. Elend Eigentümer dieser Gemarkung
gewesen ist: Warum nennt Ihr die Straße nicht Brombeerredder?

Verehrter Herr Oberbürgermeister, verehrte Ratsleute, BITTE über-
legt, welche Macht Ihr hier – unnötig – auf Menschen ausübt und was
es bedeutet hat für die, die dort leben mussten, und was es bedeutet für
die, die dort heute leben mit dieser elendigen Adresse, Menschen, deren
Leben nicht weniger wertvoll als das Eurige oder das von Herrn Profes-
sor Elend ist.

BITTE benennen Sie diese Straße um!

In großer Liebe zu KIEL,
mit herzlichem Dank im Voraus
und mit freundlichen Grüßen   *Marlies Jensen-Leier*

Deut-
scher
Herbst Als ich am 1. Oktober meine Arbeit im Landtag aufnehm, befindet sich
„Deutschland im Herbst". Die Republik ist verdunkelt mit den Plaka-
ten mit den Gesichtern der RAF (Rote Armee Fraktion). Nachdem die
'68er-Proteste verebbt waren, hatte sich die Bewegung aufgespalten.
Radikale Teile wie die RAF (ihrem Selbstverständnis nach eine kom-
munistische, antiimperialistische Stadtguerilla) agieren inzwischen
aus dem Untergrund. Die erste RAF-Generation hatte am 2. April 1968
Brände in zwei Frankfurter Kaufhäusern gelegt, um damit gegen den
Vietnamkrieg zu demonstrieren. Am 24. April 1975 hatte die RAF die
deutsche Botschaft in Stockholm besetzt und zwölf Geiseln genommen, um damit ihre in Stuttgart-Stammheim einsitzenden Anführer
freizupressen. Nachdem diese Aktion scheiterte, hatte sich am 9. Mai
1976 Ulrike Meinhof in ihrer Zelle erhängt. Jetzt, 1977, hatte die zweite RAF-Generation unsere Republik mit einer Serie von Attentaten
überzogen. Am 7. April war Generalbundesanwalt Siegfried Buback,
am 30. Juli war Dresdner Bank-Chef Jürgen Ponto ermordet worden.
Am 5. September war der Präsident des Bundesverbandes der Arbeitgeber, Hanns Martin Schleyer, von der RAF verschleppt worden. Nach
dem Scheitern der Versuche, auf diesem Weg die verbliebenen Gefangenen freizupressen, hat am 13. Oktober ein Kommando der mit der

RAF kooperierenden Volksfront zur Befreiung Palästinas das Lufthan-saflugzeug „Landshut" mit 87 Menschen an Bord nach Mogadischu/ Somalia entführt, um den Druck auf die Bundesregierung zu verstär-ken. Am 18. Oktober begibt sich die GSG 9[30] der Bundespolizei nach Mogadischu. Der Sozialdemokrat Hans-Jürgen Wischnewski (unter Genossen „Ben Wisch") begleitet das Kommando mit kluger Diplo-matie. Die Geiseln werden befreit. Kurz danach, noch in dieser Nacht, finden Andreas Baader, Gudrun Ensslin und Jan-Carl Raspe in ihren Gefängniszellen den Tod. Am 19. Oktober wird Arbeitgeberpräsident Hanns Martin Schleyer erschossen im Elsass aufgefunden. (Teile des Geschehens sind bis heute ungeklärt.)

Gleichzeitig ist noch beste sozialdemokratische Zeit. Helmut Schmidt ist Kanzler. Willy Brandt ist seit 1976 Vorsitzender der Sozi-alistischen Internationale, er ist SPD-Vorsitzender, er ist Bundestags-abgeordneter, er ist weiter bedeutender Staatsmann der deutschen, der europäischen, der internationalen Politik. Herbert Wehner ist Vorsit-zender der SPD-Bundestagsfraktion. Klaus Matthiesen ist Vorsitzen-der der SPD-Landtagsfraktion. Günther Jansen befindet sich an der Spitze der schleswig-holsteinischen SPD. Die eben noch JUSOs[31] wa-ren, wollen nicht nur endlich die SPD an der Landesregierung sehen und eine „neue politische Kultur" in Schleswig-Holstein. Sie haben sich auch vorgenommen, von hier aus eines Tages den Kanzler zu stellen. Wichtige Themen dieses hoffnungsvollen, ausgeprägt linken Landes-verbandes sind Bildungspolitik, Frauenpolitik und vor allem der Aus-stieg aus der Kernenergie.[32] Friedenspolitik sowieso. Die Genossen hier

Noch beste sozial-demo-kratische Zeit

---

30 GSG 9: Nach der Geiselnahme bei den Olympischen Spielen 1972 in München ge-gründete, auf Antiterror und Geiselnahme spezialisierte Einheit – ursprünglich des Bundesgrenzschutzes, heute der Polizei.

31 Jungsozialisten: Jugendorganisation der SPD.

32 „Nach heftigen Kontroversen im SPD-Landesverband und in der Landtagsfrak-tion hatte der Landesvorstand auf Initiative von Gerd Walter beschlossen: ‚Die Diskussion im Landesvorstand der SPD Schleswig-Holstein und die Beratung der Fachkonferenz ‚Kernenergie' des Landesverbandes der SPD Schleswig-Holstein haben ergeben, dass die wirtschaftliche Nutzung der Kernenergie, der Bau und der Export von Kernkraftwerken insgesamt mehr ungeklärte Probleme und un-übersehbare Risiken enthalten als bisher der breiten Öffentlichkeit bekannt ge-worden ist.' Damit war Schleswig-Holstein der erste Landesverband, der die bishe-rige Position der SPD verließ. Er verwies auf kritische Stimmen zur Kernenergie.

haben die ökonomischen, die ökologischen, die sozialen Fragen der Wachstumskrise früh erkannt. Sie sind fortschrittlich und links, sie sind dickschädelig und oft unbequem für die Parteiführung in Bonn. – Jochen Steffen hat gerade sein Landtagsmandat niedergelegt. Vor wenigen Wochen hat er seinen Sitz im SPD-Parteivorstand aufgegeben, hat mit Brief vom 12. September an Willy Brandt zurückblickend auf „die Versuche zu Positionsdiskussionen in der Parteiführung" auf den Punkt gebracht: „Inzwischen managen wir nicht die Probleme, sie haben uns längst zu ihrem Spielball gemacht. Die Hauptursache ist, dass wir unsere Überzeugungen bis zur Unkenntlichkeit vermarktet haben und selbst nicht mehr die Wahrheit zu sagen und zu sehen wagen." (Jochen Steffen. 1977!)

Landtag

Jetzt bin ich doch tatsächlich im Gebäude der ehemaligen Marineakademie gelandet, die 1888 „als eine Warte der Macht [...] zu Feindes Trutz am Meeresstrand" feierlich eingeweiht worden war! Mir ist zwar nicht die Mütze mit den flatternden, blauen Bändern mit goldener Schrift vergönnt, aber ich werd mit dem Fördedampfer zur Arbeit geschippert. Die Überfahrt zur Reventloubrücke und zurück erleb ich jeden Werktag als kleinen, kleinen Urlaub. Am ersten Arbeitstag im Landtag bemerk ich die Delle, die Vertiefung vor dem Eingang, in die jede und jeder geriet, der in dieses Haus wollte oder musste. Diese Delle war dort seit 1888[33] durch das Abstemmen mit dem rechten Fuß beim Öffnen des rechten Eingangsflügels des schweren, eichenen, überüberübermenschenhohen Hauptportals entstanden. Sie fühlt sich gut an, die Delle, sie gibt Halt. – Vom Haupteingang am Düsternbrook aus betrachtet sitzen die Linken im rechten Flügel im Erdgeschoss: Klaus Matthiesen und die stellvertretenden Fraktionsvorsitzenden sitzen in

---

Dennoch waren große Widerstände auch von Teilen des eigenen Landesverbandes zu erwarten. Günther Jansen versuchte anschließend in der Öffentlichkeit, dem Beschluss durch die Betonung der Diskussionsbereitschaft die Radikalität zu nehmen." Quelle: SPD-Geschichtswerkstatt.

33 bzw. 1950 – Ich weiß nicht, ob beim Umbau 1950 die Stufen erneuert worden sind ...

den schönsten Räumen nach Süden, zur Förde, zur Schwentinemündung hin. Dort befindet sich auch der Fraktionssitzungssaal. – Im Radio ist die Rede vom „Parlamentarischen Untersuchungsausschuss Geschäftsinteressen". Da geht es um „… mögliche Beeinflussung der Landespolitik durch geschäftliche Interessen des CDU-Abgeordneten Herbert Gerisch", der im Mai sein Mandat niedergelegt hat. – Gerhard Stoltenberg ist Ministerpräsident. Landtagspräsident ist Helmut Lemke,[34] der zu Beginn der Naziherrschaft Bürgermeister in Eckernförde war und damals erklärt hatte: „Wir Nationalsozialisten stehen auf dem Boden des Führerprinzips. Wir alle, jeder an seiner statt, sind dazu aufgerufen, die Hammerschläge des Dritten Reiches auszuführen." Helmut Lemke, der dann von 1937 bis 1945 Bürgermeister von Schleswig war. – Kultusminister ist immer noch Prof. Braun. Ich hätte schon acht Jahre in KIEL sein können.

Sozialdemokraten und Sozialdemokratinnen duzen sich. Traditionell. Und die sich näher kennen, die zusammenarbeiten, geben sich – in aller Regel – nicht von Weitem die Hand (wie meine Eltern mir), sie umarmen sich 1977 schon – halb – französisch (so, wie es inzwischen in weiten Kreisen der Gesellschaft auch in Deutschland selbstverständlich geworden ist). Wir stehen einander auf Augenhöhe gegenüber. Es entstehen Freundschaften. Gemeinsame Feiern. Gemeinsame Reisen. Später bemerk ich doch einen Unterschied: Wenn wir Mitarbeiter über Abgeordnete sprechen, nennen wir in der Regel nur den Nachnamen, wenn wir über einen Kollegen oder eine Kollegin sprechen, nennen wir nur den Vornamen. Der überwiegende Teil der Landtagsabgeordneten ist zu dieser Zeit mit seinem jeweiligen Aufgabenbereich landesweit bekannt. Kurt Hamer, der schon zu Zeiten Jochen Steffens erster stellvertretender Fraktionsvorsitzender gewesen war, gilt bei einem Regierungswechsel als Anwärter auf das Amt des Finanzministers.

Unter Sozialdemokraten

---

34 Lemke war dann von 1963 bis 1971 Ministerpräsident und bis 1983 Landtagspräsident. In den 1950er- Jahren waren vierzig Prozent der Abgeordneten im Schleswig-Holsteinischen Landtag ehemalige „NSDAP-Parteigänger". In der Wahlperiode von 1958 bis 1962 hatten 51 Prozent der Abgeordneten eine NS-Vergangenheit; 1987 waren es immer noch zwölf Prozent. Quelle: Studie eines Forscherteams um den Flensburger Geschichtsprofessor Uwe Danker zur „geschichtswissenschaftlichen Aufarbeitung der personellen und strukturellen Kontinuität nach 1945 in der schleswig-holsteinischen Legislative und Exekutive".

Großvater, leidenschaftlicher Zeitungsleser, spricht mich auf „Hamer"
an, sagt: „Das scheint mir ein guter Mann zu sein." Karl Heinz Luck-
hardt ist Gegenspieler von Wirtschaftsminister Jürgen Westphal. Den
Flensburger Abgeordneten Uwe Gunnesson lern ich als Obmann der
SPD-Fraktion für den „Parlamentarischen Untersuchungsausschuss
Geschäftsinteressen Herbert Gerisch" kennen. Maria Lindenmeier,
Abgeordnete eines Plöner Wahlkreises, arbeitet am „Bericht über die
Lage der Psychiatrie". Paul Möller aus Heringsdorf/Ostholstein küm-
mert sich um die Fischereipolitik. Hans-Gerhard Ramler aus Sierks-
dorf/Ostholstein ist mit dem Aufbau des Dualen Ausbildungssystems
betraut. Gisela Böhrk aus Lübeck ist für Bildungspolitik und für die
Gleichstellung von Männern und Frauen zuständig. Heinz Lund tut
sich im Volksbildungsausschuss hervor und leistet wegweisend Arbeit
für den Universitäts- und Bildungsstandort Lübeck. Berend Harms ist
der Mann für die Hochschulpolitik. Die Gewerkschafter Jan Siercks
aus Dithmarschen und Alfred Prezewowsky aus KIEL machen Ar-
beitsmarktpolitik. Hans Wiesen ist auf den Wiesen unterwegs. Klaus
Klingner ist der Mann für Inneres und Recht ...

Bei Luckhardt

Ich arbeite für den Parlamentarischen Geschäftsführer Karl Heinz
Luckhardt. Er hat sich diplomatisch-bescheiden zwei sehr kleine Büroräume ausgesucht, mit Aussicht nach Westen, auf den Parkplatz des
Kultusministeriums (das damals seinen Sitz Ecke Reventloubrücke/
Düsternbrooker Weg hatte), direkt neben dem Kellerniedergang. Luckhardts Schreibtisch steht mit Licht von links am Fenster. Kaffeemaschi-
ne auf der Fensterbank. Bürostuhl mit noch nur vier Rollen (wenig später sollte es eine Bestimmung geben, wonach es aus Sicherheitsgründen
fünf sein müssen). Dahinter einer jener schönen Jalousieaktenschränke
aus Holz, die heute als Antiquität gelten (die wenig später bei Edel-Mö-
bel-Herstellern zu irren Preisen zu haben sind; Anfang der 1980er-Jahre
sollte die Büromöbelindustrie um sich greifen, Holzmöbel sollten lan-
deshausweit ausgemustert werden). An der Wand zum Kellerniedergang zwei Schubladenschränke schon aus Pressholz mit hässlichem

Holzdekorfurnier. Darin Luckhardts (legendäre) Hängeregistratur. An der Wand nach Norden links ein Waschbecken mit Handtuchhalter, Handtuch und Geschirrtuch von zuhause mitgebracht. Daneben – in seinem Blickfeld – hängt seine Statistik „Einkommens- und Vermögensmillionäre" (immer auf dem neuesten Stand). Ich kenn den Weg der Sozialdemokratie nur vage. Luckhardt erzählt ihn mir nach und nach. Jetzt erfahr ich genauer, was die Zeit nach der Verabschiedung des Ermächtigungsgesetzes am 23. März 1933 bedeutet hat, was sie für Sozialdemokraten, was sie für die SPD bedeutet hat, die dieses Gesetz als einzige Partei im Reichstag ablehnte. Dass am 22. Juni 1933 die SPD verboten und zur staats- und volksfeindlichen Partei erklärt wurde. Dass Sozialdemokraten zu den ersten Gruppierungen gehörten, die von den Nazis verfolgt, überfallen, verletzt, terrorisiert wurden. Dass über sie Berufsverbote verhängt wurden. Dass sie in Zuchthäusern und Konzentrationslagern litten, in denen jedermann ohne Gerichtsurteil festgehalten und misshandelt werden konnte. Dass sie in KZs starben. Dass, wer konnte, ins Exil floh. – Luckhardt erzählt mir seinen Weg: Ihm war nach den „Nürnberger Gesetzen" während der NS-Herrschaft weiterführender Schulbesuch verweigert worden, weil er „Vierteljude" war. Er lernte Maler, arbeitete elf Jahre in diesem Beruf und anschließend dreieinhalb Jahre als Kranführer. Eine gewerkschaftliche Stiftung ermöglichte ihm auf dem zweiten Bildungsweg Studien der Volkswirtschaftslehre, der Betriebswirtschaftslehre, der Rechtswissenschaften und der Soziologie. 1963 begann er als wissenschaftlicher Assistent in der SPD-Fraktion des Schleswig-Holsteinischen Landtags. Daneben war er von 1966 bis 1971 Mitglied der KIELer Ratsversammlung, zuletzt Vorsitzender der SPD-Ratsfraktion. 1971 errang er ein Landtagsmandat. Wurde Parlamentarischer Geschäftsführer. Wurde wirtschaftspolitischer Sprecher seiner Fraktion. Jetzt will er Wirtschaftsminister werden.

Luckhardt ist nett. Ich lern viel bei ihm. Erstmal ergründe ich seine Hängeregistratur. Dabei lern ich das politische, das gesellschaftliche Gefüge meines Landes, meiner Republik genauer kennen. Lern, wie der Landtag funktioniert. Sichte die aktuellen Schwerpunkte der politischen Parlamentsplanung. Erfahr von der engen Verbindung der Sozialdemokraten zur schwedischen Sozialdemokratischen Arbeiterpartei SAP, zum schwedischen Ministerpräsidenten Olof Palme. Erfahr, dass Schweden während des Naziregimes Exil für Tausende Genossen war,

Hänge-
registra-
tur

dass zwischen den schleswig-holsteinischen Genossen und dem Bezirk Schonen an der Südspitze Schwedens traditionell ein reger Austausch stattfindet. Von der engen Verbindung auch zur SPÖ, zur Sozialdemokratischen Partei Österreichs, zu Bruno Kreisky, dem Kanzler der Republik Österreich.

Eine Auswahl der Hängeordner, die mir in heller Erinnerung sind:

* *Ämterhäufung*
* *Arbeitslosigkeit*, Unterordner *Arbeitslosenquoten* – nach Landkreisen und kreisfreien Städten sortiert: sie beziehen sich auf alle zivilen abhängig beschäftigten Erwerbspersonen. Ich muss die Statistik für Luckhardt ständig aktualisieren. Deutschland 1977: 4,5 Prozent = 1.029.995 Arbeitslose, für SH sind es 5,2 % bzw. 47.037 Personen.[35]
* *Arbeitsmarkt- und Wirtschaftsförderung*; Unterordner *Landesstrukturprogramme*; *Schaffung neuer Arbeitsplätze ...*
* *Asyl*
* *Atomenergie* mit Unterordnern wie Atommüll, Atomausstieg, AKW Brokdorf, AKW Brunsbüttel, AKW Krümmel, Forschungsreaktor Geesthacht ...
* *Berufsverbote (Extremistenerlass/Radikalenerlass)* – auf Vorschlag der Innenministerkonferenz von den Regierungschefs der Bundesländer und von Willy Brandt als Bundeskanzler am 28. Januar 1972 erlassen. Vordergründig zielte der Erlass darauf ab, den verschwindend kleinen Kreis von DKP-Mitgliedern aus dem öffentlichen Dienst fernzuhalten. Tatsächlich aber fühlte sich und war ein Großteil der Protestgeneration betroffen (siehe auch S. 327). Der Vorsitzende der CDU-Landtagsfraktion, Uwe Barschel, hatte 1974 die Auffassung vertreten: „Der Extremistenerlaß ist gerechtfertigt. In der Beförderungspraxis muss sichtbar werden, und zwar geräuschlos, daß unsere Regierung CDU-Freunde für am ehesten geeignet hält, CDU-Politik an Ort und Stelle zu verwirklichen." Diese Aussage rechtfertigt den Hängeordner „Schwarzer Filz").
* *Club of Rome* – Zusammenschluss von Wissenschaftlern und Industriellen, die mit ihrem Bericht „Die Grenzen des Wachstums" 1972 (schon!) den Blick für die drohende Erschöpfung der natürlichen Lebensgrundlagen auf der Erde schärfen.

---

35 Quelle: Statistik der Bundesagentur für Arbeit 2016 & Statistikamt Nord

* *Einkommensumverteilung* – Luckhardts Lieblingsthema!
* *Energiewirtschaft* – Unterordner *Energiesparen* ... in Gebäuden der Landesverwaltung; Einsatz alternativer Technologien – Unterordner: Wärmerückgewinnung; Solartechnik; Windkraft; Wärmedämmung; Energiedächer ...
* *Gleichstellung von Männern und Frauen* – Unterordner *Mädchen in Männerberufen*; *Beschäftigung von Mädchen und Frauen in der Landesverwaltung*; *Chancengleichheit* von Mädchen und Jungen in der Koedukation; gemeinsame Bildung von Jungen und Mädchen ...
* *Gastarbeiter*
* *Jugendarbeitslosigkeit* – Unterordner *Berufsbefähigendes Jahr*; *Jugendaufbauwerk* ...
* *Maulkorberlass* – Redeverbot, zeitweiliges Verbot, gegenüber der Öffentlichkeit bzw. der Presse über einen bestimmten Sachverhalt generell zu sprechen, z. B. verfügt durch den Kultusminister (Eingriff in die Freiheit zur Meinungsäußerung) gegenüber Lehrern
* *Mitbestimmung*: Betriebsverfassung, Personalvertretung ...
* *Nachdiplomierung* – in den 1970er-Jahren wurden die Ingenieurschulen aufgelöst. Die Studien wurden dann in neuen Fachhochschulen absolviert. Es stellte sich die Frage der „Nachdiplomierung" für Ingenieurschulabsolventen, die sehr kontrovers diskutiert, aber – später – durchgesetzt wurde.
* *Nachtbackverbot*
* *Nachtflugverbot*
* *NATO*
* *Ölkrise* – Unterodner *Sonntagsfahrverbot*
* *Privatisierung*
* *RAF*
* *Schule* – *Gesamtschule*
* *Schwarzer Filz* – Bevorzugung von Parteigängern bei Einstellungen und Beförderungen im Landesdienst, in den Kommunen ... In allen Bereichen des öffentlichen Lebens in Schleswig-Holstein herrscht flächendeckend der „Schwarze Filz" der CDU (siehe auch unter „Berufsverbote")
* *Stamokap* – Staatsmonopolkapitalismus – ursprünglich marxistisch-leninistische Bezeichnung für vollkommene Entfaltung und Verschmelzung des imperialistischen Staates mit der Wirtschaft,

welches wenigen Großunternehmen eine (markt-)beherrschende Stellung einräumt. Theorie, um die insbesondere in den 1970er-Jahren in der Linken gestritten wurde.

* *Verkehrswegenetz*-Unterordner: *Fernstraßenbau: Prioritäten*; *Minderung des Verkehrslärms*; *Kanalquerung Brunsbüttel* ...
* *Werftenkrise* – Strukturkrise im Bereich des Schiffbaus, die mit dem Abbau von Arbeitsplätzen einhergeht. Jetzt wird mehr und mehr in Asien produziert – auf niedrigerem Lohnniveau und deshalb kostengünstiger. Die schleswig-holsteinische Werftindustrie ist sehr betroffen. Es entsteht ein neuer Unterordner: *Diversifikation* – bezogen auf die Schiffbaukrise: Überlegungen zur Herstellung anderer Produkte auf Werften (die Husumer Schiffswerft – z. B. – verlegte ihren Schwerpunkt auf Schiffsreparaturen, baute u. a. Friesenbänke und später erfolgreich Windkraftanlagen).

Mittags geh ich mit Luckhardt und den Kolleginnen und Kollegen essen, mal in der Landtagskantine, mal in der Kantine des Wirtschaftsministeriums. Es schmeckt wie bei Muttern. Als Luckhardt die Überreste meiner Bratheringe sieht, sagt er: „Saubere Arbeit!" Ich sag: „Fischertochter!"

Die Landtagssitzungen werden über Lautsprecher in die Büros übertragen. Die Abgeordneten der anderen Fraktionen lern ich zunächst nur über ihre Stimmen kennen. Bei einer Stimme empfinde ich von Anfang an Unbehagen. Es ist merkwürdig. Ich hab es nie vergessen. Zuerst weiß ich nicht, wer es ist. Aber ich weiß es bald.

Sprechen und Schrei- ben Jetzt gibt es tatsächlich Schreibmaschinen mit Korrekturband, die wie mit Zauberhand Tippfehler korrigieren. Welch eine Errungenschaft! – Luckhardt lässt mich selbstständig arbeiten. Er beauftragt mich, seine Redebeiträge fürs Plenum, die er sich teilweise vom wissenschaftlichen Dienst des Landtags erarbeiten lässt, die von dort oft hochtrabend und verschachtelt und in endlos langen Sätzen kommen, umzufrisieren. Ich freu mich. Ich formulier gern. Er will kurze Sätze. Ich will Fremdwörter nicht, ich will verstehen, ich will, dass alle verstehen. Eines der Modewörter jetzt ist „permanent". Ich hör es bei Luckhardt zum ersten Mal. Ich weiß noch, was mir da durch den Kopf geht: Klingt schön wie Pergament (und richtig: es kommt von lat. „per-ma-neo" = verbleiben, ausharren, geht zurück auf „Pergameus" = Haupt-

stadt des hellenistischen Pergamischen Reiches, berühmt durch eine große Bibliothek von 200.000 Buchrollen und das dort aus geglätteter und enthaarter Tierhaut erzeugte Pergament = „charta pergamena", deren Vorzug gegenüber Papyrus u. a. auch in seiner Dauerhaftigkeit bestand. Aber das weiß ich – jetzt – noch nicht.) Neben „Pergament" fällt mir (1977) noch der „Permaneder" ein, dieser unsympathische Kerl aus Bayern, mit dem Toni Buddenbrook unglücklich verheiratet war. – Ungefähr jetzt wird mir bewusst: Ich hab – unbewusst – vom Plattdeutschen geprägtes Hochdeutsch mit nach KIEL gebracht. Ein Beispiel: Wenn von Klaus Matthiesen die Rede ist, leg ich die Betonung auf das „ie" anstatt auf das „att". So betonten meine Verwandten diesen Namen (Großmutter sagte z. B.: „Dat is Biene Matth*ie*sen ehr Dochter." „Das ist Biene Matth*ie*sens Tochter."). Eine Kollegin korrigiert mich naserümpfend.

Die Mitarbeiter und Mitarbeiterinnen der Landtagsverwaltung erscheinen mir zunächst beamtisch, wie ich es aus dem Schleswiger Rathaus kenn. Sie erscheinen mir vornehm, und sie sind es auch. Sie erweisen sich als ausgesprochen freundlich und entgegenkommend in der Zusammenarbeit. Das Büro des Parlamentarischen Geschäftsführes hat viel mit ihnen zu tun.

Frauen-
bewe-
gung

Luckhardt ist Freund der zweiten Frauenbewegung. Ich lern: Die erste Phase, die Wurzeln der Frauenbewegung, gehen bis in die Revolution von 1848/49, bis in den Vormärz[36] zurück und umfassen in Deutschland etwa die Zeit bis 1933. Es ging nicht, es geht nicht um die Umkehrung der Verhältnisse, nicht um die Herrschaft der Frauen über die Männer. Die Frauen wollten, die Frauen wollen sich aus der Herrschaft der Männer befreien, sie wollten, sie wollen über sich selbst bestimmen. Es geht um Bildung. Es geht um Erwerbstätigkeit. Um die 20. Jahrhundertwende hatten die Frauen sich – wieder – ein Stück Freiheit erkämpft. Sie erlernten Berufe. Sie drangen in die Kontore vor, die bis dahin Domäne der Männer gewesen waren. Besonders das Maschinenschreiben galt als Frauenarbeit. Ab 1908 durften Frauen an die Universitäten. Nach Jahrhunderten der Unterdrückung durch die Kirche hatten sie sich – wieder – selbstständig gemacht, was im Mittelalter gang und gäbe war. In den Goldenen Zwanzigern ließen sie sich die Haare kurz schneiden. Sie zogen sich kurze Röcke an oder Hosen wie die Männer. Sie rauchten. Sie begannen, ohne Begleitung auszugehen. Ende der 1920er-Jahre, als in der Wirtschaftskrise die Arbeitslosenzahlen rasant stiegen, wurden Frauen aus ihren Berufstätigkeiten wieder verdrängt, aus dem Staatsdienst sogar zwangsweise. Im Nationalsozialismus dann galt das Eindringen der Frau in die Welt des Mannes als Fehlentwicklung. Nach der Machtübernahme wurden Gesetze verabschiedet, die die Frauen aus ihren Berufen vertrieben und sie auf ihre Rolle als Hausfrau und Mutter reduzierten. Die Machtergreifung und vollkommene Gleichschaltung der Gesellschaft durch die Nazis warf die Errungenschaften der Frauenbewegung um Zeitalter zurück. Die Frau im Nationalsozialismus sollte die zukünftige Generation der „arischen Rasse gebären" und nach nationalsozialistischer Gesinnung aufziehen. Sie sollte selbstlos und treu und pflichtbewusst und opferbereit sein. Mit überirdischen Kräften mussten die Frauen dann mit Kindern

---

36 Vormärz: nachträglich aufgekommene Bezeichnung, die die Jahre vor der deutschen Märzrevolution 1848/49 beschreibt.

und Alten den Krieg bewältigten – jetzt verpflichtet im Handwerk, in Fabriken, in der Rüstungsindustrie, als Omnibus- und Bahnfahrerinnen, in Büros, aus denen sie gerade vertrieben worden waren … Wie sie Wasser- und Strom- und Lebensmittelrationierung erduldeten, Hunger und Kälte und Krankheiten, in Todesangst Bombennächte in Luftschutzkellern überlebten (oder umkamen). Dann das Warten auf die Rückkehr der Männer aus dem Elend von Krieg und Gefangenschaft. Die große Arbeitslosigkeit, die bedeutete, dass die Frauen zugunsten der Männer ihre Berufstätigkeit wieder aufgeben mussten und für viele Familien Umsiedlung in die Industriegebiete oder Auswanderung. Das beginnende Wirtschaftswunder, als erstmal galt: „Wie krieg ich meine Wäsche weiß?" und „Was koch ich für meinen Mann?"

Mutter hatte Krankenschwester werden wollen. Sie wurde Haushaltsgehilfin in Kaufmannsfamilien und war dort – auch – als Verkäuferin tätig. Nach dem Krieg wurde sie Fischers Frau, Hausfrau und Mutter und Ende der 1950er Jahre Verkäuferin in Krögers Fisch-Delikatessen-Geschäft in Schleswigs Innenstadt.

Zu Weihnachten schenkt Luckhardt mir „Die Frau und der Sozialismus" von August Bebel. Das ist total spannend! Seit den 1960er-Jahren hat frau begonnen, die Gleichstellung der Frau neu zu erringen. Jetzt befinden wir uns in dem entscheidenden Zeitraum der zweiten Frauenbewegung. Sehr wichtig erscheint mir jetzt die Aufarbeitung der Geschichte der Frau, die nicht geschrieben ist, die jetzt geschrieben wird. Mir wird deutlich, dass es Zeiten gab, in denen „Mutterherrschaft", also Gesellschaftsordnungen bestanden haben, in denen Frauen die bevorzugte Stellung in Staat und Familie hatten. Dass Frauen in der aufblühenden Stadtwirtschaft des Mittelalters über lange Zeit in fast allen Zünften gearbeitet, selbstständig Handel getrieben und auch im ländlichen Leben „ihre Frau" gestanden hatten. Dass Frauen im Mittelalter durchschnittlich nicht mehr als drei Kinder hatten und dies nicht nur oder hauptsächlich auf die hohe Säuglingssterblichkeit zurückzuführen ist, sondern eng mit dem Wirken der heilkundigen Frauen/der Hebammen zusammenhing, deren Wissen auf uralte Wurzeln zurückging (sie sollen über hundert Mittel und Methoden zur Verhütung und Abtreibung gekannt haben). Dass nach einer schweren Wirtschaftskrise in größeren Teilen Deutschlands am Ende des 15. Jahrhunderts das

16. Jahrhundert einschneidende Veränderungen mit sich brachte. Dass innerhalb der Zünfte immer mehr Bestimmungen erlassen wurden, die die Zulassung und Beschäftigung von Frauen erschwerten und später ganz verboten. Dass die Verfolgung von Frauen als Hexen u. a. dazu diente, den Willen selbstständiger und selbstbewusster Frauen zu brechen, wobei Obrigkeit, Kirche und männliche Ärzteschaft an einem Strang zogen. Ich begreif: Männer und Frauen haben die Gesellschaft gemeinsam entwickelt und es ist ein dolles Ding, dass sich im Lauf der Geschichte die Männer über die Frauen erhoben haben. Ich bemerk: Ich bin frei und kann und darf und will. (Ich kann das erst später – so – formulieren, aber ich bin es 1977 schon. Das Wort dafür ist ein Fremdwort und dermaßen verbraucht, dass ich es nicht mehr benutzen mag, weil es zu Missverständnissen führt.) Ich lehn Rangordnungen als Instrument zur Bevormundung und Unterdrückung ab. Das geht auf meine Herkunft zurück. Die Holmer Fischer lehnten es zum Beispiel – im Gegensatz zu anderen Fischerzünften in der Region – ab, eine Fischereigenossenschaft zu gründen. Ich fragte Vater, warum. Er antwortete mir: „Wir wollten keine Rangordnung." Das scheint uralte weltweite Wurzeln zu haben. Ich finde diese Haltung auch bei den Irokesen. Sie erzogen ihre Kinder von Geburt an zur Teilnahme an den überlieferten Sitten und Gebräuchen. Sie entwickelten ein Regulativ, das davon ausgeht, dass eine Rangordnung unweigerlich Konflikte schafft. Darum richtete man das bis ins Kleinste durchdachte gesellschaftliche Leben darauf aus, die Entstehung einer solchen Rangordnung zu verhindern. – Mir wird klar: Ich bin in einer Männergesellschaft, im Patriarchat aufgewachsen, und doch hab ich mich auf meinem Weg innerlich unabhängig gefühlt und frei. Im Beruf seh ich mich nicht als Frau, sondern als Mensch. – Mein kleines Bücherregal reicht nicht mehr. Die Bertelsmannschwarten gehen jetzt in die zweite Reihe und Pippi und Nesthäkchen und Anna K. und Effi B. und Katharina B. und Giselheer und Schischyphusch und … kriegen jetzt nach und nach neue Gesellschaft. Mit fetten lila Buchstaben auf dem breiten Rücken steht mittendrin jetzt der Wälzer „Sexismus". Als Vater ihn entdeckt, fragt er: „Wat is dat denn för'n Book?!" („Was ist das denn für ein Buch?"). Er denkt gleich an was „Schlimmes". Der Begriff ist aus der Frauenbewegung heraus entstanden, ich hab gerade erst erfahren, was er bedeutet: Haltung, Grundeinstellung, die darin besteht, einen Menschen (insbeson-

dere eine Frau) allein auf Grund seines Geschlechts zu benachteiligen, herabzusetzen, herabzuwürdigen. Nach Vaters Frage stell ich das Buch jetzt – erstmal – mit dem Rücken zur Wand.

Luckhardt bittet mich, einen Artikel zu schreiben. Thema: *Zum Für und Wider von Frauen als Busfahrerinnen.* Was er mir zutraut! Das macht mir ungeheuren Spaß. Ich fühl mich in meiner Arbeit zum ersten Mal wirklich ernst genommen. Der Artikel erscheint im „Verbund", der gemeinsamen Zeitschrift der Stadtwerke, der Kieler Verkehrs AG und der VVK (Versorgung und Verkehr Kiel). Außen auf dem Titelblatt ein Foto von Helmut Schmidt mit Prinz-Heinrich-Mütze auf einer Yacht zur Kieler Woche, innen mein Text mit Luckhardts Unterschrift. – Luckhardt redet übrigens nicht nur, er lebt seine politischen Überzeugungen. Er erzählt mir, er habe mich einer anderen Bewerberin vorgezogen, auch, weil ich „alleinerziehende Mutter" bin. „Alleinerziehende", das ist ein gerade neu entstandener Begriff, als mein Kind in den Kindergarten kommt, in den einzigen Ganztagskindergarten weit und breit, in den Eltern-Initiativ-Kindergarten „KrokoKIEL" in Kronshagen. Zuvor hatte ich mich im Rathaus erkundigt. Dort erfuhr ich: „Ganztagskindergärten sind aus ‚entwicklungspsychologischen' Gründen nicht gewollt." Der Bedarf spielt offenbar keine Rolle. Luckhardt setzt im Fraktionsvorstand – gegen die Stimme der Personalrätin (sie ist ein bisschen doof, hat die Zeichen der Zeit noch nicht erkannt) – durch, dass ich morgens eine Stunde früher beginnen und eine Stunde früher meinen Dienst beenden kann, um zu Kindergartenschluss mein Kind abholen zu können. Er sagt: „Außergewöhnliche Situationen erfordern außergewöhnliche Maßnahmen!" (Der Landtagsabgeordnete Wilhelm Marschner konnte „unserer" wunderbaren „TimmiTimmi" inzwischen eine Stelle im Kindergarten des Städtischen Krankenhauses vermitteln. Aber dort bleibt sie nur kurz. Sie hat Heimweh. Sie geht nach Nordfriesland zurück.)

Alleinerziehende

Zur Chronologie 1977:
Am 19. Februar demonstrieren – trotz eines Verbots des Verwaltungsgerichts Schleswig – 50.000 Menschen am Bauplatz des Atomkraftwerks Brokdorf und in Itzehoe. Am 17. Oktober ordnet das Oberverwaltungsgericht Lüneburg unbefristeten Baustopp an, bis die Entsorgungsfrage geklärt ist.
Die Nation der Irokesen richtet anlässlich der Konferenz der UNO zur

KINDERZIMMER IN METTENHOF

Situation der Eingeborenen beider Amerika ihre Botschaften an die westliche Welt „Ein Ruf zur Einsicht": „… Die westliche Technologie und die Menschen, die sich ihrer bedienen, stellen das erstaunlichste Zerstörungspotenzial dar, das die Menschheit jemals gekannt hat …"

Zur Musikbox:

Boony M. „Belfast"; Neil Diamond „Beautiful Noise"; Georg Danzer „War das etwa Haschisch?"; Abba „Knowing me, knowing you"; Julie Covington „Don't cry for me Argentina"; Belle Epoque „Black is black"; Marianne Rosenberg „Marleen"; Eagles „Hotel California" …

Von der Schwentinemündung bis Kronshagen und von Kronshagen zum Landeshaus und abends dasselbe zurück, mit Bus und Straßenbahn und Bus, oder Schiff und Bus und Bus, wär zwei Mal am Tag 'ne Weltreise. Wir müssen umziehen. Wir müssen nah am Kindergarten wohnen. Die Wohnungen in Kronshagen sind zu teuer. Wir ziehen in die Helsinkistraße, in ein neu entstandenes Quartier mit Einzelhäusern und Blocks gegenüber dem Bildungszentrum am Heidenberger Teich. Es ist eine sehr schöne, neue Wohnung, aber was es bedeutet, in Mettenhof zu wohnen, bemerk ich erst nach und nach. 1978

Zunächst ist es: Warten auf den Bus. Fahren bis Ecke Kronshagen/ Königstein. Aussteigen. Zu Fuß zum Kindergarten in der Vollbehrstraße. Zurück in die Kieler Straße. Warten auf den Bus. Einsteigen. Fahren bis zum Exer. Warten auf den Bus. Umsteigen. Dann über Knooper Weg–Waitzstraße–Reventloualle. Halt! Reventloualle 6, „Haus der kommunalen Selbstverwaltung". Das ist mir bekannt. Hier sitzt der Städtebund. Hier sitzt Frollein Jodies, mit der ich vom Schleswiger Rathaus aus zu tun hatte. Halt! „Reventloubrücke". Endstation. Tagsüber bin ich vollkommen in meine Arbeit vertieft. Aber wenn mir zu Feierabend der Bus vor der Nase wegfährt, wenn ich warten muss, wenn mir die Zeit wegläuft, bemerk ich, welch ein Druck in mir entsteht. Der Kindergarten schließt um 17 Uhr. Als mein Bruder uns zum ersten Mal in Mettenhof besucht, sagt er: „Ihr wohnt ja gar nicht mehr in KIEL." Es ist ein Fehler. Irrsinn. Es kostet viel zu viel Zeit. Und Kraft. Wir hätten einen Kindergarten, eine Wohnung in der Nähe des Landeshauses gebraucht. Es ist die Rede von einem Betriebskindergarten im Landtag (aber den gibt es bis heute nicht).

Einmal bin ich sauer auf Luckhardt. Es geht um Architektur. Ich beklag
mich bei ihm über die Steinwüste, die vor der Ostseehalle entsteht. Er
antwortet: „Wir sind auch ein bisschen böse auf die Architekten." Das
ist mir zu wenig. Ich denk: Er hat doch jahrelang im Rat gesessen. Der
Rat hat doch die Macht. Aber der Ostseehallenvorplatz ist nichts gegen den Stadtteil Mettenhof: Ort ohne Gedächtnis, Irrgarten, Wirrsal,
Labyrinth. (Wie weit draußen vor der Stadt, wie weit entfernt von der
Kieler Innenstadt es ist, seh ich erst, als ich 1993 wieder zu mir komm.)

Orte I

*Orte, anonyme – wo uns niemand kennt, wo wir ohne Namen sind, wo
wir einander nicht wirklich begegnen. Hochhaus-Ghettos außerhalb der
eigentlichen Städte, Geschwüre der sogenannten „Zivilisation", durch
deren Schluchten, Überführungen und Untergründe Menschen hetzen
oder in Staus ihre Zeit verlieren, ihre Kinder wegbringen, sich zum Geld-
verdienen in oft sinnlose Tätigkeiten stehlen. Abends dann schnelle Ernte
in super Märkten und zurück zum Essen-Fernsehen-Schlafen. Dort bekommt frau gar nicht mehr mit, wenn jemand geboren wird oder stirbt,
dort kennt man kaum noch jemanden von nebenan. – Ich hab es einige
Jahre mit meinem Kind gelebt, jenes anonyme Beton an Beton an einem
jener Unorte Nr. 6. Eines kalten Tages stand eine alte Dame in Schwarz
vor meiner Tür. Sie hatte sich in der Etage geirrt, fragte nach der Familie ihres Bruders, der gestern gestorben sei in Nr. 6. Ich hatte nie seinen
Namen gehört. Ich hatte ihn nie gesehen. „Aber Sie müssen ihn doch
kennen, er hat doch hier im Haus gewohnt?!" Durch ihr Hochdeutsch
klang meine alte Sprache hindurch. Ich erkannte, wo ich war. Ich hatte
zum ersten Mal in meinem Leben Heimweh. – Eines anderen kalten Tages flog an unserem Fenster im siebten Stock eine Frau aus dem neunten
vorbei, die es einfach nicht mehr ausgehalten hat. – Nie waren wir Menschen einander so sternenfern.*

In der Landtagsfraktion hör ich zum ersten Mal den Begriff ÖPNV.
Ich hör ihn aus dem Mund des Flensburger Landtagsabgeordneten
Uwe Gunnesson, dessen Arbeitsfeld der „Öffentliche Personennahver-
kehr" ist. Gerade haben mein Kind und ich begonnen, uns am KIELer
ÖPNV zu freuen, an den Stadtrundfahrten mit der elektrischen Stra-

ßenbahn – die in KIEL 1896 die Pferdebahn ersetzt hatte und ein solcher wirtschaftlicher Erfolg geworden war, dass man ihr Netz bis 1915 auf neun Linien erweitert hatte – da les ich in den Kieler Nachrichten, dass sie im Laufe der nächsten Jahre dem neuen Generalverkehrsplan zum Opfer fallen soll.

Kieler-Woche-Regatta-Begleitfahrt des Landtags

Morgens bei vollkommener Flaute und pieschwarmem Nieselregen ab Reventloubrücke. Die weißen Segel und die schönen bunten, die Spinnaker, hängen schlapp an ihren Masten. Macht nichts, das Gästeschiff der Landesbank liegt zwischen Schwentinemündung und Landeshaus mitten auf der Förde und es ist urgemütlich unter Deck. Parlamentarier und ihre Stäbe, Verbandsvorsitzende und -geschäftsführer, Personal der Landtagsverwaltung und der Landtagsfraktionen sind in Gespräche verstrickt. Hans Wiesen mit Paul Möller und Fritz Latendorf. Uwe Ronneburger mit Klaus Matthiesen. Der Chef der Kieler Verkehrs-AG Götz Dietsche mit Uwe Gunnesson. Kurt Hamer mit Karl-Otto Meyer. Karl Heinz Luckhardt mit Herrn Alter vom „Protokoll" des Landtags. Der Pressesprecher der SPD-Landtagsfraktion Werner Boldt mit dem Pressesprecher des Landtags. Frau Mieth mit Frau Lubjuhn. Frau Wilden mit Frau Jonatzke. Hans Gerhard Ramler mit Frau Rathmann ... Es gibt feine Häppchen mit Lachs mit Zitrone, mit Ei mit Appetit-Silt, mit Aal mit Dill, mit Sprotten mit Petersilie, mit Schinken mit Spargel, mit Roastbeef mit Remoulade, mit Mettwurst mit Mixed Pickels gespickt ... Die Männer kippen, die Damen nippen aus geeisten Gläsern Aquavit. Mittags ist der Himmel blau und 'ne kleine Brise kommt auf: Regatta! Startlinie vor der Seebadeanstalt Düsternbrook. Von da Lavieren zur Heulboje Bülk, über die Förde hinweg bis kurz vor Laboe und zurück zur Ziellinie vor Bellevue.

Am 10. Oktober findet die erste plattdeutsche Parlamentsdebatte statt. Heinz Lund sagte als Redner: „[...] Wat de Kark angeiht, so steebelt se mit 'n good Bispill vöran: de Kark hett plattdütsche Bibeln un Gesangböker druckt un höllt Predigten in Platt. Ok de Schleswig-Holsteensche Heimatbund lött sick wat infalln. Dat much ick wull lieden, dat an'n Schleswig-Holsteen-Dag ok twee plattdütsche Programmpunkte dorbi weern. Dree oder veer weern n'türlich beter west.

Plattdeutsch im Landtag

Wat notdeit, miene Damen un Herren, is, dat de Regeerung mit in-
stimmt in de nedderdütschen Initiativen. Wi hört un seht aber nix vun
de Regeerung, siet Hermann Börnsen nich mehr hier is. Uns Andrag
sall 'n lütt Füer maken ünner de Regeerungsbank, dormit dat beter
ward. [...]"

Zum Jahresende wartet Innenminister Rudolf Tietzck an der Ostsee auf die angekündigte Sturmflut, während hinter ihm das Land
im Schnee versinkt. – Ich will mit Kind und seinem Vater Silvester
zu Freunden nach Husum. Aber daraus wird nichts. Es schneit und
schneit und wir schneien auf der Zwischenstation bei meinen Eltern
in Schleswig ein.

Zur Chronologie 1978:
Gerhard Schröder wird JUSO-Bundesvorsitzender. Johannes Rau wird
Ministerpräsident in NRW. Herbert Gruhl gründet die erste deutsche

Umweltpartei. Das erste Kind, das außerhalb des Mutterleibs gezeugt wurde, wird geboren. Spanien wird parlamentarische Demokratie.

Zur Musikbox:
Nina Hagen „Der Spinner", „Auf'm Bahnhof Zoo"; Smokie „Mexican Girl"; Peter Maffay „Frei sein"; Fabrizio de André „Andrea"; McCartney and the Wings „Mull of Kintyre"; John Paul Yong „Love is in the Air"; Abba „Take a Chance on me"; Uriah Heep „Lady in black" …

Als Mutter am Neujahrsmorgen die Hintertür öffnet, ist da keine Öffnung mehr, sie steht vor einer Schneewand. Schneekatastrophe. Für uns bedeutet sie wunderbar geschenkte Neujahrstage zur Erholung. In Angeln ist viel mehr Schnee gefallen als in KIEL. Die Menschen sind zu Fuß mit dem Schlitten oder auf Skiern unterwegs. Die Geschäfte und Märkte sind beinah leergekauft. Die Milch ist rationiert, ist den Kindern vorbehalten, weil die frische Milch bei den Landwirten nicht abgeholt werden kann. – Nach und nach wird über Rundfunk und Fernsehen das Ausmaß des Unwetters über Norddeutschland deutlich: Eine Hochdruckfront aus Skandinavien mit minus 47 Grad Celsius und ein Tiefdruckgebiet aus dem Rheinland mit neunzig Prozent Luftfeuchtigkeit sind über der Ostsee zusammengestoßen. Mit massivem Kälteeinbruch, mit Schneesturm von bis zu Windstärke zehn, mit enormen Verwehungen werden wir – mit Schwerpunkt in Schleswig-Holstein und Mecklenburg – fünf Tage lang von Herzog Winter regiert. Autos auf Straßen und Autobahnen liegen eingeschneit. Öffentlicher Personennah- und -fernverkehr stehen still. Um Strom- und Telefonnetze haben sich Eismäntel gelegt. Sie sind teilweise ausgefallen. Wer betroffen ist und keinen Feuerofen hat, friert, kann nicht kochen. Dörfer und Städte sind von der Außenwelt abgeschlossen. Die Räumfahrzeuge der Kommunen und der Hilfsorganisationen können die Schneemassen nicht bewältigen, sodass die Bundeswehr und die Nationale Volksarmee zum Einsatz kommen. Versorgung und Krankentransporte erfolgen aus der Luft. Der Schiffsverkehr ist zum Erliegen gekommen, weil sich durch die Sturmflut an den Küsten, in den Häfen nach und nach Eisplatten zu Bergen übereinandergeschoben haben. Die Landwirtschaft gerät in Not. Einige Menschen und viele Tiere sterben.

1979
Schneekatastrophe

Nach Neujahr ruf ich Luckhardt an. Er fragt: „Wann kommen Sie wieder, Frau Jensen?" (Ich glaub, die Bahn zwischen Schleswig und KIEL fuhr erst wieder am 7. Januar.)

In regelmäßigen Abständen, immer von Freitag auf Sonnabend, konferieren die SPD-Fraktionsvorsitzenden der Länder und der Vorsitzende der SPD-Bundestagsfraktion in stetigem Wechsel in einer der Landeshauptstädte. Sie nennen es „Fraktionsvorsitzendenkonferenz". Die Organisation dieser Veranstaltungen übernimmt jeweils das Büro des Parlamentarischen Geschäftsführers in Zusammenarbeit mit der Bund-Länder-Koordinierungstelle in der Bundestagsfraktion in Bonn. Diesmal findet die Konferenz in KIEL statt.

HERBERT WEHNER. ÖLGEMÄLDE VON BRIGITTE RAVE-RIEGER

Die meisten Teilnehmer sind schon am Freitag angereist. Freitagabend ist ein Arbeitsessen im Hotel „Conti Hansa" am Prinzengarten. Das hab ich organisiert, da muss ich aber nicht hin. Die Zeiten, da sonnabends in Behörden gearbeitet wird, sind vorbei. Sonnabend früh sind also der Pförtner und ich allein im Landeshaus. 7.30 Uhr Begegnung mit Herbert Wehner![37] Er und seine Greta stehen unvermutet bei mir vorm Schreibtisch. Er, den die Genossen und Genossinnen liebevoll „Onkel Herbert" nennen, wenn sie über ihn sprechen, ist Vorsitzender der SPD-Bundestagsfraktion. Die beiden sind direkt vom Bahnhof gekommen. Sie wollen sofort arbeiten. Sie wollen einen Schreibtisch. Und sie wollen Heißwasser für ihren Kräutertee. Als gegen 9 Uhr Karl Heinz Luckhardt kommt, ist sein Büro besetzt. Er sagt: „Wie gut, dass Sie schon so rechtzeitig da waren, Frau Jensen! Es ist spät geworden,

Begegnung mit Herbert Wehner

---

37 Siehe auch unter 1977, 1983, 1992 und unter „Nachspiel"

gestern." Ich bemerk seinen großen Respekt vor Herbert Wehner. Luckhardt begrüßt die beiden, bittet Wehner, an seine Schreibtischschublade zu dürfen, nimmt seinen Rasierapparat 'raus. Geht aufs Klo, um sich zu rasieren. Er sieht so aus, als hätten die Genossen letzte Nacht einen gesoffen. Um zehn Uhr tagt die Fraktionsvorsitzendenkonferenz im Großen Sitzungssaal im ersten Stock über dem Hauptportal.

10. Juni. Landtagswahl. Klaus Matthiesen steht nach der ersten Hochrechnung schon mit einem dicken Strauss roter Rosen im Fraktionssitzungssaal auf dem Tisch. Die SPD hat mit 41,7 Prozent zusammen mit der FDP mit 5,7 Prozent und dem SSW mit 1,4 Prozent 9.000 Stimmen mehr als die CDU, die 48,3 Prozent errungen hat. Aber aufgrund von Bestimmungen des Landeswahlrechts bei der Mandatszuteilung hat die CDU einen Sitz Vorsprung. – Ich frag mich: Was ist das für ein Wahlrecht? Will ich das verstehen? – Luckhardt wird *nicht* Wirtschaftsminister.

Gleichzeitig findet in den neun EU-Mitgliedsstaaten die erste Direktwahl zum Europäischen Parlament statt. Willy Brandt ist Spitzenkandidat der deutschen Sozialdemokraten. Gemeinsam mit ihm zieht der Lübecker Gerd Walter als erster direkt gewählter Europaabgeordneter für die SPD Schleswig-Holstein ins Europaparlament ein.

Erste Direktwahl zum Europäischen Parlament

Am 10. Juli hält Willy Brandt seine erste Rede nach der ersten Direktwahl im Europäischen Parlament: „[…] Ich möchte den Tag sehen, an dem Europa eins geworden ist. […] Übersehen wir bitte nicht, dass wir es auch zunehmend mit einem Europa der Regionen zu tun haben. Die Gemeinschaft – das ist die Überzeugung meiner Fraktion, muss mehr für die schwachen Regionen tun […] (starker Beifall) […] für den regionalen Ausgleich. Sie muß, füge ich hinzu, auch eine Antenne für das haben, was sich außerökonomisch an Sehnsüchten und Hoffnungen manifestiert. […] Wir sollten jene ganz ernst nehmen, die befürchten, daß unser Globus die Fortschreibung der industriellen Entwicklung nicht überstehen würde. Es geht längst um mehr als Umweltschutz, so wichtig dieser ist. Es geht auch um mehr als darum, mit natürlichen Ressourcen sorgsam umzugehen. Wir werden umzudenken haben, was die Gestaltung von Industriegesellschaften angeht. Wir werden neu darüber nachdenken müssen, welche Wege den Ländern der Dritten Welt gemäß sind, und vor allem werden wir uns – mehr als bisher – Gedanken darüber zu machen haben, wie konkrete Solidarität zwischen den Völkern organisiert werden kann. Dabei werden wir Sozialisten, wir Sozialdemokraten, uns vor Traumtänzerei ebenso zu hüten wissen wie vor dem Denken in scheinbar bewährten Schablonen. [...] Auch unsere Arbeitsplätze, nein, die unse-

WILLY BRANDT.
ÖLGEMÄLDE VON BRIGITTE RAVE-RIEGER

rer Kinder, nein, noch mehr die unserer Enkel hängen davon ab, ob die Entwicklung in anderen Teilen der Welt rasch vorankommt, und auch der Friede hängt davon ab. [...] Womit wir zu tun haben, ist doch wohl eher ein Umbruch als eine Krise, ein Umbruch mit dem Zusammensturz überkommener Doktrinen, wirtschaftlicher Mechanismen und des internationalen Währungssystems, mit dem Ringen um eine neue Staatenordnung, mit einer Energiekrise, die viel mehr ist, als sie scheint, mit großen zivilisationskritischen Herausforderungen und noch mit Einigem mehr. [...]" – (Willy Brandt, 1979!)

Mit einem Bären im Paternoster

Mein Kind ist drei. Wann und wohin immer es möglich ist, nehm ich es mit. Im Landeshaus, im Eckzimmer zum Düsternbrook im Hochparterre rechts, ist Weihnachtsfeier der SPD-Landtagsfraktion. Mein Kind ist mit. Da ist auch ein großer Bär, und es dauert gar nicht lange, da bändelt er an mit meinem kleinen Mädchen. Er beginnt süß mit ihm zu sprechen und es schaut strahlend zu ihm auf. Bald nimmt er es an seine weiche Tatze und tapst mit ihm durch die langen Flure und Hallen des Hohen

MIT EINEM BÄREN IM PATERNOSTER

Hauses zum Paternoster. Sie steigen ein. Sie fahren hoch. Sie steigen aus. Sie steigen ein. Sie fahren runter. Sie steigen aus. Kaum sind sie zurück bei der Feier, wo es Honigkuchen und heiße Getränke gibt, da will das Kind noch einmal: „Ein Mal noch!" Der Bär nimmt das Kind wieder an seine weiche Tatze und tapst noch einmal mit ihm durch die langen Flure und Hallen des Hohen Hauses. Sie steigen ein. Sie fahren hoch. Sie steigen nicht aus, sie fahren durch das dunkle Obenherum. Sie fahren runter. Sie steigen nicht aus, sie fahren durch das dunkle Untenherum, das kleine, kleine Mädchen und der große, große Bär. So geht es bei Plapperdiplapper hin und her und rauf und runter. Nochmal. Und nochmal.

Und wieder. So oft, dass es mir Mutter schon unangenehm ist. Der große Bär aber hat unendlichen Langmut. Die beiden kommen von Mal zu Mal lustiger zurück in die Runde und er wirkt kein bisschen genervt. Das und der Bär sind bis heute nicht vergessen. Bei der Mutter nicht. Und bei dem Kind nicht.[38]

Zur Chronologie 1979:

Im Iran wird der autoritäre Herrscher Mohammad Reza Pahlevi, der letzte *Schah von Persien*, abgesetzt (sein Staatsbesuch hatte 1967 in Berlin zu Großprotesten der Studentenbewegung geführt, bei denen der Student Benno Ohnesorg erschossen wurde). Der Schah flieht am 16. Januar nach Ägypten. Es folgt der islamische Gottesstaat des Ajatollahs Chomeini.

Am 28. März ereignet sich ein ernster *Kernschmelzunfall in Block II des Kernkraftwerks Three Mile Island/Harrisburg/Pennsylvania*, am Susquehanna River in der Nähe der Ostküste der USA. Der Block war erst 1978 in Betrieb genommen worden.

Am 7. Oktober ziehen *DIE GRÜNEN* ins Bremer Rathaus ein. Sie wollen sich um ökonomische, ökologische und soziale Nachhaltigkeit bemühen. Einer meiner Helden ist wieder da. *Rudi Dutschke* ist Mitglied der Bremer GRÜNEN geworden und hat sich am Wahlkampf beteiligt. Nach dem Einzug ins Bremer Stadtparlament wird er als Delegierter für den Mitte Januar geplanten Gründungskongress der GRÜNEN auf Bundesebene gewählt.

Am Heiligen Abend stirbt Rudi Dutschke in Aarhus/Dänemark – an den Spätfolgen des Attentats am Gründonnerstag 1968.

Am 26. Mai erklärt Niedersachsens Ministerpräsident Albrecht – unter dem Eindruck der massiven Proteste in der Bevölkerung und des Kernschmelzunfalls in Harrisburg –, dass eine Wiederaufbereitungsanlage in *Gorleben* politisch nicht durchsetzbar sei. Die Bundesregierung favorisiert jetzt ein „Integriertes Entsorgungskonzept" mit dezentraler Entsorgung. Nach dem „Entsorgungsbeschluss" der Regierungschefs von Bund und Ländern für eine Wiederaufbereitungsanlage findet am 14. Oktober eine Anti-Atomkraftdemonstration in Bonn mit mehr als 70.000 Teilnehmern statt.

Am 25. Dezember marschieren sowjetische Truppen in *Afghanistan* ein.

---

38 Fortsetzung unter: Hans Bär, S. 371

Zur Musikbox:
Georg Danzer „Feine Leute", „Wir werden alle überwacht"; Marianne Faithfull ist mit „Broken English" unterwegs „In an open Sportscar through Paris with the warm Wind in her Hair"; Abba „Gimme! Gimme! Gimme!"; Richard Clayderman „Ballade pour Adeline" …

Karl Heinz Luckhardt entscheidet sich, in die Kommunalpolitik zu- 1980
rückzugehen. Er kandidiert als Oberbürgermeister für KIEL.

In diesem Jahr kommt eine Diskussion über die „Abwehr" weiterer Zu-
züge von Gastarbeitern auf, gegen das Bleiben dieser Menschen, gegen
deren dauerhafte Aufnahme in unsere Gesellschaft. Nachdem seit 1974 Asyl
die Zahl der Asylbewerber in Deutschland stetig angestiegen ist, 1979
mit 51.493 Anträgen etwa die zehnfache Zahl gegenüber dem Beginn
der 1970er-Jahre erreicht hatte, nachdem sich in diesem Jahr die Zahl
der Asylbewerber gegenüber 1979 noch einmal verdoppelt hat, wird die
Asylfrage zum Thema im Bundestagswahlkampf.

Ich denk an Giuseppe

*Es muss um 1964/65 gewesen sein, als Giuseppe als Gastarbeiter von Si-
zilien nach Schleswig gekommen war. Er arbeitete über Monate auf dem
Holm. Er wohnte mit seinen Kollegen in einem der Bauwagen, unten auf
der feuchten Wiese am Holmer Noor. Sie wuchteten die uralten Pflas-
tersteine vor unseren Häusern aus der Erde. Sie gruben tiefe Schächte
in unsere Straßen und stützten sie mit Brettern ab. Sie bauten uns sichere Brücken darüber. Sie verlegten Betonkanäle und Rohre. Als wir
zum ersten Mal auf unserer Spültoilette saßen, begruben sie vor unserem
Haus am Süderholm die Kanalisation mit Sand und fügten Pflasterstein
für Pflasterstein wieder ein. Giuseppe war ein strahlender junger Mann.
Wir sprachen und lachten miteinander. Wir freundeten uns an. Vater
sprach mit großer Freude mit ihm Italienisch. Ich wusste noch nicht viel
von der Welt, aber es bereitete mir Unbehagen, dass Menschen von Sizi-
lien kamen, um für uns hier **diese** Arbeit zu tun.*

Am 1. November wird Karl Heinz Luckhardt Oberbürgermeister der
Landeshauptstadt KIEL. Er will mich mitnehmen. Aber mir ist nach

kurzer Überlegung klar: Damenhaft in einem Vorzimmer sitzen, ist nicht, was ich will.

Erstmal arbeite ich für Luckhardts Nachfolger weiter, für den neuen Parlamentarischen Geschäftsführer Berend Harms. Der andere Geschäftsführer, der Fraktionsgeschäftsführer, der für die Verwaltung, für das Kaufmännische, für die Finanzen, für Organisation zuständig ist, bereitet sich auf seinen Ruhestand vor. Jetzt führ ich die Protokolle der Fraktion, des Fraktionsvorstandes, des geschäftsführenden Fraktionsvorstandes, organisier Tagungen und Veranstaltungen ... Die Landtagsfraktion will nach Berlin. Ich soll die Reise vorbereiten und begleiten.

Zum ersten Mal Berlin

Zum ersten Mal an der Zonengrenze. Geschichten im Kopf, die dort „spielen". Stacheldraht. Wachturm. Irrsinniger Ernst. Mein Magen bei der Passkontrolle. Transitstrecke. Rastplatz. Intershop. Stille Landschaft. Felder. Wälder. Gehöfte. Dörfer. Kaum Menschen. Ortsnamen wie bei Fontane. Ich denk an Effi. Fühl mich ihr verbunden. Irgendwo nicht weit von hier schaukelte sie. – Berlin! Berlin im November: Die großen Magistralen, die Sichtachsen. Die Silhouetten der Wahrzeichen deuten sich in der Ferne an wie hinter Pergament. Dann nahe dran mit dem Bus am sowjetischen Ehrenmal für die im Zweiten Weltkrieg gefallenen Soldaten der Roten Armee. Wachwechsel. Stechschritt. Frösteln. Nahe dran am Brandenburger Tor. Es trägt Trauer. Hotel Berlin. Hell und schön und warm und gutes Essen. – Am nächsten Novembermorgen: Gedenkstätte Deutscher Widerstand in Plötzensee. Wir stehen in dem Raum, wo in den zwölf Jahren des nationalsozialistischen Terrors 2.891 Menschen hingerichtet wurden, darunter jene, die dem Widerstandskreis des 20. Juli angehörten. Nachhall dringt durch Jahrzehnte. Dringt durch unser stilles Gedenken. – Im Reichstag die Ausstellung: „Fragen an die deutsche Geschichte" ... Ich fühl mich beschwert. Welch ein Land, mein Land. – Bis hier ist mein Film schwarz-weiß. Nur Goldelse golden. – Neuer Morgen. Warmer Empfang und politische Gespräche im Schöneberger Rathaus. Mein Film vom Ku'damm, von den Torten bei Kranzler, vom KDW, vom Gottesdienst im Hohlen Zahn ist pastellfarben. Abends bin ich zum ersten Mal in der Oper! Die Oper ist bunt. Mozart. Die

Zauberflöte. Das Flötenspiel ist mir vertraut, es gehört zu den Melodien, mit denen alljährlich feierlich der biedermeierne Festball der Holmer Beliebung eröffnet wird. Ich fühl mich so zuhause. – In einer freien Stunde such ich nach dem Haus Paulstraße 19. Ich weiß, es steht noch, steht in unmittelbarer Nachbarschaft zum Schloss Bellevue. Dann steh ich davor: Hier hat Großmutter Katharine, Vaters Mutter, von 1915 bis 1917 in der Familie des Majors von Czernicki[39] als Köchin gedient. Durch die Glastür seh ich, die Durchfahrt für die Kutsche, die schönen Wandfliesen mit Fries sind noch, wie sie waren. Ich fass an den Türgriff. Die Tür zur Durchfahrt ist nicht verschlossen. Ich geh hinein, geh auf dem Pflaster, auf dem Großmutter ging. Wie ich sie beneide: Sie durfte 1915 (!) nach Berlin. Ich durfte 1969 nicht mal nach KIEL. – Am letzten Abend zum ersten Mal im Ballett! Giselle. Zum Abschied Mittagessen in der Zitadelle Spandau. – Ich wünsch mir Wiedervereinigung für mein Land.

Man bietet mir an, Geschäftsführerin der SPD-Landtagsfraktion zu werden. Das würde bedeuten: Öfter bis in den Abend bleiben, an auswärtigen Klausurtagungen, an Parteitagen teilnehmen, häufiger die Kindergärtnerinnen bitten, mein Kind nach Feierabend mit nach Hause zu nehmen. Ich bin alleinerziehende Mutter. Mein Kind ist vier. Ich arbeite ganztags mit Überstunden. Ich mag Buchführung nicht. Ich bin ein Buchstabenmensch. Ich sag: „Nein."

Für die Buchführung wird eine neue Kollegin eingestellt. Sie kommt aus Berlin. Sie heißt Zbytowski. Sie sagt: „Du kannst Spüli zu mir sagen." Renate ist nett. Wir arbeiten gut zusammen. Es dauert nicht lange und ich berliner.

Jetzt kommt das „Binnen-I" auf, das Männer und Frauen meint, ohne beide Formen ausschreiben zu müssen, durch das die Frau in der geschriebenen Form gedanklich verstärkt präsent wird. (Es wirkt bis heute, obgleich es weder den alten noch den neuen Rechtschreibregeln entspricht.)

Binnen-I

---

39 Major Czernicki war Mitglied im Kaiserlichen Heer. Seine Frau war Schwester der Baronesse Mary v. Gersdorff, Konventualin im St. Johanniskloster zu Schleswig. Auf ihre Empfehlung war Großmutter nach Berlin gelangt. Großmutter hatte bei Baronesse Mary v. Gersdorff im St. Johanniskloster zu Schleswig und auf dem Gut des Barons J. von Gersdorff in Fahrenstedt bei Böklund Köchin gelernt.

Am 8. Dezember wird John Lennon in New York ermordet (wie sich herausstellt, von einem Geistesgestörten). Er ist nur vierzig Jahre alt geworden. Seine Songs haben so viel in mir ausgelöst. (Es gelingt ihnen immer noch. Mein Kind erinnert sich heute noch, wie sehr ich getrauert hab um John.)

HDW HDW baut U-Boote. Schon seit Anfang der 1960er-Jahre. Griechenland und die Türkei, die 1970 wegen des Zypernkonflikts militärische Aktionen gegeneinander austragen, verfügen über U-Boote, die bei HDW gebaut wurden. Ebenso Ecuador und Peru. Jetzt bewilligt die Bundesregierung den Bau von U-Booten für Chile. Die IG Metall und namhafte PolitikerInnen protestieren dagegen. ArbeitnehmerInnen im HDW-Werk Süd treten aus Angst um ihre Arbeitsplätze für den Bau der U-Boote ein. Ihre Kinder demonstrieren dagegen mit der Parole „Entwicklungshilfe statt U-Boote".

Zur Chronologie 1980:
12. Januar: Gründungsparteitag der GRÜNEN.
Am 22. Januar wird nach Protesten gegen den Einmarsch der Sowjetunion in Afghanistan *Andrej Sacharow* verhaftet und ohne Prozess in die für Ausländer verbotene Stadt Gorki an der Wolga verbannt – er, der 1968 seine „Gedanken über Fortschritt, friedliche Koexistenz und geistige Freiheit" veröffentlicht und 1975 „als Gewissen der Menschheit" den Friedensnobelpreis erhalten hatte.
Nach der Entlassung der Kranführerin Anna Walentynowicz: Streik auf der Danziger Leninwerft. Am 14. August gründet sich die polnische Gewerkschaftsbewegung „*Solidarność*".
Im August verabschiedet der Bundestag das Gesetz zur „*Gleichbehandlung von Männern und Frauen am Arbeitsplatz*".
Am 22. September beginnt der *Erste Golfkrieg* (Irak/Iran – Kampf um die Vorherrschaft am Persischen Golf – bis 1988).

Zur Musikbox:
Nina Hagen „Traurig, aber wahr"; Bob Marley „Liveley up yourself"; Barbra Streisand „Woman in Love"; Phil Collins „In the Air tonight"; Nina Hagen „Auf'm Rummel". Nach dem 8. Dezember hör ich nochmal alle meine Beatles-Platten durch. Hör „Imagine". Wieder und wieder.

Nachdem am 22. Januar das Oberverwaltungsgericht Lüneburg den
Baustopp für das AKW Brokdorf aufgehoben hat, weil es Fortschritte bei der Lösung der Entsorgungsfrage erkannt haben will, erteilt die Landesregierung am 18. Februar eine zweite Teilerrichtungsgenehmigung. Am 28. Februar fahren die Kollegen in die Haseldorfer Marsch. Es kommen 100.000 Kernkraftgegner zur bisher größten Anti-Atomkraftdemonstration. Die Demo ist vom Landrat verboten worden (das Verbot stellt sich später als verfassungswidrig heraus). 10.000 Polizisten sichern das AKW-Gelände. Über hundert Polizisten und über hundert Demonstranten werden bei heftigen Krawallen verletzt.

Die Ereignisse werden aufgeregt in den Gremien der Fraktion und des Landesverbandes diskutiert. Diese Demo wird mit ausschlaggebend für die Antiatompolitik der schleswig-holsteinischen SPD. – Jochen Steffen, der noch 1971 weitere Atomkraftwerke gefordert hatte, hatte dann aufgrund neuer Erkenntnisse seine Auffassung geändert: „Wenn die Kritiker der Atomkraft auch nur zu zwanzig Prozent Recht haben, dürfen wir dieses Risiko nicht mehr eingehen."[40]

Irgendwann im Sommer fragt mich der Europaabgeordnete und erste stellvertretende SPD-Landesvorsitzende Gerd Walter, ob ich für ihn arbeiten will. Ich will. Seine Mitarbeiterin Petra Bauer, die seinen ersten Wahlkampf organisiert und sein EUROPA-Büro geleitet hat, will zurück nach Bayern.

Nochmal Berlin

Diesmal mit Kind nach Berlin. Sommerferien. Ein Seminar der Friedrich-Ebert-Stiftung für berufstätige Alleinerziehende. Zehn erschöpfte Mütter und ein erschöpfter Vater genießen stille Tage in schöner Wannseevilla. Während wir in Schulungen sitzen, werden unsere Kinder betreut: Malen. Angeln. Ausflüge. Die Kinder sind begeistert vom Zoo. Von den Doppeldeckerbussen. Sie sind unbeschwert. Für sie ist der Bahnhof Friedrichstraße nichts weiter als ein schwarzes Loch. Dieser dunkelste aller Bahnhöfe, er ist nicht Agententhrillerkulisse, es gibt ihn wirklich!

---

40 Aus: Kuhlwein, Eckart, „Links, dickschädelig und frei ..."/SPD-Geschichtswerkstatt.

Mir bleibt es ein Rätsel, wie auf diesem schönen Planeten, wie aus po-
litisch-„kulturellem" Geschehen ein solcher Schauplatz, ein solches Sze-
nario, ein solches Glacis, eine solche Erdaufschüttung mit Personal, die
keinen toten Winkel entstehen lässt, ausgedacht, herauswachsen und
Wirklichkeit werden kann. – Dann seh ich, dann riech ich zum ersten
Mal Ostberlin. Jetzt, im Sommer, liegt hier jener teerig-torfige Kohlege-
ruch in der Luft, den ich noch aus den kalten Wintern meiner Kindheit
in der Nase hab. Wir gehen in Nebenstraßen zwischen hohen wilhel-
minischen Kästen, deren Fassaden seit den 1940er-Jahren keinen Pinsel
gesehen haben, die sich gegenseitig beschatten. Nur die oberen Stockwer-
ke wärmen sich am gelben Spätnachmittagslicht. Unten im Schatten in
einem der Häuser ein Ladenfenster. Darin nichts als eine kleine Gesell-

VOR DEM GESPERRTEN
BRANDENBURGER TOR

BLICK AUF DEN ANDEREN TEIL BERLINS

OSTBERLINER FASSADEN
IM JAHR 1981

BLICK AUF DIE GROSSE GESCHICH-
TE BERLINER VERLAGE

schaft gebrauchter, leerer Weckgläser, Gummiringe, Schraubdeckelglä-
ser, die sich schüchtern zum Verkauf anbietet. In Ecken und Winkeln
Blätter vom Vorjahr. Kein Auto. Ein einziger Mensch. Er überquert die
Straße. Schaut nicht. Wirkt wie isoliert. Ich weiß nicht, wo wir gehen.
Fühl mich wie verirrt in einem fehlfarbenen Gemälde. Dann seh ich uns
alle am Alex. In der Sonne. An den Obstständen vor der „Kaufhalle" Le-
ben und Treiben. Wir mischen uns unter. Unsere Begleiterin, das KIELer
Gewerkschaftsurgewächs Elfriede Düppe, sagt: „Na, Ihr werdet den Ost-
berlinern doch wohl nicht die Kirschen wegkaufen?!"

EUROPA am Kleinen Kuhberg

Am 1. August fang ich bei Gerd Walter an. Halbe Stelle Europabüro. Halbe Stelle Landesvorstand. Das Wahlkreisbüro, das „Europabüro", ist Untermieter beim SPD-Landesverband. Walter ist beinah immer in Europa unterwegs: Zwischen Lübeck, Brüssel, Straßburg, Bonn und KIEL. Zwischen Angeln und Eiderstedt. Zwischen Ostholstein und Dithmarschen. Zwischen der dänischen Grenze und der Zonengrenze. Zwischen Mucheln und Schnarup-Thumby. Zwischen Niebüll und Brunsbüttelkoog. Zwischen Luxemburg und Paris. Zwischen Rom, Dublin und London. Zwischen Den Haag, Kopenhagen und Athen.

Das Kind ist jetzt fünf und sagt: „Meine Mama arbeitet jetzt beim SPD-Landesverband. Aber der sieht gar nicht aus wie ein Verband. Der sieht aus wie ein richtiges Haus."

Wie ein richtiges Haus

Walter erwartet selbstständige Mitarbeit. Das passt. Das ist, was ich will. Das Europabüro befindet sich noch im Aufbau. Da gilt es, Kontakte zu knüpfen – zu den öffentlichen Einrichtungen, zu den Institutionen auf allen Ebenen, zu den gesellschaftlich „relevanten" Gruppen („relevant" ist ein neues Wort für mich, bedeutet „bedeutend"). Zu den Parteigliederungen nach oben und nach unten, zu den Kreisverbänden, zu den Kreistagsfraktionen, zu den Ortsvereinen. Wir haben Ortsvereinsvorsitzende, wir haben Kreisverbandsvorsitzende, wir haben Kreistagsfraktionsvorsitzende, und jetzt will Walter in jedem der 15 schleswig-holsteinischen Kreise auch noch einen „Europabeauftragten". Die müssen gefunden, gefragt, geschult und eingebunden werden. Bei der Bevölkerung, aber auch in landespolitischen Kreisen hält sich das Interesse an Europapolitik, an der Europäischen Gemeinschaft ziemlich in Grenzen. – Walter ist Mitglied im Politischen Ausschuss. Er kämpft für *mehr* Demokratie in der EG, für *mehr* Befugnisse des Parlaments und wird nicht müde, die Bedeutung der Europäischen Gemeinschaft, *die* friedenspolitische Errungenschaft nach dem Zweiten Weltkrieg, zu erklären. Eines seiner herausragenden Themen ist das deutsch-dänische Grenzland, das für Europa Modellcharakter hat, die

Minderheitenpolitik, die schwer errungen wurde, die es immer wieder neu mit Leben zu erfüllen gilt. – Landtagsabgeordnete haben einen kleinen Wahlkreis. Bundestagsabgeordnete haben einen größeren Wahlkreis. Walters Wahlkreis ist ganz Schleswig-Holstein. Er ackert wie der Stier, der Europa trägt. – Die EG hat jetzt zehn Mitgliedsstaaten. Nach den Gründungsstaaten von 1951 – Belgien, Bundesrepublik Deutschland, Frankreich, Italien, Luxemburg, Niederlande – sind 1973 Dänemark, Großbritannien und Irland hinzugekommen. In diesem Jahr hat die erste Etappe der Süderweiterung begonnen, als zehntes Land ist am 1. Januar Griechenland aufgenommen worden.

Das Europäische Parlament wird „Wanderzirkus" genannt. Die Mitarbeiter und die Abgeordneten wandern ständig zwischen Brüssel und Straßburg hin und her. Das Büro der deutschen Gruppe der Sozialistischen Fraktion im Europäischen Parlament hat seinen Sitz in Bonn, am Rande des Bundestags. In Straßburg sitzt die Legislative, die gesetzgebende Gewalt, das Parlament. Hier hat auch der Europarat seinen Sitz, dem die Unterzeichnerstaaten der Europäischen Menschenrechtskonvention angehören. Und der Europäische Gerichtshof für Menschenrechte, an den Bürger sich mit Beschwerden direkt wenden können, nachdem sie die innerstaatlichen Instanzen ausgeschöpft haben. Der Europäische Gerichtshof, der schon seit 1952 über die Auslegung und Anwendung des Rechts der Europäischen Gemeinschaft wacht, sitzt in Luxemburg.

Nach dem Aufschrei am 7. Juli an Deutschlands Küsten ist zu Beginn meiner Tätigkeit das Thema „Butterfahrten" Schwerpunkt im Europabüro. Der Europäische Gerichtshof hat die Abgabenfreiheit auf den sogenannten „Butterschiffen", die auf Nord- und Ostsee verkehren, mit dem EG-Recht als unvereinbar erklärt. Auf politischen Druck seitens der deutschen Wirtschaft werden für die Einkaufsfahrten, die seit 1953 über die auf See gelegene deutsche Zollgrenze hinausführen, zunächst aber nur erschwerende Bestimmungen erlassen. Die „Butterfahrten" sind für viele Reeder ein einträgliches Geschäft und für Jung und Alt sind die kleinen Seereisen – mit leckerem Essen und Trinken an Bord, dem zollfreien Einkauf von Alkohol, Süßigkeiten, Tabakwaren und in den Anfangsjahren vor allem stark verbilligter Butter – überaus beliebt. Jetzt steuern die Butterfahrer den nächstgelegenen ausländischen Hafen an, werfen ein Tau um einen Poller, um es einen Moment später wieder zu lösen, womit das Schiff formal angelegt hat und zurückfahren kann.

Butter-
fahrten

Einmal im Jahr lädt jeder der Europaabgeordneten (z. Z. 410) eine Besuchergruppe aus seinem Wahlkreis nach Straßburg ein. Ich darf die Reise vorbereiten. Ich darf die Gruppe begleiten. Ich fahr nach Straßburg! Es ist ziemlich aufregend. Ich mach sowas zum ersten Mal. Ich lern. Als wir mit Kopfhörern auf den Besucherrängen über dem Plenum sitzen, wundern wir uns alle: Die Versammlung der Abgeordneten ist nur spärlich besetzt. Warum? „Die Abgeordneten sind in Fraktionssitzungen, in Ausschusssitzungen, in kurzfristig anberaumten Gruppensitzungen, in Pressekonferenzen oder sie sind mit ihrer Besuchergruppe unterwegs. Bei bedeutenden Debatten, bei Abstimmungen, die ihren Aufgabenbereich betreffen, sind sie selbstverständlich da." – Die historische Innenstadt, die Gassen um das Münster mit ihren Restaurants, mit ihrer überbordenden Vielfalt, mit altem Handwerk, mit schönen Läden mit regionalen Produkten, mit Delikatessen, die einem das Wasser im Munde zusammenlaufen lassen, erleb ich als alte europäische Stadt, wie ich sie für den Beginn des 20. Jahrhunderts gespeichert hab, wie es sie in Deutschland schon kaum noch gibt.

Straß-
burg

Ich flieg nach Brüssel! In Brüssel sitzt die Exekutive, die ausführende Gewalt, die EG-Kommission. Ich seh ihren riesigen Büropalast „Berlaymont". Ich seh das Brüsseler Abgeordnetenhaus, die Büros und Sitzungssäle der Sozialistischen Fraktion, die KollegInnen, mit denen ich in ständigem telefonischen und schriftlichen Austausch bin (alles noch ohne Computer – klappt prima!). Wir MitarbeiterInnen in den Wahlkreisen der Europaabgeordneten bekommen von hier jede Broschüre, jede Drucksache des Parlaments oder der Kommission, jede Studie, jede Statistik, jedes Programm und jedes Papier, jede gewünschte Auskunft, jedwede Hilfe in der jeweiligen Sprache des Mitgliedslandes. Welch eine Errungenschaft! – In Brüssel finden außerhalb der Parlamentssitzungswochen die Ausschusssitzungen statt. Ich nehm an einer Sitzung des Wirtschaftsausschusses teil. Begreif, dass die SimultanübersetzerInnen, die in ihren Kabinen für die Ausschussmitglieder aus allen Mitgliedsländern und andere SitzungsteilnehmerInnen den gesprochenen Text unmittelbar in eine der anderen Sprachen übertragen, die brillantesten Köpfe hier sind, sein müssen, denn sie beherrschen nicht nur zwei, drei, vier Fremdsprachen. Sie beherrschen weitgehend das diskutierte Thema an sich und in seiner aktuellen wissenschaftli-

Brüssel

chen und politischen Auseinandersetzung, in den jeweiligen aktuellen Positionen der Fraktionen im Parlament und der nationalen Regierungen und Parteien der einzelnen Mitgliedsländer. Sie nehmen die Töne, die Zwischentöne, die Untertöne wahr. Alles bis ins Kleinste. Ich denk nach über den Einbau der Sprachen der Mitgliedsländer der EG in mein Gehirn. – Walter schickt mich während der Dienstzeit zu Englischkursen bei Inlingua, wo MuttersprachlerInnen unterrichten.

Ich find sie großartig, die Idee der Europäischen Gemeinschaft, sich nach dem Grauen der beiden Weltkriege gemeinsam um Frieden, um Freiheit, um Wohlstand, um freundschaftlichen kulturellen Austausch zu bemühen. Die damit verbundenen Zukunftsaussichten werden mir jetzt, in der Zusammenarbeit mit Gerd Walter, intensiv deutlich. Ich bin hin- und hergerissen, bin nicht einverstanden mit den Auswüchsen des gemeinsamen Marktes, wie z. B. die mit immensen Summen aus „öffentlichen Mitteln" subventionierte, die aus Steuergeldern geförderte Landwirtschaft, durch die irrsinnige Obst- und Gemüse-, Fleisch- und Butterberge sowie Milchseen entstehen. Ich bin nicht einverstanden mit der Einschränkung der Sortenvielfalt, die uns z. B. die schmackhaftesten Tomaten vom Markt nimmt. Nicht einverstanden mit der Norm, wonach krumme Salatgurken auf dem europäischen Markt keine Chance haben. Nicht einverstanden mit den Machenschaften der Saatmultis, die auch auf europäischer Ebene Lobbyismus betreiben. Nicht einverstanden mit der unvorstellbaren Papierverschwendung durch die EG.

Ich bin hingerissen von einem Arbeitsbesuch in Straßburg, der endet mit einem unvergessbaren Sein und Essen mit Walter und mit KollegInnen im „Kammerzell"[41]. Jetzt versteh ich, warum Gott in Frankreich isst.

Solidarność | Seit August 1980 bewegt „Solidarność" Polen. Die Sozialistische Fraktion im Europäischen Parlament hatte sich sofort mit der Bewegung solidarisiert. Jetzt eröffnet der Europaabgeordnete am Kleinen Kuhberg eine gleichnamige Ausstellung mit „Solidarność"-Plakaten und begleitenden Texten, die ich anschließend durch Schleswig-Holsteins Kreise wandern lassen soll.

---

41 Gourmet-Restaurant, Fachwerkhaus aus dem 16. Jahrhundert

KrokoKIEL

Nach einem Probetag in einer der Wochen zuvor hieß es: „Morgen geht's in den Kindergarten!" Darauf das Kind: „Kinnergarten? Den kenn ich nich!" Als ich es am ersten Tag im Elterninitiativkindergarten in der Vollbärstraße[42] *in Kronshagen abgab, stürzte es sich strahlend in das bunte Getümmel. Als ich abends zum Abholen kam, lispelte es hopsend und freudestrahlend: „Kinnergarten is klasse, Mammma!" – Das Haus war eine stattlich ausgebaute Gartenlaube mit offener Küche, mit angebautem Schlaftrakt mit Schränkchen und Garderobenhaken mit Merkmalen. Mit Zwergenkloabteilung mit Schwingtüren wie im wilden Westen, mit Dusche, mit Schminktisch mit Stühlen vor Spiegel für das täglich andere Tier- oder Ungeheuergesicht. Im Hauptraum Klettertürme und Hochplateaus. Kisten und Regale mit pädagogisch wertvollem Spielzeug. Mittel- und Schwerpunkt des Hauses waren die Zwergenwerkstätten mit knallbunten Tischchen und Stühlchen. Mit winzigen Werkzeugen. Mit Tausenden Buntstiften. Mit dicken „Filzern". Mit Farben für Finger und Pinsel. Mit Knetmassen. Mit endlosen Vorräten von Mal-, von Transparent-, von Ton-, von Bunt-, von altem Zeitungspapier. Mit Kästen und Körben mit Garnen und Filzen, Gewöllen und Glitzersteinen. Mit Klebe, die nach Marzipan roch. Mit Scheren, mit denen kind sich nicht schnitt und nicht piekste. Hier entstanden fantasievollste Geschenke für zuhause für Weihnachten und Ostern, für Frühling und Herbst, für Sommer und Winter. – Zum Geburtstag bekam jedes Kind eine Krone mit Jahreszahl, war Königin, war König, war den ganzen Tag bedeutender Mittelpunkt. – Die Kindergärtnerinnen „Geli" und „Hanne" waren eine gute Mischung von Vater und Mutter und großer Schwester, von Theorie und Praxis, von Konsequenz und Inkonsequenz, von Summerhill und Laisser-faire. Daneben hilfreiche, wechselnde Praktikantinnen, von denen sich besonders „Leo Löwe" in Erinnerung gegraben hat, ein verzaubertes Waldwesen, das sich von den nebligen Eiderniederungen in die Vollbärstraße verlaufen hatte und blieb. – Das Essen kam von „Appetito". Wenn ich fragte, was es mittags gegeben habe, kam entweder die Antwort: „Frittadellen!" oder „Pfannekuchen" oder „Spaghetti mit Toma-*

---

42 In Wirklichkeit heißt die Straße Volbehrstraße.

DAS KIND IN GELB-SCHWARZ-KARIERTEM FELL (SELBSTBILDNIS)

tensoße". – *Einmal nach dem Abholen unterwegs in der Vollbärstraße, wir hatten schon beide eines von jenen flüssig gefüllten Orangen- oder Zitronenbonbons hinter den Kusen (von denen man zwei nehmen soll, auch wenn man nur eines will), als ich meinem Kind noch zwei davon in die Tasche seines schwarz-gelb-karierten Fells geben wollte, sagte es: „Nein, Mammma, da lebt ein Regenwurm, der ist sooo süß!" Es holte ihn raus, um ihn mir zu zeigen. Aber es sah so aus, als ob ein Trauerfall eingetreten sei. Ja. Trauer.*

Einmal in der Woche ging es nachmittags mit den Ganztagskindern zum Ponyreiten auf eine Weide bei Schinkel. Meines hatte sich gleich beim ersten Mal unsterblich in das Shetty Boris verknallt. Jetzt bekam – auch zuhause – beinahe alles das Vorwort „Reiter". Die Gummistifel. Der Mantel. Die Hose. Das T-Shirt. Die Handschuhe. Der Schal. Die Tasche. Einmal morgens an einem Reittag vor Aufbruch in Mettenhof sagte das Kind: „Mammma, mach bitte mal die Reiterschublade auf, ich will mir meine Reitermütze rausholen!" Holte sie raus, setzte sie sich auf und stand mit seiner orangenen Schülerinstrickpudelmütze da. Schlimm war, dass Boris nicht mit zu uns nach Hause, dass er nachts nicht mit ins Bett konnte bei uns. – Fünf Gehminuten vom Kindergarten, am Ende der Vollbärstraße, hatte „KrokoKIEL" einen Schrebergarten zu einem Abenteuerspielplatz umfunktioniert, wie er noch in keinem Buche stand. Dorthin ging es zu jeder Jahreszeit bei beinahe jedem Wetter. Mehrere Schaukeln an altem Kletterbaumbestand, der zudem noch Äpfel, Birnen und Kirschen und ein Baumhaus trug. Ein ausrangiertes, blau-orangenes Beiboot, das die Husumer Schiffswerft ungefähr so dorthin gezaubert hatte wie die Wikinger ihre Schiffe über Hollingstedt und in dem die ganze kleine Seeleuteschar Platz fand. Außenküche. Laube als Unterstellbude bei Regen. Dixiklo. – Wer heute dort gräbt, wird höchstwahrscheinlich jenen kleinen, nagelneuen Turnstiefel finden, nach dem wir uns totgesucht haben. Wird auf ihn und andere Einzelstücke wie Lego-Duplos, Zopfspangen, Bonbonarmbänder, Schaukeltaureste und ausgeblichene Plastiksitze stoßen. Auf Traumringe aus Wundertüten. Auf tausend Jahre haltbare Tupperdosen, Plastikschnuller und Strampelpeterwickelfolien. Auf verblichene Schnuffeltücher. Auf angebissene, unreife Äpfel und Birnen und einen Kirschwald. Auf heimlich mitgebrachte Jahrmarktteddys, Barbiegewänder, -kronen, -pelzmäntel und -pumps und …, die aus pädagogischen Gründen eigentlich hätten zu Hause bleiben sollen. Was nicht gefunden werden wird, ist das Riesenmonchhichi vom Jahrmarkt, denn das hatte Geli gleich bei der ersten Begegnung wie eine Furie in die Mülltonne gestopft.

Zwei Mal eine Katastrophe: Einmal hatte eines der kleinen Tierkinder einem anderen in den Rücken gebissen. Biggis aggressives Mausezahnhalbrund hatte sich tief in Tobis babyspeckigen Rücken gebissen (wo man es vermutlich heute noch sieht). Einmal, als ich nach Feierabend zum Abholen kam, sah ich mein Kind brav in der letzten kleinen Spätgruppe beim Schnippeln. Meistens hatte es gar nicht sofort Zeit, mit mir nach Hause zu gehn, hatte noch Wichtiges zu erledigen und ich hatte zu warten. Diesmal, als es mich sah, flitzte es wie ein Kastanienstengel von einem Katapult auf meinen Arm: „Mammma, der große Markus hat gesagt: ‚Deine Mammma holt dich nienienie wieder ab!'"

Jetzt ist das Kind eingeschult. Nach einem der ersten Schultage sagt es: „Schule ist blöd! Da muss man die Gummistiefel anbehalten."

Wohnen in KIEL

Ideal
Tucholskys beginnt mit „Ja, das möchste: Eine Villa im Grünen mit gro-
ßer Terrasse, vorn die Ostsee, hinten die Friedrichstraße." KIEL hat's!

Unsere Wege *müssen* kürzer werden. Wir ziehen nochmal um. Wir
ziehen ins Innerste der Stadt, in KIELs schickstes Stück Fußgängerzo-
ne. Wir wohnen jetzt in einem Jugendstilhaus in der Dänischen Straße in der Bel Etage. Wir wohnen zwischen Seegarten, Prinzengarten
und dem Alten Markt. Zwischen Schloss und Warleberger Hof. Zwischen Landesbibliothek und Stadtbücherei. Zwischen dem Antiquariat
Schramm und der Buchhandlung Erichsen und Niehrenheim. Erst
jetzt sind wir wirklich in KIEL! Das Kind braucht nur sieben Minuten
zu Fuß zur Schule und ich sieben Minuten zu Fuß zum Europabüro.
Schräg gegenüber sind, seit 1877 schon, die Schaufenster des Univer-
sitätsbuchbindemeisters Castagne, der auch mit Schreibwaren und
Schulbedarf handelt und bei dem das Kind Stammkunde wird. Wir
wohnen zwischen IHK und NDR, und wenn wir aus dem Fenster gucken, kommt Gabriele Krone-Schmalz vorbei. Wir wohnen zwischen
Karstadt und Uniklinik. Wir wohnen zwischen dem Hauptbahnhof
und dem nordelbischen Kirchenbüro. Die Polizei sitzt gleich um die
Ecke hinter der Post, auf dem Weg zur „Pumpe" und zum „Werk-
statt-Café". Janosch' Tiger und Bär wohnen bei uns zur Untermiete
und uns kann gar nichts passiern.

Jetzt sind wir ihm ganz nah, dem Klang unserer weltberühmten
Werft Edschdidabbelju. Wie wir sie bewundern, die schönen weißen
Ostseeprinzessinnen und -prinzen, die vor unseren Augen entstehen,
die – jetzt noch – wie richtige Schiffe[43] aussehen. Vom Möltenorter
Strandidyll aus betrachtet kommen sie hinter der Schanze, hinter dem
U-Boot-Denkmal mit dem mächtigen Adler obendrauf, plötzlich und
wie aus dem Nichts hervor, tuckern stolz an uns vorbei, um dann laut-
los und majestätisch auf die Ostsee zu gehen ...

---

43 Aber der „Siegeszug der großen Blechkisten" hat schon begonnen: Ro-Ro, Ro-Lo,
  Lo-Lo, Con-Ro, Con-Ro-Lo – das sind englische Abkürzungen verschiedener La-
  demöglichkeiten, die weniger und weniger Personal brauchen.

Laboe!

Ich werd es nie vergessen: Als meine Lütte noch ein bisschen lütter war, steht sie am Ufer in Laboe und schreit über Strand und Förde: „Guck mal! Mammma! Die Kronprinzessin Harald!"
Und wenn uns jemand fragt: „Wo wart Ihr im Urlaub?" Dann sagen wir: „Wir waren in La Boe!" Laboe, von dem schon meine Alten 'sungen ...

Und wenn wir nicht in Möltenort oder in Laboe baden, baden wir vor Bellevue in der Seebadeanstalt Düsternbrook. Wir können von zuhause zu den Dampfern rüberspucken. Wir fahren mit dem Fördedampfer. Wir fahren in der Zwischensaison preiswert „Mit Ingeborg mal eben nach Göteborg"[44]. Wir kaufen uns zum ersten Mal ein Fahrrad! Ich bemerk, ich steig von der verkehrten Seite, ich steig von rechts aufs Rad (als Mädchen hatte ich das gar nicht bemerkt). Ich stell fest: Ich kann nicht anders. Ich weiß nicht, was das ist. In der KIELlinie entstehen jetzt zwei Rillen. Und sonn- und feiertags schippern wir alle naslang mit „unserem" Butterdampfer „Langeland" nach Langeland. Fahren da Rad. Sammeln da Steine. Essen da Pølser und Smørrebrød und Wienerbrød (Karl-Otto Meyer vom SSW hat mir erklärt: In Dänemark heißen Kopenhagener nicht Kopenhagener, sie heißen Wienerbrød). – Im Advent verwandelt sich „unsere" Straße in einen Winterwald. Und wenn unterhalb der Dänischen Straße, am Jensendamm, der Kleine Kiel zufriert, laufen wir darauf Schlittschuh wie im alten St. Petersburg. – Höhepunkt des Jahres ist die weltberühmte KIELER WOCHE, die am 23. Juni 1882 mit einer Segelregatta begonnen hatte und bald schon zu einer Festwoche wurde, die bis ins Ausland ausstrahlte. Jetzt ist sie gerade dabei, sich auch noch zum größten Sommerfest des Nordens zu entwickeln. Zur Eröffnung kommen Massen, kommen Familien und Freundeskreise an Tampen bei uns in der Dänischen Straße vorbei, damit sie sich in den von Frohsinn verstopften Straßen vom Rathausplatz bis Bellevue nicht verlieren. Vor unserer Haustür wird Samba getanzt und nebenan im „Goldenen Hirschen" und in der unterirdischen „Florida-Bar" kehren Blaue Jungs aus aller Welt ein, die mit ihren Flottenverbänden zur KIELer Woche gekommen sind. Vorm Rathaus, auf halber Strecke zwischen Zuhause und Büro, ist „Europä-

---

44 Das war der Werbespruch – damals.

ischer Markt" (der sich nach und nach zum „Internationalen Markt" entwickelt). Morgens, wenn ich zur Arbeit geh, stinkt es da nach Gosse. Ab Mittag duftet es nach exotischen Köstlichkeiten und unsere Küche bleibt kalt. Mutter und Kind sind hin- und hergerissen zwischen Israel, Bayern, Thüringen, Indien und Holland, zwischen Baumwollbrötchen, Weißwurscht, Thüringer, Pakora, und Poffertjes ... zwischen Brötchen für Breitmaulfrösche und Bismarckhering, zwischen Backfisch, Sprotten, Zuckerwatte und Crêpes ...

kielyrisch

ißt
wer mit nackten Fingern
jenes fett-triefende
goldene Etwas
von oben bis unten
zärtlich bedrückt
es bei gleichzeitigem Halten am Kopf
und Ziehen am Schwanz
schmerzlos entrückt
es küsst
es mit Haut und Flossen
genüsslich
verzückt
verdrückt

DÄNISCHE STRASSE IN KIEL

Ab nachmittags ist die Stadt voller Gaukler: Nie werden wir „Die Stadtbekannten" vergessen, die sich auf der Holstenstraße lauthals derart streiten, dass wir einen Moment lang tatsächlich vergaukelt sind. Abends kleine und große Musik auf allen Plätzen, an allen Ufern und in den Sälen der Stadt. Einmal erleb ich, wie so laut KIELer-Woche-Getrommel von der Rathausbühne ins Opernhaus dringt, dass das Orchester wie jenes bei Oskar Matzerath aus dem Takt gerät, aber innehält. – Was eben noch Hindenburgufer war, ist jetzt KIELlinie. Ist Spiellinie. Ist Malen. Ist Hämmern. Ist Bohren. Ist Sägen. Ist Töpfern. Ist Schminken. Ist Kindertheater. Ist Tummeln auf der Matschrutschbahn. Mein Kind ist im Kieler-Woche-Wahn: Die Idee von Bürger-

meister Andreas Gayk,[45] der die KIELer Woche als Fest der ganzen Bevölkerung im Auge hatte, hat sich wunderbar erfüllt.

In der Summe verbringen wir Wochen unseres Lebens an den Scheiben der Aquarien und am Außenschwimmbecken der Seehunde, mit denen uns das Institut für Meereskunde erfreut. Das Kind ist oft kurz davor, mit ins Seehundsbecken zu steigen. Einmal langt einer mit der Flosse zu und zieht ihm eine Schramme über den Arm – es muss lecker gerochen haben, wir hatten Fischsuppe gegessen, und es hatte sich offenbar das Händewaschen erspart. Es nimmt die Schramme als Liebesbeweis.

Einmal im Jahr, am letzten Februarwochenende, kommt Hans-Christian Andersen bei uns in der Dänischen Straße vorbei. Er trifft sich

---

45 Andreas Gayk war seit 1946 Oberbürgermeister von KIEL. Er setzte sich für den Wiederaufbau der schwer zerstörten Stadt ein und gegen die von den Briten geplante Demontage der Industrieanlagen auf dem Ostufer. Bis zu seinem Tod 1954 prägte er stark die schleswig-holsteinische SPD.

traditionell zum „Kieler Umschlag"[46] mit Asmus Bremer, dem alten KIELer Bürgermeister, der das ganze Jahr auf Andersen wartet – auf seinem Platz auf der runden Bank unter der Eiche vor den Kieler Nachrichten.

Danke für so viel Glück und Lebensfreude, Frau KIEL!

Mitunter auch Gedenken: Wir wohnen jetzt nicht weit von der Gerhardstraße und können die Holtenauer zwischen Schuh-Heinrich und dem Bäcker am Park nicht gehen, ohne 'rüberzugucken, ohne an die Bombennacht, ohne an die einzige stehengebliebene Wand jenes Hauses zu denken, an der noch die Milchpötte gehangen hatten, ohne an jenen Anblick zu denken, der das einzige war, was Tante Elle geblieben war von ihrem Hab und Gut (siehe S. 26).

Ich geh über Deiner Asche KIEL

Ich geh über Deiner Asche KIEL. Über Deinem Schutt. Über zerbrochenen Häusern und Milchtöpfen. Über verschütteten Mädchen, Schwangeren mit ihren Niegeborenen, über deren Sehnsucht, deren Trauer um den gefallenen Verlobten, den Mann, den werdenden Vater, deren Leben jäh zu Ende gewesen war. Geh über ihrem längst verklungenen Schreien und Schluchzen und Wimmern. Geh auf dem Staub der Kleider, die aus guten Stoffen ihnen penibel auf ihre Leiber geschneidert waren – Schülerinnen, Hausmädchen, Serviererinnen, Verkäuferinnen, höheren Töchtern ... Geh über den verbliebenen Partikeln ihrer aus haltbarem Leder geschusterten Sonntagsschuhe, die sich schön und so zierlich wie möglich an ihre Füße schmiegten (geh darüber mit meinen Hubba-Bubba-Schuhen). Geh über einstmals lebendigen Gassen, in denen hochangesehenes Handwerk und Handel so vielfältig waren, wie man es sich kaum noch vorstellen kann. Geh über der Universität in Deinem Herzen, für die der erste Plan aus meiner ersten Heimat kam. Geh durch Deine Innenstadt. Ich geh über den Trümmern Deiner gewachsenen Bausubstanz, KIEL, über historische Kulturlandschaft um die Förde herum, über Deine schön gewesene Architektur, über Deinen Kunst- und Wissen-

---

46 Mittelalterlicher Freimarkt, der seit 1431 bis 1911 alljährlich stattfand und seit 1975 wieder – als Volksfest.

schaftsbesitz in Universitätsgebäuden und Museen, in Fluren, in Hallen, in Wohnzimmern, in Stuben. Ich geh über Deinem Erbe KIEL, das in Flammen aufging und zu Staub zerfiel.

Das Schrecklichste an KIEL – jetzt – für das Kind und mich – ist der ZOB. Wir haben kein Auto und wollen auch keins. Wenn wir unsere Familie in Schleswig besuchen wollen, nehmen wir in aller Regel nicht die Bahn (der Schleswiger Bahnhof liegt kilometerweit vom Holm entfernt im Stadtteil Friedrichsberg am Rande der Stadt), wir fahren mit dem Omnibus. Er ist düster. Er ist unwirtlich. Er ist extrem zugig. Er ist gruselig, der Kieler ZOB. Er soll so sein, wie man uns sagte, damit sich dort kein Stadtstreicher einnisten mag. Das werden wir nie verstehen!

Und wieder Glück: Wie Luckhardt ist auch Walter einer, der seine politischen Überzeugungen lebt. Er sagt: „Das Kind hat immer Vorrang!" Allein dies zu wissen, empfinde ich als sehr beruhigend. Ich muss es kaum in Anspruch nehmen. Das Kind ist gesund und munter. – Mittags muss ich jetzt nur die Treppe am Rathaus runter, Fleethörn, Willestraße, Deutsche Bank, Holstenbrücke, Kehdenstraße, Alter Markt. Oder, wenn ich nicht vorgekocht hab, andersrum, den Kleinen Kuhberg runter in die Holstenstraße, zu Hohwü. Es gibt noch Delikatessenläden! Hohwü ist ein Delikatessenladen vor dem Herrn, wo Kundin noch Königin ist und köstliches Mittagessen fertig mit ins Büro oder mit nach Hause nehmen kann. Nachmittags kommt das nette Kindermädchen oder das Kind kommt mit ins Büro. Sitzt an Walters Schreibtisch, denn er ist beinahe immer in Europa unterwegs. Wenn möglich, mach ich pünktlich Feierabend und wenn das Kind schläft, geh ich wieder ins Büro.

Glasierte Kanapees

Wenn Walter sich in KIEL aufhält, bittet er mich in aller Regel, ihm einen Happen von Hohwü mitzubringen. Am liebsten nimmt er einige von den Kanapees aus der Glastheke, die im Grunde genommen zu schön zum Aufessen sind, jedes einzelne ein Kunstwerk, aufgetürmte Köstlichkeiten, die sich unter einem Hauch von Gelantineglasur darbieten, die einem das Wasser im Munde zusammenlaufen lassen. – Eines Tages sagt Walter: „Keine Kanapees mehr!" Er erzählt mir, was sein Hamburger

Kollege im Europaparlament, Joachim Seeler, ihm aus seiner Senatoren-zeit berichtet hat: Es soll ein Schiff aus Südostasien mit Menschenkno-chen zur Weiterverarbeitung … nach Hamburg gekommen sein.[47]

Silvester sind wir eine bunte Gesellschaft in Hennestrand: Gert noch mit Ingrid und ich weiß nicht mehr, ob Wencke mit war oder nicht. Klaus noch mit Geishy und mit ihren beiden Mädchen. Mein Kind und ich wieder allein. Bernd mit Sohn und seine Ex mit ihrem Neuen. Tho-mas noch mit Angelika. Willy schon mit Solveig. Es ist die Zeit der offenen Ehen und der verhängnisvollen Affären …

Zur Chronologie 1981:
Hamburgs Bürgermeister Hans-Ulrich Klose (SPD) tritt zurück. Er lehnt den Bau des Atomkraftwerks Brokdorf ab, kann sich damit aber in der Hamburger SPD nicht durchsetzen. Auf dem Landesparteitag in Bad Segeberg beschließt der SPD-Landesverband „Politische Leitsätze zur Gleichstellung von Männern und Frauen".

Zur Musikbox:
Phil Collins „In the Air tonight"; John Lennon „Imagine", „Woman"; Fabrizio de André „Fiume Sand Greek"; Nina Hagen „Frieden"; Barbra Streisand „Woman in Love"; Peter Maffay „Über sieben Brücken" …

1982   Es muss Sommer 1982 gewesen sein. Gisela Böhrk, eines der hellen Lichter an der sozialdemokratischen Nordlichterkette, eine der stell-vertretenden Landesvorsitzenden, seit 1975 Landtagsabgeordnete für Lübeck, geht unruhig wie eine Pantherin im Käfig, geht denkend und diktierend in meinem Büro hin und her. Ich tipp direkt in die Maschi-ne. Wir lesen, schneiden auseinander, kleben, verbessern – alles noch altes Handwerk. Ich schreib neu. Nochmal und nochmal. Was entsteht, ist der Entwurf für ein neues Kapitel zum Schulgesetz: *„Koedukative*
Koedu-   *Schule".* Das interessiert mich sehr. Aber es wimmelt von Fachlatein.
kative   Ich sag zu Gisela: Ich wünsch mir das alles auf Deutsch. Sie sagt so-
Schule   was wie: „Auf Deutsch kriegt man das nicht so auf den Punkt." Ich

---

47 Diese Begebenheit hat Gerd Walter mir in unserem Gespräch Anfang Mai 2017 noch einmal bestätigt. Jochen Seeler ist inzwischen verstorben.

lern: Die gemeinsame Bildung von Jungen und Mädchen heißt „Koedukation". Dazu fällt mir die nur in den Köpfen vorhandene Grenze ein, die den Schulhof und das Gebäude meiner Volksschule, der Asmus-Jacob-Carstens-Schule in Schleswig, in zwei Teile teilte, die kaum je übertreten wurde. (Heute staun ich, mit welch einem Gehorsam kind sich daran hielt.)

Nachdem klar ist, dass die sozialliberale Koalition nicht mehr lange halten wird, als Vizekanzler Genscher das Land „am Scheideweg" sieht und die Notwendigkeit einer „Wende" betont, als Wirtschaftsminister Otto Graf Lambsdorff die gemeinsame Wirtschafts- und Sozialpolitik aufkündigt, als die innerparteiliche Kritik an Kanzler Schmidt (vor allem wegen des NATO-Doppelbeschlusses) lauter wird, gewinnen – wesentlich auf Betreiben von Gerd Walter – die schleswig-holsteinischen Genossen Björn Engholm als Spitzenkandidat für die nächste Landtagswahl. Engholm: Er war nach der Bundestagswahl 1969 als direkt gewählter Abgeordneter für Lübeck in den Bundestag eingezogen. 1977 war er als Parlamentarischer Staatssekretär beim Bundesminister für Bildung und Wissenschaft, Jürgen Schmude, in die von Helmut Schmidt geführte Bundesregierung berufen worden. Nach dem Wechsel Jürgen Schmudes in das Amt des Justizministers im Januar 1981 wurde er Bundesminister für Bildung und Wissenschaft. – Gerd Walter übernimmt die Wahlkampfleitung. Ich werd seine Mitarbeiterin auch bei dieser Aufgabe, sitz in allen Elefanten-, Wahlkampf- und Landesvorstandsrunden, führ Protokoll, übernehm die Übersicht über die Umsetzung der Aufträge … Zudem soll ich die Wahlkampfeinsätze für „Björn" organisieren, der – jetzt noch – Bundesminister für Bildung und Wissenschaft ist. Ich fahr nach Bonn. Lern sein Ministerbüro kennen. Sein Persönlicher Referent dort ist Dr. Gerhard Eisfeld. Sehr freundliche, menschliche Zusammenarbeit. Ich lern „die Baracke"[48] kennen. Zuerst empfinde ich sie als Irrgarten. Ich lern. Selbstverständlich bleib ich daneben weiter zuständig für Walters Europabüro und als Mitarbeiterin für den Landesvorstand. – Nach dem Ausscheiden der FDP-Bundesminister aus der Bundesregierung wird Engholm

Vorübungen für engHolm

---

48 Die Baracke: Die SPD arbeitete seit 1951 in Bonn in einem barackenähnlichen Gebäude, das auch von der Presse so genannt wurde. Der Name blieb in Parteikreisen auch für den 1975 fertiggestellten Neubau, das Erich-Ollenhauer-Haus, erhalten.

als Nachfolger von Josef Ertl vom 17. September bis zum 1. Oktober zusätzlich Bundesminister für Ernährung, Landwirtschaft und Forsten. – Im Spätsommer zerbricht in Bonn nach 13 Jahren die sozialliberale Koalition. Anfang Oktober erleben wir SozialdemokratInnen an den Bildschirmen die bitteren Momente, als Helmut Schmidt nach einem „Konstruktiven Misstrauensvotum" als Kanzler abgewählt und Helmut Kohl Bundeskanzler wird. Gerhard Stoltenberg wird Bundesfinanzminister und bestimmt den ehemaligen Fraktionsvorsitzenden und jetzigen Innenminister Uwe Barschel zu seinem Nachfolger als Ministerpräsident.

Engholm hat in Bonn eine gute Figur gemacht. In Kreisen der SPD-Landtagsfraktion wurden seine Auftritte schon gerühmt, als ich dort 1977 meine Arbeit begonnen hatte. Inzwischen erfreut er sich großer Beliebtheit in der Partei. Beim Landesverband und bei der Landtagsfraktion gehen jetzt Berge von Bewerbungen junger, linker, hoffnungsvoller Politologen, Ökonomen, Soziologen, Juristen, Journalisten etc. aus der ganzen Republik ein, die in den Facharbeitskreisen der Fraktion, die für die hoffnungsvolle schleswig-holsteinische SPD, die für Björn Engholm arbeiten wollen.

„Björn" war der Wechsel aus seiner Lübecker Marzipanschachtel in das stickige, rheinische Bonn nicht ganz leichtgefallen. Aber inzwischen hatte er sich an das komfortable Leben als Bundesminister gewöhnt. Jetzt fällt er ihm nicht leicht, der Abstieg in die schleswig-holsteinische Tiefebene. Aber er wird mit ganz viel Wärme aufgenommen. Der SPD-Landesverband stellt ihm einen Wagen mit Chauffeur und in Schleswig-Holstein beginnt Engholm-Schwärmerei. Die SPD zieht mit dem Slogan: „Stell dir vor, da ist eine Landesregierung, die hört dir zu!" in den Wahlkampf. KollegInnen aus der ganzen Republik, AssistentInnen aus der Bundestagsfraktion – aus dem Langen Eugen und aus dem Hochhaus am Tulpenfeld –, aus der „Baracke", ehemalige MitarbeiterInnen, Getreue, die jetzt in Bundesministerien auf Abstellgleisen arbeiten, KollegInnen aus der Sozialistischen Fraktion im Europäischen Parlament in Brüssel … kommen nach Schleswig-Holstein und machen Wahlkampf für „Björn". Bildende KünstlerInnen, DichterInnen, KabarettistInnen, MusikerInnen setzen sich ein für eine neue politische Kultur: Harald Duwe, Günter Grass, Karin Hempel-Soos, Dieter Hildebrandt, Heinz Rudolf Kunze, Siegfried Lenz, Lisa Fitz, Peter Rühmkorf ... Die Presse fasst Engholm mit Samthandschuhen an, auch die schleswig-holsteinische, die bis dahin für ihre „CDU-Hofberichterstattung" bekannt gewesen ist.

Zur Chronologie 1982:

Am 15. Februar erklärt der Vorsitzende der SPD-Bundestagsfraktion Herbert Wehner vor dem SPD-Parteivorstand in Bonn: „Wenn wir uns weiterhin einer Steuerung des Asylproblems versagen, dann werden wir eines Tages von den Wählern, auch unseren eigenen, weggefegt. Dann werden wir zu Prügelknaben gemacht werden. Ich sage euch – wir sind am Ende mitschuldig, wenn faschistische Organisationen aktiv werden. Es ist nicht genug, vor Ausländerfeindlichkeit zu warnen – wir müssen die Ursachen angehen, weil uns sonst die Bevölkerung die Absicht, den Willen und die Kraft abspricht, das Problem in den Griff zu bekommen."

Am 8. Februar deckt DER SPIEGEL den NEUE HEIMAT-Skandal auf. Mehrere Vorstandsmitglieder des Gewerkschaftskonzerns haben in die eigene Tasche gewirtschaftet. Gleichzeitig stellt sich eine erhebliche Verschuldung des Konzerns heraus.

10. Juni: Natogipfel in Bonn. 500.000 Menschen demonstrieren gegen den Rüstungswettlauf. (Diese Demonstration wird als Höhepunkt der Friedensbewegung in die Geschichte eingehen.)

In diesem Sommer neigt sich Helmut Schmidts Zeit als Bundeskanzler ihrem Ende zu. Seine eigene Partei und seine Fraktion verweigern sich seinen Vorschlägen zur Stabilisierung der Wirtschaft, zur Stärkung des Haushalts, und sie verweigern sich, wie auch die GRÜNEN und die Friedensbewegung, dem bereits 1977 von ihm angebahnten sogenannten NATO-Doppelbeschluss. Der sieht vor, 572 Mittelstreckenraketen in Europa aufzustellen, davon 204 in der Bundesrepublik für den Fall, dass die UdSSR nicht auf die SS-20-Raketen verzichtet, die Westeuropa bedrohen. Dafür entsteht der Begriff: „flexible Response" (flexible = biegsame, elastische, anpassungsfähige Antwort).

Am 10. Oktober demonstrieren im Bonner Hofgarten 350.000 Menschen gegen den NATO-Doppelbeschluss.

Zur Musikbox:

Am 24. April gewinnt Nicole mit dem Lied „Ein bisschen Frieden" den 27. Grand Prix de la Chanson. Trio „Da Da Da"; Nina Hagen „Jetzt oder

nie"; Elton John „Blue Eyes"; Ina Deter „Neue Männer braucht das Land";
Spider Murphy Gang „Skandal im Sperrbezirk"; Falco „Der Kommissar";
Abba „I have a Dream"; Hubert Kah „Sternenhimmel" ...

1983
Punks

In KIEL und nicht nur in KIEL wird es jetzt punkbunt. Die Punks
lagern am Bahnhof. Sie haben sofort meine und meines Kindes Sympathie. Ich seh sie als einen der '68er-Bewegung nachfolgenden Zweig.
Sie sind antibürgerlich, sie sind antiwirtschaftswunderlich, sie sind
radikal in ihren sozialen und politischen Forderungen, die sich gegen
staatliches Gefüge richten. Die Bewegung, die Ende der 1970er-Jahre
in London, aus der Wirtschaftskrise heraus, aus nicht ausreichendem
Halt in den Schulen, aus mangelnden Berufsaussichten entstanden ist,
prägt den Begriff „No future". Ihre bizarren Frisuren, ihr schrill-bunt
gefärbtes Haar, ihre kaputten Klamotten, ihre Schnoddrigkeit, ihre
Sprache sind ein Aufschrei gegen die Obrigkeit und die Mehrheit, die
sich in der Konsumgesellschaft eingerichtet hat. Ihr Sitzen im Dreck,
ihr Mit-Ratten-leben, das könnte ich nicht. – Walters Frau Mieke ist
auf dem Landesparteitag in diesem Jahr die erste Frau mit Punkfrisur.
Ich lass mir etwas später vorn links 'ne Strähne länger wachsen und
färb sie rot.

Björn Seit dem vorigen Sommer hat Heinrich (Fahrer beim SPD-Landesverband) „unseren Björn" kreuz und quer durch Schleswig-Holstein
chauffiert, und es hat nicht lange gedauert, da hatte der sich verliebt
in sein Bundesland! In die frische Luft. In den blauen Himmel. In die
sattgrünen Wiesen. Und in den knallgelb leuchtenden Raps, durch
den das Land selbst bei bedecktem Himmel und Regen wie im Son-
nenschein liegt. „Björn", der Feinschmecker und Weinliebhaber, hatte
sich schmunzelnd vollstopfen lassen mit sozialdemokratischen Som-
merfestbratwürsten, mit Grünkohl, mit Rotkohl ... mit Aquavit, mit
Flens, mit Grog ... Er hat Plätze, Säle und Kneipen mit seinem Charme
erfüllt. Er hat seine Reden mit plattdeutschen Einsprenkseln garniert.
Und wenn er wieder im Auto saß, hat er den schleswig-holsteinischen
Seufzer von sich gegeben: „Ohauahauahauaha!"

Seit ich bei meiner Arbeit – auch – vom SPD-Hoffnungsträger Engholm
her zu denken hab, beginnt mein Tag morgens um halb sechs – noch

im Bett – mit dem Deutschlandfunk. Um die Zeit gibt Hans-Jochen Vogel, neuer Vorsitzender der SPD-Bundestagsfraktion, schon bedeutende Interviews, die mir Orientierung sind.

Atomrakete auf KIEL

Traum 1983: Ich träum, ich erwach in meinem Bett in meinem Schlafzimmer in meiner Wohnung im ersten Stock in der Dänischen Straße, in jenem schönen Jugendstilhaus, das den Ersten und den Zweiten Weltkrieg überstanden hat. Vom Innenhof her ist mein Schlafzimmerfenster grellweiß erleuchtet. Mir ist heiß. Mir ist sterbensübel. Ich weiß es sofort: Eine Atomrakete auf KIEL! Mein Kind! Das Kinderzimmer liegt am anderen Ende des endlosen Flurs an der Nordseite des Innenhofs mit Balkon nach Süden. Schlafzimmerfenster und Kinderzimmerfenster liegen einander gegenüber. Jetzt, jetzt fressen die Flammen schon die Gardinen an meinem Fenster. Ich schaff es nicht mehr zu meinem Kind. Hoffentlich schläft es! Mir fallen die Kaulquappen ein, die im „Mondspiegel", dem kleinen Teich im Düsternbrooker Gehölz geboren sind, die das Kind sich in seine Tierliebe geholt hat. Als Tümpel haben wir ihnen eine alte Emaille-Schüssel auf dem Kinderzimmerbalkon zugemutet. Ein paar sind schon gestorben. Das Kind hat sie im Blumenkasten am Balkon neben seinen verstorbenen Süßwasserfischen zur letzten Ruhe gebettet. An den Gräbern der Verstorbenen stehen winzige Holzkreuze mit ihren Namen. Einige Kaulquappen konnten entspringen. Sie müssen in der ausweglosen Dunkelheit des vermoosten Innenhofs umgekommen sein. Ein paar leben noch in der Emaille-Schüssel, darunter der mit der Rille am Kopf, der uns besonders ans Herz gewachsen ist. Wir haben ihn Rillke genannt. Hoffentlich schlafen sie! Dann wach ich auf. Das Telefon klingelt. Es ist 6.30 Uhr. Hans-Jochen Vogel. Will wissen, wo Walter ist.

Bei der Landtagswahl am 13. März erringt die SPD mit Björn Engholm mit 43,7 Prozent ihr bis dahin bestes Ergebnis. Aber zur Regierungsübernahme reicht es nicht. Die CDU bekommt 49,0 Prozent. Der SSW behält sein einziges Mandat. FDP und GRÜNE scheitern an der Fünf-Prozent-Klausel. Alle Kabinettsmitglieder aus der vorherigen Regierung werden übernommen. Bis auf Prof. Braun. Er hat Rückgrat gezeigt, er hatte (aus rechtlichen Gründen) die Bitte Barschels abgelehnt, ihm aufgrund seiner Lehrtätigkeit an der Pädagogischen Hochschule KIEL zusätzlich zu seinen beiden Doktortiteln einen Professorentitel zu verleihen (KN vom 14. September 2007). – Ich denk: Hätten meine Eltern mir 1969 meinen Willen gelassen nach KIEL zu gehen, hätte es geklappt mit der Stelle im Vorzimmer bei Minister Braun, hätte ich jetzt, nach 14 Jahren, meinen Chef verloren.

Jetzt ist Björn Engholm Oppositionsführer in KIEL. Ich werd gefragt, ob ich für ihn arbeiten will. Ich will nicht. Europa und die Zusammenarbeit mit Gerd Walter erscheinen mir interessanter.

Klaus Matthiesen muss weichen, wird Parlamentarischer Geschäftsführer, zieht um in das Büro neben der Kellertreppe mit Blick auf den Parkplatz des Kultusministeriums (das jetzt noch seinen Sitz am Düsternbrook hat), das Karl Heinz Luckhardt sich diplomatisch-bescheiden ausgesucht hatte. – Berend Harms muss für Klaus Matthiesen weichen.

Pfingsten nach Langeland

Pfingsten kommen diesmal Helga, Geishy und Klaus mit ihren Kindern und Fahrrädern mit uns nach Langeland. Auf dem Dampfer gibt es traditionell „Langelandplatte" und auf der Insel versorgen wir uns selbst: Mit Kartoffeln und Kräutern, die auf Holzregalen vor Bauernhöfen lagern und neben denen eine Spardose steht. Mit Rugbrød und Wienerbrød aus der Bageri, mit Pølser und Leverpostej und Hakketkød aus der Slagteri, mit Smør und Mælk und Fløde vom Købmand unterwegs. Mit Fisch vom Fischer in Ristinge und mit Meerkohl vom Grünstreifen vorm Strand. Die Insel ist wie Schleswig-Holstein in Klein: an der Westküste Dünen und weißer Sandstrand wie auf Amrum und Sylt, an der Ostküste Kante und Steine – Steine, die, wie es bei Erich Fried[49] *heißt, auf die Bitte: „Seid menschlich" geantwortet haben sollen: „Wir sind noch nicht hart genug." – Mit schönen weichen Steinen, mit Kirsebeer-Vin, mit Anton-Berg-Pralinen, mit Quality-Street-Bonbons und mit Sonnenbrand auf der Nase kommen wir zurück nach KIEL.*

---

49 Ich hab Erich Fried entdeckt – in meinem Buchladen nebenan, bei Erichsen und Niehrenheim in der Dänischen Straße. Seine politische Gedankenlyrik begeistert mich!

Im Oktober schreibt Klaus Matthiesen uns MitarbeiterInnen persönlich, handschriftlich einen anrührenden Brief. Er bedankt und verabschiedet sich. Er verlässt Schleswig-Holstein. Ministerpräsident Johannes Rau in Nordrhein-Westfalen hat ihn als Minister für Ernährung, Landwirtschaft und Forsten in sein Kabinett berufen.

Jetzt wird Gert Börnsen Parlamentarischer Geschäftsführer der SPD-Landtagsfraktion.

Am 22. Oktober fahr ich mit Geishy und Klaus und unseren Kindern zur großen Friedensdemo in Hamburg. Als wir wieder zuhause sind, malt mein Kind dieses Bild.

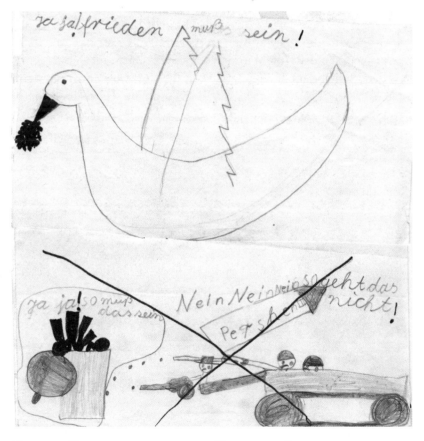

NACH DER FRIEDENSDEMO MALT MEIN KIND DIESES BILD.

Vom 18. bis 19. November ist Bundesdelegiertenkonferenz zur Europawahl 1984 und außerordentlicher SPD-Parteitag in Köln. Ich hab Gerd Walter, der direkt aus Brüssel oder Straßburg (weiß ich nicht mehr genau) angereist ist, 'ne Tüte Äpfel aus Schleswig-Holstein mit-

Keine Äpfel mehr für den Müll!

gebracht. Wir organisieren gerade von KIEL aus sein landesweites Projekt „Keine Äpfel mehr für den Müll!" Die Ortsvereine verteilen an ihren Infoständen Äpfel in Tüten, auf denen Informationen zum Irrsinn der EG-Agrar-Subventionen stehen. Jetzt steht Walter in Köln mit einem der Äpfel in der Hand am Pult und redet und gestikuliert so intensiv, dass ich denk: gleich zerquetscht er den Apfel zu Saft. Walter: „… Ich habe aufs Rednerpult einen Apfel mitgebracht. Er ist nach allen europäischen Richtlinien fachgerecht landwirtschaftlich produziert worden. Die EG-Kommission hat im Jahr 1982 460 Millionen DM für die sogenannte Intervention, d. h. für das Aus-dem-Markt-Nehmen von Äpfeln und von anderem Obst und Gemüse, ausgegeben. Beileibe nicht alles, was so aufgekauft worden ist, ist dann auch sozialen Einrichtungen zugutegekommen. Die Masse dieser

Bundesparteitag in Köln, 18./19. November 1983: rechts Gerd Walter, MdEP, Mitte Marlies Jensen, links Eckart Kuhlwein, MdB

Waren ist vielmehr direkt auf die Müllkippe subventioniert worden. Kritiker verweisen auf den Hunger in der Dritten Welt. Ich frage: Warum so weit in die Ferne schweifen [...]? Mindestens so lange, wie dem deutschen Sozialhilfeempfänger zehn Äpfel im Monat amtlich zugestanden werden, mindestens so lange ist die Vernichtung von Obst und Gemüse in der Europäischen Gemeinschaft ein handfester agrarpolitischer Skandal. [...]"

Walter auf diesem Parteitag zur Sicherheitspolitik: „... wie es aussieht, wird die Sicherheitspolitik für Europa ja zu einem der Hauptthemen unseres Wahlkampfes werden. Wir befinden uns damit in Übereinstimmung mit dem, was wir auch aus Umfragen wissen, nämlich, daß bei einer großen Mehrheit der bundesdeutschen Bevölkerung die Hoffnung besteht, daß mit einer engen europapolitischen Zusammenarbeit auch ein vergrößertes Gewicht der Europäer gegenüber den Supermächten verbunden sein wird. Die Brisanz der derzeitigen Diskussionen wird vor allen Dingen dadurch ausgelöst, daß die neuen Waffensysteme [...] erst die technischen Voraussetzungen dafür schaffen, daß man einen Atomkrieg auf Europa begrenzen kann. Deshalb ist die Europapolitik in dieser Situation besonders gefordert. Ich habe manchmal das Gefühl, daß auch noch nicht alle in unserer Partei verstanden haben, daß Frieden, Entspannung und Abrüstung in Europa überhaupt nur dann eine Chance haben, wenn sie als gemeinschaftliches Anliegen der europäischen Staaten gegenüber den Supermächten vertreten werden. [...]"

Auf diesem Sonderparteitag spricht sich die SPD mit überwältigender Mehrheit, mit rund vierhundert Stimmen gegen die NATO-Nachrüstung aus. Neben Schmidt stimmen nur 14 Delegierte für den NATO-Doppelbeschluss. Am 22. November beschließt der Bundestag mit 286 gegen 225 Stimmen die Stationierung von über zweihundert Pershing-II-Raketen in der Bundesrepublik.

Zur Chronologie 1983:
Am 25. Januar veröffentlicht der Gewerkschaftskonzern NEUE HEIMAT, dass der ehemalige Vorstandschef Albert Vietor durch Privatgeschäfte dem Konzern einen Verlust von 105 Millionen DM zugefügt hat.
Neuwahlen zum Bundestag am 6. März: CDU 48,8 Prozent, SPD

38,2 Prozent, FDP 7,0 Prozent, GRÜNE 5,6 Prozent.
Nach der Landtagswahl wird Lianne-Maren Paulina-Mürl die erste weibliche stellvertretende Landesvorsitzende der SPD Schleswig-Holstein. Herbert Wehner scheidet aus Alters- und Gesundheitsgründen aus. Die SPD Schleswig-Holstein hat frühzeitig und standhaft gegen die Stationierung von Mittelstreckenraketen in Deutschland gestritten. Egon Bahr, dessen Wahlkreis der Wahlkreis Schleswig-Flensburg, der Wahlkreis 1 in Schleswig-Holstein ist, hat diese Idee „Perversion des Denkens" genannt. Im September erklärt Willy Brandt öffentlich, dass er den NATO-Doppelbeschluss nur aus Loyalität zu Kanzler Schmidt unterstützt habe. Im Oktober finden weitere Massenproteste gegen die Stationierung von Mittelstreckenraketen statt.
Das HDW-Werk Dietrichsdorf wird stillgelegt.

Zur Musikbox:
Geier Sturzflug „Besuchen Sie Europa, solange es noch steht", „Bruttosozialprodukt"; Udo Lindenberg „Sonderzug nach Pankow"; Nena „99 Luftballons"; Nina Hagen „Zarah" …

Orwell
1984
Ausgerechnet im Orwell-Jahr – Einführung von Personalcomputern bei der SPD! Ein vollkommen neuartiges Unterfangen im Zusammenwirken der Kreisverbände und des Landesverbandes mit dem Parteivorstand in Bonn. Die erste Ausrüstung, die Hardware, ist veraltet, als das System langsam zu funktionieren beginnt. Irrsinnige Zeiten, besonders für die KollegInnen in der Mitgliederverwaltung und in der Buchhaltung. Die Programmatoren stehen offenkundig mit ihrem Latein auch erst am Anfang. Aber wir wollten ja weg von der ADREessierMAschine und von der Mitgliederkartei …

Wahlkampf zur zweiten Direktwahl zum Europäischen Parlament. Jetzt wird es wirklich zu viel allein in Walters Europabüro. Ich bekomm Verstärkung. Thomas Pfannkuch. Er ist Soziologiestudent kurz vorm Abschluss. Er soll Walter bei der Aufbereitung der politischen Inhalte unterstützen. Wir sitzen in Bergen von EU-Dokumenten. Es kommen beinahe täglich neue schwere Pakete mit Material: Anfragen, Antworten auf Anfragen, Anträge, Berichte, Dokumente, Eingaben, Einladungen, Parlamentsplanungen, Protokolle, Tagesordnungen … vom Europäischen Parlament, von der Europäischen Kommission, von der Sozialistischen Fraktion, von der deutschen Gruppe der Sozialistischen Fraktion. Post aus Brüssel, aus Straßburg, aus Luxemburg, aus Bonn und aus den Wahlkreisen anderer Europaabgeordneter. Jeder Europaabgeordnete erhält all dies nicht nur in sein Wahlkreisbüro, er findet es in seinem Bonner Büro, in seinem Brüsseler Büro, in seinem Straßburger Büro und zuhause. Überbordende Materie, die mir mitunter irre vorkommt. – Thomas und ich werden Kameraden.

Für die heiße Phase des Wahlkampfs kommt halbtags die Sekretärin der JUSOs, Brigitte Scheffler, hinzu. Wir organisieren den landesweiten Europawahlkampf. Spitzenkandidatin auf Bundesebene ist diesmal Katharina Focke, die von 1969 bis 1972 Parlamentarische Staatssekretärin im Bundeskanzleramt, von 1972 bis 1976 Bundesministerin für Jugend, Familie und Gesundheit war (ich erinner mich an den „Elternführerschein", den man/frau seinerzeit bei ihrem Ministerium erwerben konnte, den ich erwarb). Jetzt tingelt sie mit dem Zirkus Roncalli

durch die Republik, denn der ist in diesem Europawahlkampf für die Sozialdemokraten als „EUROZIRKUS" unterwegs, auch bei uns in Schleswig-Holstein. Und natürlich kommt auch wieder die sozialdemokratische Bundesprominenz. Wir arbeiten Tag und Nacht.

17. Juni: Europawahl, Ergebnisse Schleswig-Holstein: 44,4 Prozent CDU, 39,9 Prozent SPD, 8,2 Prozent GRÜNE.

Nach diesem Wahlkampf legt Gerd Walter seinen stellvertretenden Landesvorsitz nieder, zieht sich aus der Landesvorstandsarbeit zurück, gibt sich ganz und gar der Europaarbeit hin.

Italien Im Sommer nimmt Walter mich mit nach Italien! – zur Studientagung der Sozialistischen Fraktion. Ich erleb Florenz. Die Toskana. Anschließend fahr ich ein paar Tage ganz allein nach Castiglioncello, um mich vom anstrengenden Europawahlkampf, um mich von den Turbulenzen meines Lebens zu erholen. Ich begeb mich auf Vaters Spuren. Mir kommen seine italienischen Anfälle in den Sinn, die Sprache, die mich ebenso begeistert, wie sie ihn begeistert hat. Jetzt seh ich einige der Orte, an denen er war, deren Namen mir seit meiner Kindheit in den Ohren klingen: La Spezia, Livorno, Positano, Piombino … Ich steh, wo er stand. Steh in Piombino an der Pier. Fahr von dort nach Elba 'rüber. Nehm unvergessliche Eindrücke mit nach Hause. Bedenk, welch ein Wunder es ist, dass Vater aus dem Krieg zurückkam. Dass ich bin. Es ist Frieden.

Frauen-power Die politische Forderung (SPD-Landesparteitag 1981), eine „Leitstelle für die Gleichstellung der Frau" einzurichten (wie seit 1979 unter der Leitung von Eva Rühmkorf beim Senat der Hansestadt Hamburg), wird (weil die CDU-Landesregierung sich weigert, eine „ordentliche Frauenbeauftragte" einzusetzen) jetzt umgesetzt: Am Kleinen Kuhberg wird das erste *SPD-Frauenbüro* eröffnet. Leiterin ist die stellvertretende Landesvorsitzende Lianne-Maren Paulina-Mürl. Wissenschaftliche Mitarbeiterin ist Karin Frenkler. Sekretärin ist Frauke Berthel. (Das Frauenbüro beim SPD-Landesverband führt schon in den ersten zwei Jahren 2.000 persönliche, telefonische und schriftliche Beratungen durch.) Das Europabüro sitzt Tür an Tür mit dem Frauenbüro und bekommt hautnah mit, was von hier aus in Sachen Gleichstellung der Frauen errungen wird.

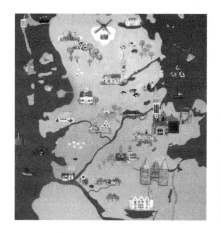

GEBURTSTAGSKARTE VON GÜNTHER JANSEN

Zur Musikbox:
Cyndi Lauper „Time after Time"; Herbert Grönemeyer „Bochum", „Männer"; Heinz-Rudolf Kunze „Lola"; Stevie Wonder „I just called to say I love you"; Nena „Irgendwie, Irgendwo, Irgendwann"; Klaus Lage Band „1.000 und 1 Nacht"; Nik Kershaw „Wouldn't it be good"; Tina Turner „What Love got to do with it"; Queen „I want to be free"; Alphaville „Forever young" ...

In den Büros am Kleinen Kuhberg hängt noch Geishys[50] Plakat „Bei uns in Schleswig-Holstein", das sie zur Kommunalwahl 1982 gemalt hatte. Das gibt es auch als Klappkarte. Zu meinem Geburtstag bekomm ich eine davon. Unser so freundlicher, hoffnungsvoller, sozialer, verehrter Landesvorsitzender Günther Jansen schreibt mir.

1985

Am 11. März wird Michail Gorbatschow Generalsekretär des Zentralkomitees der KPdSU. Er leitet mit Glasnost (Offenheit) und Perestroika (Umbau) das Ende des Kalten Krieges ein. „Zwei Monate nach Amtsantritt lädt er Brandt als ersten westlichen Spitzenpolitiker zu einem ausführlichen Gespräch ein. Während dieser viertägigen Begegnung zweier Politiker, die neu denken, zeigen sich große Übereinstimmun-

Glasnost
und
Perest-
roika

---

50 Siehe Kapitel „Nachspiel", S. 365

gen und es entwickelt sich ein Meinungsaustausch, der Brandt beflügelt und der Gorbatschow später dazu veranlasst, über Brandt zu schreiben: ‚Zu diesem großartigen Menschen, einem der größten Politiker unserer Zeit, entwickelte sich mit der Zeit ein freundschaftliches Verhältnis.‘"[51]

<table>
<tr><td>Gen-
technik</td><td>Im Mai gründet sich der Arbeitskreis „Gen- und Reproduktionstechnik" der SPD Schleswig-Holstein. Es ist eine Gruppe junger Frauen, die sich federführend für die SPD Schleswig-Holstein intensiv und landesweit einbringen will, um Chancen und Risiken dieser neuen Technologie, die in Grenzbereiche menschlichen Handelns führt, zu diskutieren und zu bewerten.</td></tr>
</table>

Gentechnik

Im Mai gründet sich der Arbeitskreis „Gen- und Reproduktionstechnik" der SPD Schleswig-Holstein. Es ist eine Gruppe junger Frauen, die sich federführend für die SPD Schleswig-Holstein intensiv und landesweit einbringen will, um Chancen und Risiken dieser neuen Technologie, die in Grenzbereiche menschlichen Handelns führt, zu diskutieren und zu bewerten.

Straßenbahn

Am 4. Mai fährt unsere geliebte Straßenbahnlinie 4 ihre letzte Fahrt. Schon in den 1960er-Jahren hatte man aufgrund höherer Betriebskosten und geringerer Flexibilität, wie es hieß, Strecken eingestellt. 1977 war sie Opfer des neuen Generalverkehrsplans geworden. Eines der Argumente für den Rückbau war, dass es zukünftig keine Ersatzteile mehr geben werde. (Als das Schienennetz von Wellingdorf bis Holtenau 'rausgerissen wird, erleb ich das als körperlichen Schmerz, den ich schon kennengelernt hatte, als nach und nach das weitverzweigte Regionalbahnstreckennetz in Angeln stillgelegt worden war, als die Schienen rausgerissen wurden, die mich mit der wunderbaren Welt meiner Großeltern in Angeln verbunden hatten. – In Braunschweig fährt die Schwester der Kieler Straßenbahn – mit der ungewöhnlichen Spurbreite von 1.100 Millimetern – heute noch.)

Zur Chronologie 1985:
Am 15. Juni wird das „Schengener Abkommen" zum schrittweisen Abbau der Kontrollen an den EU-Binnengrenzen unterzeichnet.
Am 12. Dezember wird Joschka Fischer in Turnschuhen als erster GRÜNER Minister der Erde vereidigt.
Der unbeschädigte Block I des Kernkraftwerks Three Mile Island/Harrisburg/Pennsylvania/USA wird wieder in Betrieb genommen, obwohl eine – wenn auch „unverbindliche" – Volksabstimmung in der Region dies 1982 mit zwei Dritteln Mehrheit abgelehnt hatte.

---

51 Aus: „Willy Brandt Deutscher – Europäer – Weltbürger", Einhard Lorenz.

Zur Musikbox:

Elton John „Nikita"; Mozart „Konzert für Oboe und Klarinette" Köchelverzeichnis 622 in „Jenseits von Afrika" nach „Afrika, dunkel lockende Welt" von Karen Blixen; Tina Turner „We don't need another Hero"; David Bowie „This is not America" …

Sonntag, 27. April. Erstes warmes Wochenende. Zum ersten Mal in diesem Jahr mit dem Kind nach Laboe. Wir kommen mit dem ersten Sonnenbrand zurück. Von der Seegartenbrücke über den Wall, zwischen Schloss und NDR die Treppe rauf, über die Eggerstedtstraße, um die „Egge", Zuhaus. Schwarzbrot mit ersten Radieschen. Dann ruft mein Bruder an. Er weiß es früh. Wo über Jahrhunderte Fische gesäubert, geräuchert und Netze geflickt wurden, empfängt er jetzt universell. Er berichtet von beunruhigenden Strahlenmessungen in Schweden. In Schweden! Wir wissen es noch nicht, aber gestern begann der erste GAU der Welt. Eine Explosion in einem Atomkraftwerk in der UdSSR. In der Ukraine. In Tschernobyl. Ein kleiner Fehler der Betriebsmannschaft genügte, um die Kettenreaktion binnen weniger Sekunden bis zur Explosion des Reaktors zu bringen. Er hat mehrere Hundert Tonnen radioaktiver Partikel in die Atmosphäre geschleudert, die sich über Tausende von Kilometern verbreiten und die Gesundheit von Millionen Menschen in halb Europa gefährden. Aber die Menschen erfahren es nicht. Vollständige Nachrichtensperre in der Sowjetunion. Die USA und ihre Alliierten, die es von ihren Satelliten wissen, schweigen. Erst am Dienstag die ersten spärlichen Nachrichten. Als am 29. April der erste Regen nach dem GAU von Süden über KIEL kommt, schick ich mein Kind in die Schule. Es nimmt seinen Schirm. Ich hab kein gutes Gefühl. Ich nehm meinen Schirm. Ich geh zur Arbeit. Es wird deutlich: Der Regen ist gefährlich. Er bringt Cäsium, Strontium und andere strahlende Stoffe, er bringt Furcht und Ratlosigkeit. Was es im Detail bedeutet, was es für unsere Region bedeutet, erklärt uns der Toxikologe Prof. Otmar Wassermann von der Uni KIEL. Er erklärt uns den Unterschied zwischen Alpha-, Beta- und Gamma-Strahlung, die Bedeutung der Einheiten Bequerel, Millirem und Sievert und warum es einen Unterschied macht, ob die Strahlung auf die Haut trifft oder über die Nahrung in den Körper gelangt. Was dürfen unsere Kinder, was dürfen wir noch essen? Was darf geerntet werden? – Gerd Walter wird sofort aktiv. Er kauft bei der Bundesanstalt für landwirtschaftliche Marktordnung (BALM) Milchpulver. Wir geben es sackweise vom Europabüro am Kleinen Kuhberg landesweit zum Selbstkostenpreis weiter. Thomas Pfannkuch und ich spielen Milchmann. Eltern stehen für diese unbelastete Nahrung für ihre Kinder Schlange bei uns. In KIEL gründet sich der Verein „Eltern für unbelastete Nahrung". Den Kindern wird jetzt Trockenmilch angerührt. Ungefähr gleichzeitig werden auf EG-Ebene die Grenzwerte einfach 'raufgesetzt. Mein Kind bekommt ein Knochenaufbaupräparat und wir essen erstmal älteres Gemüse, Ravioli und sonst was aus Dosen. Dann regnet es länger nicht. Unsere Schirme stehen in Großvaters großer Milchkanne aus Angeln, die schon Urgroßvater gehört hatte, die über Jahrzehnte zwischen ihrer Kate und der Böklunder Meierei unterwegs gewesen war, die ich geerbt, die ich rot angemalt hab. Wenn ich nach Hause komm, seh ich als Erstes im Flur unsere Regenschirme in der Milchkanne und denk an Tschernobyl. Denk: Die Schirme strahlen! Eines Tages nehm ich die Schirme, trag sie runter und werf sie in die Mülltonne auf unserem vermoosten Innenhof zwischen Dänischer Straße und Schloss. Warum hab ich es nicht sofort getan? Wie konnte ich das Kind an jenem Regentag in die Schule schicken??? Wie konnte ich *so* gehorsam sein??? Ich will nicht mehr gehorsam sein! Wie richtig er ist, der Beschluss der schleswig-holsteinischen Sozialdemokraten zum Ausstieg aus der Atomenergie! (Großvaters Milchkanne mit unseren radioaktiv verseuchten Schirmen geht mir nie wieder aus dem Kopf.) – In diesem Jahr fällt mir zur Kieler Woche im Park zwischen Opernhaus, Lorentzendamm und Kleinem Kiel zum ersten Mal das Schild auf: „Hiroshimapark. Geschützte Grünanlage. Hunde sind anzuleinen. Radfahren nicht erlaubt. Wasservögel nicht füttern. Eingeschränkter Winterdienst. Grünflächenamt". Mir fällt zum ersten Mal auf, wie die Grünfläche heißt, auf der seit Jahren zur Kieler Woche das bayerische Bierzelt mit der Aufschrift: „O'zapft is" steht. Das muss ich drei Mal lesen, bis ich es versteh. „O'zapft is" – im H-i-r-o-s-h-i-m-a-p-a-r-k!

Antworten nach Tschernobyl

'kenn einen Physiker
Vertrau ihm meine Sorge als Mutter an
Frag ihn, wie er die Folgen beurteilt

Antwort: „Aus welchen Quellen beziehst Du denn Deine Informationen?!"
'kenn einen Europaabgeordneten, Experte für Agrarpolitik
Frag ihn, wie es zur Heraufsetzung der Grenzwerte kam
Frag ihn, wie er es aushält dafür zu stehen
Antwort: „Ich wusste gar nicht, dass Du so ein Umweltfreak bist."
'kenn einen Bundestagsabgeordneten
In der Woche nach dem GAU bin ich zur Versammlung in seinem, in meinem Ortsverein, hoff, denn es war angekündigt, dass man dort Fragen beantwortet kriegt wie:
Was kann ich tun? Was darf ich hoffen? Womit fütter ich mein Kind?
Können wir in der Förde baden in diesem Jahr? ...
Antwort: „Bei uns lebt Opa mit im Haus. Der hat gesagt: ‚Ich will essen wie bisher.'"

Am 3. August lieg ich abends auf meinem Kanapee und guck NDR-Fernsehen. Um 23.10 Uhr beginnt das Zeitgeschehen-Feature „Absage an den Weltuntergang. Die Hoffnung der neuen Optimisten" von Gerhard Bott. Im Gegensatz zu Untergangspropheten, die gerade Hochkonjunktur haben, geht es um ein „Neues Weltbild". An kalifornischen Universitäten und Instituten breitet sich in den Köpfen vieler Naturwissenschaftler ein neues wissenschaftliches Bild vom Weltall, vom Leben, vom Menschen und von seinen positiven Entwicklungsmöglichkeiten aus. Bei den „neuen Optimisten" handelt es sich um angesehene namhafte, um renommierte Physiker, Chemiker, Biologen, Ingenieure. Bott spricht mit ihnen. Mit Nobelpreisträger für Medizin Prof. Jonas Salk. Ihm erscheint es nicht logisch, dass die Menschheit als Art ihre eigene Zerstörung betreiben sollte. „Organismen zerstören sich nicht selber, nicht wenn sie es vermeiden können, und erfolgreiche überlebenstüchtige Parasiten vernichten nicht ihren Wirt, von dem sie leben." Neben der „biologischen Evolution", also allmählich fortschreitender Entwicklung, spricht er auch von „meta-biologischer" Evolution, von Evolution im Bereich von Geist und Seele, von Bewusstsein und Kultur. „Ein Überleben der Welt, so wie wir sie kennen, ist nicht möglich. Die Welt muß sich ändern, sie muß transformiert, muß umgewandelt werden, muß evolvieren. Ein globaler Wandel ist notwendig, damit wir überleben." Salk sieht eine Ära „gesellschaftlicher Hypnose"

Absage an den Weltuntergang

135

zu Ende gehen: 150.000 Ärzte, die sich gegen den Atomkrieg organisiert haben – jüngst mit dem Friedensnobelpreis bedacht – seien dafür nur ein Beispiel." Nobelpreisträger für Physik Prof. Ilya Prigogine sieht die tragische Vorstellung von Camus und Monod, dass der Mensch einsam gegen die Gesetze des Universums kämpft, widerlegt. „Überall erkennen wir heute Evolution: Wandel, Entfaltung, Vielfältigkeit. Wir sehen jetzt: Das Leben, und auch der Mensch ist eingebettet in ein sich ebenfalls entwickelndes Universum." – Bott spricht mit Prof. Willis Harman, Hochschullehrer für Ingenieurwissenschaften: „Eine ungeheure Aufgabe liegt vor uns, aber, wenn wir wollen, können wir es schaffen. [...] Das freie Unternehmertum hat sich zu einem selbstsüchtigen, ‚militärisch-industriellen-finanziellen Komplex' gewandelt, der nur seine eigenen Ziele verfolgt und unempfindlich ist gegenüber der Qualität des Lebens, der Gesundheit des Planeten und dem Schicksal zukünftiger Generationen. Und unsere Regierung scheint heute in der Hand dieser mächtigen Interessengruppen zu sein." Aber: „Die großen gesellschaftlichen Veränderungen haben immer trotz der Machtstruktur stattgefunden: Die Reformation fand statt trotz der Kirche. Aber, der Wandel wird erst stattfinden, wenn das Gefühl der Öffentlichkeit stark genug geworden ist, das sagt: Die alten Machtstrukturen schaffen es nicht. Denn es sind die Menschen, die den Institutionen ihre Berechtigung, die Legitimität geben. [...] Wenn deren Bewußtsein, deren Weltbild sich ändert, dann wird das diese Institutionen verändern. Menschen haben nicht nur die politische Macht zu wählen; sie haben die viel wirkungsvollere Macht, Legitimation zu verleihen oder zu entziehen."

Zur Chronologie 1986:
Nachdem ab Mitte der 1980er-Jahre die Zahl der Asylbewerber erneut sprunghaft angestiegen ist, verschärft sich jetzt die Debatte. PRO ASYL gründet sich mit dem Ziel, eine Stimme für die Rechte von Flüchtlingen in Deutschland zu sein (PRO ASYL wurde inzwischen mit vielen Preisen ausgezeichnet).
Nach dem Terroranschlag auf die Berliner Diskothek La Belle greifen am 15. April die USA Libyen an – sie fliegen Luftangriffe gegen Tripolis und Bengasi. Willy Brandt erklärt gemeinsam mit dem Generalsekretär der Sozialistischen Internationale: „Die Sozialistische Internationale verur-

teilt nachdrücklich den Angriff bewaffneter US-Einheiten gegen Ziele in Libyen in der letzten Nacht, der zivile Tote und Verletzte forderte. [...] Die Sozialistische Internationale betont erneut, dass jede Bekämpfung von Terrorismus mit dem Völkerrecht in Einklang stehen muss." Gaddafi erklärt, er werde seinen Kampf für die Weltrevolution fortsetzen. Am 7. Juni demonstrieren 30.000 Atomkraftgegner in Brokdorf gegen die baldige Inbetriebnahme; 10.000 Hamburger Demonstranten werden auf dem Weg zum Kernkraftwerk Brokdorf im schleswig-holsteinischen Kleve aufgehalten. Am 8. Juni versammelt sich auf dem Heiligengeistfeld in Hamburg eine Demonstration aus Protest gegen den Polizeieinsatz am Vortag. Die mehr als 800 Personen werden bis zu 13 Stunden lang innerhalb von Absperrketten festgehalten („Hamburger Kessel"). Im August muss deshalb der Hamburger Innensenator Rolf Lange zurücktreten. Am 8. Oktober wird das Kernkraftwerk Brokdorf als weltweit erste Anlage nach dem Reaktorunglück in Tschernobyl in Betrieb genommen.

Im November lehnt die SPD im Bundestag die geplante NATO-Nachrüstung ab, während die Koalitionsparteien dafür stimmen. Im Dezember führt Helmut Kohl den NATO-Doppelbeschluss aus, für den Helmut Schmidt zehn Jahre zuvor die Initiative ergriffen hatte. Die sowjetischen SS-20-Raketen im Osten und die Pershing-Raketen und Marschflugkörper im Westen werden tatsächlich abgeschafft.

Ende dieses Jahres ruft Gorbatschow Andrej Sacharow aus der Verbannung in Gorki nach Moskau. Sacharow nimmt sofort seine politische Tätigkeit wieder auf, stürzt sich in den beginnenden Umbau der Sowjetgesellschaft.

Ab Januar werden Portugal und Spanien in die EG aufgenommen. Die EG hat jetzt zwölf Mitglieder.

Zur Musikbox:
Herbert Grönemeyer „Tanzen", „Kinder an die Macht"; Falco „Rock me Amadeus"; Ringsgwandl „Papst Gsehng", „Das Letzte", „Der Wind schreit Scheiße", „Gut Nacht, die Damen"; Münchner Freiheit „Ohne Dich" ...

Ende März tritt Willy Brandt vom Parteivorsitz zurück – nach öffentlichen Angriffen vor allem aus den eigenen Reihen. Er hatte sich erlaubt, die Dreißigjährige, in Deutschland geborene und aufgewachsene, par-   1987 teilose, hochgebildete und weltoffene Griechin, Historikerin, Politologin und PR-Fachfrau Margarita Mathiopoulos als Pressesprecherin des SPD-Parteivorstandes vorzusehen. Die Parteispitze hatte sich einverstanden erklärt. Aber dem SPD-Vorsitzenden ist es nun genug. Die *öffentliche* Auseinandersetzung namhafter Sozialdemokraten mit ihrem Vorsitzenden, der weltweit großes Ansehen, ja, Bewunderung genießt, macht mich fassungslos. Die schleswig-holsteinische Bundestagsabgeordnete und Mitglied des Vorstandes der SPD-Bundestagsfraktion Heide Simonis z. B. attackiert ihn in diversen Auftritten und Interviews, sie empfiehlt Willy Brandt, „lieber schon jetzt zurückzutreten, statt immer neue Fehler zu machen" wie am 23. März 1987 in der Zeitschrift DER SPIEGEL zu lesen ist.

Die schleswig-holsteinischen SozialdemokratInnen gehen mit dem Slogan „ZEIT ZUM AUFKLÄREN" in den Wahlkampf. KollegInnen aus Bonn, aus der Bundestagsfraktion – aus dem Langen Eugen, aus dem Hochhaus am Tulpenfeld –, aus der „Baracke", ehemalige MitarbeiterInnen, Getreue, die jetzt in Bundesministerien auf Abstellgleisen dienen, MitarbeiterInnen aus der Sozialistischen Fraktion im Europäischen Parlament in Brüssel, Künstlerinnen und Künstler und … verbringen wieder einen Teil ihrer Sommerferien im schleswig-holsteinischen Landtagswahlkampf, setzen sich ein für Björn Engholm, für eine „neue politische Kultur". Die SozialdemokratInnen machen deutlich, dass das Land nach mehr als 37-jähriger CDU-Herrschaft einen Regierungswechsel braucht. Alle Bereiche des öffentlichen Lebens sind flächendeckend vom „Schwarzen Filz" erfasst.

Je näher die Landtagswahl rückt, desto deutlicher wird der immer knapper werdende Vorsprung der CDU. Einer der Höhepunkte der CDU-Kampagne gegen Engholm ist die Wahlkampfbroschüre: „Betr.: Engholm Paß auf Schleswig-Holstein". Engholm wird von Barschels Wahlkampfmannschaft mehrfach in übelster Weise öffentlich verleumdet. Es wird auf widerwärtige Weise in seinem Privatleben geschnüffelt. Es wird das Gerücht in die Welt gesetzt, er habe Aids. – Das

ist für mich jenseits des Denkens. Jetzt bestätigt sich, was Vater sagte, als ich ihm 1977 von meiner neuen Arbeitsstelle im Landtag berichtete: „Politik ist ein schmutziges Geschäft!" Ich denk: Was das jetzt auch für Björns Familie, für seine Kinder bedeutet … Es ist eine unfassbare Rufmordkampagne gegen den Konkurrenten um das Amt des

Ministerpräsidenten. Wir SozialdemokratInnen sind fassungslos über die Ungeheuerlichkeiten gegen unseren Spitzenkandidaten. Wir hatten schon im Wahlkampf 1983 betont: Wir wollten uns in der Sache, wir wollten uns über politische Themen auseinandersetzen. Wir wollten nicht, dass mit persönlichen Angriffen gearbeitet wird. Und wir blieben dabei. Wir bleiben dabei. – Sechs Tage vor der Wahl titelt das Nachrichtenmagazin DER SPIEGEL „Waterkantgate: Spitzel gegen den Spitzenmann". Die Spitzel waren Detektive, die der Medienreferent in der Staatskanzlei, Reiner Pfeiffer, auf Engholm angesetzt hatte. Pfeiffer hatte Engholm wegen Steuerhinterziehung beim Finanzamt angezeigt und ihn als „Arzt" angerufen, um ihm mitzuteilen, dass er HIV-positiv sei.

„Waterkantgate"

Am 13. September ist Landtagswahl: SPD 45,2 Prozent. CDU 42,6 Prozent. FDP 5,2 Prozent.

36 Sitze SPD. 33 Sitze CDU. 4 Sitze FDP. 1 Sitz SSW. Karl-Otto Meyer, Abgeordneter der dänischen Minderheit, erklärt, er werde angesichts des Barschel-Skandals keinem CDU-Kandidaten für das Amt des Ministerpräsidenten seine Stimme geben. Das bedeutet: PATT.

Jetzt jeden Tag eine neue Schlagzeile mit Enthüllungen. Als am 18. September wir MitarbeiterInnen am Kleinen Kuhlberg alle zusammensitzen und Uwe Barschels „Ehrenwort"-Pressekonferenz sehen, denk ich an die Stimme, die mir aufgefallen war, bevor ich wusste, wem sie gehört. Barschel erklärt, dass die gegen ihn erhobenen Vorwürfe nicht zutreffen. Er sei nicht Auftraggeber für die Bespitzelung Engholms und einer anonymen Steueranzeige gegen den Konkurrenten gewesen. Doch die Enthüllungen verdichten sich so, dass Barschel am 25. September seinen Rücktritt als Ministerpräsident zum 2. Oktober ankündigt. Ich denk: Was das jetzt auch für seine Familie, für seine Kinder bedeutet … – Am 11. Oktober entdecken zwei „Stern"-Reporter Uwe Barschel tot in einer Badewanne in einem Genfer Hotel. – Diese Nachricht les ich im Vorbeigehen in der BILD-Zeitung, die in einem Zeitungsständer an der Promenade von Playa del Ingles auf Gran Canaria steckt.

Jetzt heißt es: „ZEIT ZUM AUFKLÄREN". Der Landtag setzt einen Parlamentarischen Untersuchungsausschuss unter dem Vorsitz des SPD-Abgeordneten Klaus Klingner ein. Obmann für die SPD-Fraktion ist Gert Börnsen.

Jetzt holen die schleswig-holsteinischen GenossInnen sich Gerd Walter zurück. Er wird am 21. November als Nachfolger von Günther Jansen zum SPD-Landesvorsitzenden gewählt. Auszug aus seiner Rede: „[…] Es ist unser Ziel, die Schleswig-Holstein-SPD zur dauerhaft stärksten Kraft dieses Landes zu machen und das politische und geistige Leben dieses Landes von Grund auf zu erneuern und dauerhaft zu prägen. Es geht nicht nur um Stimmen, es geht um eine neue Grundstimmung. Dafür müssen wir fünf Voraussetzungen schaffen: 1) Wir müssen die Schleswig-Holstein-SPD mit den besten politischen Traditionen des Landes dauerhaft verbinden. 2) Wir müssen ein gesellschaftliches Bündnis aller Bürgerinnen und Bürger schmieden, die sich diesen Traditionen verpflichtet fühlen. 3) Wir brauchen eine Partei, die dieses Bündnis immer wieder neu organisiert. 4) Wir müssen unser programmatisches Profil immer wieder neu schärfen. 5) Wir müssen zur Erneuerung der politischen Kultur unseren Beitrag leisten. […] Demokratische politische Kultur hat es in Deutschland immer schwer gehabt. Die unvollendete demokratische Revolution, die Tragik der Spaltung der deutschen Arbeiterbewegung und das Trauma deutscher und europäischer Teilungen haben dazu beigetragen, daß die Diffamierung – ja auch die Vernichtung der demokratischen und sozialen Opposition hier eine so schmerzliche Tradition hat. […] Demokratie in Deutschland bleibt gefährdeter als anderswo. Sie kann nicht beliebig parteipolitisch ausgebeutet werden. […] Alle müssen darüber hinaus neu lernen, daß demokratische Mehrheitsentscheidungen von heute nicht mehr bedenkenlos getroffen und exekutiert werden dürfen, wenn die nachfolgenden Generationen aus diesen Entscheidungen nicht mehr aussteigen können. Für die Gentechnologie gilt genauso wie für die Kernenergie: Nicht alles, wofür es demokratische Mehrheiten gibt, darf in Zukunft noch gemacht werden. Wer heute im Namen der Demokratie Entscheidungen trifft, muß der Demokratie auch morgen noch eine Chance lassen. […]"

Zur Chronologie 1987:
Nach dem Rücktritt Willy Brandts im März wird Hans-Jochen Vogel SPD-Vorsitzender.
Die Sicherheitspolitik Helmut Schmidts, die von der christlich-liberalen Koalition fortgeführt wird, wird am 8. Dezember erreicht mit dem Ab-

schluss der INF-Verträge – der beiderseitigen Vernichtung sowjetischer und US-amerikanischer atomarer Mittelstreckenraketen.

Veröffentlichung des Brundtlandt-Berichts „Unsere gemeinsame Zukunft", den die ehemalige norwegische Ministerpräsidentin Gro Harlem Brundtland als Vorsitzende der Weltkommission für Umwelt und Entwicklung der Vereinten Nationen vorgelegt hat. Er gilt als Beginn der weltweiten Erörterung der „nachhaltigen Entwicklung". „Dauerhafte Entwicklung, die die Bedürfnisse der Gegenwart befriedigt, ohne zu riskieren, daß künftige Generationen ihre eigenen Bedürfnisse nicht befriedigen können."

Zur Musikbox:
Whitney Houston: „I wanna dance with somebody"; Udo Lindenberg „Horizont"; Benny King „Stand by me" ...

3. Februar. Der „Barschel-Untersuchungsausschuss" im Kieler Landtag 1988
kommt zu dem Ergebnis, dass Barschel in die Machenschaften gegen Engholm verstrickt gewesen ist, dass Barschel nicht nur bis zur Wahl mit üblen Methoden gearbeitet hat, sondern nach der Wahl per Ehrenwort die Öffentlichkeit belogen und versucht hat, durch Druck auf ihm untergebene MitarbeiterInnen seine Haut zu retten. Er wird von mehreren Zeugen schwer belastet.

Wegen der Pattsituation im Landtag wurden Neuwahlen angesetzt. Ein neuer Wahlkampf beginnt. Jetzt muss ich mich von Schreibtisch und Telefon schon losreißen, um zum Mittagessen nach Hause zu gehen. Einmal steh ich an der Holstenbrücke bei roter Ampel neben mir und denk: Was machst Du eigentlich? Du bist nur noch in Eile! Aber: noch mehr Arbeit. Jetzt organisier ich mal eben nebenbei noch die Wahlkampfeinsätze für Dr. Franz Froschmeier, den Gerd Walter in Brüssel für Schleswig-Holstein gewinnen konnte, der in Engholms Schattenkabinett als Wirtschaftsminister vorgesehen ist. Er war ab 1958 Beamter im Dienst der EWG. 1966 bis 1967 stellvertretender Leiter des Infobüros der EWG in Washington. Dann Berater im Kabinett von der Goeben,[52] anschließend stellvertretender Kabinettschef und

---

52 Hans von der Goeben zählt zu den Vätern der EWG, war bis 1970 Mitglied der EWG-Kommission.

später Kabinettschef des Vizepräsidenten der EG-Kommission Haferkamp. Seit 1981 ist er Generaldirektor der Europäischen Kommission für Information, Kommunikation und Kultur. Franz Froschmeier ist ein sehr netter Mensch und die Zusammenarbeit mit ihm ist ausgesprochen angenehm.

Und wieder ein neues Wort für mich: Gerd Walter beklagt sich in einer Landesausschusssitzung (höchstes Beschlussgremium zwischen den Parteitagen) in Engholms Beisein über dessen „Larmoyanz" (da muss ich mal wieder ins Fremdwörterbuch gucken: „Weinerlichkeit") hinsichtlich der Inanspruchnahme seiner Person. Ich denk: Ja! Engholm hat überwältigende Unterstützung. KollegInnen aus der ganzen Republik, AssistentInnen aus der Bundestagsfraktion – aus dem Langen Eugen, aus dem Hochhaus am Tulpenfeld –, aus der „Baracke", ehemalige MitarbeiterInnen, Getreue, die jetzt in Bundesministerien auf Abstellgleisen arbeiten, MitarbeiterInnen aus der Sozialistischen Fraktion im Europäischen Parlament in Brüssel, KünstlerInnen – DichterInnen, KabarettistInnen, MalerInnen … Die einen bereiten ihm Statements und Artikel vor. Die anderen verbringen ihre Osterferien im schleswig-holsteinischen Wahlkampf in der Hoffnung auf eine „neue politische Kultur". Wir arbeiten alle hart. BürgerInnen und MitarbeiterInnen liegen Björn zu Füßen! Bildende KünstlerInnen gehen für ihn auf Tour und versteigern zugunsten der Wahlkampfkasse ihre Bilder. Es geht massenhaft Fanpost für ihn ein, darunter Briefe, mit denen Frauen um so was wie Tabakkrümel aus seiner Pfeife bitten. Er wird, wir werden mit Autogrammwünschen an ihn überschüttet. Weibliche Fangruppen begleiten ihn durchs Land, fotografieren ihn wie besessen, schicken Fotos etc. Die Presse fasst ihn mit Samthandschuhen an.

Alles rot

Am 8. Mai gewinnen wir die Landtagswahl mit 54,8 Prozent! Wir holen alle 44 Wahlkreise direkt! Zum hundertsten Geburtstag des Landeshauses, das 1888 als Marineakademie eingeweiht wurde, ist die schleswig-holsteinische Landtagswahlkreiskarte rot. Die CDU hat 33,3 Prozent. Die FDP ist raus. Björn Engholm wird Ministerpräsident. Hans-Peter Bull Innenminister. Klaus Klingner Justizminister. Heide Simonis Finanzministerin. Franz Froschmeier Minister für Wirtschaft, Technik und Verkehr. Günther Jansen Minister für Soziales, Gesundheit und Energie. Berndt Heydemann Minister für Natur, Umwelt und Landesentwicklung. Hans Wiesen Minister für Ernährung, Landwirtschaft, Forsten und Fischerei. Eva Rühmkorf Ministerin für Bildung, Wissenschaft, Jugend und Kultur. Gisela Böhrk Frauenministerin. Marianne Tidick Ministerin für Bundesangelegenheiten. Gert Börnsen wird Vorsitzender der SPD-Landtagsfraktion, Heinz-Werner Arens Parlamentarischer Geschäftsführer.

In der ersten gemeinsamen Sitzung der Landtagsfraktion, des Landesvorstandes und der designierten Kabinettsmitglieder nach der Wahl, im Großen Sitzungssaal des Landeshauses, mahnt Kurt Hamer in seinem klugen Statement: „Ein großer Sieg ist schnell verspielt."

Engholms Regierungserklärung vor dem Schleswig-Holsteinischen Landtag am 28. Juni 1988 beginnt mit den Sätzen „Was Regierungserklärungen sein können und was nicht, das wissen wir alle. Sie können geschneidert sein wie ein weiter Mantel, der verhüllt, was die Regierenden gern als Herrschaftswissen für sich behalten möchten – gleichsam ein Faltenwurf der Obrigkeit. Wir haben darin auch in diesem Hause Erfahrungen. Sie können geschminkt sein, um den Bürgerinnen und Bürgern des Landes ein angenehmes Bild zu bieten. Sie können – was am schlimmsten ist – Selbstbetrug sein. In jedem Falle sind Regierungserklärungen dieser Art eine Beleidigung der Wählerinnen und Wähler, und sie sind zugleich eine Torheit der Regierenden, denn auf die Dauer läßt sich der Souverän unseres Landes nicht für dumm verkaufen. Politiker, die das nicht wahrhaben wollen, lernen es eines Tages; sie lernen es spätestens an dem Tag, an dem sie wegen ihrer Unfä-

Regierungserklärung

higkeit politisch gescheitert sind." [...] Und endet mit den Sätzen: „Wir sind uns sehr wohl bewußt, auch nach den Erfahrungen der Vergangenheit, daß das Land Schleswig-Holstein seinen Menschen, aber nicht einer Regierung oder einer Partei gehört. Wir werden deshalb weder in Selbstgefälligkeit noch in Arroganz verfallen; wir werden uns nicht in unseren Dienstzimmern oder Autos verschanzen. Wir werden uns stets bewußt sein, daß wir in der Tradition derer stehen, die vor uns für die gleichen Ziele gearbeitet haben. Ich erinnere an die Arbeiter und Matrosen, deren Aufstand vor siebzig Jahren in Kiel das Ende des Ersten Weltkrieges und den Beginn der ersten deutschen demokratischen Republik eingeleitet hat. Ich erinnere an Persönlichkeiten wie Legien, wie Leber, Lüdemann, Diekmann, Käber, Gayk und Passarge, Steffen und Matthiesen. Hermann Lüdemann schloß seine Regierungserklärung am 8. Mai 1947 mit den Worten: ‚Das Ziel unserer Arbeit ist ein wahrhaftig demokratisches Deutschland, das bis zum letzten Bürger in seinem Denken und Handeln durch den Geist der Friedfertigkeit, der Toleranz und freien Menschlichkeit sich leiten läßt.'"

Nach allem Irrsinn der vergangenen Monate wollen die SozialdemokratInnen in Schleswig-Holstein jetzt die gesellschaftlichen Kräfte zusammenführen, die ein gemeinsames Grundverständnis von Demokratie, von Sozialstaat und von Friedenspolitik haben. Jetzt dürfen wir hoffen auf die Verwirklichung des gemeinsam Vorbereiteten und wir wissen: Jetzt fängt die Arbeit erst an. Ich geh davon aus, dass Versprochenes jetzt umgesetzt wird von dieser Partei, die meinem Denken am nächsten kommt, dem Denken der Meinigen, Fischer, Kätner, Arbeiter, Hausfrauen, Köchinnen, Schneiderinnen, Haushaltsgehilfinnen, die, seit sie wählen durften, sozialdemokratisch gewählt haben und bei aller Prinz-Heinrich-Begeisterung nicht davon abgewichen sind. Ich hoff auf den Ausstieg aus der Kernenergie. Ich hoff auf die Umsetzung einer neuen Schulpolitik, in der SchülerInnen unabhängig von gesellschaftlichem Rang und Möglichkeiten ihrer Eltern gute Chancen auf Bildung haben, auf gute Vorbereitung auf die Lebens- und Berufswirklichkeit. Das ganze Land braucht Gesamtschulen, Ganztagsschulen, die in den anderen westlichen Industrienationen längst Wirklichkeit und auch im Rahmen der Zweiten Frauenbewegung bedeutendes Thema sind. Bisher gibt es zwei Kooperative Gesamtschulen und zwei Integrierte Gesamtschulen im Land. Mein Kind muss nicht mehr hoffen, es besucht

die Integrierte Gesamtschule in KIEL-Friedrichsort. Ich hoff auf mehr Demokratie im Land und damit auf eine „neue Politische Kultur", bei der nicht der Machtkampf der Parteien vor dem Wohl des Landes steht. Ich hoff auf dauerhaften Frieden, wofür seit dem Zweiten Weltkrieg im Rahmen der Europapolitik viel geleistet worden ist.

Ein Kabinettsbeschluss zur Demokratisierung im ganzen Land hat zur Folge, dass schon zum Schuljahresbeginn 1988 der Innenminister den „Extremistenerlaß" und die Kultusministerin die bisher praktizierte Zensur von Schülerzeitungen aufhebt.

Jetzt ist Gerd Walter Spitzenkandidat der deutschen Sozialdemokraten zur dritten Direktwahl zum Europäischen Parlament – als Nachfolger von Willy Brandt (1979) und Katharina Focke (1984). Auszug aus seiner Rede auf dem Bundesparteitag in Münster am 1. September:

Gerd Walter: Spitzenkandidat zur Europawahl

„[…] ich erinnere daran, daß wir 1989, im nächsten Jahr, die 200jährige Wiederkehr der französischen Revolution begehen, im Jahr der Europawahl. Dies sollte uns daran erinnern, daß Europa eben nicht nur der Kampf um Marktanteile ist. Europa – das heißt vor allem auch: Bewahrung und Entwicklung der vielfältigen Traditionen des europäischen Sozialstaats und der europäischen Kulturgesellschaft. Und laßt mich einmal hinzufügen: Dieses Europa darf seine Geschichte, seine Errungenschaften, seine Visionen von sozialer Gerechtigkeit und Lebensqualität nicht einfach dem Diktat des Weltmarktes opfern, liebe Genossinnen und Genossen. (Beifall) Es sind viel zu viele Menschen in der Geschichte für die Vision von Freiheit, Gleichheit und Brüderlichkeit auf die Barrikaden gegangen und auch dafür gestorben, als daß wir dieses Europa jetzt kampflos der Übermacht außereuropäischer Wirtschafts- und Militärmächte überlassen dürfen. Hier ist Kampf gefragt, liebe Genossinnen und Genossen, und zwar der ganzen internationalen Sozialdemokratie. (Beifall) Es wird sich als erstes an der Frage des Binnenmarktes, diesem tausendfüßigen Ungeheuer, erweisen, ob wir dazu in der Lage sind. […] Dieses Projekt Binnenmarkt […] ist ja nicht nur eine Freihandelszone, sondern dieses Projekt wird das Gesicht Europas fundamental verändern; […] der Binnenmarkt bringt der Gemeinschaft u. a. größeres Gewicht bei der Gestaltung der politischen und ökonomischen Beziehungen innerhalb der Völkerfamilie – dies gilt für Ost und West wie für Nord und Süd –, und er wird dazu beitragen, daß schon zum Ende dieses Jahrhunderts die sogenannte bipolare Welt der Vergangenheit angehört. […] Wir Europäer teilen mit dem Süden dieser Welt […] die Abhängigkeit vom Welthandel und die Rückwirkungen der Schuldenkrise. Wir wissen bei uns, was Solidarität ist, weil sie historisch gewachsen ist. […] Wir haben als Europäer vor allem auch eine historische Verantwortung, aus der wir uns nicht billig loskaufen können. Mildtätige Spenden bei Hungerkatastrophen sind kein Ersatz für eine anständige Nord-Süd-Politik des ehemals kolonialen Europas, […] Das Gewicht der EG muß auch genutzt werden – wir haben es in der Vergangenheit getan –, um deutlichere Signale in der Menschenrechtspolitik nach innen und nach außen zu geben. […] nach innen, weil Binnenmarkt auch bedeuten wird, daß wir vor wichtigen Entscheidungen in der gemeinsamen Asylrechtspolitik in dieser Europäischen Gemeinschaft stehen. Wir brauchen eine menschliche Asylpolitik, so wie sie das Europäische Parlament vorzuzeichnen versucht hat. Auch hier sage ich: Vergessen wir nicht: Das koloniale Europa von gestern ist mitschuld an dem millionenfachen Flüchtlingselend, das wir heute auf der Welt haben, und das demokratische Europa von heute hat deshalb auch die verdammte Pflicht und Schuldigkeit, mit einer menschlichen Flüchtlingspolitik Wiedergutmachung zu leisten, soweit es irgendwie geht, […] Liebe Genossinnen und Genossen, macht bei diesem Wahlkampf die Demokratisierung der EG und damit auch die Stärkung des Parlaments zu einem deutlichen Schwerpunkt, weil wir Sozialisten gerade auf diesem Gebiet nicht kompromißfähig sein dürfen. Es darf doch nicht sein, daß Vorstände von internationalen Großunternehmen, Ministerräte und Bürokratien immer mehr Macht bekommen und die Parlamente der Bürger mit hohen Tagegeldern abgespeist werden. Also streitet für die Demokratisierung der Europäischen Gemeinschaft! Wir sind für mehr Europa, aber nicht um den Preis für weniger Demokratie […]. Laßt euch nicht in die Ecke der Anti-Europäer drücken. Die meisten wissen wahrscheinlich gar nicht, daß es eine lange europapolitische Tradition der Sozialisten gibt. Immer wenn darüber geredet wird, wer eigentlich Europa gebaut hat, wird von den Verdiensten Adenauers, Schumanns und de Gasperis geredet. Ich möchte euch bitten: Wenn über deren Verdienste geredet wird, redet gleichzeitig über die Verdienste der Sozialisten Léon Blum, Jean Jaurès, Paul-Henri Spaak und eines Willy Brandt, der nämlich Europa nach dem Krieg mit aufgebaut und die Bundesrepublik Deutschland demokratisch wieder hoffähig gemacht hat. Reden wir darüber, überlassen wir es nicht den anderen. Wenn wir das so tun, dann schaffen wir es

GERD WALTER UND WILLY BRANDT, BUNDESPARTEITAG IN MÜNSTER 1988

vielleicht gemeinsam, daß nicht eintritt, was Kurt Tucholsky Ende der 20er-Jahre, vor der großen Katastrophe, in seinem Werk „In den Wind gesprochen" formuliert hat. Er schrieb: ‚Da liegt Europa, wie sieht es aus? – Wie ein bunt angestrichenes Irrenhaus' [...]"

Zur Chronologie 1988:
Andrej Sacharow wird zum Leiter der Sowjetischen Akademie der Wissenschaften berufen.

Zur Musikbox:
Udo Lindenberg „Ich lieb Dich überhaupt nicht mehr"; France Gall „Ella, elle l'a" (Hommage an Ella Fitzgerald); Rainhard Fendrich „Macho Macho"; Whitney Houston „One Moment in Time"; Erste Allgemeine Verunsicherung „Küss die Hand, schöne Frau".

1989
Die Delle
ist weg

Der Umbau des Landeshauses ist fertig. Er hat 36 Millionen DM gekostet. Die Delle[53] vorm Eingang ist weg – die Vertiefung, die Halt gab, die sich gut anfühlte, in die jede und jeder geriet, der in dieses Haus wollte oder musste, die dort seit 1888 durch das Abstemmen mit dem Fuß beim Öffnen des rechten Eingangsflügels des schweren, eichenen Giraffenportals entstanden war, durch das nie eine Giraffe und nie ein Kamel gegangen ist. Der Eingangsflügel wird jetzt geöffnet von Geisterhand. Ich hätte mir das Geld für die Schulen gewünscht (siehe S. 213).

Mit seinem Neujahrsbrief schickt mir mein Bonner Kollege und Freund Gerhard Eisfeld, der Engholms Persönlicher Referent im Bundesministerium für Bildung- und Wissenschaft war, seinen Beitrag im ifg (Informationsdienst des Forschungsinstituts Frau und Gesellschaft, 6. Jahrgang, Heft 3) mit der Bemerkung: „[...] Dein Urteil hierüber interessiert mich. [...] Immerhin spielt dieser Artikel für mich zur Zeit eine erhebliche Rolle. Ich soll nämlich versetzt werden, das heißt, alle bisherigen Aufgaben sollen mir weggenommen werden. [...] Jetzt hat auch mich die Wende im Bonn voll erwischt." Auszug aus dem Artikel: „Berufliche Weiterbildung für arbeitslose Frauen – Erfahrungen aus einer laufenden Modellversuchsreihe. I. Die gesellschaftliche Notwen-

---

53 Siehe Fußnote 33, S. 74.

digkeit der Frauenförderung ist weitgehend anerkannt. In Bonn gibt
es eine Frauenministerin, in Kiel eine zehnköpfige Landesregierung,
der vier Ministerinnen angehören. Eine Frau ist Beauftragte der Bundesregierung für die Integration der ausländischen Arbeitnehmer und
ihrer Familienangehörigen. Die SPD beschloß auf ihrem letzten Parteitag eine Quotenregelung für Frauen. [...] Den ‚Aufbruch zur Gleichheit‘ nennt der saarländische Ministerpräsident diese Entwicklung. Sie
zeigt, daß die gesellschaftliche Notwendigkeit, die Benachteiligung der
Frauen abzubauen, in allen Gruppierungen erkannt worden ist. Trotz
dieser günstigen Zeichen ist dieser Prozeß immer noch am Anfang.
Frauen haben z. B. erheblich größere Schwierigkeiten als die Männer,
einen geeigneten Ausbildungs- und Arbeitsplatz zu finden. Es besteht
die Gefahr, daß besonders durch die Umstellung der Wirtschaft durch
die Einbeziehung von immer mehr neuen Technologien den Frauen
neue Nachteile entstehen, vor allem, wenn sie in ihrer Jugend keine
abgeschlossene Berufsausbildung absolviert haben. [...] Für Gisela
Böhrk, die erste Frauenministerin eines Bundeslandes, die sich bereits
als Oppositionspolitikerin im Kieler Landtag für die berufliche Qua-
lifizierung vor allem von benachteiligten Frauen energisch eingesetzt
hat, ist die Integration von Frauenpolitik in allen Feldern der Politik
‚nicht nur für die Gleichstellung der Frauen wichtig, sondern insgesamt ein Demokratisierungselement‘.“

Ich hab die sehr frühzeitigen Bemühungen der schleswig-holsteinischen SozialdemokratInnen in Sachen „Gleichstellung“ – zunächst in
der SPD-Landtagsfraktion – hautnah miterlebt. Ab 1984 befand sich
neben unserem Europabüro am Kleinen Kuhberg das „SPD-Frauenbüro“, von dem aus die jetzige Landtagspräsidentin Lianne-Maren
Paulina-Mürl feder- und wortführend die Arbeit begonnen hatte, die
seit der Regierungsübernahme durch das Frauenministerium fortge-
setzt wird. – Alles ist auf dem Weg.

Im Frühling, im Vorfeld des Europawahlkampfes, besucht eine Delegation der Sozialistischen Fraktion des Europäischen Parlaments, ParlamentarierInnen aus allen Mitgliedsländern und MitarbeiterInnen aus
Brüssel, im Rahmen einer Studienreise Hamburg und Schleswig-Holstein. Die GenossInnen in den Regionen haben sich sehr bemüht,
haben im Zusammenwirken mit Walters Europabüro am Kleinen

Frauen-
förde-
rung

Besuch
aus
Brüssel

Kuhberg angemessene Programme vorbereitet. Ein Programmpunkt ist eine Überraschung: Herzogtum Lauenburg nach Sonnenaufgang. Zonengrenze. Gäste und GastgeberInnen stehen in kleinen Gruppen in Gesprächen mit Blick in Richtung Grenzanlagen, Stacheldraht, Wachturm, Mecklenburg, Brandenburg, Berlin ... Aus dem schleswig-holsteinischen Hinterland nähert sich ein Fahrzeug. Ein Omnibus. Hält. Ein Spielmannszug steigt aus. Stellt sich auf. Spielt einen deutschen Marsch. Und Gerd Walter, dieser von fortschrittlichem, friedfertigem, freiheitlichem, grenzenlosem, von europäisch-weltbürgerlichem Nachkriegsgeist geprägte schleswig-holsteinische Sozialdemokrat versinkt im Erdboden.

Jetzt geht es im Europabüro am Kleinen Kuhberg in KIEL um die Koordinierung mit dem Büro des SPD-Spitzenkandidaten Gerd Walter im Ollenhauerhaus in Bonn. Es geht um den Einsatz des großen europablauen Fesselballons mit gelb-goldenen Sternen, der von verschiedenen Orten im Land starten soll. Bei einem Preisausschreiben mit kniffligen Fragen zu Europa können die Schleswig-HolsteinerInnen eine Ballonfahrt über ihrem Land gewinnen. – Es geht um den Einsatz der Pferdekutsche, in der man – unterwegs in Schleswig-Holsteins schöner Landschaft – bei Kaffee und Kuchen über Europa plaudern können soll. Dafür bedarf es nicht nur der Begleitung europafester GenossInnen in den Regionen. Das braucht das Interesse der Presse, damit das Projekt Europa Widerhall findet, damit es ankommt bei den BürgerInnen im Land. Die Pferde brauchen Wasser und Futter und nachts eine Weide. Es sind Sommerferien. Mein Kind darf mit! Darf vorn neben dem Kutscher sitzen! Darf die Pferde betreuen! Für mein kleines Mädchen ist der siebente Pferdehimmel auf die Erde gekommen. – Nebenbei bin ich wieder für den landesweiten Einsatz der sozialdemokratischen Spitzenpolitiker aus Bonn und aus den anderen Bundesländern zuständig.

Bei der Europawahl am 18. Juni erringen die schleswig-holsteinischen Sozialdemokraten mit ihrem Spitzenkandidaten Gerd Walter 44,4 Prozent = 528.388 Stimmen = beinahe 100.000 Stimmen mehr als der CDU-Kandidat Reimer Böge mit 433.869 Stimmen = 36,4 Prozent. Auf Bundesebene erreicht die SPD mit ihrem Spitzenkandidaten Gerd Walter 10.525.728 Stimmen, 37,3 Prozent, das bedeutet 30 Sitze für die deutschen Sozialdemokraten im Europaparlament. Die deutschen Christdemokraten erreichen 8.332.846 Stimmen, 29,5 Prozent, 24 Sitze.

Nichtsdestoweniger fühl ich mich in meiner Arbeit jetzt oft heimatlos. Der Dünkel, den ich nach der Übernahme der Landesregierung durch die SPD jetzt in höheren Etagen wahrnehm, ist nicht meine Welt. Ich stimm immer weniger mit dem Geschehen überein. In Momenten des Zweifelns sagt mir meine innere Stimme: Bleib wie Du bist. Bleib.

Jetzt kommt die Diskussion zum Thema Gentechnologie mehr und mehr in Gang. Ich denk: Diese Technologie überschreitet – wie die Atomtechnologie – Grenzen, die wir Menschen nicht verantworten können. Das Projekt des Arbeitskreises „Gen- und Reproduktionstechnik" der SPD Schleswig-Holstein, bei dem es darum geht, Chancen und Risiken dieser neuen Technologie zu diskutieren und zu bewerten, erscheint mir *sehr* bedeutend. Ich hab die Frauen in unzähligen Sitzungen und Veranstaltungen erlebt, die – seit 1985 in Form von Diskussionsforen mit Fachreferaten aus Wissenschaft und Politik in Veranstaltungen auf Landesebene, in den Kreisverbänden und Ortsvereinen sowie in Gesprächen mit gesellschaftlich relevanten Gruppen – dieses Thema in großer innerer Verbundenheit auf den Weg gebracht haben. Jetzt, am 8. Juli, münden diese Bemühungen in einen außerordentlichen Landesparteitag. Auszug aus der Rede des SPD-Landesvorsitzenden Gerd Walter: „[…] Die Fehlleitung von Ressourcen in Wissenschaft und Technik kann uns bei der Lösung von Zukunftsproblemen uneinholbar zurückwerfen. Was hätten wir erreichen können, wenn die Milliarden für die Kernenergie für die Entwicklung von erneuerbaren Energien hätten eingesetzt werden können? Die Zeit, diesen Planeten für das Überleben von Mensch und Natur umzurüsten, wird immer knapper. Wissenschaft und Technik stellen für diese Überlebensanstrengung Ressourcen bereit, deren beliebige Verteilung wir uns nicht mehr leisten können. Deshalb fragen wir nach den Prioritäten von Wissenschaft und Technik. […] Wir treffen heute mit demokratischen Mehrheiten Entscheidungen, deren Folgen die Generationen nach uns nicht mehr mit demokratischen Mehrheiten aus der Welt schaffen können. Vieles ist nie wieder rückholbar. […] Die Menschen müssen sogar mit großem Aufwand vor den Spätfolgen und Gefahren geschützt werden – auch dann, wenn Sicherheit vor Freiheit geht. An diesem Punkt wird Volksherrschaft durch die Diktatur technischer Sachzwänge ersetzt. Anders ausgedrückt: Die Halbwertzeit der Entscheidung, die wir

Gentech-
nologie

für die Atomenergie getroffen haben, ist genauso groß wie die Halbwertzeit des Atommülls. Deshalb fragen wir nach dem Verhältnis von
Technik und Demokratie. Deshalb müssen wir unsere Entscheidungs-
mechanismen überprüfen. Wir brauchen organisierte Volksdiskussi-
onen über die Frage, wie wir künftig leben wollen. Wir brauchen bei
Entscheidungen über komplizierte Techniken mit Langzeitfolgen eine
politische Verantwortungsgemeinschaft, die weit über die bedenken-
lose Exekution parlamentarischer Mehrheiten hinausreicht. […] wenn
wir mit der Gentechnik die Gesetze der Natur außer Kraft setzen können, dann brauchen wir den Mut innezuhalten und zu sagen: Es darf
nicht mehr alles gemacht werden, was machbar ist. […]"

Nachträglich zum Geburtstag schenkt Walter mir eine Biografie über
Carl von Ossietz-
ky, der ab 1927
Herausgeber und
Chefredakteur
der Zeitung „Die
Weltbühne" war,
der 1936 rück-
wirkend für 1935
den Friedens-
nobelpreis erhielt
und diesen nicht
in Empfang neh-
men konnte. Carl
von Ossietzky,
der in KZs ge-
quält wurde und
an den Folgen
1938 starb. – Wal-
ter legt mir im-
mer Karten bei.
Diese jetzt.

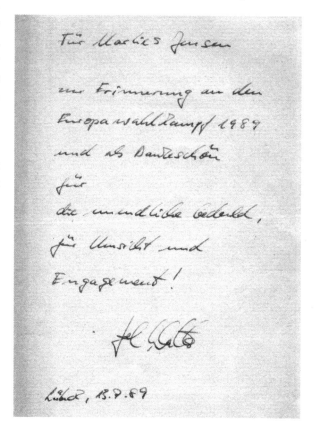

GRUSSKARTE VON
WALTER

152

Weltwunder

„Dann der 9. November[54] 1989 – *Weltwunder*! Dies zu erleben, wer hätte das zu seinen Lebzeiten für möglich gehalten? Es ist das glückliche Ende dessen, was nicht nur die Teilung Deutschlands bedeutete, was auch die Teilung Europas und der Welt war. Ich denk diesen Weltmoment in seiner Grenzen, Mauern und Stacheldraht überschreitenden, fassungslosen, vielfältigen Freude an allen Orten im Land und auf der ganzen Erde, in seiner friedlich möglich gewordenen Unmöglichkeit. Ich denk: jetzt verwirklicht sich der Traum von einer besseren, friedlicheren Welt. Ich denk: Und das an Engholms Geburtstag!"

Als an dem schönen Jugendstilhaus in der Dänischen Straße, das den Ersten und Zweiten Weltkrieg überstanden hat, die Westwand von au-

---

54 Schicksalstag 9. November:
  9. November 1938 – eine der grauenhaftesten Nächte der deutschen Geschichte mit schrecklich schönem Namen: In der „Kristallnacht" werden überall in Deutschland Geschäfte und Synagogen verwüstet, Hunderte Menschen ermordet, Zehntausende Menschen in Konzentrationslager eingewiesen. Nach Ausgrenzung, nach Diskriminierung, Herabwürdigung, nach der Hetze gegen jüdische Mitmenschen beginnt mit den nationalsozialistischen Ausschreitungen des „Novemberpogroms" die offene Misshandlung und Verfolgung.
  9. November 1923 – als Hitler in München putscht. Hitler und Ludendorff versuchen, die Regierung der Weimarer Republik zu stürzen. Der Putsch scheitert. Hitler kommt wegen Hochverrats vor Gericht, wird verurteilt und schreibt als Häftling in Landsberg sein Buch „Mein Kampf".
  9. November 1918 – als der Krieg verloren ist, kurz nach Beginn des Kieler Matrosenaufstandes, verkündet Maximilian von Baden eigenmächtig die Abdankung von Wilhelm II. und betraut Friedrich Ebert mit den Regierungsgeschäften. Der Sozialdemokrat Philipp Scheidemann ruft vom Balkon des Reichstagsgebäudes die Deutsche Republik aus. Ungefähr gleichzeitig verkündet Karl Liebknecht vom Berliner Stadtschloss aus die deutsche Räterepublik (einer der Momente, in denen sich die Bedeutung der Spaltung der Linken zeigt).
  9. November 1848 – als in der Brigittenau in Wien Robert Blum standrechtlich erschossen wird. Der vierzigjährige Vizepräsident des Frankfurter Vorparlamentes war als Leiter einer Delegation nach Wien gereist, um die Aufständischen im Habsburger Reich zu unterstützen. Der Aufstand von 1848, die „Märzrevolution", bricht zusammen.
  9. November 1799 – als Napoleon die Macht ergreift, Krieg über Europa bringt.

ßen gedämmt wird, ist plötzlich die Innenwand, meine Schlafzimmerwand, von oben bis unten schwarz verschimmelt. Ein Alptraum. Umzug. Wir freuen uns über die schöne, große, viel hellere Altbauwohnung in der Wilhelmshavener Straße 6. Als ich nach der Renovierung dort zum ersten Mal in Ruhe am Biedermeiersekretär meines Hamburger Patenonkels, auf dem Jugendstilstuhl von Großvaters Cousine sitz, bemerk ich: Der Stuhl wackelt. Das vordere linke Stuhlbein steht in einer Delle. Da hat vor mir über Jahre jemand sein linkes Schreibtischstuhlbein in die Diele gebohrt. Wenig später erfahr ich: Das war Günter Bantzer, der von 1965 bis 1980 Vorgänger von Karl Heinz Luckhardt als Oberbürgermeister von KIEL gewesen war.

Jetzt lernen das Kind und ich die Holtenauer Straße näher kennen. Die ist gleich bei der Wilhelmshavener um die Ecke. Sie wird unsere Lieblingsstraße. Hier finden wir eine bunte Mischung kleiner Geschäfte, Cafés und Restaurants, die noch nicht zu großen Konzernen gehören. Auch das Handwerk ist noch stark vertreten. Die Schirm- und Stockmacherin, die das Geschäft von ihrem verstorbenen Mann übernommen hat und tatsächlich noch unsere Schirme repariert. Der Glaser und Rahmenmacher, der auch Gemälde und kleine Skulpturen verkauft. Der Traum von einer Werkstatt auf einem der Hinterhöfe, wo ein Künstler Gemälde und goldene und silberne Stuckrahmen restauriert. Der Schlachter. Der Fischmann. Die Blumenbinder. Alle paar Meter ein Bäcker. An jeder Ecke ein Buchhändler, der noch nicht an der Kette liegt. Antiquariate. Antiquitätenhändler. Der Laden mit Pütt und Pannen. Spielzeug. Kleine Klamottenläden mit Besonderem … Gleichzeitig geht in der unteren Stadt nach und nach unser geliebtes KIEL verloren: Alteingesessene Häuser wie „unser" Delikatessengeschäft Hohwü, „unser" Bäcker mit Backstube am Alten Markt, „unser" Pralinenladen, „unser" Fahrradhändler, bei dem es auch Batterien, Elektrogeräte, Glühlampen, Kinderwagen und Spielzeug gab. „Unsere" Boutiquen am Alten Markt. Der Spielzeugladen, an dem mein Kind nicht vorbeikam, ohne sich von seinem Taschengeld ein winziges Gummitier zu kaufen … Sie alle können die steigenden Mieten nicht bezahlen. Hier wird es jetzt, wie es am alten Sophienhof schon geworden ist, wo viele kleine inhabergeführte Läden mit großer Vielfalt existierten, wo 1988 einer jener Einkaufstempel mit Ladenketten entstanden ist, die es weltweit überall gibt.

Zur Chronologie 1989:
Am 15. Februar ziehen sich die sowjetischen Truppen aus Afghanistan zurück. Der Krieg hat über einer Million Menschen das Leben gekostet. (Es folgt ein Bürgerkrieg – bis '96.) Andrej Sacharow wird als Parteiloser in den Kongress der Volksdeputierten gewählt. Das HDW-Werk Süd wird stillgelegt.

Zur Musikbox:
Marc Almond und Gene Pitney: „Something's gotton hold on my Heart"; Bobby McFerrin „Don't worry, be happy" …

Am 18. März wählt bei den ersten freien Wahlen in der DDR der einst **1990** sozialdemokratische „Osten" konservativ. Die SPD erreicht nur 21,9 Prozent. Sie hat den Wunsch der Bürger der DDR nach einer schnellen Währungsunion und Vereinigung der DDR mit der BRD unterschätzt. Die christlich-demokratische Allianz für Deutschland mit der Blockpartei CDU an der Spitze kommt auf 40,8 Prozent.

Jetzt fahr ich durch verlorenes, ersehntes und wieder geöffnetes **geöffne-** Land. Fahr zum ersten Mal durch Mecklenburg, durch urwüchsige **tes Land** Alleen auf altem Kopfsteinpflaster. Komm durch Biedermeierorte wie entlang vergilbter Fotos. Seh Altstadtquartiere im letzten Moment vor dem Verfall, die noch stilgerecht, die beinah durchgehend noch mit Fenstern und Haustüren versehen sind, die von Zeiten zeugen, als Handwerk noch als Einzelstück gedacht und gemacht war. – Und Potsdam. Ich hab das immer irgendwie ausgeblendet, aber jetzt wird mir klar: Es ist kein fernes Märchen. *Wir* haben Schlösser in Potsdam. Hier haben Deutschlands Könige und Kaiser gewohnt.

Kaiser und Könige – da denk ich an Willy Brandt. Er hatte wieder einmal genau die richtige Geste, genau den richtigen Satz: *„Jetzt wächst zusammen, was zusammen gehört."* (Damit hat Willy Brandt Europa gemeint!)

Knapp ein Jahr, nachdem sich ganz Deutschland spontan in den Ar- **3. Ok-** men lag, wird der *3. Oktober* zum einzigen nationalen Feiertag in **tober** Deutschland erklärt. Ich denk am 3. Oktober an den 17. Juni 1953, an den 13. August 1961, an den 9. November 1989. Ich mag den 3. Oktober nicht. Mich erinnert dieser Tag nur an Kohl, an den ich nicht erinnert werden will!

Es muss ungefähr jetzt gewesen sein, als Gerd Walter im Rahmen einer Landesvorstandssitzung als Nachbemerkung zu seinem Bericht aus dem Europaparlament auf das britische Fernsehdrama „Der Marsch"[55]

Vor-
boten

aufmerksam macht. Der Film geht von einer unbestimmten Zukunft aus, in der aufgrund des Klimawandels große Teile Afrikas unbewohnbar geworden sind und in Europa die rassistischen Spannungen zugenommen haben ... *Hungermärsche aus Afrika* über Libyen, Algerien, Marokko ... Der Nordafrikaner, der einen Marsch von Flüchtlingen aus sudanesischen Flüchtlingslagern organisiert, hofft: „Wir glauben, wenn ihr uns vor euch seht, werdet ihr uns nicht sterben lassen. Deswegen kommen wir nach Europa. Wenn ihr uns nicht helft, dann können wir nichts mehr tun, wir werden sterben, und ihr werdet zusehen, wie wir sterben, und möge Gott uns allen gnädig sein." Die Kommissarin für Entwicklung bei der Europäischen Gemeinschaft, die sich intensiv für eine Verhandlungslösung einsetzt, scheitert bei den verschiedenen europäischen Gremien ... Die Teilnehmer des Marsches setzen mit vielen Booten nach Europa über. In der Schlussszene treffen die Afrikaner in einem spanischen Touristenort plötzlich auf schwer bewaffnete, europäische Soldaten ...

Am 2. Dezember die erste gesamtdeutsche Bundestagswahl. Die SPD sieht sich auf das Niveau der Wahlergebnisse der späten 1950er-Jahre zurückgeworfen. Im gesamten Bundesgebiet kommt sie auf 33,5 Prozent, auf dem Gebiet der ehemaligen DDR nur auf 24,3 Prozent. Oskar Lafontaine verliert gegen Kohls „blühende Landschaften", weil er nicht die Zeichen der Zeit erkannt hat. Statt nationale Identität und Europa als zwei Seiten einer Medaille zu betrachten, versuchte er, das eine gegen das andere auszuspielen, sprach von „nationaler Besoffenheit". Ich denk: Die SPD hat – auch – verloren, weil sie sich nicht mit den alten und neuen Bewegungen der Linken in den neuen Bundesländern verbündet hat. Während die sogenannten „Blockparteien" der DDR bei der CDU geräuschlos rechts reingerutscht sind, ist wieder eine Spaltung der

---

55 Drehbuch von William Nicholson

Linken entstanden, deren schicksalhafte Auswirkungen auf das politische Gefüge unseres Landes erneut deutlich werden. – Im Manifest der demokratischen Sozialisten des ehemaligen Konzentrationslagers Buchenwald heißt es unter „7. Sozialistische Einheit: [...] ist die Einheit der sozialistischen Bewegung unerläßlich. [...] Freiheit in der Diskussion und Disziplin in der Durchführung der Beschlüsse werden es uns ermöglichen, alle ehrlichen sozialistischen Kräfte zusammenzufassen."[56] Von jetzt an beobachte ich diese Debatte, den Umgang mit den ehemaligen DDR-Kommunisten, mit der alten und neuen Linken in den neuen Bundesländern mit großem Interesse. (Ich hab die Debatte zu keinem Zeitpunkt verstanden, hab mit zunehmendem Unverständnis die weitere Entwicklung verfolgt. Wie hätten die SozialdemokratInnen die ostdeutschen GenossInnen besser im Blick gehabt, wo hätte man mehr Einfluss auf ihre Eingliederung in demokratische Strukturen gehabt als an gemeinsamem Tisch, in unmittelbarer hellwacher Zusammenarbeit? Damit hier kein Missverständnis entsteht: Ich mein nicht ehemalige leitende DDR-Funktionäre und Stasi-Personal – es ist mir unerklärlich, wie solche in Länderparlamente gelangen konnten. – Helmut Schmidt äußerte den Gedanken: „Es ist schädlich, dass nach 1990 mit den Kommunisten schlimmer umgegangen wurde als 1945 mit den Nazis.")

Spaltung der Linken

Zur Chronologie 1990:
11. Februar. Der südafrikanische Bürgerrechtler Nelson Mandela wird nach über 27 Jahren aus dem Gefängnis entlassen.
Michail Gorbatschow wird Staatspräsident der Sowjetunion. Er, der sich als Sozialdemokrat versteht, erhält den Friedensnobelpreis. Er ist der Einzige, der den Mut hatte, den Staatskommunismus zu beenden, den „real existierenden Sozialismus", der so viel Elend mit sich gebracht hat. Er hat den Kalten Krieg beendet und ist maßgeblich an der deutschen Einheit beteiligt.
Am 2. August beginnt der Zweite Golfkrieg (bis 1991): Irakische Truppen marschieren in Kuwait ein. Dann erfolgt die Invasion der USA.
Jetzt sind in Schleswig-Holstein schon zehn Gesamtschulen genehmigt. Ziel ist es, allen Eltern und SchülerInnen die Wahlmöglichkeit für diese

---

56 Quelle: Wilhelm Geusendam: „Zur Geschichte der Arbeiterbewegung und der Demokratie".

Schulform zu bieten.

Die Zahlen politisch Verfolgter, die um Asyl suchen, und die Zuwanderung von Menschen aus wirtschaftlicher Not steigen an.

Zur Musikbox:
Roxette „It must have been Love"; Edoardo Bennato & Gianna Nannini „Un'estate Italiana".

1991 Am 3. Januar stirbt Kurt Hamer. (Im Rückblick denk ich: Gott sei Dank! – denn Anfang 1993 wird „die Schublade" aufgehen).

Heide Simonis leitet den Verkauf der 1972 erworbenen 25,1 Prozent Landesbeteiligung an HDW ein. Das Geld soll zur Sanierung des Landeshaushalts dienen. Damit gibt das Land seinen Einfluss, sein Mitspracherecht bei unserer weltberühmten Werft auf, die mir als das Herz von KIEL erscheint.

engHolm

Nach den Landtagswahlkämpfen 1983 und 1988 war ich gefragt worden, ob ich für Engholm arbeiten wollte. Ich wollte nicht. Die Europapolitik, die Zusammenarbeit mit Gerd Walter war mir wichtiger. Ich sah Walter als hellstes Licht an der sozialdemokratischen Nordlichterkette. Im Landtagswahlkampf 1982/83 hatte er sich als Wahlkampfleiter leidenschaftlich eingesetzt. Wegen mangelnder Unterstützung in seinem Europawahlkampf 1984 war er dann schwer enttäuscht, hatte nicht wieder als erster stellvertretender Landesvorsitzender kandidiert, hatte sich ganz und gar auf sein Europamandat konzentriert. Nach der Landtagswahl 1987 hatten ihn die GenossInnen zurückgeholt. Er war als Nachfolger von Günther Jansen Landesvorsitzender geworden. – Jetzt ist er gefragt, jetzt soll er, jetzt will er Engholm als Parteivorsitzenden und auf dem Weg zur Kanzlerkandidatur begleiten. Walter fragt mich, Engholm fragt mich, ob ich persönliche Mitarbeiterin des SPD-Parteivorsitzenden werden will. Hm. Angst vor großen Tieren hab ich nicht. Hatte ich nie. Das sind alles nur Menschen. Diesmal will ich, denn es soll wieder ein Weg mit Gerd Walter werden. Meine Aufgabe soll die Koordinierung zwischen dem Büro des Ministerpräsidenten in KIEL und dem Büro des Parteivorsitzenden in Bonn sowie die Einsatzplanung des Parteivorsitzenden sein.

Vor meinem Dienstantritt im düstern Brook tauchen – einzeln, offenkundig unabgestimmt und offenkundig beunruhigt – zwei Mitarbeiter aus dem Stab des Ministerpräsidenten bei mir auf. Der eine besucht mich im Europabüro, will wissen, was „Björn" mit mir besprochen habe, was das da werden solle, mit diesem Vorsitzendenbüro in KIEL, welche „Dienstbezeichnung" ich führen werde und: Er sei der Kontaktreferent zum Parteivorstand in Bonn. Der andere sucht mich zuhause auf, will wissen, was meine Aufgaben sein werden und: Man brauche keine Terminreferentin, man habe einen Terminreferenten in der Staatskanzlei. Ich frag mich: Was erlauben diese Leute sich? Warum fragen sie nicht Engholm? Warum hat er sie nicht informiert? Ich denk: Das kann ja heiter werden. Was die hier eifersüchtig betreiben, richtet sich in erster Linie gegen die Interessen ihres Chefs. (Ich bin

← Abreißkante: Nur im Notfall verwenden !!

Marlies Jensen
Mitglied
in Engholms PV-Fabrik

Terminsache!

K U R Z B R I E F

an

EUROPABÜRO KIEL:

c/o SPD-Landesverband
Schleswig-Holstein,
Kl. Kuhberg 28/30,
2300 Kiel 1
Tel.: 0431 / 90606-22 (-21)
Fax: 0431 / 90606-41

Betr.:

o   Hilfe, ich mag nicht mehr!

o   Früher war's doch viel schöner

o   Komm' doch mal rüber

o   Bin ich froh, daß ich da weg bin

o   Jetzt geht's mir besser

o   Laß uns mal 'n Wein trinken

o   Gibt's was Neues ?

o   Benimmt sich der Walter anständig ?

o   ....

     ....

Mit freundlichen Grüßen (oder so)

DER „ABREISSBLOCK"

dafür bekannt, dass ich unbeirrt durcharbeite.) Und: Sie haben offenkundig weder die Notwendigkeit der Trennung von öffentlichem Amt und Parteivorsitz, noch die auf Engholm zukommende Flut von Anforderungen begriffen.

Irgendwann jetzt macht Engholm einen Besuch in Moskau. Walter ist mit. Ich weiß noch, wie mir ist, als ich in meinem Büro am Kleinen Kuhberg den Knopf für ein Fax in den KREML drück.

Mein Kamerad Thomas Pfannkuch schenkt mir zum Abschied vom EUROPA-Büro einen selbst gebastelten Abreißblock.

Am 21. Mai wird Björn Engholm in Bremen zum Parteivorsitzenden gewählt. Nach Kurt Schumacher. Nach Erich Ollenhauer. Nach Willy Brandt. Und nach Hans-Jochen Vogel, der aus Altersgründen nicht wieder kandidiert, wie es heißt. Damit ist Engholm gleichzeitig Hoffnungsträger für einen Regierungswechsel in Bonn, ist vorbestimmt als Kanzlerkandidat der SPD zur Bundestagswahl 1994.

Auf diesem Parteitag spricht sich die SPD mit 203 zu 202 Stimmen gegen Berlin als Bundeshauptstadt aus. Ich bin für Berlin. Auf diesem Parteitag spricht sich die SPD für „Blauhelmeinsätze", für die Beteiligung der Bundeswehr an friedenserhaltenden Maßnahmen unter dem Dach der UNO, aber gegen Beteiligung der Bundeswehr an Kampfeinsätzen außerhalb des NATO-Territoriums aus. Friedenserhaltende Maßnahmen: Da bin ich sehr einverstanden. Beteiligung der Bundeswehr an Kampfeinsätzen: Das ist für mich jenseits des Denkens!

Am 20. Juni entscheidet sich der Deutsche Bundestag mit 338 gegen 320 Stimmen für Berlin als künftigen Regierungssitz.

Pendeln zwischen „Haus B", „Baracke" und Staatskanzlei

Der SPD-Parteivorstand hat jetzt also vom Land ein Büro angemietet und eingerichtet, um eine enge „Koordinierung" der Büros des Ministerpräsidenten in KIEL und des SPD-Vorsitzenden in Bonn zu ermöglichen und gleichzeitig eine Trennung von öffentlichem Amt und Parteivorsitz zu gewährleisten für die Zeit, da Björn Engholm noch Ministerpräsident und damit überwiegend in Schleswig-Holstein tätig sein wird. Ab 1. Juni pendel ich zwischen „Haus B" und „Baracke". Zwischen Staatskanzlei und SPD-Parteivorstand. Zwischen KIEL und Bonn. Überwiegend sitz ich in „Haus B", der Villa neben dem Landeshaus, die früher Wohnsitz der Ministerpräsidenten war. Jetzt befindet sich dort im Erdgeschoss der Sitzungssaal, in dem in aller Regel dienstags das Kabinett tagt. Im ersten Stock ist das Büro der Ministerin für Bundesangelegenheiten, Eva Rühmkorf. In unmittelbarer Nachbarschaft zu Eva sitz ich. – Ich hatte gedacht: Staatskanzlei, da lern ich jetzt noch mal was. Aber nee, das hatte sich ja schon angekündigt. Da krieg ich es mit Hofschranzen zu tun. Sozialdemokratische Hofschranzen! Ich fass es nicht. Engholms Chauffeure und Personenschützer und Büroboten erleb ich in seinem Umfeld als die Vernünftigsten. Jetzt erfahr ich, dass das Büro des SPD-Vorsitzenden in KIEL von Engholms unmittelbarem Umfeld in der Staatskanzlei schon im Vorfeld in Misskredit gebracht worden ist. Erfahr ich, dass Leute hier die Partei, der sie ihr Hiersein zu verdanken haben, als Schmuddelkind betrachten. In den ersten Wochen erhalt ich über die Hausboten aus der Staatskanzlei in Wellen eine Flut monatealter, unbearbeiteter Post an den zukünftigen Parteivorsitzenden, die im Büro des Ministerpräsidenten eingangen war, die ohne Zwischenbescheid oder Abgabenachricht liegen gelassen wurde, die nicht an den Parteivorstand in Bonn weitergeleitet worden war. Vorgänge in außen kleinkarierten Pappmappen in Bürorosa, in Büroblau, in Bürogelb, in Bürogrün, in Bürograu, die über fünf bis sieben Schreibtische der Staatskanzlei geschoben worden waren, was aus entsprechenden Kringeln in den Karos und aus Randbemerkungen auf dem Inliegenden hervorgeht. Vorgänge zu politisch-inhaltlichen Fragen geb ich an meine Büroleiterin in Bonn und diese gibt sie zurück an jene, bei denen sie liegen geblieben waren, mit der Bemerkung, dass es unmöglich sei, diese alten Vorgänge den Fachreferenten im Erich-Ollenhauer-Haus zur Bearbeitung zuzumuten. Über weitergehende Einzelheiten will ich schweigen. – Ich sitz am Rande der Staatskanzlei, in „Haus B", und denk an meine Heimatstadt Schleswig. Dort gibt es ein Krankenhaus, das früher „Irrenanstalt", das später „LKH" (Landeskrankenhaus) genannt wurde, das jetzt als „Fachklinik" bezeichnet wird (das inzwischen zum „Helios-Klinikum" gehört). Da waren die einzelnen Häuser auch mit Großbuchstaben bezeichnet. Da gab es auch ein „Haus B". – Meine innere Stimme hat sich längst gemeldet. Sie sagt: „Dies ist kein Ort für Dich!" (Es bleibt mir ein Rätsel, wie aus einem so hoffnungsvollen, politisch-kulturellen Aufbruch binnen so kurzer Zeit ein solcher Schauplatz, ein solches Szenario mit solchem Personal herauswachsen und Wirklichkeit werden konnte.) Aber ich weiß ja, die Aufgabe – hier – ist vorübergehend.

Ich kehr dem Irrsinn den Rücken und arbeite durch. Konzentrier mich auf meine spannende Arbeit. Geh mittags nicht in die Kantine. Geh gegen den Wind Richtung Bellevue, lass mich küssen von ihm, geh mit ihm zurück, lass mich tragen von ihm …

… GEGEN DEN WIND.

Deern vun Bellevue[57]

Nees na baben, kühn und hüttig[58]
De Deern vun Bellevue, jo, se deit sick
Se kümmt an Land und löppt an em vörbiiiii
Und wie se geiht, dat is di wat
He kickt ganz nipp, dat törnt em an
De Deern danzt Samba Samba mit de Wiiiiind

A) Junger Sänger:
He deeeeenkt: Minsch wie sall ick dor ran krooooom
Bloooooß mol mit ehr Hand in Hand groooohn
Luuuuurt as 'n Stint achternaa-aaa

B) Älterer Sänger:
He deeeeenkt: Nochmol sowat an Land kriegen
Eeeeemol noch stiebig und jung sien
Luuuuurt as 'n Dösch achternaa-aaa

Kümmt an Land liek optoo her vun See
So as harr se em gor nich sehn
Nees na baben, drall und hüttig
De Deern vun Bellevue, jo, dreiht sick
Und as se kümmt, dor fleut' he, man se wurr nix wiiiiies.

[Whlg.: Instrumental; Whlg.: mit Gesang]

Schluss:
Se het gor nix markt
Nee, se wurr em nich wies
'weer nix as 'n Möööööv.

---

57 Auf Bitte des Saxophonisten einer Latinoband ins Plattdeutsche übertragen – nach „Garota de Ipanema"/„Girl from Ipanema" von Antônio Carlos Jobim (weltberühmt durch die Version von 1963/64 mit Stan Getz, Jazz-Tenorsaxophonist, João Gilberto, brasilianischer Sänger und Gitarrist, und seiner Frau Astrud, Sängerin).

58 hüttig: sich bei sich selbst zuhause fühlen, gut drauf, froh und zufrieden sein (aus dem Angeliter Platt).

Bei mir entsteht jetzt der Gesamtplan, in dem die Termine des Minister- Termine, Termine, Termine
präsidenten und des SPD-Vorsitzenden zusammengeführt werden und
in dem die Tagesabläufe bis ins Kleinste ausgearbeitet sind. Engholms
Personenschützer holen sich nach kurzer Zeit seine = ihre Terminpläne
bei mir. Bundesweit alle, die einen Termin mit dem Parteivorsitzenden
wollen – und das sind sehr viele jetzt – werden an mich verwiesen. Absprachen und Schriftwechsel zu Antrittsbesuchen bei den politischen
Führungspersönlichkeiten, bei Institutionen und gesellschaftlichen
Gruppen, bei Vereinen und Verbänden. Terminanforderungen aus den
Parteigliederungen und vom zentralen Rednereinsatz in der „Baracke".
Bundeswehr-, Charter- und Linienflüge. Auf meinem Schreibtisch liegen 'zig oben rechts markierte Vogelmappen,[59] die einen alphabetisch
nach Stichwörtern/Sachthemen oder nach Namen, andere chronologisch, reihenweise aufgefächert auf einen Blick sichtbar und griffbereit.
PC. Zwei Telefone. Fax (damals noch schwer in Gebrauch – Walter,
der sich in Lübeck auch eines angeschafft hatte, erzählt mir, er habe es
wieder abgeschafft, nachdem es sein Büro zuhause mit Endlospapier
zugewuchert habe – das hatte ihm gerade noch gefehlt). Meine Aufgabe
macht mir ungeheure Freude. Das ist genau mein Ding.

In der „Baracke" lern ich! Das Büro des SPD-Vorsitzenden in Bonn
besteht aus vier Frauen: Die Büroleiterin ruft mich an und sagt: „Hallo Marlies, hier auch Marlies." Uschi ist Redenschreiberin. Ruth und
Gaby sind Sekretärinnen. Wir arbeiten fair, wir arbeiten – jede mit
ihrem Beitrag – einander aufbauend, bestärkend und helfend zusammen. Im Rückblick ist diese Zusammenarbeit etwas, das ich mir erträumt hatte, das ich denken konnte, das ich nach den Erfahrungen in
der Staatskanzlei nicht erwartet hätte, das aber doch war: eine kleine Kleine Utopie
Utopie! Auch das Zusammenspiel mit der Pressestelle im Ollenhauerhaus ist eng und gleichermaßen erfreulich. Cornelie Sonntag ist Pressesprecherin. – Wenn ich in Bonn arbeite, ich fass es nicht, sitz ich,
Pippileier vom Holm, im Zimmer des SPD-Vorsitzenden. An seinem
Schreibtisch. An seinem Telefon. Sitz, wo Willy Brandt und Hans-Jochen Vogel saßen. Wo jetzt Björn Engholm sitzt. Aber der Vorsitzende sitzt da kaum. Er ist beinah immer unterwegs. Ich sitz auf diesem

---

59 Vogelmappen: Benannt nach Hans-Jochen Vogel, dessen Vorliebe für diese nach
   zwei Seiten offene Klarsichthüllen für Büroordnung in sozialdemokratischen
   Kreisen bundesweit bekannt war.

Stuhl, sitz wie auf Wackelpudding und denk: Das geht doch nicht! Setz mich an den Besprechungstisch gegenüber der Tür zum Vorzimmer, arbeite dort. Aber das Telefonkabel reicht nicht bis zum Besprechungstisch, zum Telefonieren muss ich dann doch an den Schreibtisch des Vorsitzenden, und ich muss viel telefonieren.

Zur Chronologie 1991:
Die Apartheid in Südafrika wird aufgehoben.
Am 1. April wird der Präsident der Treuhandanstalt, Detlev Karsten Rohwedder, von der RAF ermordet.
Am 25. Juni erklären die jugoslawischen Teilrepubliken Kroatien und Slowenien ihre Unabhängigkeit. (Damit beginnt der Zerfall Jugoslawiens.)
Vom 19. bis 21. August putschen Funktionäre der KPdSU, denen die wirtschaftliche Umgestaltung zu weit geht, gegen Michail Gorbatschow. Er muss abtreten. Boris Jelzin wird Präsident der UdSSR. (Jetzt beginnt der Zerfall der Sowjetunion.)
Am 18. September wird im sächsischen Hoyerswerda ein Wohnheim vietnamesischer Vertragsarbeiter in Brand gesetzt.

Zur Musikbox:
Scorpions „Wind of Change"; Tina Turner „Simply the Best"; Genesis „I can't dance"; Cher „Love hurts"; Milli Vanilli „Keep on running" ...

1992 Kanzlerkandidatur

Am 21. Januar erklärt Björn Engholm offiziell seine Bereitschaft zur Kanzlerkandidatur. Zudem soll er als Nachfolger von Willy Brandt Vorsitzender der „Sozialistischen Internationale" werden.

Von Anfang an zeigt sich ein Mechanismus, nach dem die Wochenpläne, die wir, das Büro des SPD-Vorsitzenden, montags in Bonn mit Engholm besprechen, dienstags von der Staatskanzlei in KIEL gekippt werden. Willy Brandt wurde als Regierender Bürgermeister von Berlin von der Opposition angegriffen, als er Parteivorsitzender wurde. Da hieß es, er sei zu viel in Bonn. Bei Engholm erledigt das seine eigene Staatskanzlei. Dabei sind die ihm zugetanen Menschen in Schleswig-Holstein stolz, dass er jetzt als Kanzler kandidiert. Ich hab nicht vernommen, dass sich jemand darüber beklagt hätte, dass er künftig weniger in Schleswig-Holstein sein würde. Es ist doch klar, wenn er

Kanzler wird, wird er seinem Bundesland auch als Kanzler dienen. Gleichzeitig blockiert der Chef der Staatskanzlei Wünsche nach Gesprächen/Terminen von Ministerien, von Abgeordneten, von Seiten der Partei in Schleswig-Holstein mit dem Hinweis auf bundesweite Verpflichtungen. Ich fass es nicht. Hier entsteht sinnloses Gezerre an einer Person. Engholm selbst erscheint mir bei diesem Hin und Her in seinem Wollen viel zu wenig fest. Ich denk: Wer fest weiß, was er will, an dem kann auch niemand zerren. Ich denk: Was ist das für ein Herzog, der König werden will und nicht selbst weiß, was er will?

Dessen ungeachtet: Die Zusammenarbeit mit Bonn wird jetzt noch bedeutender. Jetzt geht es im Zusammenwirken mit dem „Internationalen Sekretariat" im Ollenhauerhaus auch um internationale Termine. Internationaler Sekretär ist der überaus erfahrene Kollege Hans-Eberhard Dingels. Dieser kluge alte Mann geht in der Zusammenarbeit wie ein guter Vater mit mir um. Er hat weltweite Kontakte. Er und seine MitarbeiterInnen sprechen mehrere Fremdsprachen. Hans-Eberhard Dingels hat über viele Jahre Willy Brandts internationale Kontakte, Begegnungen, Auslandsreisen als SPD-Vorsitzender, als Vorsitzender der Sozialistischen Internationale und der Nord-Süd-Kommission vorbereitet und begleitet und darüber hinaus die internationalen Kontakte der Bundespartei. Ich lern mit großer Freude! Bei mir entsteht jetzt so was wie ein Welt-Termin-Kalender. Jetzt geht es um Berücksichtigung auch international bedeutender Medienereignisse. Gipfeltreffen. UN-Sitzungen. Nationalfeiertage, Nationalwahlen in den Ländern, in die Reisen des Vorsitzenden anstehen. Internationale Fußballspiele, Olympische Spiele, Weltmeisterschaften. Dies alles und mehr gilt es bei der Einsatzplanung zu bedenken, um Kollisionen zu vermeiden, um Auftritte des SPD-Vorsitzenden, des Kanzlerkandidaten in den bedeutenden Monaten bis zur Bundestagswahl so wirkungsvoll wie möglich zu platzieren. Jetzt geht es um „Björn und die Welt". Um Auslandsbesuche des SPD-Vorsitzenden und Kanzlerkandidaten. Um Kontakte zu den sozialdemokratischen Schwesterparteien. Um Begegnungen der Sozialistischen Internationale. Ein Besuch in den USA steht an. Ich lern ein neues Wort für Amtseinführung: Die „Inauguration" von Präsident Clinton steht am 20. Januar bevor – in dem terminlichen Umfeld ist ein Besuch dort nicht möglich. – Es geht um eine Reise nach Südafrika, wo am 11. Februar 1990 das Ende der Apartheid erklärt wurde. Dort stehen

„Björn und die Welt"

Gespräche mit Nelson Mandela an. Mit dem ANC, dem African National Congress, der Partei, die im Juli 1991 Mandela einstimmig zu ihrem Präsidenten gewählt hat. Es geht um Besuche in Osteuropa.

Welche guten Hoffnungen bestehen!

Bis 1989 hatte ich die riesige russische Landkarte von hinter Polen bis zur Beringstraße grenzenlos, hatte ich das Land aus Romanen und historischen Filmen und im Zusammenhang mit der Gottorfer Heiratspolitik[60] im Kopf. Bilder von Napoleon und seinen Generälen Winter und Schlamm. Von Eislaufidyllen in St. Petersburg. Von friedlichen Szenen mit Bauern und Babuschkas in ärmlichen, aber schön verzierten Holzkaten bei Blinis, Salzgurken und Borschtsch. Bilder von den vergilbten Romanows. Von Pasternaks Jurij, Tonya, Lara, Strelnikow, Komarowski, Jewgraf ... Von Tolstois Anna, von Karenin, von Wronskij ... Vom schwarz-weiß gefrorenen Grauen in Leningrad und Stalingrad. Von dem einen Tag im Leben des Iwan Denissowitsch. Von Ljudmila Beloussowa und Oleg Protopopow auf dem Eis. Von großen Flüssen im Wind vor dem Eisgang. Von den gewaltigen Militäraufmärschen in Moskau in grauenvollem Grau mit roten Sternen. Von den wechselnden grimmigen Masken des Zentralkomitees der KPdSU hinter dem eiskalten Eisernen Vorhang, den ich himmelhoch und mit starren Vorhangfalten sah. – JETZT ist der Vorhang weg! JETZT ist da eine Gemeinschaft unabhängiger Staaten (GuS). JETZT seh ich auf der Landkarte hoffnungsvolle bunte Kulturen, zu denen wir vorsichtige Kontakte anbahnen: Armenien, Aserbeidschan, Belarus/Weißrussland, Georgien, Kasachstan, Kirgisien, Moldawien, Tadschikistan, Turkmenien, Ukraine, Usbekistan. – Welche guten Hoffnungen bestehen!

Am 5. April ist Landtagswahl. SPD: 46,2 Prozent. CDU 33,8 Prozent. FDP 5,6 Prozent. DIE GRÜNEN ziehen mit 5 Prozent erstmalig in den Schleswig-Holsteinischen Landtag ein. Die DVU bekommt 6,3 Prozent.

---

60 Karl Peter Ulrich von Holstein-Gottorf (Sohn des Herzogs Karl Friedrich von Holstein-Gottorf und Anna Petrownas) wurde 1762 als Peter III. Zar von Russland.

Franz Froschmeier geht zurück nach Brüssel. Björn Engholm holt Uwe Thomas als neuen Wirtschaftsminister und Gerd Walter als Minister für Bundes- und Europaangelegenheiten in sein Kabinett.

Vom 22. bis 26. August erschütternde Nachrichten. Mehrere Hundert Rechtsextreme, die aus der alten Bundesrepublik angereist sind, randalieren unter dem Beifall von bis zu dreihundert Schaulustigen gegen die Zentrale Aufnahmestelle für Asylbewerber in Rostock und gegen ein Wohnheim für ehemalige vietnamesische Vertragsarbeiter in Rostock-Lichtenhagen. Das Thema Asyl wird in diesem Herbst zur bestimmenden Diskussion. Politik und Medien wird vorgeworfen, durch eine z. T. populistische Kampagne Stimmung gegen Ausländer zu machen.

Asyl

Am 8. Oktober stirbt Willy Brandt. (Im Rückblick denk ich: Gott sei Dank! – denn Anfang 1993 wird „die Schublade" aufgehen.) Seinen letzten großen Auftritt hatte er bei der Abschlusskundgebung zum Landtagswahlkampf am 4. April in seiner Heimatstadt Lübeck.

Am 23. November zünden Neonazis in Mölln zwei Häuser an, in denen Familien leben, die aus der Türkei stammen. Drei Menschen sterben, sieben werden zum Teil schwer verletzt.

Nach den Übergriffen in Hoyerswerda, in Rostock, in Mölln gehen Hunderttausende für ein *„Hände weg vom Asylgrundrecht!"* auf die Straße. 5.000 unterschreiben das „Hamburger Manifest", in dem Günter Grass, Siegfried Lenz, Ralph Giordano die SPD mahnen: „Wenn es so etwas wie eine Aura der Verfassung gibt, dann ist es das deutsche Asylrecht des Artikels 16 Grundgesetz, das einzige Grundrecht, das sich nach den weltweiten Verheerungen der Nazis an alle politisch verfolgten Weltbürger wendet." Seit 1985 hatten in Deutschland laut EU-Statistikamt jeweils „mehr Menschen Asyl als in allen anderen EU-Ländern zusammen" beantragt. Hinzu kommt jetzt die Zuwanderung aus den Krisengebieten des ehemaligen Jugoslawiens. – Nachdem sich ab Mitte der 1970er-Jahre die Zahlen der Asylbewerber und der Aussiedler aus Polen, aus der ehemaligen UdSSR, aus Rumänien gegenüber den Vorjahren deutlich erhöht hatten, hatte Herbert Wehner als Vorsitzender der SPD-Bundestagsfraktion am 15. Februar 1982 vor dem SPD-Parteivorstand in Bonn erklärt (Wh. aus der Chronologie): „Wenn wir uns weiterhin einer Steuerung des Asylproblems versagen, dann werden wir eines Tages von den Wählern, auch unseren eigenen, weggefegt. Dann werden wir zu Prügelknaben gemacht werden. Ich sage euch – wir sind am Ende mitschuldig, wenn faschistische Organisationen aktiv werden. Es ist nicht genug, vor Ausländerfeindlichkeit zu warnen – wir müssen die Ursachen angehen, weil uns sonst die Bevölkerung die Absicht, den Willen und die Kraft abspricht, das Problem in den Griff zu bekommen." Nach monatelanger Diskussion erzwingt die SPD-Linke einen Sonderparteitag. Noch am Wochenende davor droht Engholm öffentlich mit seinem Rücktritt, falls ihm der Parteitag nicht folgen sollte: „Mit einem Nein des Parteitags, mit einer Barriere gegen jedwede Form der Änderung, würde ich zwar immer noch gern Kanzler werden wollen, könnte es aber objektiv nicht mehr. [...] Wenn die Partei Nein sagt – null Änderung –, so eine Option kann ich natürlich nicht tragen, das ist klar." Auf dem Parteitag am 16. und 17. November in Bonn diskutiert die Partei noch einmal und beschließt dann mehrheitlich, den Artikel 16 des Grundgesetzes zum Asylrecht zu ändern, um das „ungesteuerte" Kommen von Asylbewerbern zu stoppen, die Prüfungsverfahren abzukürzen und den Schlepperorganisationen das Handwerk zu legen. Mehr als neunzig Prozent der Delegierten stimmen dafür. Diese „Asylwende Björn Engholm", wie sie genannt wird, wird als „historischer Moment" der deutschen Sozialdemokratie beschrieben. Am 6. Dezember einigen sich nach jahrelangen Gefechten CDU/CSU, SPD und FDP auf eine Grundgesetzänderung, bei der zwar das individuelle Asylrecht erhalten bleibt, aber ausgehöhlt wird. Heribert Prantl schreibt am 8. Dezember in der Süddeutschen Zeitung: „Zwar soll es das Asylrecht weiter geben – nicht aber die Flüchtlinge, die es in Anspruch nehmen." Der neue Artikel 16 a Grundgesetz müsse als die verklausulierte Umschreibung eines bitteren Satzes gelesen werden: „Politisch Verfolgte genießen Asylrecht – aber nicht in Deutschland."

Am Abend dieses Tages setzen in München fast 400.000 Demonstranten mit einer Lichterkette ein eindrucksvolles Zeichen gegen Rechtsradikalismus und Fremdenfeindlichkeit.

Günter Grass gibt sein SPD-Parteibuch zurück.

1992 bewerben sich in Deutschland 193.063 Menschen um Asyl, davon 11,5 Prozent aus den Regionen des früheren Jugoslawien, 18,3 Prozent aus Rumänien, 11,4 Prozent aus der Türkei, 8,4 Prozent aus dem Libanon ...[61]

Zur Chronologie 1992:
Am 7. Februar wird der Vertrag über die Europäische Union von den Außen- und Finanzministern der Mitgliedsstaaten in Maastricht unterzeichnet. Er stellt den bisher größten Schritt zur europäischen Integration seit den Römischen Verträgen von 1957 dar.

Nachdem sich in Jugoslawien nach Titos Tod 1980 Auseinandersetzungen unterschiedlicher kultureller und religiöser Bevölkerungsgruppen, verknüpft mit wirtschaftlichen Problemen, durch die 1980er-Jahre gezogen haben, die zu „Autonomiebestrebungen", zum Verlangen nach Eigenständigkeit geführt haben, bricht am 3. Januar 1992 der Jugoslawienkrieg aus.

Im Juni wird auf der ersten Konferenz der Vereinten Nationen für Umwelt und Entwicklung in Rio de Janeiro die hoffnungsvolle Agenda 21 von 172 Staaten verabschiedet – entwicklungs- und umweltpolitisches Aktionsprogramm für das 21. Jahrhundert. Sie geht auf den Brundtlandtbericht (1987) zurück. Wesentlicher Ansatz ist die Berücksichtigung von Umweltgesichtspunkten in allen anderen Politikbereichen. Sie enthält wichtige Festlegungen zur Armutsbekämpfung, zur Bevölkerungspolitik, zu Handel und Umwelt, zur Abfall-, Chemikalien-, Klima- und Energiepolitik, zur Landwirtschaftspolitik sowie zu finanzieller und technologischer Zusammenarbeit der Industrieländer und der Entwicklungsländer.

Zur Musikbox:
Guns n ' Roses „Knocking on Heaven's Door"; Max Raabe mit seinem Palastorchester „Unter den Pinien von Argentinien" ...

---

61 Quellen: Arbeitsbericht Nr. 275 „Migration in Deutschland und in einigen anderen Ländern", Staatsinstitut für Schulqualität und Bildungsforschung München 2005; Björn Engholm, Rainer Burchardt und Werner Knobbe, Deutsche Verlagsanstalt, Stuttgart 1993

Jetzt befinden sie, die sich als JUSOs vorgenommen hatten, eines Tages von Schleswig-Holstein aus den Kanzler zu stellen, in der Zielgeraden. Jetzt geht es um die Parteikampagne zur Bundestagswahl. Jetzt beginnt die Planung für Björn Engholms Wahlkampf als Kanzlerkandidat. Anfang Januar sitz ich mit dem Europaabgeordneten Klaus Wettig, der als Björns Wahlkampfleiter benannt worden ist, zur ersten Besprechung bei mir zuhause in der Wilhelmshavener Straße. Ich weiß noch, wie wir über den von mir vorbereiteten Planungsunterlagen brüten, die meinen ganzen großen Esszimmertisch bedecken … Aber: Anfang Januar berichtet der „stern", dass laut Aussage der Ex-Freundin Rainer Pfeiffers, dieser 1989/90 Bargeldbeträge von der SPD bekommen haben soll.

Schublade auf

Am 1. März geht die „Schublade" auf. Unser Sozialminister und ehemalige Landesvorsitzende Günther Jansen bestätigt, 1988 und 1989 insgesamt rund 50.000 DM bar an Reiner Pfeiffer gezahlt zu haben – an Reiner Pfeiffer, der während des Landtagswahlkampfs 1987 unter Uwe Barschel Medienreferent in der Staatskanzlei gewesen war … Überbringer soll der seinerzeitige Pressesprecher der SPD-Landtagsfraktion Klaus Nilius gewesen sein. Günter Jansen erklärt, er habe das Geld aus Mitgefühl für den inzwischen arbeitslosen Pfeiffer zuhause in einer Schublade gesammelt. – Eigentlich heul ich nie, doch bei dem, was jetzt nach und nach ans Licht kommt, sitz ich nach Feierabend an dem alten Mahagonisekretär meines Patenonkels, auf dem Stuhl, den Großvaters Cousine mir vererbt hat, dessen linkes vorderes Bein in der vom ehemaligen Kieler Oberbürgermeister Günther Bantzer in die Holzdiele gehöhlten Delle steht und heul. Ich geb zu, ich hab schon einmal vorher geheult, als ich ab Mai 1991 das Treiben der Hofschranzen in der Staatskanzlei erlebte. Da hab ich mich durchgebissen. Aber jetzt heul ich jeden Abend, wenn ich von der Arbeit nach Hause komm. Ich bin enttäuscht. Ich denk und sag: Ich will hier *raus!* – Am 10. März setzt der Landtag erneut einen Untersuchungsausschuss ein, den „Schubladenuntersuchungsausschuss". Vorsitzender ist der Parlamentarische Geschäftsführer der SPD-Landtagsfraktion Heinz-Werner Arens. – Am

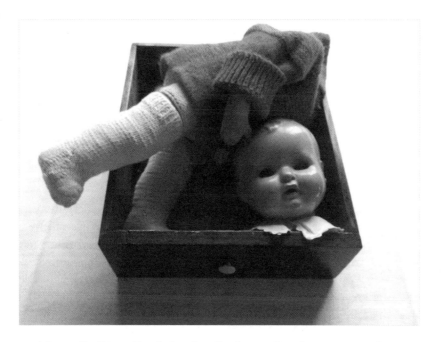

23. März gibt Björn Engholm den Rücktritt Günther Jansens als Sozialminister bekannt. Es kommt mir vor, als hätte Günther sich geopfert.

Am 30. April wird das World Wide Web zur allgemeinen Nutzung freigegeben. www

Raus!

Ich kündige zum 1. Mai.

Am 3. Mai tritt Björn Engholm von allen seinen Ämtern zurück. Inzwischen ist deutlich geworden, dass er und sein Ex-Pressesprecher gelogen haben. Sie haben viel früher als zugegeben, lange vor der Landtagswahl 1987, von den Bespitzelungen Engholms gewusst. Vor dem SPD-Präsidium begründet Björn Engholm seinen Rückzug damit, dass er vor dem Barschel-Untersuchungsausschuss eine falsche Aussage gemacht habe und die SPD davor bewahren wolle, mit diesem Fehler identifiziert zu werden.

Johannes Rau bietet mir über einen Kollegen an, für ihn zu arbeiten. Der neue Leiter des Büros des SPD-Bundesvorsitzenden (das Büro ist jetzt kein Frauenbüro mehr, meine ehemalige Büroleiterin „auch Marlies" arbeitet inzwischen als Pressereferentin, als Vorhut in der noch leeren, neuen Parteizentrale, sitzt sozusagen allein im neuen Willy-Brandt-Haus in Berlin) bietet mir an, in Bonn das weiterzumachen, was ich für Engholm begonnen hatte. Er stellt sich auch vor, dass ich die Beantwortung der Bürgerpost für den zukünftigen SPD-Vorsitzenden übernehm. Als neuer SPD-Vorsitzender ist Rudolf Scharping im Gespräch. Ich sag Nein.

Ich denk an Rudi Dutschke. Er, der bei unserer Elterngeneration verschrien war als Rebell, als Politrowdy, als Volksfeind, schrieb mit 20: „In der absoluten Hingabe an die Wahrheit liegt mehr oder weniger der einzige Grund unseres Lebens. Nur durch das ununterbrochene Streben nach Wahrheit können wir Freiheit und Ordnung erreichen. Die Wahrheit ist die gerechteste Ordnung überhaupt. Die absolute Wahrheit, die absolute Freiheit, die absolute Ordnung können wir nicht erreichen. Alles ist auf dem Wege."

Ich denk über die Schubladenaffäre nach: Was das jetzt für die SPD, für die Menschen in den Ortsvereinen, in Dörfern und Städten, für die GenossInnen an den Infoständen bedeutet ... *Sie* standen, *sie* stehen für die SPD den BürgerInnen, den WählerInnen unmittelbar gegenüber, leben mit ihnen. Was das jetzt für die GenossInnen in den Räten, in den Parlamenten bedeutet. Was das jetzt für die unzähligen ehren- und hauptamtlichen ‚Ameisen' bedeutet, die ganz bestimmt ähnlich hart gearbeitet haben wie die ‚Elefanten', viele von ihnen unter Vernachlässigung ihrer Familien und ihrer Gesundheit. Ihre Zeit, Lebenszeit, ist nicht weniger wertvoll als die der ‚Elefanten'. – Die schleswig-holsteinischen SozialdemokratInnen hatten sich nichts zuschulden kommen lassen. Es waren einige wenige, ein kleiner Kreis um Engholm, dessen Umgang mit den Machenschaften, die während des Landtagswahlkampfes 1987 aus Barschels Staatskanzlei heraus bewirkt wurden, nicht zu verstehen ist. Sie handelten, wie sie handelten, ohne Not. Das bedeutet: WEGEN NICHTS zerbrach der sorgfältig durchdachte Plan zur Verwirklichung einer neuen politischen Kultur in Schleswig-Holstein, der aufrichtig war und echt. WEGEN NICHTS – das ist das eigentlich Erschütternde – scheiterte das Projekt der SPD Schleswig-Holstein, das politische und geistige Leben dieses Landes von Grund auf zu erneuern und dauerhaft zu prägen, woran über Jahre so viele Menschen ehrlichen Herzens mitgearbeitet hatten.

Ich will verstehen. *Warum* hatte jener kleine Zirkel um Engholm nicht mit der Wahrheit gearbeitet? Wie konnten sie auf die Kontakt- Frage versuche von Barschels Pfeiffer eingehen? Wie konnten sie überhaupt auf die Idee kommen, sich mit dieser Person im Untergrund zu treffen?

Eine kleine Zeitungsmeldung in den Kieler Nachrichten Ende der 1990er-Jahre brachte mir die Antwort auf den Punkt. Ich zieh sie in der Chronololgie an diese Stelle vor. Der Bericht zitiert Aung San Suu Kyi, die sich seit Ende der 1980er-Jahre für eine gewaltlose Demokratie in ihrem Land Birma (seit 1989 Mianmar) eingesetzt und dafür 1991 den Friedensnobelpreis erhalten hatte: **„Nicht die Macht verdirbt, sondern** Antwort **die Angst. Die Angst vor Machtverlust verdirbt diejenigen, die sie innehaben, und die Angst vor der Geißel der Macht korrumpiert diejenigen, die von ihr beherrscht werden.“** (Aung San Suu Kyi)

Ich denk nicht nur an die vielen ehrenamtlichen und hauptamtlichen ‚Ameisen‘ mit weltanschaulicher Verbundenheit zur Sozialdemokratie und/oder innerer Verbundenheit und Vertrauen zum Spitzenpersonal der schleswig-holsteinischen SPD. Ich denk an den Künstler ohne regelmäßiges Einkommen, der für „Björns" Wahlkampfkasse einige seiner Bilder versteigert hatte. An die Kassiererin im Supermarkt und an die Raumpflegerin, die alleinerziehende Mutter ist, die trotz ihres schmalen Stundenlohns aus Begeisterung für „Björn" in die SPD eingetreten waren. An den Handwerker, der nach langem, schwerem Arbeitstag abends in der Stadt die Bühne mit aufgebaut hatte, weil „Björn" angekündigt war. An die schon seit Ende der 1970er-Jahre eingegangenen hohen, hohen Bewerbungsstapel von hoffnungsvollen Journalisten, Juristen, Ökologen, Politologen, Soziologen, Wirtschaftswissenschaftlern … junge Männer und Frauen aus ganz Deutschland und sogar aus dem Ausland, die sich um einen Arbeitsplatz beworben hatten bei der hoffnungsvollen schleswig-holsteinischen SPD. Wohl weil er mich so begeisterte, erinner ich mich an den Namen der jungen Finnin, die sich bewarb und geflogen kam und sich vorstellte beim geschäftsführenden Vorstand der SPD-Landtagsfraktion: Pirkko Ru-o-ho-mä-ki. Denk an die KollegInnen in der „Baracke", in der SPD-Bundestagsfraktion – im Langen Eugen und im Hochhaus am Tulpenfeld –, in der

Landesvertretung Schleswig-Holstein in Bonn und an die in Brüssel, die zum Wahlkampf nach Schleswig-Holstein gekommen waren, die in den 1980er-Jahren mehrfach Teile ihres Jahresurlaubs in schleswig-holsteinischen Wahlkampfplakatwäldern mit den Slogans „Stell Dir vor, da ist eine Landesregierung, die hört Dir zu", „Wat mutt, dat mutt", „Naturkraft statt Atomkraft", „Zeit zum Aufklaren" und „Zeit zum Aufklären", … verbracht haben – in der Hoffnung auf „Björn".

Wer baute die Tore von Theben?
Wer baute die Schiffe von Howaldt?
Wer malte die schleswig-holsteinische Landtagswahlkreiskarte rot?

Mir kommt jetzt jener Satz meines Kindes in den Sinn, den es mit süßen Fünf mit Begeisterung von sich gab: „Meine Mama arbeitet jetzt beim SPD-Landesverband. Aber der sieht gar nicht aus wie ein Verband. Der sieht aus wie ein richtiges Haus." Jetzt bräuchte dieses Haus eine Wundbehandlung, schmerzstillende Mittel, ein großes Pflaster und einen Verband. – Mir kommen die Jahre in den Sinn, in denen das Kind so oft auf mich hatte warten müssen, in denen es sich wieder und wieder – wenn es seine Hausaufgaben fertig hatte, wenn es bei mir im Büro malte oder bastelte und hoffte, dass ich endlich Feierabend mach – den Satz hatte anhören müssen: „Je weniger Du jetzt fragst, desto schneller bin ich fertig." Aber das Kind ließ sich nicht beirren, es fragte weiter, weil es ja wusste, was passiert, wenn es *nicht* fragt. Es wartete im Kindergarten. Es wartete bei mir im Europabüro am Kleinen Kuhberg. Es wartete zuhause in der Dänischen Straße mit seiner Kinderfrau. Es wartete in den Ferien bei meinen Eltern in Schleswig. Es wartete mit meinem Bruder, wenn er an Parteitagswochenenden zum Einhüten gekommen war. Es wartete in der Wilhelmshavener Straße, wenn ich bis in die Puppen in „Haus B" saß. Oder es wartete auch nicht, denn es war behütet und geliebt.

Ich denk an Björn Engholm. Denk: Was das jetzt auch für seine Familie, was es für seine Kinder auf dem Schulhof bedeutet …

Ich denk an Günther Jansen. Denk: Was das jetzt auch für seine Familie , was es für seine Kinder auf dem Schulhof bedeutet …

Ich denk an den guten Aufbruch, an die vielen Pläne und an das, was schon errungen ist: Die Abschaffung des Extremistenbeschlusses und die Aufhebung der Zensur von Schülerzeitungen. Die Aufhebung der Bannmeile um das Landeshaus. Die Öffnung des Landtages für die BürgerInnen. Mehr Rechte für die Opposition. Der Austausch der Landessatzung aus den 1940er-Jahren durch eine zeitgemäße Landesverfassung (mit Elementen direkter Bürgerbeteiligung). Die demokratischere Gestaltung der Richterwahl. Das Mitbestimmungsgesetz für den Öffentlichen Dienst. Die Reform der Kommunalverfassung. Die Ergänzung des dreigliedrigen Schulsystems durch ein Gesamtschulangebot. Bedeutende Schritte auf dem Weg zur Gleichstellung von Männern und Frauen, die 1981 auf dem Landesparteitag in Bad Segeberg beschlossen worden waren. Die „Denkfabrik", in der die GenossInnen mit Persönlichkeiten aus Wirtschaft, Kultur und Wissenschaft landespolitische Themen diskutieren, Ideen sammeln und fördern, zum Beispiel die Zukunftsregion Ostsee (in Anknüpfung an die Hanse). Die Fehmarnbeltquerung. Die Technische Fakultät an der Universität Kiel. Die Schaffung von 100.000 neuen Arbeitsplätzen (die wesentlich auch mit dem Aufbruch in den neuen Bundesländern zusammenhängen). Das Qualifizierungs- und Beschäftigungsprogramm „Arbeit für Schleswig-Holstein", mit dem 27.000 Langzeitarbeitslose oder von Arbeitslosigkeit betroffene Frauen und Jugendliche gefördert wurden. Zur Energiepolitik hatte Günther Jansen 1992 das Ziel formuliert, bis 2010 zwanzig Prozent des Eigenbedarfs des Landes aus Wind zu gewinnen.[62]

Als Nachfolger für das Amt des Ministerpräsidenten sind Norbert Gansel und Heide Simonis im Gespräch. Heide Simonis wird erste Ministerpräsidentin unserer Republik. (Ich hatte mir Norbert gewünscht.) Den Parteivorsitz in Bonn übernimmt kommissarisch Johannes Rau.

---

62 Dieses Ziel wurde bereits im September 2001 erreicht. 1992 hatte es der SPD Spott und ein müdes Lächeln der Energiekonzerne eingebracht. 2011 stehen 2.609 Windkraftanlagen in Schleswig-Holstein mit einer Leistung von 3.145 MW. 1991 hatte das Land die Technologiestiftung gegründet. Sie verfügte durch den Verkauf der Landesanteile an HDW Kiel und der SH Landesbank über ein Stiftungskapital von 85 Millionen DM. 1993 gründete des Land + E.ON, Schleswag die Energiestiftung Schleswig-Holstein zur Unterstützung und Förderung von Fortschritten auf dem Gebiet des Klimaschutzes – seit 2011 „Gesellschaft für Energie und Klimaschutz Schleswig-Holstein". Quelle: SPD-Geschichtswerkstatt.

Hamburger Abendblatt — -3.DEZ.1993

Untersuchungs-Ausschuß

Kieler Nachrichten 4

Wer aufklären will, ist „fast ein Verräter"

Die neue politische Kultur in Schleswig-Holsteins SPD: Es wird Druck ausgeübt, verunsichert, geächtet.

Von MICHAEL KLUTH

Neskovic verteidigt Arens-Bericht

-4.DEZ.1993

Kiel (US) Die SPD dürfe unbequeme Wahrheiten im Schubladenausschuß nicht ignorieren. Mit diesem Argument verteidigt Wolfgang Neskovic, Landesvorsitzender der sozialdemokratischen Juristen, den Ausschußvorsitzenden Heinz-Werner Arens.

LANDESZEITUNG

-6.DEZ.1993

Untersuchungsausschuß hört Zeugen

KIEL (lno) Der parlamentarische Untersuchungsausschuß zur Klärung der „Schubladen-Affäre" setzt heute seine Zeugenvernehmungen in Kiel fort.

Lübecker Nachrichten

-4.DEZ.1993

SPD-Juristen hinter Arens

Kiel. Die Juristen in der SPD stärken den Vorsitzenden im Untersuchungsausschuß, Heinz-Werner Arens.

SEITE AUS EINEM LANDTAGSPRESSESPIEGEL VOM DEZEMBER 1993

Neuer Blickwinkel

Fortsetzung meiner Chronologie aus neuem Blickwinkel, der mit dem alten korrespondiert.

Am 26. Mai stimmt der Bundestag nach letzter Lesung über das Asylverfahrensgesetz ab. 10.000 Demonstranten umzingeln das Bundeshaus. Viele Abgeordnete können den Plenarsaal nur per Hubschrauber oder Rheinschiff erreichen. Mit Zweidrittelmehrheit wird ein weltweit einzigartiges Grundrecht, die Möglichkeit, sich erfolgreich auf Asyl zu berufen, in Deutschland drastisch eingeengt.
Im Juni wird Rudolf Scharping Vorsitzender der SPD.

Jetzt zieh ich mit meinem Kind und meinem Gefährten Schaffty in ein Haus mit Garten nach Mönkeberg an der KIELer Förde und denk: Umbruch Nach einer Zeit der Ruhe such ich mir eine neue Arbeit (ich wollte niemals nicht berufstätig, ich wollte unabhängig sein.) Erstmal nehm ich jetzt meine Uhr ab. Guck nicht mehr in den Stadtbusfahrplan. Beeil mich nicht mehr. Lass den Rasen umbrechen. Leg einen Garten an. Jetzt hab ich Zeit zum Lesen, Denken, Schreiben.

Auf Lebens Schneide I

Als ich von meiner dritten in meine vierte Heimat kam, begann ich mit großem Hochgefühl mein erstes Gartenjahr. Ein großes Stück Rasen wurde umgebrochen. Ich säte und pflanzte alles, was mir lieb war. In diesem ersten Jahr fraßen von den Tulpen bis zu den Bohnen alles die Rehe. Rehe hielten Mittagsschlaf in unserem Garten. Wenn wir am offenen Fenster versuchten, sie durch Händeklatschen zu vertreiben, guckten sie kurz auf und legten sich wieder. Während wir auf der Terrasse Kaffee tranken, gingen sie unmittelbar neben uns die Treppe vom tiefer gelegenen Gemüsegarten hinauf in den Vorgarten, nahmen noch 'ne Tulpe mit, überquerten in aller Ruhe drei Straßen, um wohlgesättigt wieder in ihrem Wald zu verschwinden. Ich lernte: Rehe sind nicht scheu. Wir umgaben unser Grundstück lückenlos mit Wildzaun. Gleichzeitig begannen

179

Träume mich zu wecken und mich nachts an den Bleistift zu zwingen. Es waren schöne Träume. Mir wurde klar, woher ich kam. Aber ich wollte gar nicht schreiben. Etwas in mir zwang mich. Dann lernte ich unseren Lehmboden näher kennen. Alles, was Wurzeln hatte, war klein wie für Däumelinchen. Die Zwei-Zentimeter-Karöttchen legte ich mit Kraut als Dekoration auf Möhrenkuchen von gekauften Möhren. Wäre es ernst gewesen, hätten wir in früheren Zeiten gelebt, wir wären schon im ersten Winter verhungert. Wir hatten das Haus wegen des schönen Obstgartens gekauft. Gleich in den ersten Jahren starben Birne und Pflaume. Der neue Birnbaum muss schon birnengitterrostkrank bei uns angekommen sein. Wir haben an ihm nie eine Birne gesehen. Dann erreichte die Invasion der Nacktschnecken, die von Spanien ausgegangen sein soll, unseren Breitengrad. Da gab es aus Süddeutschland schon manch einen guten Rat. Zum Beispiel Bierfallen. Man sollte Plastikbecher mit ein wenig Bier in die Beete stellen. Da schleimten die ekligen Typen mit vollgefressenen Leibern den Becher hinauf, ließen sich reinhängen, soffen, ließen sich besoffen wieder ins Beet fallen, schliefen ihren Suff aus und schleimten wieder zum Gemüse und zu den Dahlien. Gleichzeitig lockte der Biergeruch Schleimer aus aller Nachbarn Beete an. Unser Garten wurde zum Schneckenmekka. In den ersten Jahren blühte im Vorgarten eine bunte Pracht von zig Dahliensorten. Jetzt schafften sie kaum noch ein Blatt aus der Erde. Ich verstand nicht, warum die Bohnen nicht kamen, schon beim Keimen verkümmerten, selbst, wenn ich Schnecken gesammelt hatte und weit und breit keine mehr zu sehen war, weil ich sie mit dem Fahrrad ins übernächste Dorf gebracht und dort ausgesetzt hatte ... Bis ich bemerkte, dass in den Keimlingen die stecknadelkopfkleinen Schneckengören saßen und fraßen. Ich begann Schnecken zu schneiden. Da kamen noch mehr. Diese Schnecken sind Kannibalen. Und meine Tochter fragte mich zu alledem: „Mama, weißt Du denn, wo ihr Herz sitzt?" Ich schnitt keine Schnecken mehr. Wir verhungerten. – (Teil II s. u. 2006)

Ich denk über meinen Weg nach: Die Jahre von 1991 bis 1993 waren die spannendsten, aber auch die erschütterndsten meiner Berufstätigkeit. Ich war nie Parteisoldatin. Ich bin eine einzelgängerische ‚Ameise'. Schon bei Großmutter in den Ferien in Angeln war ich ständig am Ernten, Nibbeln, Palen, Schnippeln und Stribbeln. Wenn sie mich nach den Ferien wieder bei meinen Eltern abgab, die eher nicht lobten, sagte sie: „Hier habt ihr eure kleine fleißige Marlies wieder." Also: Angeboren ameisenfleißig. Eigensinnig. Urunabhängig. Getragen von dem, was die Meinigen mir mit auf den Weg gegeben haben. Verantwortungslustig. Keine Angst vor großen Tieren. Mutig bis übermutig. Vater fand mich mitunter zu mutig, nannte mich „kühn". Die Zeile in meinem Abschlusszeugnis von der Stadt Schleswig: „Sie hat ein gesundes Selbstbewusstsein" irritiert mich. In mir sieht es anders aus. Bei aller Kühnheit empfinde ich in mir tiefe Schüchternheit. Also: Innen und außen verschieden? Nach außen ist da dieses Fremdheitsgefühl, das ich schon als Kind unter Kindern bemerkte und dann draußen in der Welt. Ich war, ich bin anders. Ich weiß nicht, was es ist. Ist das sippadyllisch? Wenn ich mich eigentümlich verhielt, sagte Mutter: „Nu warr man nich sippadyllisch!"[63] („Nun werd man nicht eigentümlich!") In mir zeigt es sich als vollkommenes Zuhause, als Trutz- und Schutzburg, aber auch als inneres Zwiegespräch, das sich kritisch, selbstkritisch, quälend oder tröstend zeigen kann. Dazu dieses auf wunderbare Weise Verbundensein mit meinen Menschen, mit meinen Verstorbenen, die weiter da sind, die mich behüten und beraten. Sie sind nicht tot.

Seit 1989 befindet sich die ganze Welt im Umbruch. Jetzt befindet sich auch mein Leben im Umbruch. Ich bemerk: Es ist mir unmöglich, mein Denken auf das Private zu reduzieren. Das Weltgeschehen, das politischen Geschehen, es betrifft mich. Es treibt mich um. Ich fühl mich mitverantwortlich für meine Zeit: Was wird aus dem ehemaligen Ostblock? Rüsten die Großmächte jetzt wirklich ab? Wohin führt der jugoslawische Bürgerkrieg? Was wird aus der neuen Völkerwanderung? Was wird aus dem Versprechen zum Ausstieg aus der Atomenergie? Schaffen wir die notwendige ökologische Wende?

Zur Chronologie 1993:
Nachdem schon seit der „Samtenen Revolution" von 1989 die zukünftige staatsrechtliche Ordnung der Tschechoslowakei diskutiert worden war, entstehen zum 1. Januar die Tschechische Republik und die Slowenische Republik – friedlich und ohne jegliche Gewaltanwendung.
Am 29. Mai zünden vier Neonazis in Solingen ein von Türken bewohn-

---

63 Auf die Suchanfrage „sippadyllisch" erscheint die Antwort: „Leider wurden für die Suchanfrage keine Ergebnisse im Internet gefunden." Das Wort „sippa"/„Sippe" steht im Althochdeutschen für „eigene Art".

tes Zweifamilienhaus an. Fünf Menschen sterben in den Flammen, drei weitere erleiden schwere Verbrennungen.

Im Mai gerät der 1986 zum IG-Metallvorsitzenden gewählte, hoffnungsvolle Franz Steinkühler in Verdacht, seine Position als Aufsichtsratsmitglied der Daimler-Benz AG für „Insidergeschäfte" ausgenutzt zu haben. Steinkühler tritt zurück (ist seitdem Vermögens- und Unternehmensberater). Am 1. November tritt mit dem Vertrag von Maastricht der Vertrag über die Europäische Union in Kraft. Die 1958 als Zollunion mit weitreichenden, auch politischen Zielsetzungen gegründete EWG = Europäische Wirtschaftsgemeinschaft, die 1967 in EG = Europäische Gemeinschaft umbenannt worden war, wird jetzt zur Europäischen Union = EU umbenannt. Zeitplan und Bedingungen für die Einführung des Euro werden festgelegt. Das Europäische Parlament erhält Gesetzgebungsbefugnisse. Irgendwann jetzt werden die Börsen- und Aktienkurse offenbar so bedeutend, dass sie Gegenstand der Nachrichten werden.

Zur Musikbox:
Whitney Houston: „I will always love you"; Paul McCartney „Hope of Deliverance" …

1994 Seit dem vorigen Sommer brauch ich keine Monatskarte mehr. Ab und zu, wenn ich bemerk, dass ich meine Streifenkarte nicht im Automaten abgestempelt hab, weil ich mal wieder völlig in Gedanken in den Bus gestiegen bin, fühl ich mich jetzt einen Moment lang als Betrügerin. Ab und zu hab ich es nicht bemerkt und Glück gehabt.

Jute statt Plasitk Im Lauf der 1980er-Jahre ist in unserem Land ziemliches (Um)Weltbewusstsein[64] entstanden. Klamotten aus Synthetik sind verpönt, gibt es kaum noch. Kaum jemand benutzt noch Plastiktüten. Wir gehen mit Beuteln, auf denen „Jute statt Plastik" steht. Im März wird Edda Müller als Nachfolgerin von Berndt Heydemann Umweltministerin in Schleswig-Holstein. Sie wird mit einer Plastiktüte beim Einkaufsbummel am Alten Markt erwischt. Das ist jetzt ein solches Vergehen, dass sie dafür in den Kieler Nachrichten angeprangert wird.

---

64 Wir sind Teil der Welt, sodass im Grunde genommen von „Umwelt" nicht die Rede sein kann.

Am 18. Juni findet in Berlin unter dem Jubel von 75.000 Zuschauern die Abschied von den Alliierten letzte Parade der fast fünfzigjährigen Stationierung westalliierter Truppen in Berlin statt. – Die letzten russischen Soldaten werden am 31. August in einer Feierstunde im Schauspielhaus verabschiedet. Ich empfinde das sofort als tiefe Demütigung. Allein auf deutschem Boden sind 650.000 sowjetische Soldaten gefallen. 27 Millionen Sowjetbürger kamen im Zweiten Weltkrieg ums Leben. Die Rote Armee hat wesentlichen Anteil am Ende der Naziherrschaft. Wie konnte man – nach dem Wunder von 1989? Wie konnte man – in der Hoffnung auf Weltfrieden? „Die Feier im Schauspielhaus am Gendarmenmarkt verdeckte nur mühsam den Schmerz der Russen darüber, daß ihre Truppen nicht gleichberechtigt mit den Westalliierten aus Deutschland entlassen wurden ..." (Frieder Reinhold/AP/DPA, Stern, zehn Jahre danach am 31. August 2004.) Am 8. September dann die feierliche Verabschiedung der westalliierten Truppen mit großem Zapfenstreich am Brandenburger Tor.

Vertrauter Urgrund

Ungefähr jetzt beginn ich plattdeutsch zu träumen. Vom Holm. Von der Insel meiner Väter. Aus diesen Träumen heraus seh ich mich wie von Zauberhand an den plattdeutschen Bleistift gezwungen. Ich versteh das nicht. Plattdeutsch war mir immer peinlich. Zu meiner Schulzeit galt es als Bildungshemmnis, als Sprache derer, die möglicherweise nicht richtig Hochdeutsch konnten. Jetzt bemerk ich, wie viel mehr das Gedachte in der ersten Sprache auslöst als in der zweiten und mir wird klar: Plattdeutsch ist mein vertrauter Urgrund. Ich vertief mich in seine regionalen Besonderheiten, in seinen Gesang, von dem ich 21 Jahre umgeben war. Ich vertief mich in das Lebensgefühl meiner Vorfahren. Ich begreif: Ich hab den letzten Moment einer uralten Gesellschaft erlebt. Ich bin in einer Zeitenwende mit großen gesellschaftlichen und wirtschaftlichen Veränderungen aufgewachsen, die den Bruch mit unserer alten Kultur bedeuteten, und dass es das Leben, das diesen Ort über so viele Generationen erfüllt hatte, nicht mehr gibt. Ich seh bestätigt, was SprachforscherInnen behaupten: Zuerst geht die Kultur verloren und dann geht die Sprache verloren. Jetzt träum ich plattdeutsch, vom Ort meiner Kindheit, den ich mit 15 mit fliegenden Fahnen verlassen wollte und den ich erst mit 21 verlassen durfte. Ich erleb den wunderbaren Trost der Erinnerung. Ich werd altgierig![65] Im Rückblick und angesichts der Gegenwart kommt mir der Ort, an dem ich aufgewachsen bin, als wirklich gewesene Utopie vor. Ich möchte unterstreichen: Es liegt mir fern, diesen Ort, es liegt mir fern, unsere Altvorderen zu überhöhen, doch eine Gemeinschaft, die tausend Jahre und mehr bei nachhaltiger Wirtschaftsweise an einem Ort überleben konnte, muss bei gutem Verstand gewesen sein. Ihnen war das Recht gegeben, als freie Fischer auf der ganzen Schlei ihren Beruf auszuüben. Sie arbeiteten nach altem Regulativ, das sie von ihren Vorfahren übernommen hatten. Sie waren noch unbeirrt in ihrem ursprünglichen Wissen um Gut und Böse, Richtig und Falsch. Sie wussten noch, worum es *wirklich* ging. Sie orientierten sich an den Überlieferungen ihrer Väter, an ihrem Gewissen, an ihrer inneren Stimme.[66] Der Bescheidene war nicht der Dumme, Bescheidenheit war Bestandteil guten Benehmens. Sie waren zufrieden mit dem, was ihnen gegeben war. Sie kannten Demut und ihr Maßstab waren die Lebensgrundlagen auf der Erde. Sie waren noch echt.

Zur Chronologie 1994:

Am 9. Mai wird Nelson Mandela zum ersten schwarzen Präsidenten Südafrikas gewählt.

Am 12. Juli erlaubt das Bundesverfassungsgericht in Karlsruhe der Bundeswehr die Teilnahme an Militäraktionen im Ausland. Dafür ist jeweils ein Parlamentsbeschluss erforderlich.

Am 11. Dezember erteilt der russische Präsident Boris Jelzin den Befehl zum militärischen Einmarsch von 40.000 russischen Soldaten in Tschetschenien (I. Tschetschenienkrieg – 1994 bis 1996 – während der Belagerung der Hauptstadt Grosny sterben 25.000 Menschen. Tschetschenien kann seine Unabhängigkeit behaupten).

Preussag wird Alleinbesitzerin von HDW. Das Unternehmen trennt sich

---

65 altgierig: Ich dachte, ich hätte das Wort erfunden, aber wie konnte ich das glauben? – 2016 hörte ich im Deutschlandfunk, dass Nietzsche es erfunden haben soll. Aber wer weiß, vielleicht auch schon jemand vor ihm.

66 Von der Quelle seiner Inspiration zur Relativitätstheorie sagte Albert Einstein: „Zu einem Verständnis dieser fundamentalen Gesetze des Universums gelangte ich nicht durch meinen rationalen Verstand."

vollständig von den Anteilen an der Kieler Werkswohnungen GmbH (1963 gehörten dem Unternehmen 8.700 Werkswohnungen).

Zur Musikbox:
Rolling Stones „Voodoo Lounge"; Marusha „Somewhere over the Rainbow" ...

In diesem Jahr beginnt die Wanderausstellung „Verbrechen der Wehrmacht" des Hamburger Instituts für Sozialforschung. Nach der Eröffnung kommt es zu erheblichen Kontroversen in der Bevölkerung, in der Politik, in den Medien. Im weiteren Verlauf kommt es zu Kundgebungen, Gegenveranstaltungen und Anschlägen. – Vater steht mit gebeugtem Kopf und bis auf den Fußboden hängenden Armen vor mir und sagt: „Ich bin doch kein Verbrecher." (1999 wird die Ausstellung – vorläufig – zurückgezogen, wird von einer Historikerkommission überprüft und geht in einer Neufassung ab November 2001 weiter durch die Republik.)

1995
Verbrechen der Wehrmacht

Am 16. November nimmt Oskar Lafontaine in einer Kampfabstimmung auf dem Bundesparteitag Rudolf Scharping den SPD-Parteivorsitz ab.

Schublade zu

Nach weiteren zweieinhalb Jahren Beschäftigung mit den Folgen der Barschel-Affäre, nach 241 Sitzungen Auseinandersetzung mit irrsinnigen parteipolitischen Machenschaften, Energie, die der politischen Arbeit zum Wohle des Landes und seiner BürgerInnen abhandengekommen ist, geht im Dezember die Schublade zu. Der „Schubladenuntersuchungsausschuss" des Schleswig-Holsteinischen Landtags legt seinen 667 Seiten dicken Untersuchungsbericht[67] vor, dessen Anhänge beinahe noch einmal auf eine entsprechende Seitenzahl kommen.

---

67 Landtagsdebatte zum Schlußbericht des „1. Untersuchungsausschusses der 13. Wahlperiode"/Plenarprotokoll 13/109 vom 19. Dezember 1995 unter „Geschichtswerkstatt in der SPD Schleswig-Holstein". Der Abschlussbericht des Schubladenuntersuchungsausschusses" – 1. Untersuchungsausschuss der 13. Wahlperiode vom 12.12.1995 – Schleswig-Holsteinischer Landtag, Drucksache 13/3225.

Es hat sich erwiesen: Es gab einen kleinen Kreis führender Personen in der SPD Schleswig-Holstein, die ihre Kenntnisse verschwiegen, ihr Verhalten falsch dargestellt und mit falschen Angaben dazu beigetragen haben, dass der Eindruck entstand, der Betroffene, Engholm, habe von der Urheberschaft der Machenschaften gegen ihn bis zum Wahltag nichts gewusst und sei von der SPIEGEL-Veröffentlichung überrascht worden. Sie hatten die Rolle, die sie selbst im Zusammenhang mit der Barschel-Affäre spielten, falsch dargestellt und so den ersten Untersuchungsausschuss in die Irre geführt. Sie hatten früher als von ihnen behauptet, lange vor der Landtagswahl 1987, von den Machenschaften aus Barschels Staatskanzlei heraus gewusst. Sie hatten gegenüber der Öffentlichkeit ihr Wissen verschwiegen, hinter den Kulissen damit aber aktiv Pressearbeit betrieben. Sie hatten am Wahlabend 1987 geschwiegen. Sie hatten im Rahmen des Barschel-Untersuchungsausschusses nicht vollständig aufgeklärt. Sie hatten ihr Wissen über Jahre für sich behalten. Sie hatten geschwiegen, bis es aufflog. Und dann hatten sie gelogen. Engholm hatte wiederholt sein Kabinett, den Parteivorstand in Bonn, den Parteivorstand in KIEL und den Landesausschuss – das höchste Gremium zwischen den Parteitagen – belogen. Er hatte Kreisparteitage und die Parteimitglieder belogen. Er hatte die Wähler belogen, die ihm mit Freude ihre Stimme gegeben hatten. Er hatte die Medien und damit die Öffentlichkeit belogen, bis die Salami am Ende war. Und jener kleine Zirkel der Eingeweihten hatte geschwiegen. Bei ihnen muss die von Aung San Suu Kyi beschriebene Angst (s. S. 175) offenbar schon *enorm* gewesen sein, bevor die Macht überhaupt errungen war. – Macht: Das Wort ist ziemlich verdorben, im Grunde genommen aber ist der Begriff zunächst neutral. Nach allem, was ich seit Beginn meiner Tätigkeit im Landtag 1977 in der SPD erlebt hab, denk ich: Den dickschädeligen, streitbaren, fortschrittlichen GenossInnen – hier – in Schleswig-Holstein ging es nicht um jene ausgrenzende, bevorzugende, hierarchische, unterdrückende Machtausübung. *Diese* Form von Macht wollten sie beenden. Sie wollten ihre sozialen Ideen, ihre Programmatik verwirklicht sehen. Sie wollten in die Lage gelangen, eine andere Ausrichtung der Gesellschaft auf die Zukunft herbeizuführen, in positivem Zusammenwirken freier Menschen im politischen Raum zugunsten des Gemeinwesens, in freiheitlichem Dialog, in Übereinkunft, als Möglichkeit, die gesellschaftlichen Bedingungen für alle zu verbes-

Macht

sern. Sie waren damit weit gekommen, sie waren mit ihrem Spitzenmann auf dem Weg zur Kanzlerkandidatur. *Dieses* hoffnungsvolle Ziel,
das sie schon als JUSOs formuliert hatten, für das so viele Menschen
über Jahrzehnte gearbeitet hatten, verspielten sie an diesem Punkt. Sie
verspielten es ohne Not. Sie verspielten es WEGEN NICHTS, denn die
Schmutzkampagne gegen Björn Engholm, die Wahlkampfbroschüre:
„Betr.: Engholm Paß auf Schleswig-Holstein", die Ungeheuerlichkeiten,
die sich im Wahlkampf gegen ihn gerichtet hatten, waren doch schon
im Sommer vor der Wahl öffentlich bekannt geworden. Warum gingen
sie mit ihrem frühzeitigen Wissen also nicht unmittelbar offen und öffentlich um? Was hätte passieren können? Und im Zweifelsfall: Wenn
ihre Aufrichtigkeit sich im weiteren Verlauf des Wahlkampfes gegen
sie gerichtet hätte, wär schließlich deutlich geworden, dass jene (Presse)
Stimmen sich geirrt haben würden. Spätestens am Wahlabend hätten
sie es bekanntgeben *müssen*. Welcher vernünftige Journalist hätte das
nicht verstanden? Und: Hätte etwas Schlimmeres passieren können als
Neuwahlen? – Zu denen es dann ja auch kam. Die SPD geriet mit dieser
Affäre in die tiefste Krise ihrer Nachkriegsgeschichte. Wer sie für eine
„Petitesse" hält, sollte dem Geschehen noch einmal tiefer nachgehen.

„[…] Nachdem der Barschel-Ausschuss 1987/88 den Landtagsabgeordneten das Gefühl vermittelt hatte, die Kieler Affäre sei weitgehend
aufgeklärt, blieben am Ende des Schubladenausschußes mehr Fragen
als Antworten. Angesichts der aktiven Rolle, die Reiner Pfeiffer auch
im Zusammenspiel mit der SPD gespielt hat, relativierte sich das Bild
der Schuld Barschels. Er blieb verantwortlich, schuldig auch, weil er
Mitarbeiter zu falschen eidesstattlichen Aussagen gezwungen hatte. Als Hauptschuldiger der Kieler Affäre konnte Barschel nach den
Ermittlungen des zweiten Ausschusses nicht mehr gelten. Der Aus-
schußvorsitzende Heinz-Werner Arens (SPD) kam zu dem Schluß, die
Urheberschaft Barschels an den 1987er Vorgängen sei nicht beweisbar.
Unstrittig bleibt dagegen, daß die Affäre 1987 von der CDU-geführten
Staatskanzlei ausging, die SPD jedoch – wie der Schubladenausschuß
zeigte – zumindest in der Endphase des Wahlkampfes 1987 versuchte,
ein wehrhaftes Opfer zu sein."[68]

---

68 Quelle: Schubladenaffäre „Gesellschaft für Schleswig-Holsteinische Gesichte"
   http://www.geschichte-s-h.de/schubladenaffaere/

Mir entsteht jetzt ein Gedicht, das dort spielt, wo KIEL und die Welt
jetzt an der KIELlinie, an der Reventloubrücke, vom Restaurant LOUF
aus im Liegestuhl oder im Strandkorb schönen Ausblick auf die Förde
genießen, wo zuvor – im Souterrain des Kultusministeriums, das dort

Arkaden
Café

damals noch seinen Sitz hatte – das Arkaden-Café war: alteingesesse-
nes Restaurant für gehobene Ansprüche mit großer Außenterrasse mit
guter Aussicht durch durchsichtigen Glaswindschutz. Der Innenraum
weniger hell und möbliert mit Vor- und frühem Nachkriegsinterieur.
Daran anschließend ein Séparée, das düster und grottig erschien,
das weder Ausblick noch Weitblick, dafür aber gute Gelegenheit für
vertrauliche Gespräche bei in aller Form kredenzten Speisen und Ge-
tränken bot und das sich in Landtagskreisen ziemlicher Beliebtheit
erfreute.

KIEL '87. Arkaden-Café

Auf
> *der*
>> *Karte:*

*Matjes mit Prinzessbohnen. Königin-Pastete. Boeuf Stroganoff. Cordon
Bleu. Birne Helene. Herrentorte. Sahne-Baiser …*
Auf
> *der*
>> *Terrasse:*

*Düsternbrooker Witwen in Alcantara oder Pelz, mit Hut, auf Pumps,
in Seidenplissee …*
> *'68er*
>> *Prinzen*
>>> *im*
>>>> *Séparée*

Auf
> *dem*
>> *Weg*
>>> *zu*
>>>> *Majestätsfilets.*

188

Zur Chronologie 1995:
Am 1. Januar werden Finnland, Österreich und Schweden in die EU aufgenommen. Jetzt sind es 15 Mitgliedsstaaten. Die norwegische Bevölkerung entscheidet sich in einer Volksabstimmung gegen einen Beitritt zur EU.
Am 30. April besetzt Greenpeace die ausgediente Ölplattform Brent Spar, die der Energiekonzern Shell versenken will. Daraus ergibt sich mit einem Massenboykott von Shell-Tankstellen einer der größten Erfolge in der Geschichte der Umweltbewegung.
Am 6. Dezember billigt der Bundestag mit der Entsendung von 4.000 deutschen Soldaten in das ehemalige Jugoslawien den ersten Auslandseinsatz der Bundeswehr.

Zur Musikbox:
Max Raabe „Bel Ami" ...

Alles wird anders II

Nachfolgendes Zitat heb ich aus der Chronologie hervor, da es mir als bedeutender Meilenstein auf unserem Irrweg erscheint.

Februar 1996, Weltwirtschaftsforum in Davos: „Im Konferenzbunker in dem kleinen graubündnerischen Städtchen im Tal des Landwassers nähert sich Hans Tietmeyer, Präsident der Deutschen Bundesbank, schweren Schrittes dem Mikrofon auf dem Podium. Draußen, im leise rieselnden Schnee, schützen behelmte Sonderkommandos der Polizei, Stacheldrahtabsperrungen und elektronische Barrieren den Bunker. Am silbergrauen Himmel drehen Hubschrauber der schweizerischen Armee unablässig ihre Runden. Im Bunker selbst haben sich die tausend mächtigsten Oligarchen der Welt unter Staatsoberhäupter, Ministerpräsidenten und Minister aus einigen Dutzend Staaten der Erde gemischt. An die Adresse der versammelten Staatschefs richtet Tietmeyer abschließend die Mahnung: ‚Von nun an stehen Sie unter der Kontrolle der Finanzmärkte!' Langanhaltender Beifall. Die Staatschefs, Ministerpräsidenten und Minister, unter ihnen viele Sozialisten, akzeptieren wie selbstverständlich die Fremdbestimmung der Volkssouveränität

1996/97 Weltwirtschaftsforum in Davos

durch die spekulative Warenrationalität des globalisierten Finanzkapitals."[69]

Jetzt im Oktober erster Spatenstich für ein neues „Machtzentrum" in Berlin. In der im Krieg zerbombten und für den Mauerbau platt gemachten Mitte sollen bis zur Jahrtausendwende Bagger und Beton, Kräne und Presslufthämmer, Sand und Wasser regieren und dann Konzerne und Politik.

Zur Chronologie 1996/97:
Am 18. Januar sterben bei einem Brandanschlag auf eine Asylbewerberunterkunft in Lübeck zehn Menschen. (Die Hintergründe der Tat bleiben unklar. Das Verbrechen wurde bis heute nicht aufgeklärt. Die Ermittlungen stehen unter starker öffentlicher Kritik.)
Am 22. Mai übernimmt Gerd Walter neben dem Ministerium für Bundes- und Europaangelegenheiten das Amt des Justizministers.
Am 24. März ist Landtagswahl in Schleswig-Holstein: SPD 39,8 Prozent. CDU 37,2 Prozent. FDP 5,7 Prozent. GRÜNE 8,1 Prozent.
Am 5. Juli wird Klon Dolly geboren, das erste Säugetier, ein Schaf, das aus einer erwachsenen Körperzelle künstlich erzeugt wurde.
Norbert Gansel wird erster direkt gewählter Oberbürgermeister in KIEL.

Zur Musikbox:
Die toten Hosen: „Opium fürs Volk"; Max Raabe „Mein kleiner, grüner Kaktus"; Elton John „Goodbye England's Rose"; Nina Hagen „Fairytale of New York ...

„Kilian" Seit meiner Ankunft in KIEL, seit zwanzig Jahren nun, erleb ich jede Begegnung mit „Kilian" als notwendige Gedenkminute und Schmerz. Die Ruine des U-Boot-Bunkers aus dem Zweiten Weltkrieg – hier im ehemaligen Reichskriegshafen – hier in der Hochburg des U-Boot-Baus – an herausragendem Ort in der Förde, zwischen Landeshaus und Schwentinemündung, ist mir in mein Gedächtnis eingebrannt wie die „Atombombenkuppel" in Hiroshima, das Gebäude, das nach dem Abwurf der Atombombe „Little Boy" zerstört, ausgebrannt und konser-

---

69 Jean Ziegler: „Die neuen Herrscher der Welt"

RESTE DES U-BOOT-BUNKERS KILIAN (FOTO: JENS RÖNNAU)

viert wurde. Beide sind Mahnmal und Skulptur zugleich. Sind Zeugnis geschichtlicher Vorgänge. Sind unmittelbar aus dem Grauen heraus entstanden. Sind Welterbe – „kultur" nicht. – 1987 hatte eine Diskussion um die Zukunft von „Kilian" begonnen – schon im Vorfeld der von der Stadt auf dem ehemaligen Werftgelände Dietrichsdorf geplanten Erweiterung des Handelshafens. Ende August 1988 hatte das Landesamt für Denkmalpflege das Mahnmal unter Denkmalschutz gestellt. Der Landeskonservator hatte den Denkmalwert begründet: „Die monumentale Betonruine des 1946 von englischen Soldaten gesprengten Werftbunkers für U-Boote in der Kieler Innenförde ist ein Baudenkmal von besonderer geschichtlicher Bedeutung. Sie erhält durch die unübersehbare städtebauliche Lage und die eindrucksvolle Form der Trümmer die Wirkung eines Mahnmals, […] verweist […] auf die jüngere Geschichte Kiels, in der das Geschick der Stadt aufs engste mit der Reichsgeschichte verbunden war, und wird damit zu einem Zeugnis gesamtdeutscher Geschichte. […]" Die Stadt hatte dagegen geklagt, unterlag aber 1991 beim Verwaltungsgericht in Schleswig. Nach intensiv geführter, öffentlicher Debatte hatte die Landesregierung den Denkmalschutz dann aber aufgehoben, um damit den Weg für eine uneingeschränkte Erweiterung des Ostuferhafens zu ebnen. – Der Verein „Mahnmal Kilian e. V." bemühte sich unbeirrt weiter, die Ruine als Gedenkstätte zu erhalten. Sie stelle einen Gegenpol zu den U-Boot-Ehrenmalen Laboe und Möltenort dar und sei Seegrab, Ort von Zwangsarbeit, Produktionsstätte einer verbrecherischen Kriegsführung und als zerstörter Bunker ein Friedenssymbol. – Nachfolgendes zieh ich in der Chronologie an dieser Stelle vor: Nach vielen öffentlichkeitswirksamen Veranstaltungen, Führungen insbesondere auch für Schulklassen und künstlerischen Auseinandersetzungen mit „Kilian" wird der Verein „Mahnmal Kiel e. V." im September 1999 für sein beharrliches Engagement mit dem Deutschen Preis für Denkmalschutz in Speyer gewürdigt.

1998   Nachdem sich – auch wegen des SPD-dominierten Bundesrats und der damit eingeschränkten Handlungsfähigkeit der Bundesregierung – innenpolitische Stagnation abzeichnet, bringt die Bundestagswahl am 27. September eine rot-grüne Koalition. Gerhard Schröder wird Bundeskanzler. Joschka Fischer wird Außenminister. Jetzt beginnt die Verschröderung unserer Republik. – Der SPD-Landesvorsitzende und Nachfolger von Gerd Walter auch als Europaabgeordneter, Willi Piecyk, sagt in diesen Tagen bei der Verabschiedung einer Kollegin in den Ruhestand am Kleinen Kuhberg, zu der ich eingeladen bin: „Jetzt ist doch tatsächlich der größte Rüpel unter uns Kanzler geworden!" Wolfgang Schäuble wird CDU-Vorsitzender.

Verschröderung

Zusammen mit der Bundestagswahl am 27. September sprechen sich in einem Volksentscheid 56,4 Prozent der abstimmenden Schleswig-HolsteinerInnen gegen die Rechtschreibreform aus. (Aber dieser „Volksentscheid" wird anschließend mit einer einfachen Änderung des Schulgesetzes durch den Landtag wieder einkassiert und die Rechtschreibreform an den schleswig-holsteinischen Schulen dann doch eingeführt. Ich bin entsetzt, *wie* sich die repräsentative Demokratie über den Willen des „Volkes" hinwegsetzt.[70] Ich trauer um die alte Rechtschreibung. Ich fühlte mich so zuhause in ihr. Ich war in ihr groß geworden zu einer

Rechtschreibreform

---

70 Trotz massiver Proteste selbst von bedeutenden DichterInnen, NobelpreisträgerInnen bis hin zum Präsidenten der Akademie für Sprache und Dichtung wurden in politischer, staatlicher Willkür gegen den Willen großer Teile der „Sprachgemeinschaft" neue Regeln festgelegt. Quelle u. a.: Die Reform als Diktat, Zur Auseinandersetzung über die deutsche Rechtschreibreform, Frankfurter Allgemeine, Oktober 2000

Zeit, als Rechtschreibung noch von allergrößter Bedeutung erschien, unumstößlich und als ehernes Gesetz. Wie ich mich um sie bemühte. Im Rückblick kommen mir der Eifer und die Liebe, mit denen NachkriegslehrerInnen und -schülerInnen sich um Sprachlehre und Rechtschreibung bemühten, naiv vor. Ich mag die neue Rechtschreibung nicht! Und das hat nichts mit Faulheit zu tun, die neuen Regeln zu lernen. Ich fühl mich fremd in meiner eigenen Sprache. Ich widersetz mich ihr, wo sie mir z. B. in der Zusammen- bzw. Getrenntschreibung den Sinn entstellt, wo das Komma keinen Sinn macht oder fehlt, wo ich in der Schreibweise an die Herkunft eines Wortes erinnert werden will ... Die Rechtschreibreform wurde später noch einmal reformiert, neue Regeln wurden zurückgenommen, alte wieder für gültig oder gleichrangig mit neuen erklärt. Nach verschiedenen Studien sowie nach Aussagen von Fachleuten wurde die Reform ihren Ansprüchen nicht gerecht und war ihren großen Aufwand und ihre enormen Kosten nicht wert.)

Zur Chronologie 1998:
Am 24. April erklärt die RAF (Rote Armee Fraktion) ihre Auflösung.
Nach der am 27. September verlorenen Bundestagswahl wird Wolfgang Schäuble CDU-Vorsitzender.
Am 31. Dezember werden die Wechselkurse zwischen dem Euro und den einzelnen Teilnehmerwährungen der Mitgliedstaaten festgelegt.

Zur Musikbox:
Herbert Grönemeyer „Bleibt alles anders"; Cher „Believe"; Falco „Egoist" ...

11. März. Oskar Lafontaine schmeißt schriftlich und ohne Angabe von ·1999 Gründen nach wenigen Monaten als Minister alles hin, tritt von allen Ämtern zurück. (Was ich seitdem genauer wissen wollte, erfahr ich in Lafontaines Interview in der taz 5./6. November 2016: Auf die Frage: „Sie haben 1998 nicht geahnt, dass man mit Schröder keine linke Politik machen konnte?", antwortet er: „Ich hatte sein Wort für eine gemeinsame Politik ohne Krieg und Sozialabbau. Sonst hätte ich seine Kandidatur verhindert. Aber es geht nicht nur um ihn, sondern auch um Joschka Fischer. Dass er ein solcher Befürworter von Interventionskriegen war, habe ich nicht geglaubt.")

Gerhard Schröder wird SPD-Vorsitzender.

Am 1. Juli ist es an der Küste vorbei mit der Butterfahrerei. Unsere geliebte Fährverbindung KIEL–Langeland–KIEL geht nicht mehr.

Seattle Vom 30. November bis 2. Dezember soll die Konferenz der Wirtschafts- und Handelsminister der WTO (1995 gegründete, einflussreichste Organisation zur Absprache globaler Handelsabkommen) in Seattle/USA stattfinden. 5.000 Delegierte aus 133 Staaten sind angekündigt. Wir erleben an den Bildschirmen „The Battle of Seattle". Dieses Ereignis wird als Beginn der zweiten Protestwelle gegen eine Globalsierung neoliberaler Ausprägung in den USA gedeutet. Zigtausende protestieren und deren Auseinandersetzung mit der Polizei verhindert, dass die Konferenz planmäßig stattfinden kann.

Die rot-grüne Bundesregierung beginnt ihre Verhandlungen mit den Energieunternehmen für einen „geordneten Ausstieg" aus der Atomenergie.

Husumer Schiffswerft Im Dezember wird vom Amtsgericht Husum das Insolvenzverfahren zur Husumer Schiffswerft (siehe S. 61) eröffnet. Ende der 1970er-Jahre hatte die Werftenkrise auch sie erreicht, aber sie war bis jetzt größte Werft an der schleswig-holsteinischen Westküste und Husums größter Arbeitgeber geblieben. – Mir fällt Asger Lindinger aus Kopenhagen ein, u. a. er hatte Husum Arbeit und Wohlstand gebracht. 1979 hatte er mit seiner Reederei Konkurs anmelden müssen. Welch ein Schmuckstück die Taufpatin von „Lindinger ZENIT" wohl bekommen hätte, wenn Lindinger es geschafft hätte, mit seiner Frachtschiffserie das Alphabet bis zum Z durchzubuchstabieren – eines aus Sternenstaub? Ich weiß noch, wie peinlich ich es fand, als der nette Husumer Sparkassendirektor Krieger – ich glaub es war bei der Stapellauffeier „Lindinger FACIT" – erklärte, er wolle sich für Asger Lindinger um die Husumer Ehrenbürgerschaft bemühen, woraufhin dieser erwiderte, dass das nicht nötig sei. Er sei schon Ehrenbürger von Philadelphia.

Bei HDW steigt die Babcock Borsig AG als Aktionär ein.

Saurier auf HDW

*Einmal bei Nebel an einem Sonntagnachmittag im November auf dem
Rückweg von Laboe,
als ich an der Spitze der kleinen Kitzeberger Landzunge zum Harden-
bergblick komm,
als verschleiert das Panorama auf das schöne Innerste von KIEL vor
mir auftaucht,
stehen da, höher als St. Nikolai, mit großen kantigen Köpfen – ich trau
meinen Augen:
Neugierig, aber unaufgeregt wie am Tag der Schöpfung
Saurier am Ufer! Saurier auf HDW!*

Saurier op HDW

*Eenmol bi Daak an' Sünndagnamiddag in' November op'e Rüchweg
vun Laboe
as ick an'e Spitz vun de lüttje Landtung vör Kitzebarg an'e Hardenbarg-
utkiek kaam
as as achter 'n Schleier dat Panorama vun dat schöne Binnerste vun
KIEL vör mi opduuken deit
stahn dor, hööhcher as St. Nikolai, mit groote kantige Küpp – ick truu
mien Oogen:
Nieschierig, man ganz suutje vör sick hen, so, as wenn de leeve Gott
groode eers de Eer feerdig harr
Saurier an'e Woterkant. Saurier op HDW!*

Am 4. November wird die illegale Spendenpraxis, die sogenannte „CDU-Spendenaffäre" aufgedeckt. Am 16. Dezember bestätigt der ehemalige Bundeskanzler und CDU-Vorsitzende Helmut Kohl nach vorherigem Abstreiten die Existenz Schwarzer Konten. (Als Konsequenz wird das Parteiengesetz verschärft und ein Bundestagsuntersuchungsausschuss zur Aufklärung der Affäre eingesetzt.)

CDU-Spendenaffäre

Zur Chronologie 1999:
Ab 1. Januar gilt in den Staaten der Währungsunion der Euro als gesetzliche Buchungswährung.

Am 12. März treten Polen, Tschechien und Ungarn der NATO bei.
Am 24. März beginnt der Kosovokrieg, der erste Krieg, an dem sich die
Bundesrepublik Deutschland beteiligt. Joschka Fischer ist Außenminister,
Rudolf Scharping ist Verteidigungsminister. Ein Krieg mit NATO-Luftangriffen, ohne UN-Mandat, gegen einen „souveränen", einen unabhängigen Staat (einer von einer Serie grauenvoller Kriege auf dem Balkan, die
kaum jemand in dieser unserer Zeit in Europa für möglich gehalten hat).
Am 1. Oktober marschiert die russische Armee erneut in Tschetscheni-
en ein (Zweiter Tschetschenien Krieg), um die aus der Sicht Russlands
kriminelle und die Rebellen unterstützende Regierung von der Macht
zu entfernen. Es ist die Rede von schweren Menschenrechtsverletzungen
durch russische Einheiten und Rebellen. Seit Beginn des Krieges sollen
Tausende Zivilisten, vorwiegend junge tschetschenische Männer unter
dem Vorwurf des Terrorismus verschleppt, gefoltert und ermordet worden sein. Nach Presse- und NGO-Berichten halten auch nach dem Ende
des Krieges (2009: militärischer Sieg der russischen Streitkräfte) Menschenrechtsverletzungen – Entführung, Vergewaltigung, Folter, Plünde-
rungen, Erpressungen – an der Zivilbevölkerung an.
Ab 1999 achtet die Europäische Zentralbank mit Sitz in Frankfurt am
Main auf die Preisstabilität in Europa, indem sie die umlaufende Geld-
menge reduziert oder erhöht. Dies geschieht in der Regel durch Änderung der Zinssätze.
Die EU verabschiedet die „Agenda 2000", ein umfangreiches Aktions-
und Reformprogramm der Europäischen Union zur Stärkung der
Gemeinschaftspolitik im Hinblick auf die EU-Erweiterung. Reform der
Agrarpolitik: Preispolitik, Qualitätssteigerung, Umweltziele in der Landwirtschaft; Regionalpolitik: bessere Ausnutzung der Mittel, Anpassung
an die Lebensverhältnisse innerhalb der EU.

Zur Musikbox:
Max Raabe „Ein Freund, ein guter Freund", „Kein Schwein ruft mich
an"; Cher „Strong enough" …

2000   Im Januar gelingt es einer Frau, vor dem Europäischen Gerichtshof für
Menschenrechte die Möglichkeit zum Dienst von Frauen in Kampf-
verbänden zu erstreiten (bisher konnten Frauen nur im Sanitäts- und
Militärmusikdienst der Bundeswehr tätig werden). Ich denk: Jetzt geht

ein Aufschrei durch die Republik! Aber nein: Verteidigungsminister Scharping begrüßt das Urteil als ge-sell-schafts-po-li-tisch in die richtige Richtung weisend. Die Bundesfamilienministerin sieht es als ar-beits-markt-po-li-ti-sche Chance. – Die Frauenquote war in den 1980er-Jahren beschlossene Sache, aber die „Gleichheit", beim Töten, bei Gewalt oder Unterdrückung mit den Männern mithalten zu dürfen, wurde von SozialdemokratInnen abgelehnt. Gleichstellung bedeutete für uns Frauen nicht, die Fehler der Männer zu kopieren. Wir wollten nicht wie unsere Urgroßmütter und Großmütter Söhne zur Welt bringen, sie nähren und hätscheln, um sie einem Krieg zu opfern! Nach den Erfahrungen des Zweiten Weltkriegs wurde die Remilitarisierung in den 1950er-Jahren von breiten Kreisen der Bevölkerung abgelehnt! An eine Heranziehung von Frauen zur Bundeswehr war nicht zu denken. – Ich hab mir für mein Land immer gewünscht, dass es sich nach 1945 nie wieder an Kriegen beteiligt und keine Kriegswaffen mehr herstellt, sondern dass es sich mit all seinen Möglichkeiten weltweit sozial-humanitär engagiert. – Im Urteil – jetzt – wird festgestellt, dass Art. 12 a Abs. 4 GG, wonach Frauen grundsätzlich der Dienst mit der Waffe verboten ist, gegen die EU-Richtlinie zur beruflichen Gleichstellung von Mann und Frau verstößt.

Frauen in Kampfverbänden

1993 war ich wegen der „Schubladenaffäre (was konnte die Partei dafür?!) „nur" aus meiner Berufstätigkeit bei der SPD ausgeschieden. Jetzt ist es mir genug. Jetzt tret ich aus wegen Schröder und weil ich das gebrochene Versprechen nicht mehr ertrag. Ich war 1977 vor allem auch in die schleswig-holsteinische SPD eingetreten, weil sie sich den Ausstieg aus der Kernenergie ganz groß auf ihre Fahnen geschrieben hatte. 1988 hatte die sozialdemokratische Landesregierung eigens zu diesem Zweck eine Abteilung im Sozialministerium eingerichtet! Die GenossInnen in Schleswig-Holstein hatten im weiteren Verlauf die Nichteinlösung dann aber mit der politischen Konstellation auf der Bundesebene und der damit verbundenen rechtlichen Situation begründet. Jetzt hat sich die rot-grüne Bundesregierung unter dem Diktat der Atomkonzerne auf eine rein ökonomische Diskussion eingelassen, deren Ergebnis einer Bestandsgarantie gleichkommt.

Austritt aus der SPD

Am 22. Januar gründet sich Attac-Deutschland (nach der am 3. Juni 1998 in Frankreich gegründeten Nichtregierungsorganisation), ein Netzwerk zur demokratischen Kontrolle der internationalen Finanzmärkte,

Attac

das Druck auf Regierungen machen will. Ich freu mich über diese „Gegenattacke", die nach Jahren der Anpassung an die Diktatur der Märkte, der rein ökonomischen Globalisierung, endlich neue Bewegung bringt.

Rückzug Aus Anlass der Landtagswahl erklärt Gerd Walter, als Justizminister und Minister für Bundes- und Europaangelegenheiten nicht mehr zur Verfügung zu stehen, und er werde nie wieder ein politisches Amt übernehmen. Als ich das les, denk ich: In welch einen Abgrund muss er gesehen haben, dieser hochbegabte, hoffnungsvolle politische Kopf?

Am 15. Juni einigen sich VertreterInnen der Bundesregierung und der Energiewirtschaft auf den Ausstieg aus der Atomenergie – mit einer Frist von sage und schreibe 32 Jahren.

Vergaukelt

Es ist Sommer. Es ist Kieler Woche. Eingetaucht in ihre Lebensfreude entdeck ich im bunten Treiben auf dem KIELer Rathausplatz einen kleinen Elefantenjungen in Menschenklamotten auf einem Dreirad, der um sich herum einen Kreis von Kieler-Woche-Besuchern frech in ein Gespräch verwickelt hat. Einen Augenblick lang versink ich so, dass ich staunend glaub, dass da ein kleiner Elefantenjunge in Menschenklamotten auf einem Dreirad um sich herum einen Kreis von Kieler-Woche-Besuchern frech in ein Gespräch verwickelt hat – bis ich in unverdächtigen zwanzig Metern Entfernung, getarnt im Kieler-Woche-Gewimmel, seinen Schöpfer seh, der, nahezu unbemerkt, an einem Computer sitzend, diesen Zauber herbeigaukelt.

Prof. Wasser- mann Jetzt ist das Institut von Prof. Otmar Wassermann an der Kieler Universität gefährdet. Er gilt als Deutschlands streitbarster Toxikologe. Sein Institut hat erreicht,
- dass u. a. in Europa mehr als fünfzig geplante Müllverbrennungsanlagen nicht gebaut wurden,
- dass die Emissionsgrenzen für Dioxin[71] drastisch gesenkt worden sind,

---

71 Dioxine, auch als „Ultragifte" bezeichnet, da sie zu den giftigsten, vom Menschen erzeugten Stoffen gehören, reichern sich in der Nahrungskette an, gelten als krebserregend und können zu Missbildungen bei Embryonen führen.

- dass im Holzschutzmittelprozess aufgedeckt wurde, dass die chemische Industrie von der Gesundheitsschädlichkeit ihrer Produkte gewusst hat.

Im Frühjahr 1986, nach dem GAU in Tschernobyl, hatte Professor Wassermann uns in Schleswig-Holstein zur Situation und zu den Folgen die Wahrheit gesagt, während von Moskau über Kiew bis Brüssel, von Paris über Bayern bis Bonn Augenwischerei betrieben wurde, ja Grenzwerte kurzerhand heraufgesetzt worden waren. – Jetzt, in einem Interview mit dem Greenpeace Magazin 2/00 zur Zukunft seines Instituts, erklärt Prof. Otmar Wassermann auf die Frage der Redaktion: „Kommt Rückendeckung von der rot-grünen Landesregierung?": „Abgesehen von drei Planstellen hat uns die SPD-Regierung in keiner Weise unterstützt. Acht Jahre lang habe ich versucht, auf den Zusammenhang zwischen Leukämie und Kernkraftwerken aufmerksam zu machen. Ich bin dabei nur auf Ignoranz gestoßen. Schlimmer noch: Landesmutter Heide Simonis hat öffentlich gesagt, sie wolle unser Institut nicht unterstützen. Es habe für die Regierung ungünstige Gutachten erstellt. Da hilft nur massiver öffentlicher Protest." – Ich protestier schriftlich gegenüber der Pressestelle des Wissenschaftsministeriums. Und ich leg im Geist eine neue Mappe an für Luckhardts Hängeregistratur: *Roter Filz.*

In diesem Jahr beginnen Sprengung und Abriss des U-Boot-Bunkers „Kilian" (s. u. 1997). Der Krieg ist jetzt schon so lange her, dass ihm ein Dach aus Gras- und Moospolstern gewachsen war und sich kleine Bäume auf ihm angesiedelt hatten. Dann ist das Mahnmal, das „denk mal!" weg und wir denken mal nicht mehr. Aber da – da geht ein U-Boot in die Ostsee …

Am 10. Januar räumt Wolfgang Schäuble ein, von dem Waffenhändler Karlheinz Schreiber 1994 eine Barspende von 100.000 DM für die CDU entgegengenommen zu haben. In einem Fernsehinterview übernimmt Kohl die politische Verantwortung für die Spendenaffäre. Präsidium und Vorstand der CDU brechen mit ihrem Ehrenvorsitzenden. Auf Aufforderung seiner Partei tritt am 18. Januar Altbundeskanzler Kohl als Ehrenvorsitzender der CDU zurück. Die Staatsanwaltschaft Bonn nimmt Ermittlungen gegen Kohl auf – wegen des Verdachts der

Untreue. Am 16. Februar erklärt Wolfgang Schäuble, nicht mehr als Partei- und Fraktionsvorsitzender zu kandidieren. Friedrich Merz wird Vorsitzender der CDU-Bundestagsfraktion. Angela Merkel wird CDU-Vorsitzende.

Am 3. März stimmt das Landgericht Bonn in Sachen „CDU-Spendenaffäre" der Einstellung des Ermittlungsverfahrens gegen Kohl zu, weil kein hinreichender Tatverdacht für eine Anklage festzustellen war. Kohl muss aber eine Geldbuße von 300.000 DM bezahlen.

Zur Chronologie 2000:
Am 27. Februar ist Landtagswahl in Schleswig-Holstein: SPD 43,1 Prozent. CDU 35,2 Prozent. FDP 7,6 Prozent. GRÜNE 6,2 Prozent.
Im März wird Wladimir Putin russischer Präsident.
Der Leitzins liegt bei 4,8 Prozent.

Zur Musikbox:
Nina Hagen „Der Wind hat mir ein Lied erzählt" (nach Zarah Leander); Rosenstolz „Kassengift"; Sting „Desert Rose" …

Global Player

2001 *Mutter ist tot. Vater ist achtzig. Vater geht am Stock. Ich begleite ihn zu „seiner" Sparkasse. Sie befindet sich immer noch an dem Platz, wo die zuckerbäckerstuckverzierte Kreissparkasse stand, wo ich im Januar 1969 zum ersten Mal mit den frisch ins Formular getippten Börsenkursen, die, wie aufregend, mit dem Fernschreiber gekommen waren, die gewundene Marmortreppe mit goldenem Geländer ins Erdgeschoss zum zweiten Direktor Scharrel runtergeweht war – Börsenkurse, die – täglich neu – eingerahmt im Schaufenster zum Stadtweg ausgestellt wurden. Jetzt steht da ein Palast, der NOSPA heißt. Einige meiner ehemaligen KollegInnen sitzen da noch. In der großen, granitglänzenden Kassenhalle kommt uns lächelnd und grüßend Vaters netter, junger Sachbearbeiter entgegen, der eben noch die kleine Filiale am Rathausmarkt geleitet hatte, die jetzt geschlossen ist, die Vater so vermisst. Vater hält ihn an, fragt: „Was macht mein Geld?" Da wär ich am liebsten im Granitboden versunken. – (Nach Vaters Tod 2002 erfahr ich: Er, der*

Fischer, der Arbeiter mit klugen politischen Gedanken, der vernünf-
tige kleine Mann mit kleiner Rente, über die Mutter Ilsebill immer so
geklagt hatte, war am Ende seines Lebens „Global Player" geworden.
Sein Anlageberater hatte ihm empfohlen, sein – kleines – Geld nicht
auf dem Sparkonto zu lassen, sondern in DEKA-Investmentfonds an-
zulegen – im weltweiten Immobiliengeschäft. In Vaters Nachlass finde
ich einen Brief, in dem es um „Wichtige Informationen für alle Deka-
Bank Depot Kunden geht: Die DGZ-DekaBank wird im Laufe des Jah-
res 2001 im DekaBank Depot die Verwahrung von Investmentanteilen
ihrer Kooperationspartner anbieten. Dazu zählen derzeit Fonds von
Lombard Odier & Cie, einem renommierten Schweizer Privatbank-
haus mit zweihundertjähriger Tradition in Genf, und der Swissca, der
zentralen Investmentgesellschaft der Schweizer Kantonalbanken in
Bern. Unser Angebot der offenen Immobilienfonds ergänzen wir durch
den in Deutschland bereits eingeführten WestInvest 1 unseres neuen
Kooperationspartners WestInvest in Düsseldorf. [...] Mit diesem An-
gebot wollen wird das DekaBank Depot für Sie noch attraktiver ge-
stalten. Mit freundlichen Grüßen DGZ-DekaBank Deutsche Kommu-
nalbank.") – Vater war bei „seiner" Sparkasse gut beraten. Die Rendite
seines Anlageprodukts für die Zeit vom 4.1.2001 hätte bis zum 2.11.2017
78,20 % betragen! (Auskunft NOSPA Schleswig, 3.11.17)

Am 3. Juli bringt mein „Kind" ein Kind zur Welt.

Die Stadt KIEL verkauft, ohne die Kieler Bürgerinnen und Bürger zu
fragen, 51 Prozent des Kommunalen Versorgungsbetriebes, der Kieler
Stadtwerke – für 225 Millionen Euro an den privaten Investor TXU,
dessen Mutterkonzern seinen Sitz in Dallas/Texas hat. Die Hoheit über
unseren Brunnen, über unser KIELwasser, sitzt jetzt in den USA! Ich   KIEL-
frag mich: Arbeiten die PolitikerInnen, indem sie mehr und mehr öf-   wasser
fentliche Einrichtungen privatisieren und ehemals kommunale Dienstleistungen an private Unternehmen vergeben, nicht an ihrer eigenen
Abschaffung? Veruntreut der Staat, veruntreuen unsere gewählten
VertreterInnen nicht unser Eigentum, wenn sie gegen unseren Willen – oder ohne uns zu fragen – unsere Wasserwerke an private Unternehmen verkaufen? (Quelle: attac Bündnis Kielwasser, Arbeitsgruppe
zur Rekommunalisierung der Kieler Stadtwerke)

11. September

Am 13. September find ich wieder zur Sprache, zum Schreiben. Mein Leserbrief erscheint mit fetter Überschrift ganz oben in den „Kieler Nachrichten" und in der „taz" in Berlin: *AUFSCHREI GEGEN EINEN MILITÄRISCHEN VERGELTUNGSSCHLAG! Kein Wort kann es beschreiben, dieses von außerhalb menschlicher Gesellschaft, aber nach der Feststellung unseres Kanzlers: ‚Dies ist eine Kriegserklärung gegen die gesamte zivilisierte Welt', frag ich: Was, bitte, ist die zivilisierte Welt? Ist es – z. B. – die Welt, die auszog und Kreuzkriege gegen Un- und Andersgläubige führte? Die, die Rohstoffe anderer Welten ausbeutete und ausbeutet und bei Gebirgen von Überproduktion und Verschwendung – wissentlich – täglich viele Tausend Menschen verhungern, Millionen Menschen im Elend läßt? Ist es die Alte Welt, von der der Erste Weltkrieg ausging (die sog. Mutterkatastrophe des 21. Jahrhunderts) und der Zweite Weltkrieg (der sich durch die Todesfabriken der Nazis von jedem anderen Grauen unterscheidet)? Ist es jene, die eine ganze Nation ausrottete, um deren Heimat als Neue Welt in Besitz zu nehmen, die Atombomben schon wirklich warf und von der sowas wie der Vietnamkrieg ausging? Ist es die Welt der Industrienationen, die heute in einer zweiten Phase der Kolonialisierung mit ihrer Idee der Gewinnmaximierung die Macht über die Welt ergriffen hat, die sich beinahe nur noch mit Banalem beschäftigt und dabei die Zukunft der Menschheit aufs Spiel setzt – unsere Erde mehr und mehr zerstört – von der wir nicht weg können und zu der uns niemand von woanders was bringt? Was ist die zivilisierte Welt? ... Der Begriff ‚zivilisierte Welt' ist eine Beleidigung in sich. Er überhebt sich über andere Gedanken, Völker und Welten. Er ist eine unbedachte Provokation und mit Ursache für das, was am 11. September geschah. Zivilisation ist ein fernes Märchen. Wir Menschen müssen jetzt einen Moment innehalten! Militärische Vergeltungsschläge gegen das, was geschah, führen uns alle ins Elend! Wir müssen jetzt unsere Angst um persönliche Sicherheit überwinden und uns kümmern um die uns allen gemeinsame Welt!*

An dieser Stelle zieh ich in der Chronologie einige Zitate aus der Sendung „Essay und Diskurs" vom 29. März 2013 im Deutschlandfunk vor, in der die Redaktion ein Gespräch mit dem Globalisierungsforscher Michel Chossudovsky, kanadischer Professor für Wirtschaftswissenschaften an der Universität Ottawa, führt. Titel: „Frieden für Afghanistan?"

„[…] Am späten Nachmittag des 11. September wurde ein Kriegskabinett gebildet. Zuvor hatte es so etwas in den USA nicht gegeben. […] Am späten Abend dann wurde der Krieg gegen Afghanistan mit der Begründung erklärt, der afghanische Staat fördere den Terror und würde die al-Quaida-Operationen gegen die USA unterstützen. Es gab keinerlei Beweise. […] Am darauffolgenden Morgen europäischer Zeit […] traf sich der Nordatlantikrat in Brüssel und berief sich erstmalig auf Artikel 5 des Nordatlantikvertrages. Er besagt, dass der Angriff auf einen Mitgliedsstaat der NATO wie ein Angriff auf alle Mitgliedstaaten der NATO anzusehen ist." Afghanistan

Nach den weiteren Ausführungen von Chossudovsky gründet sich der Krieg gegen Afghanistan auf zwei falschen Behauptungen: „Erstens, dass Afghanistan die USA angegriffen hätte und deshalb der Verteidigungsfall nach Artikel 5 des Nordatlantikvertrages in Kraft zu setzen sei und zweitens, dass Afghanistan al-Quaida und Osama bin Laden unterstützen würde, was die Taliban vehement verneinten. Die Terroranschläge vom 11. September 2001 wurden also für den schon längst vorbereiteten Krieg gegen Afghanistan instrumentalisiert. Nun erhielt man die notwendige öffentliche Unterstützung, denn alle waren von den Anschlägen geschockt. […] Wahr ist, dass Afghanistan niemals die USA angegriffen hat, wahr ist, dass die radikalen Islamisten erst durch die USA und ihre Geheimoperationen entstanden sind. […] Dieser Krieg ist illegal und kriminell. Und diejenigen Staats- und Regierungschefs, die sich auf den Artikel 5 des Nordatlantikvertrages berufen, sind Kriminelle. Es sind Kriminelle in hohen Staatspositionen. Die NATO ist eine kriminelle Vereinigung, wenn sie sich selbst eine Art humanitärer Funktion zuweist. […]"

Am 25. September hör und seh ich die Rede des Präsidenten der Russischen Föderation Wladimir Putin im Deutschen Bundestag – Auszüge: „Es ist das erste Mal in der Geschichte der deutsch-russischen Beziehungen, dass ein russisches Staatsoberhaupt in diesem Hohen Hause auftritt. Diese Ehre, die mir heute zuteilgeworden ist, bestätigt das In- Putin teresse Russlands und Deutschlands am gegenseitigen Dialog. Ich bin gerührt, dass ich über die deutsch-russischen Beziehungen sprechen kann, über die Entwicklung meines Landes sowie des vereinigten Europas und über die Probleme der internationalen Sicherheit – gerade hier in Berlin, in einer Stadt mit einem so komplizierten Schicksal. Diese Stadt ist in der jüngsten Geschichte der Menschheit mehrmals zum Zentrum der Konfrontation beinahe mit der ganzen Welt geworden. Selbst in der schlimmsten Zeit – noch nicht einmal in den schweren Jahren der Hitlertyrannei – ist es aber nicht gelungen, in dieser Stadt den Geist der Freiheit und des Humanismus [...] auszulöschen. [...] Russland hegte gegenüber Deutschland immer besondere Gefühle. Wir haben Ihr Land immer als ein bedeutendes Zentrum der europäischen und der Weltkultur behandelt, für deren Entwicklung auch Russland viel geleistet hat. Kultur hat nie Grenzen gekannt. Kultur war immer unser gemeinsames Gut und hat die Völker verbunden. Heute erlaube ich mir die Kühnheit, einen großen Teil meiner Ansprache in der Sprache von Goethe, Schiller und Kant, in der deutschen Sprache, zu halten. (Ende der Simultanübersetzung) (Beifall) [...] Niemand bezweifelt den großen Wert der Beziehungen Europas zu den Vereinigten Staaten. Aber ich bin der Meinung, dass Europa seinen Ruf als mächtiger und selbstständiger Mittelpunkt der Weltpolitik langfristig nur festigen wird, wenn es seine eigenen Möglichkeiten mit den russischen, menschlichen, territorialen und Naturressourcen sowie mit den Wirtschafts-, Kultur- und Verteidigungspotenzialen Russlands vereinigen wird. (Beifall) [...] Die ersten Schritte in diese Richtung haben wir schon gemeinsam gemacht. Jetzt ist es an der Zeit, daran zu denken, was zu tun ist, damit das einheitliche und sichere Europa zum Vorboten einer einheitlichen und sicheren Welt wird. [...] Da wir angefangen haben, von der Sicherheit zu sprechen, müssen wir uns zuerst klarmachen, vor wem und wie wir uns schützen müssen. In diesem Zusammenhang kann ich die Katastrophe, die am 11. September in den Vereinigten Staaten geschehen ist, nicht unerwähnt lassen. Menschen in der ganzen Welt fragen sich, wie es dazu kommen konnte und wer daran schuld ist. Ich möchte diese Fragen beantworten. Ich finde, dass wir alle daran schuld sind, vor allem wir, die Politiker, denen einfache Bürger in unseren Staaten ihre Sicherheit anvertraut haben. Die Katastrophe geschah vor allem darum, weil wir es immer noch nicht geschafft haben, die Veränderungen zu erkennen, die in der Welt in den letzten zehn Jahren stattgefunden haben. Wir leben weiterhin im alten Wertesystem. Wir sprechen von einer Partnerschaft. In Wirklichkeit haben wir aber immer noch nicht gelernt, einander zu vertrauen. Trotz der vielen süßen Reden leisten wir weiterhin heimlich Widerstand. (Beifall) [...] Tatsächlich lebte die Welt im Laufe vieler Jahrzehnte des 20. Jahrhunderts unter den Bedingungen der Konfrontation zweier Systeme, welche die ganze Menschheit mehrmals fast vernichtet hätte. Das war so furchterregend und wir haben uns so daran gewöhnt, in diesem Count-down-System zu leben, dass wir die heutigen Veränderungen in der Welt immer noch nicht verstehen können, als ob wir nicht bemerken würden, dass die Welt nicht mehr in zwei feindliche Lager geteilt ist. Die Welt ist komplizierter geworden. (Beifall) [...] Die Welt befindet sich in einer neuen Etappe ihrer Entwicklung. Wir verstehen: Ohne eine moderne, dauerhafte und standfeste internationale Sicherheitsarchitektur schaffen wir auf diesem Kontinent nie ein Vertrauensklima und ohne dieses Vertrauensklima ist kein einheitliches Großeuropa möglich. Heute sind wir verpflichtet, zu sagen, dass wir uns von unseren Stereotypen und Ambitionen [von unseren eingebürgerten Vorurteilen und höher gesteckten Zielen] trennen sollten, um die Sicherheit der Bevölkerung Europas und die der ganzen Welt zusammen zu gewährleisten. [...] bin ich davon überzeugt: Nur eine umfangreiche und gleichberechtigte gesamteuropäische Zusammenarbeit kann einen qualitativen Fortschritt bei der Lösung solcher Probleme wie Arbeitslosigkeit, Umweltverschmutzung und vieler anderer bewirken. Wir sind auf eine enge Handels- und Wirtschaftszusammenarbeit eingestellt. Wir haben die Absicht, in unmittelbarer Zukunft zum Mitglied der Welthandelsorganisation zu werden. Wir rechnen damit, dass uns die internationalen und die europäischen Organisationen dabei unterstützen. (Beifall) [...] Ich möchte besonders betonen, dass zum ersten Mal in der Geschichte Russlands die Ausbildungsausgaben die Verteidigungsausgaben übertreffen. [...] Ich bin überzeugt: Wir schlagen heute eine neue Seite in der Geschichte unserer bilateralen [zweiseitige völkerrechtliche Verträge] Beziehungen auf und wir leisten damit unseren gemeinsamen Beitrag zum Aufbau des europäischen Hauses. (Beifall) [...] Zum Schluss will ich die Aussagen, mit denen Deutschland und seine Hauptstadt vor einiger Zeit charakterisiert wurden, auf Russland beziehen: Wir sind natürlich am Anfang des Aufbaus einer demokratischen Gesellschaft und einer Marktwirtschaft. Auf diesem Wege haben wir viele Hürden und Hindernisse zu überwinden. Aber abgesehen von den objektiven Problemen und trotz mancher – ganz aufrichtig und ehrlich gesagt – Ungeschicktheit schlägt unter allem das starke und lebendige Herz Russlands, welches für eine vollwertige Zusammenarbeit und Partnerschaft geöffnet ist. Ich bedanke mich." (Anhaltender Beifall. – Die Abgeordneten erheben sich.) Ende der Redeauszüge. –

Von wie viel gutem europäischem Geist diese Rede geprägt ist! (Wie gemäßigt Putin zu diesem Zeitpunkt noch erschien. Welch gute Hoffnungen bestanden!)

Am 7. Oktober beginnen die USA – als Reaktion auf die Anschläge vom 11. September – mit der Operation „Enduring Freedom" den Afghanistankrieg („Enduring Freedom = „dauerhafte Freiheit", die zunächst „Infinite Justice" = „Grenzenlose Gerechtigkeit" genannt werden sollte).

Kindes Kind ist jetzt neun Wochen auf der Welt.

Erwachen im 21. Jahrhundert

Heute, beim Erwachen im Zwielicht, seh ich es als abstraktes Bild. Geometrische Flächen schwarz-weiß. Dann, mit zunehmendem Licht, wird zuerst die Mutter erkennbar als Scherenschnitt. Dann ist es da, das Bild. Ich seh sie bunt vor sonnigem Fenster, die Mutter, die ihr Kind im Badeeimer hält. Mit welchem Urvertrauen es zu ihr aufschaut und mit welcher Wärme sie auf es. Und ich auf die beiden. Ich möchte gegen die Wirklichkeit ansprechen und schreiben und schreien, bis sie unmöglich wird, denn ich weiß, sie muss nicht so sein, wie sie ist.

Ausgehend von 1968, von der Friedensbewegung, hoff ich – weiter – auf ein Wachstum der ökologischen und der neuen sozialen Bewegungen … versuch es – weiter – mit Schaffty ein Stück weit zu leben – in all unserer Unzulänglichkeit.

In diesem Jahr entsteht als Gegengewicht zur Welthandelsorganisa- Welt-
tionen (WTO) das Weltsozialforum mit einer ersten Veranstaltung sozial-
in Porto Alegre/Brasilien. Es geht um Alternativen zu dem „vorherr- forum
schenden Denkmodell des globalen Neoliberalismus",[72] um verantwor-
tungsbewusstes Denken und Handeln für das Wohl der ganzen Welt:
„Das Weltsozialforum ist ein offener Treffpunkt für reflektierendes
Denken, für die demokratische Debatte von Ideen, für die Formulierung von Anträgen, für freien Austausch von Erfahrungen und zum
Vernetzen effektiver Aktionen von Gruppen und Bewegungen der Zivilgesellschaft, die sich dem Neoliberalismus und der Weltherrschaft
durch das Kapital oder irgendeine andere Form des Imperialismus
[Ausdehnungs- und Machterweiterungsdrang der Großmächte] wi-
dersetzen und sich für den Aufbau einer planetarischen Gesellschaft
engagieren, in der der Mensch im Mittelpunkt steht." Aus der Charta
der Prinzipien 2001.

---

72 Neoliberalismus: als antikommunistischer und antikapitalistischer dritter Weg
im Sinne eines Marktradikalismus überbetontes wirtschaftliches Politikkonzept
eines freien Marktes, das die sozialen und ökologischen Probleme nicht löst, sondern eher verschärft. Vorrechte für wenige Reiche auf Kosten der großen Mehrheit.

Am 22. Dezember beschließt der Bundestag die deutsche Beteiligung an der „Operation Enduring Freedom", am Krieg in Afghanistan.

Zur Chronologie 2001:
Am 2. Januar beginnt die Bundeswehr mit der Grundausbildung von Frauen an der Waffe.
Am 15. Februar wird im Rahmen des Humangenom-Projektes eine vorläufige Version des gesamten menschlichen „Genoms", der menschlichen Erbanlagen vorgestellt.
Am 21. Juli wird Carlo Giuliani, Literaturstudent, 23 Jahre alt, von der Kugel eines italienischen Carabinieri tödlich in den Kopf getroffen, als er gegen den G8-Gipfel in seiner Heimatstadt Genua demonstriert.
Die rot-grüne Merheit im Bundestag beschließt den „Ausstieg aus der Atomenergie". Das AKW Brokdorf soll 2018 vom Netz gehen.

Zur Musikbox:
Enya: „Only Time"; Robbie Williams „Eternity"; Johann Theile (1646–1724) „Kantaten für Schloss Gottorf", Hamburger Ratsmusik, Simone Eckert ...

2002 Am 29. Januar bezeichnet US-Präsident George W. Bush in seiner Rede zur Lage der Nation die Länder Nordkorea, Irak und Iran als „Achse des Bösen". Irak sei die größte Gefahr für die internationale Sicherheit nach der Terrororganisation al-Qaida.

Verteidigungsminister Peter Struck (SPD) wirbt für den Einsatz deutscher Streitkräfte in Afghanistan: „Die Sicherheit der Bundesrepublik Deutschland wird auch am Hindukusch verteidigt."

Ende August sind die Wasserbauarbeiten zur Erweiterung des Kieler Ostuferhafens abgeschlossen. Wo sich einst „Kilian" erhob, sind nun fünf Ro-Ro-Liegeplätze mit kompletter Infrastruktur und weitläufigen Lagerflächen entstanden.

Ich finde eine beeindruckende Antwort zum 11. September. Der französische Philosoph, Soziologe und Schriftsteller Jean Baudrillard schreibt am 15. November 2002 in „Le Monde diplomatique" unter der Überschrift „Gewaltverhältnisse der Globalisierung – Der Terror und die Gegengabe [Auszug]

[...] Der Terrorismus beruht also sowohl auf der Verzweiflung der Gedemütigten und Beleidigten als auch auf der unsichtbaren Verzweiflung der Privilegierten der Globalisierung, auf unserer eigenen Unterwerfung unter eine integrale [für sich bestehende] Technologie, eine erdrückende virtuelle Realität, eine Herrschaft der Netze und Programme, die vielleicht das Regressionsprofil [die Kennzeichnung der Rückbildung] der gesamten Gattung skizziert, jenes ‚global' gewordenen Menschengeschlechts (entspricht nicht die Herrschaft der menschlichen Gattung über den Rest des Planeten jener des Westens über den Rest der Welt?). Und diese unsichtbare Verzweiflung – die unsere – ist unwiderruflich, denn sie resultiert aus der Realisierung all unserer Wünsche. Wenn der Terrorismus also aus dem Übermaß an Realität und deren unmöglichem Tausch, aus dieser verschwenderischen Fülle ohne Gegenleistung, aus dieser erzwungenen Auflösung der Konflikte resultiert, dann ist es eine völlige Illusion, ihn wie ein objektives Übel ausmerzen zu wollen, denn so wie er ist, in seiner Absurdität und seinem Nicht-Sinn, ist er das Urteil und die Strafe, die diese Gesellschaft über sich selbst verhängt."

Grabstein im Kapitalismus

Irgendwann zweitausendundzwei
fahr ich mit dem Stadtbus
Ostring
Westring
Saarbrückenstraße
am KIELer Südfriedhof entlang.
Dort gegenüber
beim Steinmetz
ragt
inmitten von Grabsteinen
auf einem hohen Sockel
ein Grabstein heraus.
Daran
weit sichtbar

ein Schild
wie beim Bäcker am Brot
wie bei Meislahn an der Bettwäsche
wie bei Karstadt am Käsestand
auf dem steht:
„Angebot des Monats"
und der Preis.

HDW „HDW ist jetzt komplett in US-Hand. Pleitekonzern Babcock verkauft auch den Rest der lukrativen Werft an One Equity Partners. Offen ist vorerst, was das für U-Boot-Lieferungen bedeutet. Für den geplanten deutschen Werftenverbund war's das wohl … Im März hatte der damalige Babcock-Chef Klaus Lederer 75 Prozent minus einer Aktie der HDW-Anteile überraschend an OEP abgegeben, nachdem zuvor monatelang über die Bildung eines deutschen Werften- und Rüstungsverbundes verhandelt worden war. Der Verlust der lukrativen Tochter hatte den Konkurs der Mutter beschleunigt." taz, 13. September 2002

Zur Chronologie 2002:
Am 1. Januar wird der Euro als allgemeines Zahlungsmittel in 12 von 15 EU-Mitgliedstaaten eingeführt. Das Vereinigte Königreich, Dänemark und Schweden schließen sich der „Euro-Gruppe" nicht an.
Im Spendenuntersuchungsausschuss wird offengelegt, dass die CDU offenbar „Schattenkonten" hatte.
Bei der Bundestagswahl am 22. September bleibt die SPD mit 42,9 Prozent stärkste Partei, CDU 36,0 Prozent, Die GRÜNEN 9,4 Prozent. FDP 8,0 Prozent. Rot-Grün regiert weiter.

Zur Musikbox:
Nina Hagen „Liebeskummer lohnt sich nicht" (nach Siw Malmkvist); Grönemeyer „Bin zurück", „Mensch", „Unbewohnt"; Max Raabe „Ich wollt, ich wär ein Huhn" …

2003
EU-Osterweiterung Am 1. Februar tritt der „Vertrag von Nizza" zur Vorbereitung der *EU-Osterweiterung* in Kraft. Ich freu mich, empfinde sie als Ausweitung des Wunders von 1989. Aber ich frag mich, wie man die wirtschaftlichen Ungleichgewichte ausbalancieren will. Ich frag meinen

Kameraden, meinen ehemaligen Brüsseler Kollegen Friedrich Roll-nach seiner Einschätzung. Er sagt: „Es ist eine enorme politische Herausforderung und gleichzeitig eine einmalige historische Chance. Die EU-Osterweiterung ist aus politischen Gründen notwendig!"

Am 11. Februar kündigt die Unternehmensführung von HDW an, 750 HDW Arbeitsplätze – im Wesentlichen im Bereich Handelsschiffbau – abbauen zu wollen.

17. Februar: „Kiel – Montagmorgen, 7.15 Uhr. In Halle 10, in der in besseren Zeiten riesige Schiffssektionen zusammengeschweißt wurden, sind an diesem kalten Tag 3.500 Stühle aufgereiht – und alle sind besetzt. Betriebsversammlung bei HDW, knapp eine Woche nach dem angekündigten Personalabbau: Keine leichte Veranstaltung für den fünfköpfigen Werftvorstand, der vollzählig erschienen ist, um die Fragen der Mitarbeiter zu der angekündigten Massenentlassung zu beantworten. [...] ‚Viel geredet, nichts gesagt' wird das Resümee nach fast vier Stunden bei den meisten der Kollegen lauten. [...] Der Betriebsratsvorsitzende Ernst-August Kiel betont, dass das vom Vorstand gezeichnete Bild von HDW mit der Realität nichts mehr zu tun habe. ‚Drei große Personalanpassungen haben wir innerhalb kurzer Zeit erlebt. Jetzt brauchen wir endlich eine Chance, um zu beweisen, dass wir besser aufgestellt sind.' Die Belegschaft werde nicht einfach nur zusehen, wie HDW zu einer reinen Rüstungswerft verkomme." Anschließend ziehen die Beschäftigten vor das Haupttor. Etwa 1.800 Menschen protestieren gegen den geplanten Abbau von 750 der 3.400 Stellen.[73]

Am 19. Februar verspricht Ministerpräsidentin Heide Simonis in einer Regierungserklärung im Landtag der Belegschaft der HDW Kiel ihre volle Unterstützung: „Entlassungen müssen vermieden werden" und „Ich sage der Belegschaft heute: Die Landesregierung wird alles tun, um eine Entlassungswelle in der angekündigten Größenordnung verhindern zu helfen. [...] Aber: Wir können nichts ohne oder gar gegen die Unternehmensführung bewirken", räumt Simonis ein. Es gebe auch interne Gründe für die Krise bei HDW. So deute einiges auf Fehlentscheidungen im Management hin. Eigene Schuld trägt die Landesregierung ihrer Ansicht nach nicht. [...] Den anschließenden

73 Quelle: KN 18.2.2003

Streit heizt die Regierungschefin selbst mit an. Die CDU habe in einer Pressemitteilung kritisiert, dass das Land seine Anteile an HDW 1991 leichtfertig veräußert habe. [...] Oppositionsführer Kayenburg bleibt dabei: Beim damaligen Verkauf seien – wie bei allen anderen Transaktionen in Sachen HDW – allein Sozialdemokraten beteiligt gewesen. Wegen dieses Geschäfts seien die Einflussmöglichkeiten der Landesregierung jetzt begrenzt. „Das sollten Sie den Beschäftigten bei HDW ehrlicherweise sagen."[74]

25. Februar. „Vor dem Eingang des Landeshauses in Kiel ist die Stimmung gereizt. Eine Abordnung der IG-Metall und des Betriebsrates der Howaldtswerke-Deutsche Werft AG (HDW) protestiert mit einem großen Transparent gegen den geplanten Abbau von 750 Arbeitsplätzen. ‚HDW muss Universalwerft bleiben'. Ein historischer Tag im Schleswig-Holsteinischen Landtag. Das Plenum tagt zum letzten Mal in dem alten Plenarsaal, der am 3. Mai 1950 in Betrieb genommen wurde. Die nächste Sitzung des Landtags wird am 2. April im neu erbauten, gläsernen Saal stattfinden. Heide Simonis gibt eine Regierungserklärung zur aktuellen Situation bei HDW ab. Die Regierungschefin spricht ‚von schlimmer Nachricht für Kiel und den Schiffbaustandort Schleswig-Holstein' und hofft, ‚dass das letzte Wort noch nicht gesprochen ist'."[75]

Ich hoffe auf eine Veröffentlichung zur Aufarbeitung der jüngeren HDW-Geschichte, zu Veruntreuung von Finanzkapital, Fördermitteln und Steuergeldern. Dass ausgerechnet der Verkauf der Landesanteile an HDW Kiel als Stiftungskapital der „Energiestiftung Schleswig-Holstein" zur Unterstützung und Förderung von Fortschritten auf dem Gebiet des Klimaschutzes dienen sollen – es reißt KIEL, es reißt mir das Herz 'raus. War das die einzige Möglichkeit?

In der Märzausgabe der „Zeitliteratur" stoß ich auf ein Buch, dass mir den Atem verschlägt. „Heteroptera: Das Schöne und das Andere oder Bilder einer mutierenden Welt, Cornelia Hesse-Honegger, Steidl, Göttingen 2003." Die Autorin, Wissenschaftszeichnerin, „Wissenschaftsskeptikerin", malt Käfer, die auf Grund radioaktiver Strahlung deformiert sind. Schwache Strahlung, „Niedrigstrahlung", das betrifft uns

---

74 Quelle: KN 20.2.2003
75 Quelle: KN 26.2.2003

alle, denn dafür sind menschliche Zellen, wie es heißt, genauso anfällig wie die eines Insekts. „Zeitliteratur" fragt: „Wie kann so etwas passieren?" Die Autorin zählt auf: „… Hiroshima, Nagasaki, Tschernobyl, Three Miles Island. […]"

Am 14. März verkündet Bundeskanzler Schröder in seiner Regierungserklärung die Agenda 2010. Als Ziele nennt er u. a. die Verbesserung der „Rahmenbedingungen für mehr Wachstum und für mehr Beschäftigung" sowie den „Umbau des Sozialstaates und seine Erneuerung". Die angekündigten Maßnahmen (die er von oben durchsetzt, teilweise unter Androhung von repressiven Maßnahmen gegen abweichende Abgeordnete und ohne Integration der SPD-Linken), insbesondere auch die Zusammenlegung von Arbeitslosen- und Sozialhilfe zur Grundsicherung, führen zu heftigen Kontroversen, insbesondere auch in der SPD. Am 1. Juni stimmen auf dem SPD-Sonderparteitag nichtsdestoweniger deutlich über achtzig Prozent für den Leitantrag des SPD-Bundesvorstandes. Ein innerparteiliches Mitgliederbegehren, das von mehreren linken SPD-Mitgliedern gestartet wird, scheitert. Am 14./15. Juni nimmt der Sonderparteitag von Bündnis 90/DIE GRÜNEN den Leitantrag zur Agenda 2010 mit neunzigprozentiger Mehrheit an.

Agenda 2010

TXU-Europa, der private Investor, der 2001 einen Anteil von 51 Prozent des Kommunalen Versorgungsbetriebes der Kieler Stadtwerke, der unseren Brunnen, unser KIELwasser gekauft hat, geht Konkurs, während der Mutterkonzern mit Sitz in Dallas/Texas noch immer gut im Geschäft ist.

Am 2. April tagt der Schleswig-holsteinische Landtag zum ersten Mal im neuen Plenarsaal, im Glashaus, das acht Millionen Euro[76] gekostet hat. Ich hätte mir dieses Geld – wie auch das für den Landtagsumbau – für die Schulen gewünscht. Ich denk an den Landtagspräsidenten, dem ich dazu einen Brief geschrieben und der daraufhin gesagt hatte: „Um das jetzt zu beantworten, müsste man *sehr* nachdenken." – Wir saßen im Landeshaus warm und Hochparterre und die Möbel waren aus Holz.

Glashaus

---

76 Beim Umbau des Hauses wird insgesamt von Kosten in Höhe von 23 Mio. Euro ausgegangen. Quelle: Gesellschaft für Schleswig-Holsteinische Geschichte

Mutter und Vater sind jetzt in unserer schönen Mitte auf dem Holm.
Mein Elternhaus steht leer. Ich denk an den Moment, als Vater und
Mutter es kauften. 1964. Wie es Vater beschwert hatte, einen Kredit für
den Kauf und den notwendigen Umbau aufzunehmen zu müssen. Wie
es ihm beinahe unerträglich erschien, Großvater zu bitten, mit seinem
Haus zu bürgen (dem Haus am Lindenrund, das Urgroßvater um die
vorige Jahrhundertwende gekauft hatte). Denk an den dramatischen
Tag, als meine Eltern 1967 entdeckt hatten, dass der alte Gebäudeteil ihres Hauses vollkommen von Hausschwamm befallen ist. Das war eine
Katastrophe. Das brachte sie zur Verzweiflung und an den Rand des
Ruins. Das Mauerwerk wurde mit Gift vollgepumpt. Der Schwamm
hat sich dann nie wieder gezeigt. – Ich will mein Elternhaus nicht verkaufen. Meine Familie und ich denken es uns als Wochenendhaus. Wir
lassen das Mauerwerk untersuchen. Der Mann, der zur Erstellung eines Gutachtens eines der Giftlöcher aufbohrt, eine Probe entnimmt,
erbricht spontan. Das Gutachten ergibt: Das Haus ist immer noch voll
von Holzschutzmittelkonzentrat, PCP (Pentachlorphenol), mit bis zu
153 mg/kg 25-mal höher als der Grenzwert (5 mg/kg). PCP gilt als hoch-
giftig, allergie- und krebsauslösend und erbgutschädigend. Die Gesellschaft für Wohnraum- und Umwelttoxikologie empfiehlt uns dringend
eine Sanierung des Gebäudes. Ein notwendiges zweites Gutachten stuft
das Gebäude als kontaminiert ein. Ohne vorherige fachgerechte Sanierung ist es für Wohnzwecke nicht mehr nutzbar. In diesem Gemäuer
wollen wir nicht wohnen. Wir entscheiden uns, das Haus ganz „zu-
rückzubauen". Zuerst setzen wir uns mit dem Stadtbauamt, mit der
Bauaufsicht in Verbindung. Es ist uns wichtig, die Behörde so frühzeitig wie möglich einzubeziehen. Wir erfahren: Der Holm steht nicht
als Ensemble unter Denkmalschutz. Da bin ich irritiert. Das heißt, der
Holm als einzigartiges Ensemble ist ungeschützt – bis auf einige wenige Häuser im Rund, auf die besonderes Augenmerk gerichtet ist, zu denen das Landesamt für Denkmalpflege eine Akte führt. Der Mann von
der Schleswiger Bauaufsicht sagt: „Sie können im Rahmen der Bauge-
setzgebung bauen, wie sie wollen." Da bin ich platt. Wir wissen, dass im
Rahmen der Altstadtsanierung andere Häuser mit hohen fünfstelligen
Summen aus Steuergeldern gefördert wurden, zum Beispiel mit der Begründung: „… wegen der Nähe zum historischen St. Johanniskloster".
Den Widerspruch verstehen wir nicht. Wir befinden uns in derselben

Nähe, und können bauen, wie wir wollen? Wir fragen uns nach dem Sinn einer solchen Förderung. Wir wenden uns an den Eingabenausschuss des Landtags. Am Ende sitzen wir vor Papieren, in denen die wesentlichen Stellen geschwärzt sind. – Wir wollen unser Haus stilgerecht wiedererrichten. Unser Architekt erklärt, eine Rekonstruktion komme für ihn nicht infrage, er nennt seinen Plan zum Wiederaufbau „historisierend". Ich lern: „historisierend" – das ist eine Rekonstruktion, bei der man das Alte nicht kopieren darf, bei der bestimmte Details nicht mit dem Original übereinstimmen dürfen, wenngleich diese bei Laien diesen Eindruck erwecken.

Zur Chronologie 2003:
Am 15. Februar demonstrieren weltweit Millionen Menschen gegen einen Krieg gegen den Irak und für eine friedliche Lösung.
19. März völkerrechtswidriger Angriff der USA, Großbritanniens und einer „Koalition der Willigen" auf den Irak, auf das Regime Saddam Husseins (der bis 1990 einer der Verbündeten des Westens, der USA, der BRD ... gewesen war). Der Dritte Golfkrieg beginnt. Deutschland und Frankreich lehnen die US-Kriegspolitik ab.
Am 13. Dezember wird Saddam Hussein von den US-Besatzungstruppen festgenommen.
Die Hamburgische Landesbank und die Landesbank Schleswig-Holstein schließen sich zur HSH Nordbank zusammen.
In diesem Jahr erfolgt die atomrechtliche Genehmigung zur Errichtung eines Zwischenlagers für hundert Castorbehälter am Standort Brokdorf, das im Herbst 2005 fertiggestellt sein soll.

Zur Musikbox:
Amy Winehouse „Stronger than me"; Peter Maffay: „Laut und leise".

Im Februar fährt Angela Merkel in die Türkei, um für den Vorschlag einer „Privilegierten Partnerschaft" zu werben. Die CDU hält die Aufnahme der Türkei in die EU für einen schweren Fehler, sie erklärt öffentlich u. a., die Türkei sei noch viel zu rückständig, um den europäischen Standards genügen zu können. – Ganz selten, wenn ich es nicht mehr aushalt, schreib ich einen Leserbrief. Dieser erscheint am 24. Februar in DIE ZEIT:

Welch heillose Diskussion um die Aufnahme der Türkei in die Europä-
ische Union! Welch ein Auftritt unserer Oppositionsführerin in Ankara!
Eine Diplomatin. Selbst von den positiven Worten unseres Kanzlers ist
es noch ein weiter Weg zu europäischer Wirklichkeit. Natürlich schauen
wir alle – auch – mit Sorge auf die anstehenden großen Erweiterungen
der Europäischen Union. Ohne die Frage der Menschenrechte zu ver-
kennen: Wer sind wir, dass wir diesem stolzen Land mit seiner großen
Geschichte, dessen Menschen zu Millionen europäische Bürger sind, sa-
gen – und das nach dem „11. September“: Du darfst nicht mitspielen,
Du bist zu arm, zu dumm, zu schmuddelig – Ausgrenzung beginnt in
der Sandkiste und ist Ursache für amoklaufende Schüler ebenso wie für
Krieg. Der jahrzehntelang zum Ausdruck gebrachte Wille der Türkei, zu
Europa zu gehören, ist ernstzunehmen – im Wissen darum, welch strate-
gisch wichtiger Weltort dieses Land ist, ein Tor zur islamischen Welt (vor
vierzig Jahren noch wusste das jede/r VolksschülerIn), dessen kluge Weis-
heit wir, anstatt es zu demütigen und möglicherweise extremistischen
Kräften zu überlassen, in uns aufnehmen sollten, damit wir einander in
Frieden stärken.

(Wie zur EU hingezogen die türkische Regierung, wie gemäßigt Erdoğan zu diesem Zeitpunkt noch erschien!)

Am 29. April haben 51 Prozent der KIELer Stadtwerke zum zweiten
Mal den Eigentümer gewechselt. Neuer Eigentümer ist der Mannhei-
mer Energieversorger MVV/Mannheimer Verkehrsverbund – kommunale Versorgergruppe. Die Hoheit über unser KIELwasser sitzt jetzt
in Mannheim.

Am 1. Mai wird die größte Erweiterung der EU gefeiert. Es ist wahrlich
ein Grund zum Feiern! Estland, Lettland, Litauen, Polen, die Slowakei,
Slowenien, die Tschechische Republik und Ungarn, so viele Menschen,
die so lange hinter dem Eisernen Vorhang leben mussten, gehören jetzt
zur Europäischen Union. Auch Malta und Zypern sind dabei. Die Union hat nun 25 Mitgliedstaaten. Es ist Frieden!

Mir entsteht jetzt der Eindruck, dass mit dem Umbau des sozialen und
wirtschaftlichen Gefüges unserer Republik, mit der „Agenda 2010“/
„Hartz IV“, eine politische Klasse entstanden ist, die Macht verwal-

tet und Proteste gegen soziale Einschnitte gefühllos aussitzt. Gut verdienende Bereiche des Gesundheitssystems wie die Pharmaindustrie werden geschont, während – ohne Not – Versicherte und PatientInnen höhere Lasten wie Praxisgebühr, erhöhte Zuzahlungen, Ausgliederung – z. B. – des Zahnersatzes und des Krankengeldes aus der gesetzlichen Krankenversicherung tragen. Während der materielle Reichtum in Deutschland noch nie so groß war wie jetzt, stellt neben der Gesundheitsreform das Kernstück der Agenda 2010, „Hartz IV, die größte Kürzung von Sozialleistungen seit 1949" (Schlagzeile FAZ am 30. Juni 2004) dar. Menschen, die ihr Leben lang schwer gearbeitet haben, müssen mit unzulänglichen Renten leben, sind genötigt, gegen „Hartz IV" zu klagen … Viele müssen jetzt zwei, drei Jobs ausüben, damit das Geld reicht. Vielfach wird von Menschen berichtet, die Pfandflaschen aus Mülleimern sammeln, um finanziell über die Runden zu kommen.

Im Altweibersommer weihen wir unser Ferienhaus auf dem Holm ein. (Als ich Jahre später die „Ansicht der vorzeiten berühmten Handelsstadt und heutigen Haupt- und Residenzstadt Schleswig" um 1523 seh, die P. Hakon Lingner 1986 rekonstruiert hat, stell ich mit Erstaunen fest, dass ungefähr dort, wo jetzt unser langes, schmales Haus mit Holzgiebel steht, um 1523 ein ähnlich langes, schmales Haus mit Holzgiebel stand). – Der Ort, von dem aus meine Vorfahren über Jahrhunderte Fischfang betrieben, liegt in seinem alten Gefüge noch *nachahnbar* da. Jetzt erscheint er mir als Heimat und verlorene Heimat zugleich und als Denkmal für nachhaltige Lebensform!

Heimat und verlorene Heimat zugleich

Bei Basho[77] auf dem Schoss

Auf dem Holm bin ich
Doch beim Schrei der Lachmöwe
Sehn ich mich nach dem Holm.

Bi Baschan op' Schoot

Op de Holm bin ick
Man bi datt de Lachmeev schricht
Leng ick no de Holm.

---

77 Haiku – kürzeste aller Lyrikformen – bedarf der Haiku-Gesellschaft, die, in sich geschlossen, Stabilität hat. Der Schleswiger Holm ist wie für Haiku gemacht. Basho (1644–1694) war einer der bedeutendsten Haiku-Dichter Japans. Baschan war einer der alten Holmer Fischer, der hier die untergegangene Kultur symbolisiert. Er konnte wunderbar das Humphrey-Bogart-Gesicht, hinter dem ich immer sein Lächeln sah.

Die Holmer Fischerzunft von 1765 besteht zwar noch, eine Handvoll Fischer ist noch da, aber die gemeinsame Wadenfischerei wurde bereits Mitte der 1960er-Jahre aufgegeben. Die letzten Holmer Fischer gehen ihrem Handwerk allein oder zu zweit nach. Ihr Fischereirecht aus dem zwölften Jahrhundert gilt – mit einer kleinen Einschränkung – bis heute. Das Brackwasser der Schlei bringt immer noch guten, wilden, besonders schmackhaften, festfleischigen Fisch hervor. Aber es ist unvorstellbar, dass sich hier, wie im 19. Jahrhundert, um die hundert Familien oder, wie zu meiner Kindheit, um die sechzig Familien vom Fischfang ernähren. Die Holmer Fischer selbst sind nicht Ursache für den Rückgang der Fischbestände in der Schlei. Sie arbeiteten, sie arbeiten nachhaltig, sie setzen, wie ihre Vorfahren, immer noch regelmäßig Jungfische ein. Zwei, drei von ihnen haben neben ihrem Kahn einen Kutter, mit dem sie neben der Schleifischerei Fischfang auf der Ostsee betreiben." „[...] Zu bemerken ist, daß in der modernen Schleifischerei der Aal bis in die 1960er-Jahre eine hervorragende Stellung einnahm (Neubaur und Jaeckel 1935–1937; Nellen 1968); in jüngster Zeit sind die Erträge, besonders in der Schlei, aber auch im übrigen Ostseegebiet stark rückläufig (Lupatsch und Nellen 1981)." „Aus Vergleichen mit Erhebungen und Untersuchungsergebnissen aus dem Zeitraum vom 19. Jahrhundert bis heute wurde erschlossen, daß grundlegende Veränderungen der Schlei erst der jüngsten Vergangenheit zuzurechnen und wohl durch den Menschen verursacht sind."[78]

„Liest man Berichte über die Fischerei im frühen 19. Jahrhundert, gewinnt man den Eindruck, daß es damals jede Menge Fische gab. Lange Zeit wehrten sich die Fischer gegen das Schleppnetz. Während des ganzen Mittelalters war das Schleppnetz – ein sackförmiges Netz, das über den Meeresgrund gezogen wird – verboten, weil man der Ansicht war, daß es auf dem Boden des Meeres zu viel Schaden anrichtete: Welche Ehrfurcht hatte man damals noch vor dem Leben und der Umwelt. Man fischte mit Schnur und Angelhaken, mit Wadennetzen, die vom Land aus am Strand entlang gezogen wurden, mit Treibnetzen, in denen die größeren Fische hängen blieben, während die kleinen durchschlüpften, und mit anderen Methoden, die dem Fischbe-

(Marginalie links: nach-haltig)

---

78 Aus: Dirk Heinrich, Ausgrabungen in Schleswig, Berichte und Studien 6, Untersuchungen an mittelalterlichen Fischresten aus Schleswig, Ausgrabung Schild 1971–1975, Wachholtz Verlag Neumünster 1987.

stand wenig schadeten. Diese Art Fischerei hätte ewig so weitergehen können."[79]

Inzwischen befinden sich unsere Ozeane in einer historischen Krise. Über neunzig Prozent der Speisefischbestände sind überfischt oder werden bis an ihre Grenzen ausgebeutet. Gleichzeitig kämpfen zahlreiche Kleinfischer, die vergleichsweise nachhaltig arbeiten, um ihre Existenz. Kleinfischer in den Küstengemeinden sind in der Regel die größten Verlierer. Der Gier nach Profit sind inzwischen ganze Fischbestände zum Opfer gefallen. Viele Arten werden sich nicht mehr erholen können. – In den letzten Jahren hat sich in unserer Region der Kormoran so stark ausgebreitet, dass mensch von einer Überpopulation sprechen kann, die – zu allen anderen Widrigkeiten – dem Fischbestand enorm zugesetzt hat. Es ist mir vollkommen unverständlich, dass mensch diesem Übel nicht begegnet wie noch zu meiner Kindheit der Lachmöwe, deren Bestand durch Eiersammeln reduziert wurde.

Die „Holmer Beliebung", die Totengilde, die während des letzten großen Einbruchs der Pest im Jahr 1650 gegründet worden war, feiert immer noch jedes Jahr um Mittsommer ihr biedermeiernes Fest. Man bemüht sich, die Traditionen zu bewahren.

Orte II

Wirkliche – auch hier sind schon Menschen lebendig umgekommen; denn tot sind wir nicht erst, wenn wir gestorben sind, wir sind es schon, wenn wir ausgegrenzt sind, wenn wir nicht mitmachen dürfen, wenn wir uns nicht umeinander kümmern, nicht versuchen, einander zu verstehen. Und doch, ich hab nirgendwo einen Ort gesehen, an dem Menschen einander so nahe waren wie an dem Ort meiner Kindheit: Gang an Gang. Mauer an Mauer. Tür an Tür. Gedanke an Gedanke. Solch eine Nähe hat kein Dorf. Wir kannten einander alle,[80] eines jeden Namen, eines jeden Gesicht und eines jeden Weg. Und wenn ein neues Gesicht geboren wurde, standen wir und schauten und staunten und

---

79 Aus: John Seymour, Und dachten, sie wären die Herren, Deutscher Taschenbuch Verlag, München 1984.

80 In den 1950er-Jahren lebten ungefähr 500 Menschen auf dem Holm, heute sind es um die 200.

schmunzelten, weil wir darin die Ähnlichkeiten der Sippe lasen ... Bei
allem durchschauten und erlebten Leiden auch an dieser Nähe: Allein
die hier gegebenen sozialen Möglichkeiten boten und bieten eine Form
von Geborgenheit, die in unserer eingebildeten neuen Welt so manches
Kind, so manch alter Mensch schmerzlich vermisst. – Und die Men-
schen hier haben eine besondere Form von Abstand entwickelt. Sie ha-
ben sowas wie ein unsichtbares Gitter um sich, mal mehr, mal weniger
hoch, das notwendig ist, damit die Nähe nicht zu unerträglicher Enge
wird.

Jetzt pendeln wir zwischen Mönkeberg und Schleswig, haben viel Besuch auf dem Holm. Alle wollen mal gucken. Ich geh jetzt ganz bewusst
über meinen alten Ort, geh die Steine einzeln, auf denen über Jahrhunderte meine Vorfahren gegangen sind, geh in Gedanken mitunter wieder auf dem Kantstein, an Vaters Hand ... Mehrfach werd ich gefragt:
„Wer, welcher Architekt hat diesen Ort geplant, gebaut?" Darauf gibt
es keine Antwort. Ich frag mich: Was muss jemand denken, der bei
einem Spaziergang zufällig auf den Holm gelangt, unvermutet vor dem
Häuserrund steht, vor dem Lindenkranz? Ich denk über eine Antwort
nach: Wo bin ich? – Hier sieht es aus, als hätte der liebe Gott *doch* am
Sonntag heimlich was getan! Eines Tages klingelt tatsächlich jemand
an unserer Tür, der sich eine ähnliche Frage gestellt hat, ein Rundfunk-
journalist und Filmemacher, der fassungslos ist vor Begeisterung über
den Ort.

Mein Ort. Hier.

Meine
Liebe
zu
ihm
ißt
in
der
Vergangenheit.
Ißt
mit Großvaters Gabel.

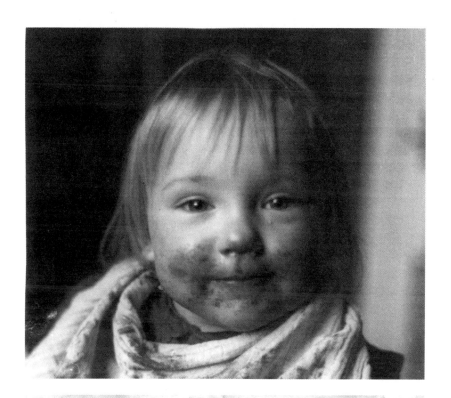

Lieber Opa,
ein Hertzlichen
Grus an dich
Wir konnten
dir Leider kein
Stück von der
Langelandplatte
übrich Lassen→

Liebe
Oma, Wir
Haben uns
sehrüberdie
Langelandplatte
Gefreut Libe
Gruse Grül

DIE „LANGELANDPLATTE" MIT SMØRREBRØD STEHT FÜR IMMER AUF UNSE-
REM FAMILIENSPEISEPLAN.

HDW Am 24. September demonstrieren 5.000 Menschen in Kiel. Sie wollen ein Signal an die Konzernzentralen in Essen (Thyssenkrupp Technologies) und Frankfurt (One Equity Partners) senden, damit HDW im norddeutschen Werftenverbund nicht untergeht. Schaffty (der selbst HDWler ist, inzwischen die Kieler Niederlassung einer ehemaligen HDW-Tochter leitet, die jetzt zu einem anderen Weltkonzern gehört) und ich wollen mitdemonstrieren. Bevor wir uns in den Zug einreihen, stehen wir am Werfttor, sehen ganz vorn in der ersten Reihe Ministerpräsidentin Heide Simonis, die 1991 den Verkauf der 1972 erworbenen 25,1 Prozent Landesbeteiligung an HDW zum Zweck der Sanierung des Landeshaushalts eingeleitet hatte und mit deren Verkauf dann das Land seinen Einfluss, sein Mitspracherecht bei unserer weltberühmten Werft aufgegeben hatte. Wir reihen uns ein. Der Demonstrationszug geht zum Kai-City-Gelände. Als Simonis ans Gewerkschaftsrednerpult tritt, sagt sie: „Wir erwarten vom neuen Eigentümer ein klares Bekenntnis zum Schiffbaustandort Kiel.' Auf die noch ungeklärte Frage, wo der neue Werftenverbund seinen Sitz haben soll, gibt es für die Ministerpräsidentin – wie für fast alle Redner dieses Tages – nur eine Antwort: ‚Kiel muss die Zentrale sein!' Betriebsratsvorsitzender Ernst Kiel: ‚Dieser Werft nur den U-Bootsbau zu lassen – das wäre fahrlässig und hoch riskant.' IG-Metall-Chef Wolfgang Mädel: ‚Was hat es mit Menschenwürde zu tun, nach zwanzig, dreißig Jahren oder noch mehr Arbeitsjahren auf die Straße gesetzt zu werden und dann nichts mehr zu haben als Hartz IV? Das ist Kapitalismus pur!' Klare Worte findet auch ein Mann, Anfang vierzig, der etwas abseits steht: ‚An dieser Werft hat sich jeder nur bedient. Heute stehen die Knochen zum Verkauf.' Seit 15 Jahren konstruiert der Vater von drei Kindern Handelsschiffe bei HDW. Sein Können steckt in den roten Superfast-Schnellfähren, in den APL-Containerriesen oder in den 5.000 TEU-Frachtern für die israelische Reederei ZIM. Ab Oktober geht der Schiffbauingenieur aus Plön in Kurzarbeit, weil kein Auftrag da ist."[81]

Es stinkt furchtbar auf dem Kai-City-Gelände. Die Grasfläche vor der Bühne ist mit Unmengen Hundescheiße behäuft, die sich während der Veranstaltung mehr und mehr auf der gesamten Fläche verschmiert. (Es war so widerwärtig, dass ich es nicht vergessen hab, es war so massiv, dass es kaum zufällig dahin gekommen sein kann.)

---

81 Quelle: KN 27.9.2004

Zur Chronologie 2004:

Am 11. März kommen bei zehn durch islamistische Terroristen ausgelösten Bombenanschlägen auf Züge in Madrid 191 Menschen ums Leben, 1.500 werden verletzt.

Jetzt beginnt ein Staffellauf im SPD-Vorsitz. Am 21. März wird als Nachfolger von Gerhard Schröder Franz Müntefering SPD-Vorsitzender.

Am 29. März treten Bulgarien, Estland, Lettland, Litauen, Rumänien, Slowakei und Slowenien der NATO bei.

Am 6. Oktober räumen die USA ein, dass im Irak keine Massenvernichtungswaffen gefunden wurden. Das war einer der angeblichen Gründe für den Irakkrieg.

Am 26. Dezember verwüstet ein Tsunami weite Teile Südostasiens. Ungefähr 230.000 Menschen kommen dabei ums Leben.

Zur Musikbox:

Amy Winehouse „Take the Box", „Fuck me Pumps"; Britney Spears „Everytime" ...

Am 2. Februar sind Landtagswahlen in Schleswig-Holstein. SPD 38,7 2005 Prozent. CDU 40,2 Prozent. FDP 6,6 Prozent. GRÜNE 6,2 Prozent. Die Wiederwahl von Heide Simonis als Ministerpräsidentin gilt als sicher, nachdem sich der SSW zur Tolerierung einer rot-grünen Minderheitsregierung entschlossen hat.

17. März: Heide Simonis findet in vier Wahlgängen nicht die erforderliche Mehrheit der Stimmen. Peter Harry Carstensen wird Ministerpräsident.

Nach der deutlichen Niederlage der SPD bei der Landtagswahl in Nordrhein-Westfalen im Mai erklärt Franz Müntefering, eine Neuwahl schon im Herbst herbeiführen zu wollen.

Am 1. Juli stellt Kanzler Schröder „die Vertrauensfrage".

Am 18. September wird bei vorgezogenen Bundestagswahlen Rot-Grün abgewählt.

Angela Merkel wird die erste Frau im Kanzleramt.

Jetzt erfahr ich nach und nach, wer die zweite Person in mir ist, die mich an den Bleistift gezwungen hat. Ich lern sie immer näher kennen.

Leier Es ist *Leier*.[82] Ich, Jensen, bin immer noch so schüchtern wie mit 19 und das bleibt auch so. Ich sitz also oben in meiner Fischerhütte, wo früher mein Kinderzimmer war, und Leier, ich fass es nicht, veranstaltet im Erdgeschoss Lesungen. Ein Dutzend Mal hat sie ihre Hütte voll zu ihrem Kafka-Vortrag und zur Erzählung: „Ein Bericht für eine Akademie", die ich ins Plattdeutsche übertragen hab – nachdem ich mich gefragt hatte: Kann jener Schimpanse, der von Tierfängern der Firma Hagenbeck mit einem Frachtschiff von Afrika nach Hamburg geholt wurde, anders als Plattdeutsch zur Sprache gekommen sein? Kafkas Literatur ist überaus präzise. Mir wird klar: Je präziser ein Text, desto besser ist er in eine andere Sprache übertragbar. Ein Sprachwissenschaftler bestreitet, dass Plattdeutsch Kafka kann. Ein Rezensent sagt, Kafka ins Plattdeutsche übertragen, das dürfe man nicht, bei Kafka handele es sich um hochgezüchtete Literatursprache. Aber das ist Quatsch. Der Mann hat keine Ahnung. Kafkas Literatur kam einzig aus seiner eigenen Tiefe, wie sein Freund und Nachlassverwalter und Herausgeber Max Brod bestätigt hat. Ich erfahr, welche Macht auch in der Literaturszene ausgeübt wird. – Ein älterer Herr, der zu meiner Lesung vor Studenten in der Uni Flensburg gekommen ist, sagt: „Eine sehr schöne, plattdeutsche Erzählung, aber das ist doch jetzt nicht mehr Kafka." Ich antworte ihm: „Denn lesen sie das doch mal auf Französisch. Ist das denn noch Kafka?" Darauf wusste er keine Antwort. – Sowas wird immer nur gesagt, wenn es ums Plattdeutsche geht. – Der Rezensent in Lübeck schrieb: „[...] diese Übersetzung ins Plattdeutsche ist eine sprachliche Meisterleistung, achtersinnig, eigenwillig und originell wie der berühmte Text des Prager Autors ..." – Kafkas Literatur entstand, als unsere alte Kultur noch nicht untergegangen, als Plattdeutsch noch voller Leben war und noch selbst Wörter zur Welt brachte. Kafkas „Ein Bericht für eine Akademie" ist wie für eine Übertragung ins Plattdeutsche gemacht.

---

82 Leier, das ist der Beiname meiner Familie auf dem Holm. Wegen der vielen Namensgleichheiten haben die Holmer sich zur Unterscheidung über Jahrhunderte gegenseitig Ökelnamen, Necknamen, Plattdeutsch: „Ökernoms" gegeben, die teilweise auch vererbt werden. Sie gehen auf Kindermund oder auf besondere Eigenschaften zurück. Meiner geht auf meinen Urgroßvater zurück, der Mitbegründer des Holmer Sängerchors war und dessen Stimme geklungen haben soll wie eine Leier.

Am 27. Oktober beginnen, ausgehend von Clichy-sous-Bois bei Paris, Jugendkrawalle in Frankreich, die sich über dreihundert Vororte und über das ganze Land ausbreiten. In den Banlieues, in den Wohnvierteln mit sozial schwacher Bevölkerung, mit hoher Jugendarbeitslosigkeit, wo Menschen aus neunzig verschiedenen Ländern wohnen, stecken Jugendbanden 10.000 Autos in Brand, 230 Schulen, Kindergärten, Rathäuser und Polizeiwachen werden zerstört. 32 Bibliotheken werden in Brand gesetzt. 11.200 Sicherheitskräfte werden eingesetzt, 126 Polizisten werden verletzt und fast 3.000 Menschen werden festgenommen. Die Krawalle, auf deren Höhepunkt der Ausnahmezustand ausgerufen wird, dauern drei Wochen.

Am 30. November äußert sich die Kanzlerin: „Ich möchte Bundeskanzler Schröder ganz persönlich dafür danken, dass er mit seiner Agenda 2010 mutig und entschlossen eine Tür aufgestoßen hat, eine Tür zu Reformen, und dass er die Agenda gegen Widerstände durchgesetzt hat."

Integration der HDW in die ThyssenKrupp Marine Systems als Bauwerft für U-Boote und zivile Schiffe. Der zivile Schiffbau firmiert jetzt unter HDW-Gaarden GmbH.

Der Geist der Kieler Förde

Was heißt hier denn meerumschlungen?
Ihr seid doch dermaßen von sonstwas umschlungen
Ihr kennt doch nur noch das Meer mit „h"
Am liebsten Bildschirm an Hirn aus. Ja!
meerumschlungen

Gut, ich häng furchtbar an Euch, Ihr Süßen
Im Sommer lieg ich am Strand und schleck an Euern Füßen
Bring Euch die schönste Windjammerrevue
Sing Euch das Lied von der Deern von Bellevue
meerumschlungen

Aber ich kann auch anders:
1872 hab ich Euch die schlimmste Sturmflut gebracht!

Erinnert Euch! Nehmt Euch in acht!
Im Dritten Reich hab ich gespuckt auf Eure Stadt!
Mitunter hab ich Euch einfach satt
meerumschlungen

Dann lass ich mich von den Strömungen hinaustragen auf See
Einmal hab ich vor Skagen Frau Nordsee geküsst
Aber das gefiel ihm nicht, dem alten Strom
An der Jammerbucht zog er mich auf seinen Grund hinab
Jetzt weiß ich, woher die ihren Namen hat
meerumschlungen

Ein Schiffsfriedhof aus aller Zeit
Unterwassergebirge aus marinen Kriegen
Unboote, pockige Titanenskelette, die in grünen Leichentüchern liegen
Manch eines davon lag stolz mit schneidiger Besatzung an Eurer Pier
hier
meerumschlungen

Ich hörte Kaisers Marschmusik schmettern
Sah „Blaue Jungs" mit Mützen mit goldenen Lettern
mit flatternden Bändern im frischen Wind.
Manch einer von ihnen war noch fast ein Kind
meerumschlungen

In der Tiefe, im kalten Grauen der Förde geistern bis heute
Bräute:
„Wolfgang!" „Uwe!" „Hein!" …
Mütter jammern um ihre Söhne, weinen, schreien „Nein!"
meerumschlungen

Von Vierzehn bis Achtzehn gingen
zweihundert U-Boote verloren
viertausendsiebenhundertvierundvierzig Männer der U-Boot-Waffe der
Kaiserlichen Marine
fanden den Tod
meerumschlungen

Von Neununddreißig bis Fünfundvierzig gingen
siebenhundertneununddreißig U-Boote verloren
dreißigtausendunddrei Männer der U-Boot-Waffe der Deutschen
Wehrmacht
fanden den Tod
meerumschlungen

Neunzehnhundertachtzehn hatten ein paar Mütter weniger als viertau-
sendsiebenhundertvierundvierzig
Neunzehnhundertfünfundvierzig hatten ein paar Mütter weniger als
dreißigtausendunddrei
ihre Söhne verloren
denn einige Mütter verloren zwei
meerumschlungen

Euch scheint es inzwischen egal
Mir liegt es seit Fünfundvierzig auf dem Magen, das große Schiffsup-
penmahl
aus Hunderten von Wracks
mit Eisen-, mit Stahl-, mit Holz-, mit Leichenstücken, mit Diesel-, mit
Rauchgeschmack
meerumschlungen

Und inzwischen:
Arbeiter entlassen und beschissen
Zeitzeugen tot, Kilian abgerissen
Edschdidabbelju wechselt dauernd seine Label
vor allem U-Bootsbau scheint able
meerumschlungen

Begreift! Hört auf! Schreit „NEIN!"
auf den Seekarten ist kein Platz mehr frei!
U-Boot-Nummer an U-Boot-Nummer zwischen Südengland und Bis-
kaya, zwischen Kattegat und Skagerak,
auf den Tafeln in Möltenort, in Laboe, auf den Mahnmalen der Stadt
meerumschlungen

Baut Segelboote und Kutter, hängt Sprotten in den Rauch
Aalt Euch in den Strandkörben an meinem Bauch
Bleibt friedlich, meine KIELer, baut weiße Flotten
Dann ist es versprochen:
Dann segne ich weiter die Kieler Wochen
Dann schleck ich sommertags an Euern Füßen
und lock Euch in die Förde, Ihr Süßen
meerumschlungen.

Zur Chronologie 2005:
7. Juli: Terroranschlag in London. Vier Explosionen, davon drei in
U-Bahnen, eine in einem Doppeldeckerbus. 56 tote, 700 verletzte Menschen. Ein islamistischer Selbstmordattentäter.
Die Arbeitslosigkeit ist spätestens seit dem rasanten Anstieg Anfang der
1980er-Jahre eines der größten sozialen Probleme in Deutschland. Sie ist
seither stetig angestiegen. Der vorläufige Höchstwert wird 2005 erreicht.
Im Jahresdurchschnitt sind 4,9 Millionen Menschen als arbeitslos gemeldet. Die Arbeitslosenquote beträgt 13 Prozent.
Nachdem Franz Müntefering innerhalb einer Kampfabstimmung im
Parteivorstand am 31. Oktober seinen Kandidaten für die SPD-Bun-
desgeschäftsführung nicht durchsetzen konnte, kandidiert er auf dem
Parteitag am 15. November nicht wieder. Der brandenburgische Ministerpräsident Matthias Platzeck wird mit 99,4 Prozent der Stimmen zum
neuen SPD-Vorsitzenden gewählt (nur Kurt Schumacher hatte vor ihm
ein besseres Ergebnis – 244 von 245 Stimmen).

Zur Musikbox:
Element of Crime „Delmenhorst", „Mittelpunkt der Welt"; Udo Lindenberg „Hallo Angie, das Merkel ich mir" …

2006 Am 7. Oktober, an Putins Geburtstag, wird die russische Reporterin,
Autorin und Menschrechtsaktivistin *Anna Politkowskaja* ermordet.
Sie galt als Putins schärfste Kritikerin.
    Ich denk an das Wunder von 1989, an die Hoffnungen auf eine fried-
lichere Welt, an die Rede, die Putin Anfang des Jahrtausends im Deutschen Bundestag gehalten hat. Ich denk an Russland in der Nacht.

... UND ZURÜCK

Schaffty will jetzt ganz nach Schleswig, will seinen Lebensabend in 2006 dieser kleinen, kleinen Stadt verbringen. Ende Oktober verlassen wir Mönkeberg, verlass ich mein geliebtes KIEL. Ich weiß nicht, ob es richtig ist. Allein wär ich nicht zurückgegangen!

Auf Lebens Schneide II

Als ich von meiner vierten Heimat zurück in meine erste Heimat kam, hatte ich mich so auf die leichte schwarze Erde gefreut. Aber sie gibt weniger her, als ich dachte. Diesen Sommer hat es so geregnet, dass wir abgesoffen sind. „Astrid Lindgren", „Virginia Woolf", „Vita Sackville-West" und „William Shakespeare" hingen als braune Klumpen neben pockigen Blättern an ihren Zweigen. So schnitt ich sie ab, bettete sie zur zweitletzten Ruhe in meinem Gartenkorb und dachte mir die Schönheit der Rosen, die sich nicht entfalten konnte. Zerzauste, die noch ein wenig Farbe hatten – wie alte Briefpapiere, die niemand mehr braucht –, streute ich wie immer in die Silberschalen vor meinen DichterInnen. Die späte rosa Stockrose – ihre Schwestern waren längst geschnitten – hatte sich einen Ort gesucht, der nur morgens Sonne hatte, wenn Sonne war. Jetzt kroch sie vor mir. Ich sagte ihr, sagte es wirklich: „Vor mir musst Du doch nicht kriechen!" Da verbarg sie ihren rosaweißgekrinkelten, seidenen Tellerrock unter einem ihrer pilzpockigen, von Schnecken gelöcherten Blätter, die nur noch als Lumpen anzusehen waren und zog sich in den Frauenmantel zurück. Stockrosen muss man lassen. – Nach dem Krieg, nach Bomben, Feuer und Verschüttung standen die Trümmerblumen aufrecht in ihrem Element. Dieses Jahr lagen sie wie tote Soldaten am Boden und erstickten in ihrer eigenen grauen Blütenstaubsuppe. Nur mein gelbrotgrünblauorangenes Durcheinander von wildem Rucola, Borretsch, Kapuzinerkresse, kanadischem orangenen und kleinem roten Mohn schaffte es, mir seine offenbar unverwässerbare Schönheit immer neu entgegenzuhalten. – Brackig riecht es hier immer. Im Grunde genommen ist das der süße Duft meiner Kindheit – Vater schmeckte so, wenn er vom Fischen kam. Aber Vater ist tot und wir saßen Tag für Tag

wie in einem Terrarium in unserer Verandaküche und beobachteten die
Sündflut. – Was alles noch verschlimmerte, waren eine Handvoll Tage,
die zwischen September und Oktober vollkommenen Sommer spielten.
Da war die späte rosa Stockrose unter dem Frauenmantel hervorgekro-
chen und hatte sich in ihrem obersten Drittel noch einmal aufgerichtet.
Sie war zwar krumm wie der Glöckner von Notre Dame, hatte aber noch
drei Blüten in schönem Altbriefpapierrosa. Dann hörten wir schon die
Gespräche der Wasservögel durch die Schilfvorhänge am nahen Moor,
die mit letzten Flugstunden für ihren Nachwuchs beschäftigt waren wie
wir. Jetzt ist alles geschnitten.

Das Patriarchat, die Vorrangstellung der Männer, gilt in unserem
Land längst als eine durch die allgemeinen Fortschritte und Errungenschaften überholte, eine nicht mehr übliche Erscheinung, als
Anachronismus, aber auf dem Schleswiger Holm besteht es noch: aus
zwei, drei aufgeklärten nordeuropäischen Männern, die bestimmen,
was im Rahmen der Holmer Beliebung zu geschehen hat. Als der
Landeskonservator Anfang des neuen Jahrtausends eine Bürgerversammlung vorschlägt, um unser Bewusstsein für den Erhalt unseres Kulturerbes zu schärfen, heißt es sowas wie: „Dat wött wi nich!"
(„Das wollen wir nicht.") Und tatsächlich, die Bürgerversammlung
fand nicht statt.

Wenn wir in unserem Wochenendhaus auf dem Holm sind, spielen
wir Biedermeier. Wir haben ganz viel Besuch. Alle wollen mal gucken.
Und wir erleben Geburtstage, Konfirmationskaffees, Polterabende,
Goldene Hochzeiten, Richtfeste … Ich werd eingeladen zu Kaffee-
kränzchen der Kranzbindefrauen zur Holmer Beliebung. Ich mag keine Torten mehr!
    Ich hatte nie nicht berufstätig sein wollen. Nach meinem Ausstieg
1993, nach einer Zeit der Besinnung, hatte ich mir eine neue Arbeitsstelle suchen wollen. Aber es war anders gekommen. Ich hatte erfahren, was es mir bedeutet, im Garten zu sein. Wie viel innere Freude
mir das Schreiben macht. Wie sinnvoll Familienarbeit sein kann. Jetzt
war ich Haus- und Familientier. War Teil einer „Patchworkfamilie"
geworden – Schaffty hatte 1988 zwei erwachsene Töchter mitgebracht.
Da waren drei Großelternpaare, deren letzte Jahre wir begleiteten. Wir

bekamen eins, zwei, drei, vier Enkelkinder und ein wunderbar pas-
sendes Mädchen, das der Freund einer unserer Töchter mitgebracht
hat.

Warte mal

Warte mal
Ich möchte noch mal
eben zu Dir 'runterkommen.
Du hast jetzt Sonne
schÖne AugenhÖhe
Warte
mal
I
ch
komm
noch mal
eben zu
Dir runter
Meine Kleine. Zeit.
Bald bist Du vorbei
Bald muss ich zu Dir hochgucken
Und wir sehen uns jetzt ja nicht mehr so oft
die   Dein
Schule   Leben
die   im
Welt   Kreidekreis.

Kinder und Enkelkinder kommen in den Ferien. Sie kommen zu unseren Geburtstagen, mitunter feiern sie auch ihre bei uns. Sie kommen
zu Weihnachten und bleiben bis zum Rummelpottlaufen am Altjahr-
sabend, bleiben bis Neujahr. Sie kommen zur Holmer Beliebung und
unsere Enkel marschieren wie wir als Kinder vor fünfzig Jahren mit
Blumenkörben, mit Blaskapelle und Spielmannszug durch die Stadt.
Sie tanzen und singen: „Mit den Füßen geht es trapp, trapp, trapp, mit
den Händen geht es klatsch, klatsch. klatsch. Hübsch und fein, artig
sein, müssen alle kleinen Kinderlein." Ich versuch mit Schaffty die alten Tänze, die sogenannten Ehrentänze, die immer noch jedes Jahr

von Neuem eingeübt und zur Beliebung aufgeführt werden. Ich bemerk einmal mehr: Ich hab Probleme beim Paartanz – und jetzt wird mir endlich klar warum: Ich bemerk es beim Radfahren. Ich fahr jetzt Mutters altes Fahrrad. Ich steig beim Radfahren von der „verkehrten" Seite auf, steig von rechts auf. Ich hab Probleme beim Paartanz, weil ich Linksfüßlerin bin! Ich kann Radfahren, nur der Fahrradständer ist immer auf der falschen Seite. Paartanz kann ich nicht. Aber ich mag tanzen. Im Grunde genommen bin ich eine Tänzerin. Ich bin eine Seiltänzerin.

Zur Chronologie 2006:
Am 10. April tritt Matthias Platzeck aus gesundheitlichen Gründen vom SPD-Parteivorsitz zurück.
Am 14. Mai wird der rheinland-pfälzische Ministerpräsident Kurt Beck SPD-Vorsitzender.
US-Immobilienkrise.
Angela Merkel hat verkündet, 2006 solle zum Klimaschutzjahr werden. Aber es wurde kein dementsprechendes Gesetz verabschiedet.
Al Gore, der von 1993–2001 Vizepräsident der Clinton-Regierung war, reist mit seinem Vortrag, mit seinem Dokumentarfilm „Eine unbequeme Wahrheit", in dem es um die globale Erwärmung geht, um die Welt. Er wird Symbolfigur für den Kampf gegen den Klimawandel.
Am 30. Dezember wird das Todesurteil gegen Saddam Hussein gesprochen und vollstreckt.

Zur Musikbox:
Amy Winehouse „Let's stay together", „Like a Dream", „Love is a losing Game", „You know I'm no good"; Nina Hagen „Irgendwo auf der Welt" (nach den Comedian Harmonists); Rosenstolz „Ich bin ich" …

KIEL! KIEL!

2007   *Jetzt, da ich wieder weg bin, flieg ich regelmäßig bei Dir ein. Komm von Norden über die Levensau, über Deinen weltberühmten Kanal, bei dem sich mir immer noch dieser Kaiser aufdrängt … Flieg und seh Dich vor mir liegen in Deinen zarten Hüllen. Flieg durch Dich durch. Zwischen* den Uni-Hochhäusern und Deinem schönen Wasserturm. Über den Wilhelmplatz und den Exer, die immer noch ihre alten Namen tragen. Dreh eine Runde ums Rathaus. Flieg zwischen SPD-Zentrale und Ostseehalle (die jetzt Sparkassenarena heißen muss) den Kleinen Kuhberg runter. Flieg tiefer zwischen Landwirtschaftskammer und Karstadt, wo unser „Hertie-Hertie" war. Lande vor Deinem Wahrzeichen und guck, ob das Label vom letzten Mal noch klebt. Guck rüber nach HDW und denk: wie sehr diese Werft für Dein Wohl und Wehe und das Deiner Menschen stand und steht. – Freu mich über das schöne neue Hotel Atlantik und dass der ZOB neu gestaltet wird. Wehe, er wird nicht gastfreundlich! Denk an das gebrochene Versprechen, dass die historische Bahnhofsgaststätte zurück in den neuen Bahnhof kommt, die – wunderschön – in Terrassen zur Förde hin gestaltet war und an deren Wänden eine großartige Schwarz-Weiß-Foto- und Gemälde-Galerie mit KIELs ganzer großer Vergangenheit hing. – Kauf mir 'n Ticket und fahr mit dem Omnibus. Freu mich über Frauen als Busfahrerinnen! Fahr durch Dich durch. Fahr Hummelwiese. Gablenzbrücke. Denk beim Anblick des „Hörn-Campus": Wahnsinn, KIEL, den haben sie Dir in Deinen Schamhügel gerammt, wenn Du morgens aus dem Schlaf hochkommst, stößt Du Dir die Stirn, Du kannst Dein eigenes Wasser nicht mehr sehn, Du bist umgeben von Autobahnlabyrinthen, Dein grünes Herz tut Dir weh und Du hast Atemnot. – Fahr weiter durch Gaarden und bedenk, wie lebendig es noch in den 1980er-Jahren war … Fahr durch Ellerbek. Denk an das Fischeridyll an der Förde, das 1900 plattgemacht wurde zur Erweiterung der kaiserlichen Werft. Immer, wenn ich durchfahr, und ich fahr tausend Mal durch, denk ich an Alt-Ellerbek, an die Ellerbeker Büttgill, an die Fischerfamilien, die da lebten und fischten auf der Förde und auf der Ostsee wie meine Vorfahren auf der Ostsee und auf der Schlei. Fahr weiter zu alten FreundenInnen nach Mönkeberg, nach Heikendorf, nach Barsbek. Fahr nach Schönberg, wo ich zum Glück aus alter sozialdemokratischer Zeit noch „meine" Antje hab. Frag sie ein bisschen gemein: „Was wollen denn bloß die vielen Kreuzfahrer in KIEL?" Darauf Antje: „KIEL ist inzwischen der größte Kreuzfahrthafen in Deutschland, liegt mit drei Auszeichnungen hinter Barcelona auf dem zweiten Platz der weltweiten Kreuzfahrthäfen, denn kein anderer Kreuzfahrthafen liegt so mitten im Bauch einer Stadt!" Diese Nachricht hatte ich verpasst. Bitte verzeih mir KIEL!

Im Mai wird in Heiligendamm an der Ostsee ein 30 Meter langer
und 2,50 Meter hoher Zaun aus Stahlgittern und Beton gebaut. Er ist
mit Kameras und Bewegungsmeldern ausgerüstet. Er ist mit Stacheldraht umwickelt. Er kostet 12,5 Millionen Euro. Ab Ende Mai bis zum
9. Juni sind in der Region 7.000 Polizisten zusammengezogen. Boots-
fahrten direkt vor der Küste sind bis 8. Juni verboten. Am 6. Juni tagt
der *G 8-Gipfel* in Heiligendamm, „die Wertegemeinschaft für Frieden,
Sicherheit und ein selbstbestimmtes Leben weltweit", das sind „die
acht führenden Industrienationen" USA, Russland, Großbritannien,
Frankreich, Italien, Japan, Kanada und Deutschland. Sie treffen sich
regelmäßig. Sie reden einmal mehr über die globale Strukturkrise. Ich
frag mich: 1. Was ist passiert, dass diese erheblichen Sicherheitsvorkehrungen notwendig sind? 2. und unabhängig von 1.: Warum trifft
man sich nicht unangekündigt, unerkannt und ohne Presse in einem
Wald oder auf einer Insel, an einem geheim gehaltenen Ort, der keinen großen finanziellen Aufwand erfordert? Das Ergebnis des Tref-
fens: Nicht nur hat niemand einen Plan. Es werden auch keine Alternativen bekannt, keine Kurskorrektur, kein Lösungsvorschlag, keine
Weichenstellung.

Am 16. Juni gründet sich die Partei DIE LINKE. Sie ist mit Unterstützung prominenter ehemaliger SPD-Politiker wie Oskar Lafontaine
und Ulrich Maurer als Folge der autoritären, wirtschaftsliberalen Politik Gerhard Schröders aus der PDS und der WASG („Wahlalternative
Arbeit und soziale Gerechtigkeit", die auf Initiative von Oskar Lafontaine aus Protest gegen die 2003 von der SPD und Schröder auf den
Weg gebrachte „Agenda 2010" gegründet worden war) hervorgegan-
gen. – Hier wird einmal mehr das Unglück der Spaltung der Linken
deutlich.

Jakob von Uexküll, der 1980 den Right Livelihood Award, den Alternativen Nobelpreis gestiftet hat, gründet gemeinsam mit Herbert Giradet

den Weltzukunftsrat (World Future Council) mit Hauptsitz in Hamburg. Der Rat soll sich in einem weltweiten Netzwerk für verantwor-
tungsvolles Denken und Handeln im Sinne zukünftiger Generationen
einsetzen. Er will sich dafür einbringen, dass bei den politischen Entscheidungen auf allen Ebenen der Leitgedanke der Nachhaltigkeit vor-

rangig berücksichtigt wird, das heißt, so zu wirtschaften und zu leben, dass auch den nachfolgenden Generationen noch eine lebbare Existenz möglich ist. – Ich hoff auf eine neue Bewegung ...

Laut Beschlussvorlage vom 20. Mai 2007 kann die Stadt Mannheim nicht ausschließen, dass ihr Anteil an der MVV Energie AG, die über unser KIELwasser verfügt, 51 Prozent zu einem späteren Zeitpunkt unter fünfzig Prozent sinkt. Jetzt. Im Oktober 2007 hat RheinEnergie 16,1 Prozent MVV-Anteile übernommen (und wird nach Vorberechnungen ein Jahr später weitere 0,2 Prozent der MVV-Anteil übernommen haben), die Stadt Mannheim hält nur noch 50,1 Prozent der Anteile an dem teilprivatisierten börsennotierten Unternehmen, 15,1 Prozent besitzt EnBW, weitere 18,5 Prozent sind Streubesitz. (Inzwischen haben Kommunen begonnen, ihre veräußerten Wasserwerke zu hohen Preisen in die öffentliche Hand zurückzuholen.) KIEL-wasser

Irgendwann im Sommer ruft mich der Vorsitzende des SPD-Ortsvereins Stexwig, Uwe Jensen, an, der zur Engholmzeit Staatssekretär im Justizministerium war. Am 13. Oktober hat sein Ortsverein dreißigjähriges Jubiläum. Er fragt mich, ob ich Lust hab, etwas zur Feier beizutragen: „Vielleicht eine Lesung aus deinem Kafka auf Platt?" Da bemerk ich, dass ich, jetzt, im Oktober, auch dreißigjähriges SPD-Jubiläum hab, hätte, wenn ich nicht im Jahr 2000 ausgetreten wär. Ich bereite unter der Überschrift „Holm – engHolm und zurück" einen Vortrag vor – verknüpft mit Gedichten von Erich Fried, die wie für die Jahre von 1977 bis 2007 gemacht scheinen. – Ich werd eingeladen, meinen Vortrag zur Weihnachtsfeier des SPD-Ortsvereins Schleswig zu wiederholen. (Seitdem geistert dieser Text in mir, ist Grundlage für diese meine Aufzeichnungen). SPD Stexwig

Am 21. Dezember wird der „Schengen-Raum" erweitert. Die Grenzstationen entlang dem ehemaligen „Eisernen Vorhang" werden aufgelöst. Zwischen Deutschland und Polen gibt es keine Schlagbäume, keine Grenzbäume mehr.
Um ganz Deutschland herum gibt es keine Schlagbäume, keine Grenzbäume mehr! Wie wunderbar, jetzt können wir durch die Landschaften schweifen wie die Füchse ... Keine Grenz-bäume mehr

Zur Chronologie 2007:
Am 1. Januar werden Bulgarien und Rumänien in die EU aufgenommen, die nun 27 Mitgliedstaaten und rund 500 Millionen Menschen vereint. Slowenien wird 13. Mitglied der Eurozone und führt den Euro ein. Beginn der weltweiten Bankenkrise.
Friedensnobelpreis für Al Gore und den Weltklimarat.
Am 5. März wird das Zwischenlager am AKW Brokdorf in Betrieb genommen.

Zur Musikbox:
Herbert Grönemeyer „Stück vom Himmel", „Marlene", „Zieh Deinen Weg" ...

2008 An Eva zum Tod ihres Mannes Peter Rühmkorf:

Beileid an Paradiesvogelfrau

Nach Wochen
Nach Lesen in „Die Zeit", „Die taz", InallerWelt
Nach „Paradiesvogelschiß"[83]
Nach nochmal „Funkenfliegenzwischenhutundschuh"
Nachdem meine Gedanken (die gehen, wohin sie wollen)
mehrmals bei ihr
mitfühlen, trösten, grünmalen war'n
schreib ich Möwenschiß
an Paradiesvogelfrau:
Liebe Eva,
er ist nicht weg!
nur frei von all dem hier
und er ist bunt so bunt
und
weiß Dich
trägt Dich
malt Dich an in Farben, die Du nie gesehen.

---

83 Peter Rühmkorfs letztes Werk hat den Titel „Paradiesvogelschiß", ein anderes den Titel „Funkenfliegenzwischenhutundschuh".

Du gehst nun noch ein Stück
paradiesvogelschön
und dann
an jenem wärmeren Ort
wirst Du mit ihm sein.
Ich bin zurück an „meinem" alten Ort
an dem der Tod Mitten im Leben wohnt.
Er ist mein Freund.
Er weiß mich
hält mich
trägt mich.
Eines noch Eva:
Ich werd nie vergessen
wie mensch Du mir warst
als geschah,
was jenseits meines Denkens war.
M.

Im November treff ich – nach Jahren – Karl Heinz Luckhardt wieder. Wieder-sehen mit Luck-hardt Auf dem siebzigsten Geburtstag von Prof. Bernhard Schwichtenberg im Brunswiker Pavillon. Wir kommen herzlich ins Gespräch. „Schwich-ty" hat sich, wie immer zu seinen runden Geburtstagen, Limericks gewünscht. Ich hab ihm einen auf Hochdeutsch und Plattdeutsch ge-schrieben:

Limerick für „Schwichty"

War einst auf Gottorf ein Herzog   *Weer eenst op Göttörp 'n Hertog*
Der seine Lanze für die Kultur bog   *De för de Kultur sien Lanz bog*
Krieg war modern   *Krieg weer modern*
Doch der lag ihm fern   *Man de leeg em fern*
Weshalb er zu sterben bevorzog.   *Weswegen he dat Dootblieven*
    bevörtruck.

Nach der Pleite der amerikanischen Investmentbank Lehman Brothers HSH Nord-bank gerät im Verlauf der internationalen Finanzkrise und der Schiffbaukri-se die HSH Nordbank (zu der sich 2003 unsere ehemalige Landesbank

und die Hamburgische Landesbank verbündet hatten), die der größte
Schiffbaufinanzierer der Welt ist, unter Druck.

Orte III

*Mein Nachdenken über das, was ist, und das, was wirklich ist, führt zum
Nachdenken auch über Möglichkeiten menschlicher Lebensform: virtuelle – mögliche, eingebildete Orte, Zufluchtsstätten, konstruierte Welten, die mit der tatsächlichen Wirklichkeit nichts zu tun haben. Mit der
Einführung weltweit vernetzter Information und Kommunikation, die
inzwischen zur Lebensform geworden ist, können wir nicht mehr unterscheiden zwischen richtig und falsch, unwahr und wahr. Dort spielt das,
was wirklich ist, keine Rolle mehr. Es ist die Heimat der Ortlosigkeit, wo
Geld, Konsumgüter und Menschen einander um die Erde hetzen. Eine
Welt der Täuschung, der Illusion. Dabei ist nicht die Technik das Problem, sondern was wir damit machen. Jene Welt steht in unseren Stuben,
steckt in unseren Taschen, liegt in unseren Händen und der wirklichen
Welt sind wir ferner als jemals zuvor.*

Zur Chronologie 2008:
Am 1. Januar werden Malta und Zypern 14. und 15. Mitglied der EU-
RO-Zone.
Finanzkrise in Europa. Weltfinanzkrise. Bankenkrise. Die Industrieländer setzen Milliardenhilfen zur Rettung des Bankensystems ein.
Der Leitzins in der Eurozone liegt bei 4,25 Prozent.
Als am 7. September Frank-Walter Steinmeier als Kanzlerkandidat
bekanntgegeben wird, erklärt Kurt Beck seinen Rücktritt als SPD-Vorsitzender. Frank Walter Steinmeier übernimmt von September bis Oktober
kommissarisch den Parteivorsitz. Am 18. Oktober wird Franz Müntefering zum zweiten Mal zum SPD-Parteivorsitzenden gewählt.

Zur Musikbox:
Amy Winehouse „Back to black".

2009 Als am 20. Januar Barack *Obama* als erster schwarzer Präsident der
USA feierlich in sein Amt eingeführt wird, als er mit seiner Frau und
seinen Töchtern auf dem Weg ins Weiße Haus wiederholt aus seiner

Limousine aussteigt und sie ein Stück zu Fuß gehen, sitz ich vor dem Fernseher und sterb vor Angst, dass auf sie geschossen wird.

Zwischen Wahl im November 2008 und Amtseinführung im Januar 2009 entsteht mein Text SCHWARZE IM WEISSEN HAUS. Was mir da in meinem Blickwinkel entstanden ist, wird sich nicht jedem in gleicher Weise erschließen. Ein Plattdeutscher könnte, z. B. wenn er zuhört, also den geschriebenen Text nicht vor Augen hat, WHITMAN – WITT als Gegenstück zu SCHWATT nehmen. Das geht auch. Und das macht auch nichts. Aber tatsächlich handelt es sich bei Whitman um Walt Whitman (1819–1892), Lyriker der Neuen Welt, mit dessen Werk sich in Loslösung von der Alten Welt erstmals das eigene Lebensgefühl Amerikas bemerkbar machte. Und bei „Adonis" handelt es sich nicht um den schönen, alten Griechen ... Wer sich vertiefen möchte, findet am Ende zu jeder Gedichtzeile eine Anmerkung (es ist mir egal, ob Lyrik das darf oder nicht).

Wie ich zufällig erfuhr, ich wusste das nicht, es ist mir einfach so entstanden, handelt es sich bei diesem Gedicht um ein sogenanntes Akrostichon, einen Leistenvers (akros = Spitze, stichos = Verszeile), bei dem sich aus den Anfangsbuchstaben der einzelnen Zeilen ein Wort ergibt.

Schwarze im Weißen Haus

Jenseitsdesdenkensnachdemendederutopienwomilchundhonigflossen-
tränenundblutundplötzlich:
Whitman streichelt vor Freude weltweit das Gras
Und Seattle hält seine Rede vor den Vereinten Nationen
Nikita mit Sacharow auf Welttournee „ATOMKRAFT NJET!"
Dutschke noch im warmen Ringelpullover – schon März im Gesicht
Einstein und Lennon vor der Presse zusammen im Bett
Ruhe! Die Luthers predigen! Sonst hörn wir sie nicht!

Wallstreet vermoost
Und Kunta Kinte sammelt alle *Ölfässer ein für „Esso-Trinidad"*
New York! Frau New York! Sie hätschelt ihr Kind
Der Vater? Adonis ist es! Bestimmt!
Ehhh, Herr Fortschritt, aufwachen! Pasolini erklärt Ihnen den dritten We
Rosa vereinigt die Linke, bevor es wieder zu spät

Wo unsere Wiege stand ist Afrikaaa!
Uexküll löscht das Licht zur Nacht
... und Nach Bagdad *und ... fließen wieder Milch und Honig*
Das Auto ist tot, das Fahrrad ist König
Echt, die Seebacher ist jetzt Wagenknecht *bei Sahra*
Ratzinger barfuß ohne Mantel und ohne Tiara

SCHWARZE IM WEISSEN HAUS![84]

84 Anmerkungen zum Gedicht SCHWARZE IM WEISSEN HAUS:
Walt Whitman (1819–1892), Lyriker („Grashalme"), fasste erstmals ein eigenes Lebensgefühl der Vereinigten Staaten von Amerika in Worte. Häuptling Seattle richtete 1855 seine bis heute unübertroffen kluge Rede an den Präsidenten ...
Andrej Sacharow, in der UdSSR führend an der Entwicklung der Atomkraft beteiligt, erkannte, dass diese Technologie zu stoppen sei. Verbannung unter Nikita
Chruschtschow. 1975 Friedensnobelpreis.
Zu Rudi Dutschke schrieb Heinrich Böll an Josef Beuys: „Vergiss nicht, den mehrfach Deutschgekreuzigten, den Rudi, den Dutschke. Er steht da in der Ecke, friert,
hungert, lächelt vergessen."
Einstein setzte sich nach dem Zweiten Weltkrieg (vor Lennon) für den Weltfrieden ein; John Lennon veranstaltete 1969 mit Yoko Ono ein öffentliches „Bed-In":
„Make love, not war!" Kunta Kinte, Stammvater einer amerikanischen Sklavenfa-
milie („Roots", Roman von Alex Haley). „Esso Trinidad" – Steelband, spielte Ca-

Datdenkenweeralvörbikeenoortmehrkeensteewomelkundhonnigfloo-
tentraanenundblootundopeenmol:
Whitman geiht weltwiet hüttig mit de Hand över't Gras
Und Seattle höllt sien Vördrag vör de Vereenten Nationen
Nikita mit Sacharow op Welttuur „ATOMKRAFT NJET!"
Noch in' warm' Ringelswieter – Dutschke – al März in't Gesicht
Einstein und Lennon vör de Journallje tosom in't Bett
Ruhig! De Luthers predigen! Suns höörn wi se nich!

Wallstreet sett Moos an
Und Kunta Kinte sammelt aall *de Ölfött in för „Esso Trinidad"*
New York! Fruu New York! Se betüütelt ehr Kind
Na, und wer is de Vadder? Adonis is dat! Bestimmt!
Ehhh, Herr Fortschritt, opwaaken! Pasolini verkloort Se de drütte Weg!
Rosa stuukt de Linke torecht, bevör dat wedder to laat dorto is

Wo uns' Weeg stunn dor is Afrikaaa!
Uexküll löscht dat Licht to Nacht
.. *und Na Bagdad und ... fleeten werder Melk und Honnig*
Noch wat: dat Auto is doot, dat Fohrrad is König
Echt, de Seebacher is nu Wagenknecht *bi Sahra*
Ratzinger barfoot ohne Mantel und ohne Tiara.

SCHWATTE IN'T WITTE HUUS

---

lypso auf Ölfässern (zeitweise verboten). New Yorks Kind heißt „Freiheit". Adonis
(arab. Dichter) schrieb 1971, dreißig Jahre vor dem 11. September (2001), das Gedicht „Ein Grab für New York". Er soll damals erklärt haben: „Ich komme aus der
Zukunft." Pier Paolo Pasolini, Poet, ital. Filmemacher, Zeitkritiker. 1975 ermordet.
Er sah keine Zukunft für unendliches Wirtschaftswachstum. Rosa Luxemburg
hielt jede Spaltung der sozialistischen Reihen für verhängnisvoll. U. a. Luigi Ca-
valli-Sforza bewies durch Genanalysen, dass die Wiege der Menschheit in Afrika
steht. Jakob v. Uexküll, Stifter des Alternativen Nobelpreises, setzt sich weltweit
für nachhaltiges Wirtschaften ein (WorldFutureCouncil). Das größte Energiepotenzial liegt im Energiesparen! „... und nach Bagdad und ..." – angelehnt an ...
und Vietnam und ..." von Erich Fried. – Lt. Peter Rühmkorf ... die Zeile des [20.]
Jahrhunderts". Brigitte Seebacher (Historikerin) ging in einer Fernsehdiskussion
zur Inauguration Obamas dermaßen verächtlich mit der andersdenkenden Sahra
Wagenknecht um ...

Zur Chronologie 2009:

Am 1. Januar wird die Slowakei 16. Euroland.

Am 1. April treten Albanien und Kroatien der NATO bei.

Am 3. Juli verabschiedet der Bundestag ein Gesetz mit dem unglaublichen Namen Finanzmarktstabilisierungsfortentwicklungsgesetz. Es soll größere Krisen bei Banken verhindern.

Am 27. September sind Landtagswahlen in Schleswig-Holstein. SPD 25,4 Prozent. CDU 31,5 Prozent. FDP 14,9 Prozent. GRÜNE 12,4 Prozent. Die LINKE zieht erstmalig in den Landtag ein mit 6,0 Prozent.

27. September Bundestagswahl: CDU/CSU 33,8 Prozent, SPD 23 Prozent, FDP 14,4 Prozent, Bündnis 90/DIE GRÜNEN 11,9 Prozent.

Wegen des Wahlergebnisses kündigt Franz Müntefering an, auf dem Bundesparteitag im November nicht mehr zu kandidieren.

Im Oktober wird die Betriebserlaubnis von Block I des Kernkraftwerks Three Mile Island/Harrisburg/Pennsylvania/USA, der 1974 in Betrieb genommen wurde (Block II: ernster Unfall 1979), bis 2034 verlängert.

Am 13. November wird Sigmar Gabriel SPD-Bundesvorsitzender.

ThyssenKrupp stellt die Weichen für einen Ausstieg aus dem zivilen Schiffbau in KIEL.

Schuldenkrise in Griechenland.

Globale Finanzkrise.

Zur Musikbox:

Sting „If on a Winter's Night", „Lulleby for an anxious Child"; Beyoncé „Sweet Dreams".

2010

„Beatle-
mania"

Am 6. Februar, zur Eröffnung der Ausstellung „Beatlemania in Schleswig", schmuggelt mein alter Kollege aus Kreissparkassenzeiten, Günther Zastrow, der jetzt im „Ruhestand" und Chef des Schleswiger Kulturvereins CASA CULTURA ist, meine Übertragung des Lennon-Songs „Imagine" – Hochdeutsch und Plattdeutsch nebeneinander – in einem alten goldenen Rahmen in die Ausstellung. Der Hamburger Linke-Szene-Fotograf Günter Zint ist an der Ausstellung beteiligt. Er kommt zur Eröffnung. Er begeistert sich für die Übertragung ins Plattdeutsche. Wir lernen uns kennen. Wir stellen unsere gemeinsame Liebe zu Erich Fried fest. – Ich hatte Frieds Lyrik in den 1980er-Jahren in meiner Buchhandlung in KIEL, bei Erichsen und Niehrenheim in der Dänischen Straße, entdeckt. Sie hatte mich so begeistert, dass sie mir Medizin geworden war. Eines Tages bemerkte ich, wie ich diese Gedichte plötzlich Plattdeutsch zu lesen begann. Schließlich hatte ich eine Auswahl davon ins Plattdeutsche übertragen und Hochdeutsch und Plattdeutsch nebeneinander veröffentlicht. Jetzt hat Günther Zint die Idee, zu Erich Frieds neunzigstem Geburtstag am 6. Mai 2011 eine kleine Lesereise zu veranstalten. Er war mit Fried befreundet. Er hat Fried fotografiert. Er kennt seine Witwe. Er stellt einen Kontakt her. Ich kann Catherine Boswell-Fried überreden ...

Zukunftswerkstatt Schleswig

Während mir nach meiner Rückkehr nach Schleswig nach und nach der stetige Abstieg meiner Heimatstadt deutlich wird, wird mir die Bedeutung Schleswigs in der Vergangenheit tiefer bewusst: Der Bezug, die Konkurrenz zu KIEL, aus der Schleswig als Verliererin hervorging. Die Zeit Herzog Friedrich III., als die Stadt mit Gottorf als eine der glanzvollsten Residenzen im Norden Europas galt. Dass der erste Gedanke zur Gründung einer Universität in unserer Region von diesem Herzog ausgegangen und dieser dann von seinem Sohn Christian Albrecht in KIEL verwirklicht worden war. Dass der Kaiser nach Aneignung Schleswig-Holsteins durch Preußen 1866 den Bau des Domturms betrieben hatte, der ab 1888 gebaut wurde und, 112 Meter hoch, 1894 fertig war. Dass Schleswig (ich kann es kaum noch glauben) bis 1945 *wirklich* preußische Provinzhauptstadt war. Jetzt erinner ich mich daran, dass Kulturreferent Dr. Theo Christiansen noch in den 1960er-Jahren den stolzen Begriff „Schleswig – Spektrum europäischer Kultur" geprägt hatte. Und ich bedenk, dass Schleswig (jetzt noch) – nach Lübeck – als die Stadt mit dem reichsten Kulturerbe in Schleswig-Holstein gilt. – Ich bin in ärmlicher Nachkriegszeit aufgewachsen und hab meine Stadt als reich erlebt, und das hat nichts mit Nostalgie zu tun! Damals war sie ein lebendiges Gemeinwesen von großer Vielfalt. Jetzt nenn ich ihre Verkommenheit grimmig beim Namen – weil ich sie weiter lieben und in der Hoffnung auf Besserung bleiben können will – weil ich mich mitverantwortlich fühl für meine Zeit. Die „Schleswiger Nachrichten"

Kulturerbe

bringen meinen Eindruck mit Schleswig-Panorama auf einer ganzen
Seite als Gastbeitrag.

Es gehen unzählige begeisterte und zustimmende Reaktionen bei mir
ein. Daraus entstehen Kontakte, die zu einer Bürgerinitiative führen.
Wir gründen die Zukunftswerkstatt Schleswig. Wir sind Bürgerinnen
und Bürger, die sich in Verantwortung für die nachfolgenden Generationen, die sich in Sorge um die Zukunft unserer Stadt engagieren wollen.
Die meisten von uns sind oder waren schon, was sie werden wollten.
Wir sind niemandes Konkurrenz und wollen nichts mehr für uns. Wir
möchten unsere Ideen überbringen. Wir möchten helfen, sie zu verwirklichen. Wir wollen etwas zurückgeben an unser Gemeinwesen, in
dem wir aufgewachsen sind, in dem wir wohnen und arbeiten, in dem
wir unser Leben verbracht haben oder in das wir zurückgekehrt sind
oder das wir uns als Wohnort für den Ruhestand ausgewählt haben.

**Stell Dir vor, da ist eine Ratsversammlung, ein Bürgermeister, die
hören Dir zu**

Ich bin da völlig naiv 'rangegangen. Prof. Rainer Winkler, der sich erst
seit kurzer Zeit „im Ruhestand" befindet, der Leiter der „Allgemeinchi-
rurgischen Abteilung" im Martin-Luther-Krankenhaus Schleswig war,
bittet mich, die Initiative zu organisieren und für die Planungsgruppe
die Federführung zu übernehmen. Ich wär lieber im Hintergrund geblieben, aber Winkler ist hartnäckig. Er hat die Idee, Schleswig zum
Gesundheitsstandort auszubauen, damit unsere hochverschuldete
Stadt nach dem Verlust der „Grünen Industrie", der Zuckerfabrik, des
Butterwerks und der Spritfabrik, endlich wieder Wirtschaftskraft, Arbeitsplätze und neue Einwohner gewinnt. Er schlägt vor, die verschiedenen, schon vorhandenen Einrichtungen des Gesundheitswesens mit
Gesundheitstourismus zu verknüpfen, dem eine glanzvolle Zukunft
vorausgesagt wird, für den auf allen Ebenen Finanzmittel winken.
Es geht um ein Zusammenwirken der Vielzahl der schon in der Stadt
vorhandenen medizinischen Institutionen sowie des erhofften neu-
en Krankenhauses[85] mit Einrichtungen des Gesundheitstourismus'.
Winkler betont, dass die Chancen Schleswigs, Gesundheitstourismus

---

85 Diese Hoffnung hat sich inzwischen erfüllt, es wurde im Sommer 2016 eröffnet.

GASTBEITRAG IN DEN SCHLESWIGER NACHRICHTEN, 23.02.2010

zu einem relevanten Wirtschaftsfaktor zu machen, ausschließlich in der Vernetzung mit dem ersten „Gesundheitsmarkt" liegen. Medizinische Kapazitäten (im Bereich bundesweit defizitärer Medizinbereiche wie z. B. Geriatrie, Psychosomatik und Psychiatrie/Depression, Burn-out-Prophylaxe und -Behandlung) sollen neben ihren stationären

245

Aufgaben im ambulanten Bereich tätig werden. Dazu sollen im neuen Stadtteil „Auf der Freiheit" (ehemaliges Bundeswehrgelände) und an anderen geeigneten und benannten Plätzen in der Stadt kurhotelartige Einrichtungen entstehen. Für den neuen Stadtteil „Auf der Freiheit" ist zudem eine Gesundsheitstherme (mit „Alleinstellungsmerkmal" in der Region) im Gespräch, für die bereits eine „Inaussichtstellung" des Landes von 9,5 Millionen Euro[86] vorliegt. Wir, die Planungsgruppe der Zukunftswerkstatt, wenden uns mit Winklers Vorschlägen zunächst an jede einzelne Ratsfraktion. Diese nehmen die Idee sehr reserviert auf. Nachdem sich nichts rührt, formulier ich einen Brief, in dem die Idee, in dem die Chancen der Verbindung von Kultur – Natur – Gesundheit für Schleswig gut begründet sind. Winkler ist erfreut über diesen Schritt. Der Brief geht an Ratsversammlung und Bürgermeister der Stadt Schleswig, an regionale und überregionale Träger des Gesundheitswesens, an Wirtschaftsverbände sowie an die landespolitische Ebene …

Als im August Friedensgespräche in Ramallah stattfinden – Netanjahu, Abbas und Obama sind sich einig, dass ein Palästinenserstaat gegründet werden muss – entsteht mir folgender Text.

Mosche Dabär

Ich wollte sie von Anfang an nicht neben mir in meinem Bett, diese harten kalten Schildkrötpuppen. Auch nicht später jene mit Plastikgesichtern mit Schmuddel um den Mund, die etwas weicher waren, aber nach Gummi rochen. Ich weiß noch, als Mutter mich fragte: „Willst du dir nicht doch mal 'ne Puppe vom Weihnachtsmann wünschen?" „Nein!" Peter, mein Bär, ist und bleibt mein Freund, mein Tröster, mein Held. Auch mein Kind hatte es mehr mit Bären. Als eines Tages sein Steiff-Bär sein linkes liebes Auge verliert, sagt es nicht: „Mammma, nähst Du das

---

86 Inaussichtstellung von 9,5 Millionen Euro, in Worten: neun Millionen fünfhunderttausend Euro, Konversionsmitteln. Diese vom Land offiziell in Aussicht gestellte Summe, die sicher auch für andere Projekte als die umstrittene Therme zur Verfügung gestanden hätte – die hoch verschuldete und dringend auf neue Wirtschaftskraft angewiesene Stadt Schleswig hat sie verfallen lassen, hat sie nicht in Anspruch genommen!

Auge bitte mal wieder an!" Natürlich nicht. Es bastelt eine Augenklappe und bindet sie dem Bären um. Da sag ich: „Jetzt sieht er aus wie Mosche Dajan.[87] *„Nein Mammma, wie Mosche Dabär!" Mosche Dabärs Auge konnte gerettet werden (es wurde dann doch wieder angenäht). Später kam Mosche in Koffern, Taschen und Umzugskartons rum. War ausgegrenzt. Vergessen. War barfuß durch die Wüste gegangen. Dann lebte er Jahre mit meiner Enkelin. Und jetzt wohnt Mosche bei mir. Er sieht noch ziemlich gut aus mit seinem weißgrauen Fell. Wenn er nicht politisch unterwegs ist, tauscht er sich gern mit meiner 150 Jahre alten Bärin Else aus, die in aller Regel an meinem Bett sitzt, die ihre steifen Gelenke und ihr schütteres, schwarz-weißes Fell, das längst vergrünt und vergilbt ist, weitgehend unter ihrer blütenweißen Schürze mit Richelieu*[88]*-Spitze verbirgt. Else ist Hamburgerin, das hört man beim ersten Satz, aber sie sieht französisch aus. Sie hat schon Patentantes Vater gehört, Désiré Duprez,*[89] *der Theaterbarbier am Thalia war. Seine Vorfahren waren Hugenotten, die um des Glaubens willen aus Frankreich nach Hamburg geflohen waren. Zu ihrer Rechten sitzt Saskia, das kleine Sauriermädchen, das mit glitzernden Flügeln meiner Enkelin auf einem Flohmarkt zugeflogen war*

---

87 Mosche Dajan: 1915 in einem Kibbuz geboren. Israelischer General und Politiker, der im Zweiten Weltkrieg sein linkes Auge verlor und seitdem eine schwarze Augenklappe trug. Er kämpfte im israelischen Unabhängigkeitskrieg. 1954 war er Oberkommandierender der israelischen Verteidigungskräfte.1959 ging er als Sozialdemokrat in die Politik. Als Verteidigungsminister erlangte er wegen seiner Verdienste im Sechstagekrieg 1967 hohes Ansehen. 1974 musste er wegen des Verlaufs des Jom-Kippur-Krieges zurücktreten. Dann wechselte er zum konservativen Likud, war von 1977–1979 Außenminister. Trat 1979 aus Protest gegen die Siedlungspolitik zurück. Er war es, der einer nach muslimischem Recht begründeten Stiftung den Tempelberg anvertraute, der einer der umstrittensten heiligen Orte der Erde ist. Mosche Dajan führte 1979 die Verhandlungen Camp David I. Er starb 1981.

88 Richelieu, Kardinal und Staatsmann unter Ludwig XIII., bekämpfte die Sonderrechte der französischen Protestanten. Er beließ ihnen 1629 im Gnadenedikt von Alès zwar ihre Religionsfreiheit, nahm ihnen jedoch ihre militärischen Sicherheitsplätze, wodurch die Hugenotten als politischer Machtfaktor ausgeschaltet wurden. – Nach ihm ist die Ausschnittstickerei benannt, die er als billigeren Ersatz für die aufwendige „Nadelspitze" einführen ließ. Bei dieser Stickerei werden schöne Muster mit Schlingstich an Kanten und Löchern gestaltet.

89 Désiré Duprez führte neben seiner Tätigkeit als Barbier am Thalia-Theater Hamburg einen Salon am Neuen Jungfernstieg 3 a.

MOSCHE DABÄR

und später zu mir geflogen kam: „Damit Tiere da sind, Oma, wenn ich komm!" – Die drei diskutieren seit Jahren über Gott und die Welt. Gestern fiel mir auf: Sie sind weg. An ihrem Platz an meinem Bett lag ein Zettel: „... sind zu Friedensverhandlungen nach Ramallah!"

28. Oktober: Auf Initiative der christlich-liberalen Bundesregierung kippt der Bundestag den 2001 von der rot-grünen Mehrheit im Bundestag beschlossenen „Ausstieg aus der Atomenergie" und beschließt eine Verlängerung der Laufzeiten von acht Jahren für ältere und 14 Jahren für neuere Atommeiler. Brokdorf soll bis 2033 am Netz bleiben.

Als sich von Seiten der Ratsversammlung, von Seiten des Bürgermeisters auf die Initiative der Zukunftswerkstatt Schleswig zum Gesundheitsstandort nichts rührt, entwerf ich kurz vor Weihnachten einen Brief an den Vorstandsvorsitzenden der Damp Holding. Die Planungsgruppe unterschreibt.

Zur Chronologie 2010:
23. April: Griechenland bittet die EU um Finanzhilfe, um einen Staatsbankrott zu verhindern.
Beginn der Eurokrise.
Im Dezember beginnt mit einer Serie von Protesten, Aufständen, Revolutionen der „Arabische Frühling" ...

Zur Musikbox:
Barbra Streisand: „Duck Sauce".

Der Brief unserer Zukunftswerkstatt kommt an beim Vorstandsvorsitzenden der Damp Holding. Dr. Schleifer empfängt uns am 10. Januar 2011 in seinem Hamburger Büro. Er nimmt die Vorschläge zur Verknüpfung von Gesundheitsstandort und Gesundheitstourismus mit großem Interesse auf, sieht sofort das überzeugende Zusammenspiel von Kultur, Natur und Gesundheit, das kaum eine andere Stadt in Schleswig-Holstein so bietet wie Schleswig. Er verspricht, die Idee gleich am nächsten Tag im Haus zu erörtern und sie zur nächsten Vorstandssitzung vorzulegen. Er bittet uns, kurzfristig Kontaktaufnahme der Landesebene und der Schleswiger Kommune zu ihm zu vermitteln. – Für den nächsten Tag, 11. Januar, hab ich für unsere Planungsgruppe Gesprächstermine mit den Fraktionen im Schleswig-Holsteinischen Landtag vereinbart: Die Gesprächspartner der Fraktionen nehmen unser Anliegen mit außerordentlichem Interesse auf. Die ehemalige SPD-Sozialministerin Gitta Trauernicht erklärt: „Das ist es doch für Schleswig. Da hätten wir doch auch selbst drauf kommen können!" Vertreter der CDU-Landtagsfraktion sehen in der Idee große Impulse über Schleswig hinaus für die gesamte Region. Der Vertreter des Wirtschaftsministeriums nennt die Vorschläge „bestechend". Gitta Trauernicht nimmt Kontakt zu Dr. Schleifer auf. Auf seine Initiative kommt es am 21. März im Schleswiger Rathaus zu einem „Runden Tisch" mit Vertretern aus Politik, Gesundheitswesen und Wirtschaft, der den ganzen großen Ständesaal ausfüllt. Es ist ein so hoffnungsvolles Projekt für die wirtschaftlich schwache Region und die ausgeblutete und hochverschuldete Stadt, wo es in den letzten Jahren zu keinen bedeutenden, die Stadt stärkenden Mehrheitsentscheidungen gekommen ist. Der „Runde Tisch" endet mit dem Beschluss, eine Arbeitsgruppe zu bilden …

Die SPD Schleswig-Holstein hatte sich bereits Mitte der 1980er-Jahre intensiv (s. S. 132 u. 151) kritisch mit dem Thema Gen- und Reproduktionstechnologie beschäftigt. Dazu besteht mittlerweile eine Gesetzgebung. Aber durch den Welthandel gelangen trotzdem genmanipulierte Lebensmittel auf unseren Markt und im Bereich der Medizin finden weiter und weiter Manipulationen statt, die Grenzen überschreiten, die wir vor den nächsten Generationen zu verantworten haben … Inzwischen hat sich die Nanotechnologie etabliert, die große Hoffnungen in Medizin und Technik mit sich bringt. Aber sie geistert im gesetzfreien Raum, im Niemandsland – und in uns. Mit Nanopartikeln beschichtet man Süßigkeiten, damit sie länger frisch aussehen, man mischt sie in Salben oder versprüht sie als „Pflanzenschutz" auf die Felder. Niemand weiß wirklich, was diese Technik letztlich bewirkt. – Vier Jahre nach Arbeitsbeginn der Nano-Kommission der Bundesregierung mit VertreterInnen aus Gesellschaft, Industrie, Politik und Wissenschaft „würden Alltagsprodukte mit Nanomaterialien in Deutschland weiterhin ungebremst vermarktet, z. B. in Textilien, Kosmetika und im Lebensmittelsektor. Dabei gebe es immer mehr Hinweise auf mögliche Umwelt- und Gesundheitsrisiken. Hinzu kämen gravierende Lücken in der Sicherheitsforschung. ‚Die Schere zwischen Risikoforschung und Vermarktung klafft heute weiter auseinander als zu Beginn der Arbeit der Nano-Kommission', sagte Patricia Cameron, BUND-Nano-Exper-

Nano-techno-logie

tin und Mitglied der Nano-Kommission." (BUND Pressemitteilung 2. Februar 2011.)

Pat Mooney[90] warnt davor, dass mit der Nano-Technologie alle kulturellen Werte infrage gestellt sind und rechnet mit katastrophalen sozialen, wirtschaftlichen, ökologischen, politischen und gesundheitlichen Folgen. In „Next BANG" führt er die unkalkulierbaren Risiken vor Augen, die mit derartigen technologischen „Heilsversprechen" verbunden sind.

Anfang März überflutet ein Tsunami Teile der japanischen Ostküste. In Folge der Überflutungen ereignet sich ab 11. März in Fukushima einer der schlimmsten Atomunfälle der Geschichte. Mindestens 15.000 Menschen sterben bei der Dreifachkatastrophe, 160.000 müssen wegen der Strahlengefahr ihre Heimat verlassen (Zahlen der „direkten" oder „indirekten" Opfer gelten bis heute als letztlich ungeklärt und werden – je nach Interessengruppe – unterschiedlich bewertet). Fukushima

Mond über Fukushima

An Issa[91] lehnend
beleuchtet der Mond den GAU
Dann schaltet er ab.
März 2011

Nach dem Atomunfall in Japan erklärt Bundeskanzlerin Angela Merkel den Ausstieg aus der Atomenergie. Der Bundestag kehrt in parteiübergreifender Übereinstimmung zum Atomausstieg (bis 2022) zurück. Brokdorf soll noch bis 2021 Strom liefern.

Demokratiebestrebungen in der arabischen Welt. Revolution in Ägypten – Demonstrationen auf dem TAHRIR-Platz in Kairo. Proteste im Jemen, in Bahrain, in Syrien. Als in Libyen ein Bürgerkrieg beginnt, kommt es zu einem internationalen Militäreinsatz. Arabischer Frühling

---

90 Pat Mooney erhielt 1998 den alternativen Nobelpreis. Er setzt sich im Rahmen zivilgesellschaftlicher Organisationen für den Erhalt und die nachhaltige Entwicklung der ökologischen und kulturellen Vielfalt sowie der Menschenrechte ein.

91 Kobayashi Issa, 1773-1828, einer der bedeutendsten Haiku-Dichter Japans

Erich Frieds 90. Geburtstag

Lesereise zu Erich Frieds neunzigstem Geburtstag. Wie 2010 verabredet, gehen Catherine Boswell-Fried, Günther Zint und Leier auf Lesereise. Catherine liest aus ihrer Autobiografie „Über Kurz oder Lang". Günther zeigt und kommentiert seine Friedfotos. Leier hält 'n Vortrag über Erich Fried und liest Gedichte von ihm. Frieds politische Gedankenlyrik ist unverändert aktuell! Wir treten mit dem Programm bei „Cultura Vivendi" in Schleswig, in der St. Marien Kirche in Husum, in einer öffentlichen Veranstaltung der SPD-Landtagsfraktion im Landeshaus in KIEL und im Buddenbrookhaus in Lübeck auf.

Indignados

Am 15. Mai beginnt ein friedlicher und demokratischer Aufstand in Spanien auf dem Platz PUERTA DEL SOL in Madrid. Dieser Aufstand hätte Erich Fried gefallen! Das ist ein Aufschrei gegen die Finanzdiktatur, gegen die „real existierende Demokratie", die das soziale Gefüge zerschlagen hat. Angesichts enormer Arbeitslosigkeit – besonders Jugendarbeitslosigkeit, angesichts einschneidender Spar- und Privatisierungspolitik sowie als Folge diverser Bereicherungs- und Korrupti-

AUF LESEREISE MIT CATHERINE BOSWELL-FRIED (ZWEITE VON LINKS) – IN HUSUM. FOTO: GÜNTHER ZINT

onsskandale entwickelt sich in Spanien eine neue Bewegung, neues Denken jenseits der politischen Normen. Sie nennen sich Indignados. Empörte.[92]

Am 6. Juni beschließt das Kabinett Merkel II das Aus für acht Kernkraftwerke und einen stufenweisen Ausstieg bis 2022. Damit werden die im Herbst 2010 beschlossenen Laufzeitverlängerungen zurückgenommen. Als Subventionsabbau der direkten Bevorzugung der Kernkraft und weil die Kosten der Endlagerung und für den Rückbau der Kernkraftwerke im Wesentlichen von den Steuerzahlern getragen werden, wird die „Brennelementesteuer" eingeführt.

Ausstieg aus der Verlängerung

Am 22. Oktober demonstriert Occupy Deutschland vor der Zentrale der Deutschen Bank in Frankfurt – nach dem Vorbild der US-amerikanischen Occupy-Wall-Street-Bewegung, die von Mitte September bis Mitte November den New Yorker Zuccotti Park in der Nähe der Wall Street besetzt hielt. Die Bewegung zeltet über Wochen in großen Städten vor Banken (in KIEL vor dem Sparkassen-Palast am Lorentzendamm). Sie fordert, soziale Ungleichheiten, Spekulationsgeschäfte und den Einfluss der Wirtschaft auf die Politik zu bekämpfen, sie sieht sich stellvertretend für die unteren 99 Prozent, die den reichsten ein Prozent der Bevölkerung gegenüberstehen.

Occupy

Nach einer repräsentativen Umfrage im Herbst sind achtzig Prozent der Deutschen für den Atomausstieg.

Zur Chronologie 2011:
Am 1. Januar wird Estland das 17. Euroland.
Am 20. Oktober wird Gaddafi gefunden und getötet.
Im November wird die rechtsextreme terroristische Vereinigung „NSU" bekannt, der u. a. eine grausame Mordserie an Migranten in den Jahren 2000 bis 2006 zur Last gelegt wird.
Portugal, Spanien und Italien geraten in finanzielle Schwierigkeiten.
Der Verkauf der HDW-Gaarden an Abu Dhabi MAR tritt in Kraft.

---

92 Aufstand, der zurückgeht auf Stéphane Hessels „Empört Euch!"

Zur Musikbox:
Adele „Rolling in the Deep"; Amy Winehouse „Girl from Ipanema", „Our Day will come", „Half Time"; Max Raabe „Küssen kann man nicht alleine", „Sag ich blau, sagt sie grün" …

2012
Griechenland

Im Februar demonstrieren in Griechenland Zehntausende Menschen gegen Reformen, die im Wesentlichen daraus bestehen, dass Sozialleistungen, Löhne und Renten gekürzt und Steuern erhöht werden. („Zwar wird Griechenland von manchen Medien und auch PolitikerInnen gern als reformunwillig hingestellt, tatsächlich aber haben die GriechInnen seit 2010 Einsparungen und Steuererhöhungen in Höhe von zwanzig Prozent ihrer Wirtschaftsleistung vorgenommen – das ist laut einer Studie der Zentralbank von Irland das umfangreichste Sparprogramm in der EU-Geschichte.")[93]

Wenige Stunden nach der Einweihung des Mahnmals für die von den Nazis ermordeten *Roma und Sinti* am 24. Oktober in Berlin droht Innenminister Hans-Peter Friedrich (CSU) Asylsuchenden aus Serbien und Mazedonien, mehrheitlich Roma und Sinti, kurzen Prozess und Leistungskürzungen an.[94]

Am 10. Dezember erhalten die *Bürger der Europäischen Union* den Friedensnobelpreis mit der Begründung: „Die EU und ihre Vorgänger haben über sechs Jahrzehnte zur Förderung von Frieden und Versöhnung beigetragen."

Proteste

Im November Proteste gegen EU-Sparprogramme in Südeuropa.

Die Proteste in Syrien weiten sich zum Bürgerkrieg aus.

Stadtgestaltung

Eine Arbeitsgruppe unserer Bürgerinitiative Zukunftswerkstatt Schleswig bemüht sich in vielfältigen Initiativen um die Stadtgestaltung, um die Bewahrung des historischen Baubestandes, um die Verknüpfung des Kulturerbes mit der Innenstadt. Während umliegende,

---

93 Quelle: „Die Chronik der Krisen: Von 2006 bis 2014."
94 Quelle: DIE ZEIT 49/2012

kulturell viel unbedeutendere Städte florieren, hat Schleswig kaum etwas aus seinem kulturellen Reichtum gemacht. Die Stadt hat mehr und mehr an Vielfalt verloren, ist von Leerständen geprägt und hat nur noch wenige inhabergeführte Läden mit Sortimenten, die sich von jenem Welt-weit-überall-dasselbe unterscheiden. Für Kundschaft von außerhalb ist Schleswig wenig attraktiv. – Wir richten einen Antrag an die Ratsversammlung zur Einberufung eines „Gestaltungsbeirats" (nach den Empfehlungen des BDA) und zur frühzeitigen Beteiligung der BürgerInnen bei Bauvorhaben, die das Kulturerbe betreffen und die von allgemeinem Interesse sind. Was wir im Verlauf dieser Bemühungen erleben, ist, *(war)* jenseits meines Denkens. Während meiner Tätigkeit auf der Landesebene hab ich nicht erlebt, dass ein Politiker oder eine Politikerin jemals *so* mit einem Bürger, mit einer Bürgerin umgegangen wär wie Bürgerinnen und Bürger und ich es jetzt in Schleswig erleben. Nach und nach kommt mir – hier – jetzt – die sogenannte „Repräsentative Demokratie"[95] überaltert, undemokratisch, ja destruktiv vor. Es kommt mir vor, als habe sie sich zurückentwickelt. Mir wird klar: Mit wenigen Ausnahmen wissen die Einwohner unserer Stadt gar nicht, wie es in unserer Kommune inzwischen zugeht. Nur ein Beispiel: Eine Bauausschusssitzung irgendwann jetzt. Ehrenwerte BürgerInnen haben sich von ihrer Berufstätigkeit frei genommen, weil der Rat *nachmittags* tagt. Sie stellen gut vorbereitet und in aller Form einige sehr berechtigte Fragen zu verschiedenen Bauvorhaben: Zu einem sinnlosen sogenannten „Lärmschutzwall" aus belastetem Boden, der im rechten Winkel zur Straße über ein nicht abgeerntetes Feld gehäuft wurde und hinter dem sich nichts befindet, was des Lärmschutzes bedarf (jenes „Projekt", über das in landesweiten Nachrichten- und bundesweiten Satiresendungen berichtet wurde); zu geplanten hohen Wohnblocks, die drohen, alten Einzelhausbestand zu verschatten; zu einem Neubau am Dom (Weltkulturerbe), zu dem der Leiter des Bauamtes uns im Vorfeld das Gespräch verweigert hat, das sich jetzt, nach Fertigstellung, zu allem Übel auch noch mit hässlichen Betonplatten zum Dom hin abgrenzt (sowas wollen Kulturerbebesucher nicht sehen!). Fragende BürgerInnen werden vom Vorsitzenden derart abgekanzelt, ja, sogar angeschrien, dass sich aus dieser Erfahrung heraus

---

95 Repräsentative Demokratie, die schon Kant „despotisch" nannte.

spontan eine Wählerinitiative gründet, aus der im weiteren Verlauf dann zwei werden, die zur nächsten Kommunalwahl antreten und mit je einem Vertreter in den Rat einziehen. – Die Gemeindeordnung – so wie sie in Schleswig ausgelegt wird gegenüber politisch Interessierten und sich uneigennützig für ihre Stadt engagierenden Bürgern – erleb ich hier als Instrument zur Verhinderung von Zusammenarbeit. Da erkenn ich den Irrsinn, dass wir uns Gesetzen unterwerfen, denen man den Anschein natürlicher Notwendigkeit gibt. Aber was ist es, dass es notwendig erscheinen lässt, echten Dialog mit vernünftigen Bürgern, Gespräche auf Augenhöhe über die Allgemeinheit betreffende Angelegenheiten zu verhindern? Wir haben als BürgerInnen nicht nur nach der Gemeindeordnung das Recht, Fragen zu stellen: In Schleswig-Holstein gilt das „Informationsfreiheitsgesetz", nach dem allen BürgerInnen alle Informationen zugänglich zu machen sind, mit Ausnahme von Angelegenheiten, die der Geheimhaltung unterliegen. Als wir uns gegenüber dem Bauamtsleiter darauf berufen, erklärt dieser, dass das auch nicht so einfach sei.

Zur Chronologie 2012:
Im 6. Mai finden in Schleswig-Holstein vorgezogene Landtagswahlen statt, weil Grüne und SSW gegen die Mandatsverteilung (elf Überhangmandate) geklagt und recht bekommen hatten: SPD 30,4 Prozent. CDU 30,8 Prozent. FDP 8,2 Prozent. GRÜNE 13,2 Prozent. Die Piraten ziehen erstmals in den Landtag ein mit 8,2 Prozent.
Im Sommer legen EON und RWE Verfassungsbeschwerde gegen die Brennelementesteuer ein.
HDW wird ThyssenKrupp Marine Systems GmbH.

Zur Musikbox:
Buika „El ultimo Trago", „Luz de Luna"; Die Toten Hosen „Tage wie dieser"; Björk „I remember you", Adele „Someone like you"; Deichkind: „Bück Dich hoch" …

2013
Spaltung der Linken

Seit Anfang Januar lässt die SPD ihre Mitgliedschaft in der Sozialistischen Internationale (SI) ruhen und begründet dies mit dem schlechten Zustand der SI und der Handlungsunfähigkeit auf zentralen Politikfeldern in den letzten Jahren. Sie kündigt die Gründung einer neuen

Plattform der internationalen Zusammenarbeit an. Ende Januar ziehen die britische Labour Party, die Sozialdemokratische Partei Österreichs (SPÖ) und die Fraktion der Progressiven Allianz der Sozialdemokraten im Europäischen Parlament (die jetzt S & D heißen) ihre Beteiligung an der SI zurück. – Am 22. Mai gründet sich in Leipzig die „Progressive Allianz" unter Beteiligung von rund siebzig Parteien. SI-Präsident Georgios Papandreou wirft dem SPD-Vorsitzenden Sigmar Gabriel, der, wie es heißt, als maßgeblicher Betreiber des neuen Netzwerks gilt, eine Spaltung der globalen Linken vor. Gabriel hatte zuvor der SI undemokratische Strukturen attestiert und ihrem Generalsekretär Luis Ayala Korruption unterstellt. – Die SI hat eine bedeutende Geschichte, einen alten Namen. Gibt man das einfach so auf?

Stell Dir vor, da ist eine Landesregierung, die hört Dir zu

Wie hatte ich mich gefreut, als 2012 Anke Spoorendonk als Vertreterin der dänischen Minderheit schleswig-holsteinische Kultur- und Europaministerin geworden war (ich bin Europäerin, deren Vorfahren aus dem deutsch-dänischen Raum stammen, Grenzregion, die sich seit den Bonn-Kopenhagener-Erklärungen[96] zu einem beispielhaften europäischen Modell entwickelt hat). Auf dem Kongress des Landeskulturverbandes am 26. November 2012 hatte die Ministerin versprochen: „Im Dialog mit allen Beteiligten will ich die Kulturperspektiven 2020 für Schleswig-Holstein erarbeiten, nach denen auf der Basis einer guten Infrastruktur die Kulturlandschaft wachsen und gedeihen soll." Damit stellte sie Kommunikation auf Augenhöhe in Aussicht. – Wir, die Bürgerinitiative Zukunftswerkstatt Schleswig, setzen uns *für* den Erhalt des Volkskundemuseums[97] auf dem Schleswiger Hesterberg ein. Es wurde mit immensen Steuergeldern aufgebaut. Es beherbergt eine der bedeutendsten volkskundlichen Sammlungen der Republik. Seine

Theater-Theater

---

96 Bonn-Kopenhagener Regierungserklärungen von 1955, die die Anerkennung der Minderheit im jeweiligen Staat, das heißt der dänischen Minderheit in Deutschland und der deutschen Minderheit in Dänemark bestätigen, das freie Bekenntnis zur jeweiligen Volkszugehörigkeit sowie Gleichbehandlung aller StaatsbürgerInnen.

97 Ein Mitglied unserer Bürgerinitiative wandte sich dazu an den Eingabenausschuss des Schleswig-Holsteinischen Landtags. Nachdem der Bereich Volkskunde seit 2013 zum Freilichtmuseum Molfsee gehört, kommt am 18.05.2017 eine Antwort.

Dauer- und Sonderausstellungen finden weit über die Region hinaus-
gehendes Interesse, sind von großer Bedeutung auch für die Schulen
im Lande. – Wir setzen uns *für* den Erhalt des alten Theatergebäudes
ein, das stattliche Haus am Lollfuß, das – nach dem legendären Gottorfer Hoftheater und nach dem Stadttheater am Stadtweg – 1892 eröffnet wurde, das von der Stadt – offenkundig – nicht gut instandgehal-
ten und das 2011 stillgelegt worden ist, „weil die Gefahr besteht, dass
das Hauptdach über dem Saal den angehängten Lasten (Beleuchtung)
nicht mehr standhält". Und wenn sich dies als unmöglich heraus-
stellen sollte, wollen wir uns einsetzen für ein Schritt für Schritt neu
zu errichtendes, „multifunktionales" Haus am alten Standort an der
Schlei, zwischen Gottorf und Dom, das an dieser Stelle zu einem Zukunftsprojekt werden könnte, an das sich zur Belebung der Innenstadt,
zur Stärkung der Wirtschaftskraft, zum Wohle der Stadt und des Touristiklandes Schleswig-Holstein manches anknüpfen ließe. Wir sind
zu der Auffassung gelangt, dass das hochverschuldete Schleswig sich
einen hochsubventionierten reinen Theaterbetrieb nicht mehr leisten
kann, sondern dass Investitionen der Stadt zukünftig Gewinn bringen
müssen. Der Architekturprofessor in unseren Reihen, der seit seiner
Pensionierung in Schleswig lebt, hatte 2012 die Idee, einen Professor
mit einer StudentInnengruppe für das Projekt „Ein neues Theater für
Schleswig" zu interessieren. Der Kunsthistoriker in unseren Reihen
hatte mir einen Kontakt zur Hochschule Anhalt in Dessau vermittelt.
Professo- Es gelang (ohne Kosten für die Stadt), zwei Professoren zu gewinnen.
ren aus Den Bildhauer Carl Constantin Weber und den Architekten Stefan
Anhalt/ Worbes. Sie nahmen sich vor dem Hintergrund der Schleswiger Ge-
Des- samtsituation mit ihrer internationalen StudentInnengruppe ein hal-
sau in bes Jahr lang dieser Thematik an. Sie gelangten zu der Auffassung, dass
Schles- der alte Theaterstandort am Lollfuß aus vielerlei Gründen der bessere
wig wäre. Jetzt, im Februar, werden ihre Theatermodelle in der „Traumin-
sel", dem Kindertheater neben dem Theatergebäude am Lollfuß, vorgestellt (die Präsentation überlassen wir gern dem Bürgermeister und den
VertreterInnen von Rat und Verwaltung – die nicht mal auf die Idee
kommen, die StudentInnen auch nur zu einem Essen einzuladen). Die
Kulturministerin besucht weder die über Wochen präsentierte Ausstellung der Theatermodelle in ihrer Heimatstadt, noch macht sie sich
in irgendeiner Form bei den Professoren bemerkbar.

Anlässlich der am 13. Februar im Volkskundemuseum stattfinden-
den Podiumsdiskussion zum Theaterstandort, die von Gottorf (Stiftung Schleswig-Holsteinische Landesmuseen) ausgeht und moderiert
wird, erklärt die Kulturministerin: „Entweder ein Theater auf dem
Hesterberg oder gar kein Theater!" Prof. Winkler wird auf dem Podium in seiner Argumentation nach drei Sätzen abgebrochen. Der Mo-
derator fällt ihm ins Wort. Das ist der Dialog! Es wird deutlich: Bei der
Idee, das Schleswiger Theater vom Lollfuß zum Hesterberg zu verlegen,
handelt es sich um einen Deal zwischen der Landesregierung und der
Stiftung Schleswig-Holsteinische Landesmuseen, der u. a. auch daran
deutlich wird, dass die zugesagte Mitfinanzierung durch die kommunalen Spitzenverbände in Höhe von 6,5 Millionen Euro *nur* für die Errichtung eines Theaters auf dem Hesterberg gelten soll. An dieser Stelle
spalten sich die Gemüter in Schleswig in HesterbergbefürworterInnen
und in LollfußbefürworterInnen.

Gemeinsam mit Mitgliedern der Zukunftswerkstatt, der Initiative
„Pro Lollfuß" und vielen anderen Bürgern bemüh ich mich – gut be-
gründet – um den Standort am Lollfuß. Ich schreib einen Brief an die
Kulturministerin, begründe noch einmal unseren Standpunkt und teil
ihr mit, dass die Professoren ihr gern ihre Erkenntnisse darlegen wür-
den. Sie geht in ihrem Antwortschreiben mit keiner Silbe darauf ein.
So ergeht es Professoren der Hochschule Anhalt/Dessau zu Besuch in
Schleswig-Holstein.

Am 11. März hat die Ratsversammlung 40.000 Euro für eine Mach-
barkeitsstudie für den Hesterberg abgesegnet (SN 12.3). Die Leiterin der
Stadtverwaltung lädt uns, die Planungsgruppe der Zukunftswerkstatt,
zu einem Gespräch ein. Wir sollen uns während der Planungsphase
nicht mehr öffentlich zum Theater äußern. Man will uns „Maulkörbe"
umhängen.

Nachdem sich die Frau Kulturministerin härter als Stein erweist,
wenden wir uns an den Herrn Ministerpräsidenten und bemühen uns
um einen Termin. Aber nichts. Wie klein muss ein Herzog sein, der
sich außerstande sieht, sich auf ein Gespräch oder auch nur auf einen
Briefwechsel einzulassen, in diesem Fall mit einer Bürgerinitiative, die
nichts für sich will, sondern sich in Sorge um ihre schöne, aber herun-
tergekommene Stadt, die zu den Kleinoden „seines" Landes gehört, uneigennützig engagiert? Wie klein muss ein Herzog sein, der auf einen

Brief zu Fragen, die die Existenz „seines" Landestheaters betreffen, das drei Viertel „seines" Landes bespielt, also Fragen von landespolitischer Bedeutung, nicht antwortet? Auf einen Brief, geschrieben von einem hochangesehenen Schleswiger Bürger, Prof. Dr. Winkler, der gerade mit dem Schleswig-Holsteinischen Stifterpreis ausgezeichnet worden war. Auch keine Eingangsbestätigung. Auch kein Zwischenbescheid. Dann hak ich mehrmals nach beim Büroleiter dieses Herzogs (Anrufe, Mailwechsel bis Dezember). Aber: nichts. Auch der Vorsitzende der SPD-Landtagsfraktion ist nicht zu sprechen.

Dialog   Keine Regierung zuvor hat so oft das Wort „Bürgerdialog" in den Mund genommen wie die Albig-Regierung in Schleswig-Holstein. Aber sie weiß offenkundig gar nicht, was das ist:

Dialog ist Kultur, ist Lernprozess, der uns hilft, den anderen als Gesprächspartner – auch in seiner anderen Auffassung – anzuerkennen. Ist Chance, Einvernehmen auszuhandeln und zu humaneren Übereinkünften zu gelangen. Ist eine Form der Begegnung, in der man sein Gegenüber ebenbürtig und geschätzt einbezieht, anstatt es zu ignorieren und auszugrenzen.

Es steht schlecht um die Hoffnung auf einen auf gegenseitige Anerkennung, Achtung und gutem Willen beruhenden Dialog mit *dieser* Kommune, mit *dieser* Landesregierung. Aber wir dürfen nicht aufhören, uns darum zu bemühen. Eine Weiterentwicklung der Demokratie in Form von Bürgerdialogen erscheint mir besser als Volksabstimmungen und Bürgerentscheide, bei denen es oft – auch – zu wahlkampfartigen Szenarien kommt …

Obama   Am 19. Juni ist Barack Obama zu Besuch in Berlin. Aus seiner Rede am
in Berlin Brandenburger Tor: „[…] dass wir den Jahrestag von John F. Kennedys bewegender Verteidigung der Freiheit begehen, die Freiheit, welche die Menschen dieser Stadt verkörpern. Sein Solidaritätsschwur ‚Ich bin ein Berliner', überdauert die Zeiten. Aber das ist nicht alles, was er an jenem Tag sagte. Weniger in Erinnerung geblieben ist die Aufforderung, die er der Menge vor ihm stellte. ‚Ich möchte Sie auffordern', sagte er diesen Berlinern, ‚den Blick zu heben und nicht nur die Gefahren der Gegenwart' und ‚die Freiheit nur dieser Stadt zu sehen.' ‚Schauen Sie', sagte er, ‚auf den Tag des Friedens mit Gerechtigkeit, nicht nur für Sie und uns, sondern für die ganze Menschheit.' […]" Kanzlerin Merkel

sagt in ihrer Rede: „... Die Überwindung der Teilung und die Einheit unseres Landes wurden möglich [...], weil Staatsmänner wie Bundeskanzler Helmut Kohl die geschichtliche Stunde erkannt haben. [...]" Die Namen Willy Brandt und Egon Bahr nennt Merkel nicht. Ich bin so wütend!

Edward Snowden, der als technische Fachkraft für die US-Geheimdienste CIA, NSA und DIA arbeitete, kopierte Dokumente der NSA und leitete sie nach Ausreise aus den USA an die Presse weiter. Seine Enthüllungen geben Einblicke in das Ausmaß der weltweiten Überwachungs- und Spionagepraktiken von Geheimdiensten – insbesondere der USA und Großbritanniens. In einem Interview mit dem Guardian am 10. Juni sagt er: „Ich möchte nicht in einer Welt leben, in der alles, was ich tue und sage, aufgezeichnet wird. Solche Bedingungen bin ich weder bereit zu unterstützen, noch will ich unter solchen leben."

Edward Snowden

Meister Hildebrand

Wir wollten weg vom bröckelingen Tipp-Ex, wir träumten von Tippfehlerkorrektur durch Zauberhand. Wir wollten weg von der Einwohnermeldekartei, von den Blech- und Wachsmatrizen, von der ADREssierMAschine[98] *und ihrer Zinkplattei ... Niemand will dahin zurück. Aber ich denk mit Bewunderung an Meister Hildebrand,*[99] *der im Schleswiger Rathaus der Herr der ADREMA und ihrer ungefähr 34.000 Zinkplättchen mit den Adressen der SchleswigerInnen war. Ich seh ihn noch in offen wehendem kittgrauen Kittel, mit druckerschwärzeschwarzen Händen die Leiter hochklettern und mit todsicherem Griff ins Regal für mich den Kasten mit der Zinkplattei mit den Adressen der Ratsleute, des Magistrats, der Ausschussmitglieder ... greifen, während die ADREMA mit Höllenlärm die Umschläge zu den Lohnsteuerkarten adressiert. Kaum hatten wir die Träume von der Zauberhand geträumt, da erfüllten sie sich. Jetzt arbeiten wir in weltweiten elektronischen Netzen, in denen wir alles finden, was wissenswert ist und nicht. Buchstabenmenschen*

---

98 Der Erfinder der ADREMA war Julius Goldschmidt, deutscher Jude, der 1936 im Exil in Zürich starb.
99 Er hieß wirklich Hildebrand.

wie mir erscheint die neue Technik als Wunder. In vielen Bereichen wirkt sie wie ein Segen. Aber inzwischen ist klar: Sie kann uns die Hölle auf Erden bescheren. – Es wird nicht kommen wie in den Nibelungen. Hildebrand wird nicht in hohem Alter mit seinem Waffenmeister in sein Reich zurückkehren und die alte Herrschaft wiedergewinnen. Meister Hildebrand ist tot.

Im Vorfeld der Bundestagswahl melden sich prominente und andere BürgerInnen unabhängig von der Farbe ihrer politischen Überzeugungen im Interesse zukünftiger Generationen und des sozialen und ökologischen Gleichgewichts zu Wort. Sie haben das Generationen-Manifest verfasst. *Sie warnen* (in zehn Punkten) im Interesse zukünftiger Generationen und des sozialen und ökologischen Gleichgewichts. *Sie fordern* (in zehn Punkten) Mut, Ehrlichkeit und generationengerechtes Handeln in der Politik. Sie sehen den Generationenvertrag einseitig aufgekündigt – die Generation der Eltern und Großeltern betreibe fahrlässig Besitzstandswahrung auf Kosten ihrer Kinder und Enkel. Sie sehen durch die Tatenlosigkeit der PolitikerInnen die Gesellschaft gespalten, die in den letzten Jahren das Auseinanderdriften von Arm und Reich gesehen und billigend in Kauf genommen hat.[100] Die Initiatoren schreiben im Vorfeld der Bundestagswahl Briefe an die politischen Parteien in Berlin. Sie möchten mit ihnen ins Gespräch kommen. Wie ich den Mitteilungen der Initiative, die ich per E-Mail erhalte, entnehm, gehen die Parteien auf den Gesprächswunsch nicht ein. – Ich fass es nicht. Da ist dieselbe Verweigerungshaltung der Politik, wie sie die aktiven Bürger in der Zukunftswerkstatt Schleswig in ihren uneigennützigen Bemühungen in Sorge um die Zukunft ihrer Stadt erleben.

Genera-
tionen-
Manifest

---

100 http://www.generationenmanifest.de/manifest/ – Die Initiative hat 105.000 Unterschriften gesammelt. Ihr gehören u. a. Franz Alt, Amelie Fried, Dr. Volker Hauff, Prof. Peter Hennicke, Hannes Jaenicke, Walter Sittler, Prof. Mojib Latif, Andrea Sawatzki, Prof. Gesine Schwan, Prof. Ernst-Ulrich von Weizsäcker, Sarah Wiener an. (2017 beginnen sie, eine „Generationen-Stiftung" ins Leben zu rufen.)

Es reicht nicht, Gedichte zu rezitieren, wir müssen auch selber schreiben
und schreien:
Wie
können wir wohnen ...?
Wie
kann mensch heute wohnen in Orten wie
BabiJarAuschwitzBergenbelsenBirkenauBuchenwaldDachauHadamar-
LadelundMajdanekNeuengammeRavensbrückSachsenhausenSobibor-
StutthofTherensienstadt und ...
DurchgangslagerKonzentrationslagerSammellagerTötungslagerVernich-
tungslager, wo 6, 7, 8 Millionen
bleichezerbrocheneeingeklemmtauflastwageningüterwagengebrachte-
schwankendevonhundengehetztegefallenezitterndebeinahetote
Menschen
konzentriertgesammeltdurchgeschicktzutodegequältgetötetvernichtet
wurden?
Wie?
Ich frage mich, wenn einer einen fragt: „Wo wohnen Sie?" und der
antwortet: „Ich wohne in Dachau.", was das mit dem macht, der das
antwortet?
Was?
Ich wohne da nicht. Aber ich kann nicht aufhören zu denken: Abge-
sehen von denen, die sich unmittelbar schuldig machten, abgesehen
von denen, die aktive Mitglieder, die Mitglieder oder Mitläufer waren,
waren da die, die nicht in der Partei waren, die jenen Gruß verwei-
gerten, die sich wehrten, die den Mund, die Tür aufmachten, wenn –
selbst – Verwandte an ihren Fenstern horchten, solche, die Witze gegen
das Regime erzählten und deshalb ins Gefängnis kamen, die Menschen
aufnahmen und versteckten ...
Aber das war uns *nicht genug. Das* war *nicht genug. Das* ist *nicht*
genug.
Denk: Unsere Eltern und Großeltern lebten in einer grausamen Dikta-
tur.
Denk: Wir.
Denk: Leben in einer Demokratie.

Denk: Wohnen auf der Erde.
Denk: Lesenhörensehennahundfern.
Denk: KopfHerzMagenMarkBeineSeele.
Denk: sprechenschreibenschreienversuchenzuvermeidenwasbeiträgtzu-
undweiß:
Das ist *nicht genug!*
Wie
können wir heute wohnen in unserem Gier-Affen-Schlaraffen-Reich,
während ...
Wie?[101]

Zur Chronologie 2013:
Im Februar gründet sich die AfD – als Reaktion auf die Euro-Rettungs-
politik.
Am 13. Februar verkünden US-Präsident Obama, EU-Kommissionspräsident Barroso und EU-Ratspräsident van Rompuy den Beginn von
Verhandlungen über ein Freihandelsabkommen: TTIP (Transatlanti-
sche Handels- und Investitionspartnerschaft). Es geht darum, Zölle und
andere Handelsbarrieren im transatlantischen Handel zwischen der EU
und den USA abzubauen, die Märkte auf beiden Seiten des Atlantiks
stärker zu öffnen und zur politischen Gestaltung der wirtschaftlichen
Globalisierung beizutragen. Es geht darum, Monopole zu schützen und
Konzernen mehr Macht zu geben.
Der 2008 aus gesundheitlichen Gründen zurückgetretene SPD-Vorsitzende Kurt Beck wird Berater des Pharmakonzerns Boehringer in
Ingelheim.
Am 29. März erklärt der Globalisierungsforscher Michel Chossudovsky
im Gespräch mit Christoph Burgmer im Deutschlandfunk: „... Afghanistan ist ein eminent wichtiges geopolitisches Drehkreuz in Mittelasien.
Es hat direkte Grenzen mit China, Pakistan und Iran. Es liegt zwischen
Zentralasien, dem Mittleren Osten und Südasien und es ist reich an
wichtigen und raren Bodenschätzen, die bislang nicht gefördert sind. [...]
dass Afghanistan der größte Opiumproduzent der Welt ist und damit
auch den Grundstoff von Heroin bereitstellt. Im Jahr 2000 lieferte das

---

101 Geschrieben für eine Gedenkstunde zum 9. November, vorgetragen am 13. November 2013 in der Bischofskanzlei Schleswig.

afghanische Hochland neunzig Prozent des weltweiten Heroins. Der Handel damit ist ein Milliardengeschäft und ähnelt dem Handel mit Öl. [...]" Hier wird einmal mehr deutlich, worum es in den unendlichen Auseinandersetzungen um dieses Land und in diesem Land geht.

Nachdem am 1. Juli Kroatien beigetreten ist, hat die Europäische Union 28 Mitgliedstaaten, die in Straßburg und Brüssel miteinander an Tischen sitzen.

Am 22. September Bundestagswahl: SPD 25,7 Prozent, CDU 41,5 Prozent, GRÜNE 8,4 Prozent, LINKE 8,6 Prozent. FDP raus.

Bis Ende 2013 stieg die Zahl der Widersprüche gegen Hartz IV-Bescheide auf 193.966. Jeder dritte Widerspruch und fast jede zweite Klage wurde ganz oder teilweise zugunsten der Leistungsempfänger entschieden.[102]

Zur Musikbox:
Cher „I'm just your Yesterday"; Björk „Gloomy Sunday" ...

2014

Ausgelöst durch die Weigerung des 2010 an die Macht gekommenen Janukowytsch-Regimes, das Assoziierungsabkommen mit der EU zu unterzeichnen, beginnt im Februar eine Revolte in der Ukraine. Auf dem Majdan-Platz in Kiew wird gegen das korrupte System protestiert. Die Menschen wollen Demokratie, sie wollen Pressefreiheit ... Es kommt zu Zusammenstößen: „Auf den Straßen von Kiew werden Menschen einfach so erschossen. Wir sind unter Besatzung, wie 1941." (Vladimir Portnikov, Kiew, 18. Februar 2014) „Ein Finger. Von einer Hand abgerissen. Er liegt direkt vor meinen Füßen. Anhaltendes Donnern von Blendgranaten. Ukrainische Polizisten erschießen ukrainische Bürger. Nur fünfzehn Meter von mir entfernt hat eine Granate einem Majdaner die Hand abgerissen. Auf einer Trage wird er fortgebracht. Beißender Rauch, Ruß, Molotow-Cocktails, zwei betende ältere Frauen, die ein großes Marienbild als Schutzbild vor sich halten. Ihre Gebete: eine kleine Tonspur in der gewaltigen Geräuschkulisse. Ein feines Spinnennetz hängt in der Luft. Wenn es reißt, ist alles verloren: Dann gibt es kein Halten mehr. Dann gibt es ein Blutbad mit Opfern auf beiden Seiten." (Andrij Vovk, Kiew, 18. Februar 2014) „Kiew versinkt im Blut. Ich

Ukraine

---

102 Quelle: Welt N 24 Digital Zeitung 15.10.2015

weiß nicht, was morgen sein wird. Ich bin dort, wo alle sind." (Maria Matios, Kiew, 18. Februar 2014.)[103]
Mehr als siebzig Tote, über 1.000 Verletzte. Mit den Schüssen vom MAJDAN besiegelt das Regime sein eigenes Ende. Seit Februar Kampfhandlungen zwischen von Russland unterstützten Milizen, regulären russischen und ukrainischen Truppen in den ostukrainischen Oblasten Donezk und Luhansk.

Ich denk: Das ist die Region, wo die Brüder meiner Mutter waren. Der eine war 17, der andere 18, als sie in den Krieg zogen. Ich weiß nicht, was sie dort getan, was sie erlebt haben. Sie kamen nicht zurück. Sie liegen in *dieser* Erde. Was sollten sie, die Jungs aus Angeln, in der Ukraine?

Krim-Krise
Am 23. Februar kündigt Putin Vorbereitungen zur „Rückholung der Krim zu Russland" an, die Krimkrise beginnt, im März annektiert er die Krim. – Ich steh Putin sehr kritisch gegenüber, aber jetzt frag ich mich: War es angesichts des Wunders von 1989, angesichts der EU-Osterweiterungen danach, historisch, diplomatisch, dem russischen Volk gegenüber betrachtet nicht unerlässlich, ihn zu den Verhandlungen EU/Ukraine Russland hinzuzuziehen, ihn mit an den Tisch zu nehmen? Ich denk an Putins Rede vor dem Bundestag 2001. Welche guten Hoffnungen bestanden.

Theater-Theater
Am 27. Februar entscheidet sich eine Mehrheit der Schleswiger Ratsversammlung gegen den Hesterberg als Theaterstandort – trotz schwerer Attacke des neuen Bürgermeisters (nach meinem Empfinden in unglaublichem Ton) gegen die erklärten Hesterberg-GegnerInnen, die sich bei ihrer Entscheidung im Rat durch viele BürgerInnen, u. a. durch die „Zukunftswerkstatt Schleswig", unterstützt wussten.

Kulturplenum in Kiel
Für den 28. Februar hab ich noch einmal all meinen Mut zusammengenommen, hab mich mit einem Redebeitrag zum „Kulturplenum" angemeldet, das im Plenarsaal des Landtags stattfindet. Hier sollen heute in einem sogenannten „Landeskulturparlament" auf der Grundlage eines von der Kulturministerin vorgelegten Grundsatzpapiers die Ergebnisse des landesweiten „Kulturdialogs" diskutiert werden, bevor sie in die Beratung im Kabinett und im Landtag in „kulturpolitische Leit-

---

103 Aus: MAJDAN, Ukraine, Europa, edition.fotoTAPETA_Flugschrift

linien" einfließen sollen. Mein Redebeitrag (siehe S. 414). Die Kulturministerin antwortet mit keiner Silbe.

Am 30. März schließt die Kulturministerin aus, dass das Land
Schleswig-Holstein Geld für einen Theaterneubau am Schleswiger
Lollfuß bereitstellt.

Im Mai mischen sich Architekten und Ingenieure (BDB) aus der Region Schleswig, die sich mitverantwortlich fühlen für ihre Stadt, in das
Theater-Theater ein. Sie schreiben in Abstimmung mit unserer Bürgerinitiative und der Initiative „Pro Lollfuß" einen Brief an den neuen
Bürgermeister, setzen sich für das Haus am Lollfuß ein und bieten als
renommierte Baufachleute dem Bürgermeister Rat und Beistand an.
Sie bitten um ein Gespräch. Sie wollen verhindern, dass weiter wert-
volle Zeit vergeudet wird. Der Bürgermeister zeigt kein Interesse an
einem solchen Gespräch. Ich frag mich, ob der nicht darüber nachdenkt, welch einen Multiplikator z. B. dieser Vorgang in der Stadt hat?
Mir erklärt der Bürgermeister in einem der Gespräche mit unserer Planungsgruppe – jetzt – er habe eine Akte über mich angelegt. Hi!

Da fällt mir Willy Brandt ein. Er wollte schon in den 1970er-Jah-
ren obrigkeitsstaatliches Denken überwinden, der Bevölkerung nicht
misstrauen, sondern Vertrauen in sie haben. Er wollte eine Moder-
nisierung der Gesellschaft, kritische, urteilsfähige, mitdenkende und
mitentscheidende Bürger. Bessere Möglichkeiten zur Teilnahme am
politischen Prozess. Er wollte führen, nicht herrschen. Er wollte Dialog
und Überzeugungskraft statt Autorität und Konfrontation. Er wollte
„mehr Demokratie wagen".

Wenig später lädt der neue Bürgermeister Prof. Winkler und mich
zu einem Gespräch ein. Er hat jetzt neue Theaterpläne für den Lollfuß.
Er will uns „Maulkörbe" umlegen. Wir sollen uns während der Planung nicht öffentlich zum Thema Theater äußern. Hi.

Ich halt weiter Kontakt zur Hochschule Anhalt/Dessau. Herr Prof.
Worbes bietet eine Weiterbearbeitung der „Studioergebnisse" vom
Februar 2013 zur „Analyse der kommerziellen Verhältnisse" an (die
nichts gekostet hätte). Ich leite dieses Angebot an den Bürgermeister
weiter. Aber er zeigt keinerlei Interesse. Nichts.

Der angesehene Schleswiger Architekt, der sich mit seinem ganzen
Renommee, mit seinem in seinem ganzen Leben erworbenen Ansehen
in dieser Stadt für den Erhalt unseres Theaters am Lollfuß einsetzt,

obrigkeitsstaatliches Denken

erklärt: „Das Haus ist nicht abbruchreif" [...] „nicht das gesamte Gebäude sei einsturzgefährdet, sondern, wie von sachkundiger Seite verantwortungsvoll festgestellt, hielt primär das Hauptdach über dem Saal den zuvor immer wieder zusätzlich angehängten Lasten nicht mehr stand ..." Der neue Bürgermeister lehnt ein Gespräch mit diesem Architekten ab.

24. März: Gipfeltreffen in Den Haag, das vom Krimkonflikt beherrscht wird: Obama bezeichnet Russland weltöffentlich als „Regionalmacht". Ich fass es nicht, wie er so undiplomatisch sein kann.

Nord-
zucker

Als es mir als Mitglied der Planungsgruppe der Zukunftswerkstatt Schleswig 2014 gut begründet gelingt, für den 6. März einen Gesprächstermin mit der Geschäftsleitung der NORDZUCKER AG in Braunschweig zu vereinbaren, nehm ich noch einmal all meinen Mut zusammen und bitte Carl Hermann Schleifer (der sich für unsere Idee eingesetzt hatte, den „Gesundheitsstandort Schleswig" mit Gesundheitstourismus zu verknüpfen), mich zu begleiten. Er begleitet mich. Das Unternehmen, das inzwischen wieder so gute Gewinne macht, dass es investieren *muss*, versucht seit Jahren vergeblich, in sein ehemaliges Schleswiger Fabrikgelände zu investieren (das es ohne Altlasten picobello hinterlassen hat). Unsere hochverschuldete Kommune, die dringend auf neue Wirtschaftskraft angewiesen ist, wehrt seit Jahren diese Bemühungen des Unternehmens ab (die Schleswiger Nachrichten berichten regelmäßig darüber). Ich bin keinem Menschen begegnet, der das versteht. In Braunschweig erfahren wir Hintergründe. Wir erfahren, dass inzwischen an allen anderen ehemaligen Zuckerstandorten sinnvolle Nachnutzungen entstanden sind. Wir erfahren von der Verstimmung der Geschäftsleitung im Verhältnis zur Schleswiger Kommune. Dennoch gelingt es uns, eine Spendenzusage für die Sanierung (bzw. Neubau) unseres Theaters am Lollfuß zu erhalten (an der die Kommune allerdings nicht das geringste Interesse zeigt). Anschließend gelingt es mir, einen Vertreter des Managements der NORDZUCKER nach Schleswig zu holen – es finden hoffnungsvolle Gespräche mit interessierten Ratsmitgliedern, Vertretern der Schleswiger Wirtschaft und Mitgliedern der Zukunftswerkstatt statt, anlässlich derer Ratsleute äußern: Schleswig sei in der „Bringschuld", man müsse jetzt handeln.

(Aber es tut sich nichts. Alles verläuft im Sand. – Inzwischen sind die hoffnungsvollen Möglichkeiten nicht mehr gegeben, da die Lage am Weltzuckermarkt sich einmal mehr verändert hat.)

Bei den Europawahlen vom 22. bis 25. Mai
- geht der rechtsextremistische Front National mit Marie Le Pen in Frankreich als stärkste Kraft hervor – 24,95 Prozent der Stimmen (Sozialisten: 13,9 Prozent; Konservative UMP: 20,7 Prozent),
- entscheiden sich 26,6 Prozent der dänischen Wähler für die rechtspopulistische Dänische Volkspartei (Sozialdemokraten 19,1 Prozent),
- erringt in Großbritannien die UKIP (United Kingdom Independence Party) 24 der 73 britischen Sitze im Europaparlament = 27,49 Prozent,
- wird in Österreich die FPÖ zweitstärkste Kraft mit 19,72 Prozent,
- erhält die antisemitische und antieuropäische nationale Bewegung in Polen KNP 7,15 Prozent neben der konservativen PiS mit 31,78 Prozent,
- die Goldene Morgenröte in Griechenland 9,38 Prozent,
- die Schwedendemokraten 9,38 Prozent,
- erhält die Alternative für Deutschland (AfD) 7,1 Prozent,
- liegt der antieuropäische PVV des Rechtspopulisten Wilders in den Niederlanden mit 12,2 Prozent, allerdings 5 Prozent unter dem Ergebnis von 2009,
- ist mit 51,48 Prozent der Wählerstimmen für die nationalkonservative Partei Fidez in Ungarn der Rechtsradikalismus in der Mitte der Gesellschaft angekommen,
- können in Spanien die Rechtsaußenparteien bisher keine Brücke zu den Jugendprotesten (Podemos) bauen. Hier hat sich der Protest nach Links orientiert.

Nach der Europawahl erklärt Marine Le Pen: „Ich will die EU zerstören."

Nach den Anfängen am 15. Mai 2011 in Madrid entwickelt sich in Spanien jetzt eine neue Bewegung, neues Denken jenseits der politischen Normen: Podemos. Auf Spaniens Marktplätzen wird unter der Parole „Echte Demokratie jetzt" basisdemokratisch die Sache des Volkes verhandelt – angesichts enormer Arbeitslosigkeit, besonders Jugend-

Rechtsruck in Europa

Podemos

arbeitslosigkeit, angesichts einschneidender Spar- und Privatisierungspolitik der Konservativen PP sowie als Folge diverser Bereicherungs-
und Korruptionsskandale, die die PP, die PSOE, die CiU und die IU
betrafen. Es entsteht eine an die Wurzeln gehende demokratische Bewegung (ja, „radikal" bedeutet nichts Schlimmeres als an die Wurzeln
zu gehen!). Mit Leitsprüchen, mit Parolen wie „Wirkliche Demokratie
JETZT" und Kritiken wie „Das Gesundheitswesen verkauft man nicht",
fordern Massen von Menschen eine Neubestimmung des politischen
Raumes. LehrerInnen, SchülerInnen und Eltern versammeln sich und
protestieren gegen Finanzkürzungen und Unterrichtsausfall. Die Bewegung setzt sich für eine Neuverfassung, eine Neukonstituierung der
Gesellschaft ein, für neue Politikformen, für eine Politisierung des Lebens, an der alle teilhaben, bei der alle mitmachen können, um das
zurückzuholen, was man ihnen genommen hat: wirkliche Demokratie.
In einer Lebensform, in der nicht mehr der Vorteil auf Kosten anderer
gesucht wird, in der es keine sinnlosen Produkte mehr gibt, die nur
dazu da sind, den Profit zu vermehren, den einzelne sich zu ihrer eigenen Bereicherung nehmen. In der es keine betrogenen Verbraucher
auf Kosten des verarmenden tatsächlichen Herstellers mehr gibt. Keine
Armut mehr inmitten von Überproduktion. Keine künstlichen Hun-
gersnöte mehr. So formulieren sie es im www.

Ukraine Ab August ist Krieg in der Ostukraine. Angesichts der Geschehnisse
verhängt die EU Wirtschaftssanktionen gegen Russland. Putin verhängt ein Embargo für Lebensmittel aus der EU und den USA.

Pegida Im Oktober tritt zum ersten Mal Pegida („Patriotische Europäer gegen die Islamisierung des Abendlandes") mit 15.000 Demonstranten in
Dresden auf.

Bürger- Im Herbst kommen mehr und mehr Menschen aus Syrien nach Euro-
krieg in pa, die dem dort wütenden Bürgerkrieg entkommen sind. Bei uns in
Syrien Schleswig, in unserer Nachbarschaft, in der stillgelegten Kaserne „Auf
der Freiheit", kommen 25 junge Syrer unter. Die Jungs des Jugendpro-
jekts „Freies Kultur- und Kommunikationszentrum auf der Freiheit"
und die gerade entstandene „Flüchtlingshilfe Haddeby-Schleswig e. V."
kümmern sich um sie.

Jetzt fressen sich die Abrissbagger durch unser geliebtes Theater am Abriss Lollfuß. Jetzt, zehn Monate nach dem Ratsbeschluss, räumt der einstige Hesterberg-Befürworter Bürgermeister Christiansen im Gespräch mit den Schleswiger Nachrichten ein: „Das Hesterberg-Projekt wäre gescheitert. Das muss man bei aller Enttäuschung fairerweise sagen."[104] Sein Versprechen, dass die alte Theaterfassade stehen bleiben soll, hat er nicht eingehalten.

Zum Jahresende löst sich die Planungsgruppe der Zukunftswerkstatt Schleswig auf. Es ist geklärt: Die etablierten, die fest gegründeten Parteien wollen – in aller Regel – im Grunde genommen nur unsere Stimme, um an die Macht zu kommen. Und dann wollen sie vier, fünf Jahre Ruhe vor den Bürgerinnen und Bürgern. Aber WIR BürgerInnen haben nicht verloren. Verloren hat unsere Stadt. Die ZUKUNFTSWERKSTATT SCHLESWIG steht als Beispiel dafür, was jenseits parteipolitischer Engstirnigkeit, was in einer weiterentwickelten Demokratie möglich wär!

WIR haben mit unseren Ideen im Rahmen von Bürgerversammlungen zwei Mal den großen Saal des Ballhauses Hohenzollern mit rund vierhundert TeilnehmerInnen gefüllt (zum Vergleich: Zur Podiumsdiskussion im Landtagswahlkampf 2012 mit VertreterInnen von FDP, SPD, CDU und GRÜNEN waren kaum sechzig Menschen im Saal, kaum mehr als das jeweilige Gefolge derer auf dem Podium). WIR konnten die BürgerInnen mit unseren Vorschlägen begeistern. Die Mehrheit der Ratsleute haben unsere Zukunftsideen für Schleswig ausgesessen, ignoriert und – wie wir erfuhren – lächerlich gemacht. SIE haben es gewagt, weniger Demokratie zu wagen. WIR konnten mit unseren Vorschlägen ab 2011 die positiven Ziele unserer uneigennützigen Bewegung für Schleswig benennen. WIR haben einen Plan vorgelegt, der sich an Schleswigs außerordentlichem Potenzial, an seinem Kulturerbe, orientiert, dieses hütet und bewahrt und es mit der lebendigen Stadt von heute verknüpft und diesen in seinen Teilbereichen immer wieder detailliert dargestellt. Die Kommunalpolitik, die dafür zuständig ist, auf lokaler Ebene eine Zukunft zu entwerfen und an ihrer Verwirklichung zu arbeiten, erscheint ohne Plan. Es ist kein zusammenhängender Plan bekannt, mit dem die Schleswiger Kommune ihr überregional

---

104 Schleswiger Nachrichten, 17.12.2014

bedeutendes kulturelles, ihr landschaftliches Potenzial zukunftsfähig nutzen und mit der Innenstadt, mit der Wirtschaft unserer hochverschuldeten Stadt verknüpfen will. Sie hat binnen weniger Jahre Schleswigs Status als Stadt mit dem – nach Lübeck – reichsten Kulturerbe in Schleswig-Holstein zerstört. (In der historischen Schleswiger Altstadt „herrscht gewissermaßen ein Zustand der Gesetzlosigkeit, zumindest ein baurechtlicher Schwebezustand." Die SN-Redakteurin Frauke Bühmann kommentiert in ihrem „Standpunkt": „Die Sorge der Anwohner um ihre Lange Straße ist verständlich. Da wird vor ihren Augen ein Haus nach dem anderen abgerissen, und keiner weiß, was danach kommt. Denn das Vertrauen in die eigene Stadt [...] ist nach ihren bisherigen Erfahrungen eher gering. Insbesondere dem Bauamt der Stadt trauen viele von ihnen kaum noch über den Weg. [...]).[105]

Unsere Ideen zur Gesundheitsregion Schleswig, die bei unserer Vorstellung in den Landtagsfraktionen 2011 ebenso wie von Vertretern aus dem Gesundheitswesen und der regionalen und überregionalen Wirtschaft begeistert aufgenommen worden waren, wurden, wie auch unsere Bemühungen um das Theater am Lollfuß, von Schleswig aus in KIEL in Misskredit gebracht. (Wir können nur ahnen, wie es geschah.) – Zur Gesundheitsregion Schleswig hatte Prof. Winkler in einem zähen Prozess, in dem sich die Kommune widerwillig zeigte, im Zusammenwirken mit dem ebenso weitblickenden wie kooperativen Vorsitzenden der europäischen „Aktivregion Schlei-Ostsee", Hans-Werner Berlau, erreicht, dass schließlich ein Gutachten in Auftrag gegeben wurde. Das Gutachten, das unter der Leitung von Prof. Trill von der Fachhochschule Flensburg entstand, bestätigt einerseits Schleswigs Potenzial in der Verknüpfung von Gesundheitsstandort und Gesundheitstourismus, weist aber deutlich auf die Zerstrittenheit der Kräfte der Stadt hin. – Winkler hat sich weiter unermüdlich um den Ausbau der Region zum Gesundheitsstandort bemüht und von Anfang an darauf hingewiesen: „Das geht auch ohne Gesundheitstherme." Aber nichts. Das hoffnungsvolle Projekt ist im Sand verlaufen.

Die Mehrheit der Ratsversammlung und der Bürgermeister spielten ein Spiel mit uns BürgerInnen. SozialdemokratInnen stellten uns „ganz bewusst" als politische Gegner dar, wie der Fraktionsvorsitzende

---

105 Schleswiger Nachrichten, 2. August 2017

nach der Kommunalwahl 2014 in einer Gesprächsrunde mit uns bestätigte (um die unsere Planungsgruppe zur Klärung möglicher Missverständnisse gebeten hatte). Sein Nachfolger ist freundlich, reicht uns die Hand. Aber zu einem Dialog kommt es nicht.

Christdemokraten sprechen bei einigen Projekten mit uns, nehmen z. B. Erkenntnisse hinsichtlich der Stadtgestaltung/Stadtsanierung auf; in Sachen NORDZUCKER sieht es zunächst sogar nach ernsthaftem Interesse aus. Wie wir erfahren, wollen sie aber nicht wirklich mit uns … (ich will das Wort nicht nennen, das hier gebraucht wurde). Die GRÜNEN arbeiten ehrlich und aufbauend mit den engagierten Schleswiger BürgerInnen zusammen. Dies gilt ebenso für die PIRATEN, die sich uns von sich aus, von KIEL aus, bei den Bemühungen um den Erhalt des Schleswiger Theatergebäudes zuwenden, von sich aus nach Schleswig kommen, unter ihrem Kopfbogen eine gemeinsame Presseerklärung mit uns herausgeben. Die unserer Bürgerinitiative Weihnachts- und Neujahrsgrüße senden und sich für die gute Zusammenarbeit bedanken, die uns nach KIEL einladen zum Dialog.

Menschen in der Zukunftswerkstatt Schleswig

WIR, das waren: Der Professor am Schleswiger Krankenhaus gewesen war, zu dem Patienten von weit her zur Behandlung kamen, der mit seiner Frau eine Kinder- und Jugendstiftung in Schleswig ins Leben gerufen hatte und dafür 2011 mit dem Schleswig-Holsteinischen Stifterpreis ausgezeichnet wurde, der Schleswig wieder blühen sehen wollte als Standort für Kultur, Natur, Gesundheit. Der stellvertretender Direktor der Domschule „im Ruhestand", der – als der Kreistag 2011 seine Mittel für die Bibliotheken gestrichen hatte, als sich Bürgermeister und Büchereiverein gegenseitig die Verantwortung zuschoben, als Hunderte BürgerInnen aus dem ganzen Kreisgebiet für ihre Orts- bzw. Fahrbüchereien vorm und im Kreishaus mit grünen Trillerpfeifen und einem Buch vorm Bauch demonstrierten, als die Gefahr bestand, dass die Schleswiger Stadtbücherei geschlossen wird – sofort die Büchereileiterin aufsuchte und sie unserer Unterstützung versicherte. Der Grundschulrektor gewesen war, der dann im Rahmen der Zukunftswerkstatt einen Förderverein für die Stadtbücherei ins Leben rief. Der Lateinlehrer an der Domschule war und dann einer der zahlreichen alten SchleswigerInnen, die unsere Bürgerinitiative

mit ihrer Liebe zur Stadt und ihren Menschen mit ihrer Weisheit trugen. Dessen
Frau, die Lyrikerin. Der Architekt, der
sich mit seinem ganzen Renommee, mit
seinem in seinem ganzen Leben erworbenen Ansehen in dieser Stadt für den Erhalt
unseres Theatergebäudes eingesetzt hat
und dem der Bürgermeister das Gespräch
verweigerte. Der Geologe, der sich Schleswig als Alterswohnsitz erwählt hatte und
sich mit Architekten und Baumeistern
beriet, als es um die Beschaffenheit des
Erdbodens unter dem Theater ging. Unse-

Damit
Schles-
wig
wieder
blüht

re „Rosengruppe", der Schiffbauingenieur,
der Elektroingenieur und der Polizeibe-
amte a. D., die sich vorgenommen hatten,
ihre Stadt zu verschönern (sie hatten das
Glück, dass der Grünplaner der Stadtverwaltung sich in zivilem Ungehorsam über
den Bauamtsleiter hinwegsetzte und dafür
sorgte, dass die Rosen mit schönen Pflas-
tersteinen umgeben werden – der Bauamtsleiter ging grußlos an ihnen
vorbei, als sie beim Roseneinbuddeln in der Schleswiger Altstadt auf den
Knien lagen (sie liegen auch 2017 noch auf den Knien, sie pflanzen immer
noch Rosen). Das Kind, das die Blauen Punkte auf die Rosengitter gemalt
hat (es malt immer noch). Der ehemalige Sparkassendirektor, der einst
auch Schleswigs Bürgervorsteher war, der den Zustand seiner geliebten
Stadt nicht mehr ertrug und sich trotz seiner schweren Erkrankung mit
Investoren und Architekten über deren Pläne auseinandersetzte, damit
Schleswigs historische Bausubstanz nicht noch mehr verunstaltet wird.
Die rührige Unternehmerin, die wollte und will, dass es in der Ladenstra-
ße endlich lebendiger wird. Der Inhaber einer Druckerei, der Vorsitzender des größten Schleswiger Gewerbevereins ist und wie ein Löwe kämpft
für seine Stadt. Der junge Major, der in Afghanistan gedient hat, der in
Schleswig ehrenamtlich das geförderte Jugendprojekt „Jugend belebt Leerstand"/FKKZ – Freies Kultur- und Kommunikationszentrum e. V. – leitet, der mit diesen Jugendlichen die ersten Menschen aus Syrien betreut,

... damit es Wirklichkeit wird:

Schleswig –

das Beste im Norden

für Kultur und Gesundheit!

Rosen für die Schleswiger Altstadt -
eines unserer Projekte

... damit Schleswig blüht

FLYER DER ZUKUNFTS-
WERKSTATT

Bürgerinitiative Zukunftswerkstatt Schleswig

die Zuflucht gesucht haben in unserer Stadt, der zu alledem Gründer ei-
ner neuen Wählerinitiative ist. Der pfiffige, wohlerzogene, junge Mann,
der im Abitur stand, sich im FKKZ engagierte, schon eine kleine IT-Firma
bewerkstelligte und Mitglied der neu gegründeten Schleswiger Wählerin-
itiativen ist (jüngster Vertreter der Wählerinitiative, die sich gegründet
hatte, weil der Bauausschussvorsitzende während einer Bürgerfragestun-
de Bürger, die zu aktuellen Bauvorhaben gut vorbereitet sehr berechtigte
Fragen stellten, buchstäblich abgewürgt und angeschrien hatte – der höf-
liche junge Mann, der wegen des Plakats seiner Wählerinitiative „Damit
Wählen gehen sich wieder lohnt" von einer Mandatsträgerin einer großen
Partei angepöbelt und von einem Ratsherrn einer anderen großen Partei
am Infostand als Lügner bezeichnet wurde: Das war die erste Erfahrung
eines wohlerzogenen, pfiffigen, sehr engagierten jungen Mannes im politi-
schen Raum). Der Professor, der mit seiner Familie Schleswig als Wohnort
gewählt, in der Schleswiger Altstadt ein historisches Wohnhaus stilvoll
saniert und dessen Frau darin einen schönen, kleinen Geschenkeladen
eröffnet hat. Der ehemalige Ratsherr. Der pensionierte Architekturpro-
fessor, der nach unserer ersten Bürgerversammlung zu mir in den Gar-
ten kam und erklärte, dass er durch mich erfahren habe, dass man als
Einzelner doch etwas tun könne. Seine Frau, die Ärztin, Malerin und
Galeristin. Die Geschäftsführerin einer Stiftung für bildende Kunst. Der
ehemalige Zuckerfabrikarbeiter, der noch meinen Vater gekannt hat und
sich jetzt bei den LINKEN engagiert. Die alleinerziehende Mutter. Die
bildende Künstlerin. Der Zimmermann. Der Naturkosthändler. Der In-
haber des Reformhauses und seine Frau. Der Raumausstatter. Der Bä-
ckermeister. Der ehemalige ,Wetterfrosch', der, inzwischen hochbetagt,
Vorsitzender des Schleswiger Kulturvereins ist und für die Herausgabe
der Zeitschrift „Schleswig Kultur" sorgt. Der Elektroinstallateurmeister,
der auch Inhaber eines Elektrofachgeschäftes ist. Der Segelschiffbau-
meister. Die Verwaltungsangestellte im Ruhestand, die jetzt als Fotogra-
fin – u. a. für uns – tätig ist. Der Unternehmer. Der Gynäkologe. Zwei
Kunsthistoriker von Gottorf. Die Rentnerin. Der Berufsschullehrer im
Ruhestand und Vorsitzende des Vereins „Wikingerzeitliche Schifffahrt".
Der Allgemeinmediziner. Der Hals-Nasen-Ohren-Arzt. Der Pensionär.
Die Krankenschwester. Die alteingesessene Buchhändlerin. Die Lehrerin.
Die Kosmetikerin, die sich schon auf den Gesundheitstourismus freute.
Der Fischer. Die Apothekerin. Der Businessmanager. Der Dompastor.

Der Domorganist im Ruhestand und seine Frau. Die Cafébesitzerin. Die Rechtsanwältin. Der Rechtsanwalt. Der Makler. Die Ärztin. ...
Rund 230 gutwillige Bürgerinnen und Bürger. Und wenn sie nicht gestorben sind ... Nein, einige Mitglieder der Zukunftswerkstatt Schleswig sind inzwischen gestorben. Sie haben ihre Trauer über den Zustand ihrer geliebten Stadt mit ins Grab genommen. Aber der „Verteiler" der Überlebenden besteht noch. Und unsere Ideen, sie stehen auf silbernem Tablett auf der Rathaustreppe.
Ich denk an Helmut Schmidt, der sein Hamburg in tiefer Liebe kritisierte wie ich „Möwenschiss" mein Schleswig. In seiner Rede vor dem Hamburger Gemeindetag 1964 sagte er in Anlehnung an das Jeremia-Wort „Suchet der Stadt Bestes": „Wer der Stadt Bestes erstrebt, muss Ziele vor Augen haben, auch wenn er weiß, dass er sie nicht erreichen kann ..."

Zur Chronologie 2014:

Am 1. Januar führt Lettland den Euro ein.

Im April verabschiedet das Europäische Parlament mit großer Mehrheit einheitliche Regeln zur Abwicklung und Sanierung von Banken, mit denen künftig Finanzkrisen wie 2008/2009 vermieden werden sollen. Diese Regeln gelten als größtes europäisches Integrationsprojekt seit der Einführung des Euros, wie es heißt.

Vom 22. bis 25. Mai wählen EU-Bürger aus 28 Mitgliedsstaaten bei den Europawahlen zum ersten Mal in der Geschichte der EU einen Spitzenkandidaten einer europäischen Parteienfamilie zum Präsidenten der EU-Kommission. Die Europäische Volkspartei (EVP) erringt die meisten Sitze. Das Europäische Parlament wählt am 14. Juli mit 422 Stimmen den ehemaligen luxemburgischen Ministerpräsidenten Jean-Claude Juncker zum neuen Präsidenten der Europäischen Kommission. Martin Schulz, der für die Sozialisten und Demokraten (S & D) kandidiert hat, wird nach seiner Niederlage vom Europäischen Parlament erneut zum Parlamentspräsidenten gewählt.

Es wird bekannt, dass die finanzielle Vorsorge der Kraftwerksbetreiber, die sich über Jahrzehnte bereichert haben, für den Rückbau der AKWs und der Atommüllentsorgung – aufgrund der vorzeitigen Stilllegung von Kernkraftwerken wie es heißt – wahrscheinlich nicht ausreicht und somit der Staat, unsere Kinder und Enkelkinder die Kosten übernehmen müssen.

Zur Musikbox:
Bruce Springsteen: „High Hope"; Die Toten Hosen: „Der Krach der
Republik" ...

Welt aus den Fugen

Der Menschenstrom in Richtung Europa, vor allem aus Syrien, aber 2015
auch aus den Wirren des „Arabischen Frühlings", aus den Dürrezonen,
aus den Kriegsgebieten, aus den verelenden Regionen Zentralafrikas,
aus dem nicht befriedeten Irak, aus dem nicht befriedeten Afghanistan ... verstärkt sich. Aus der Situation dieser Tage und Wochen heraus
entsteht eine ganz neue Bewegung in der Bundesrepublik Deutschland. Große Teile der Bevölkerung nehmen es in die Hand, packen von
sich aus an, setzen sich im Zusammenwirken mit Kirchengemeinden,
Kommunalverwaltungen, Sozialverbänden für die Menschen ein, die
Zuflucht suchen in unserem Land. Damit entsteht eine bedeutende Neue
neue Säule der Demokratie, eine aktive, weltoffene Bürgergesellschaft, Säule der
die der Politik vorausgeht, die mit Ausdauer und Vernunft, mit ganzem Demo-
Herzen die parlamentarische Demokratie unterstützt und weiterent- kratie
wickelt, die im weiteren Verlauf weltweite Bewunderung findet. Welch
ein Glück nicht nur für die Menschen, die Zuflucht suchen in unserem
Land, Glück auch für unser Land, für uns!

Trilogie zur Lesung gegen die Festung Europa

I   Heute im Herbst Margarete

Gestern im Herbst Margarete
Als Du begonnen hattest zu erzählen

Wie kalt es gewesen damals
Der ersten Heimat weißes Land als
Er sie in seine Manteltasche genommen
Deine verfrorenen Hände
Der fremde Soldat als

Du deine Hände dem fremden Soldaten in seine Mantelasche gegeben
wie Du sagtest: in Gottvertrauen.
Nachdem der Schlitten unter Dir verschwunden
Nachdem so Mutter und Du für Tage einander verloren.
Mutter und Kind. Auf der Flucht. Einander verloren.
Und wie in denselben Wintertagen
Als ihr einander noch nicht wusstet
Hans wie durch einen Hauch nicht *die Passage mit der Gustloff genommen.*

Gestern im Herbst Margarete
Als Du begonnen hattest zu erzählen
Von Deinen Kindertagen vor siebzig Jahren
Mochte ich nicht weiterfragen
Denn deine Sprache verschwamm.

Heute im Herbst Margarete
Frag ich nach der Anderen Heimat, Honigland
Wo heute Tränen fließen und Blut.
Frag nach Müttern mit Kindern – weltweit – auf der Flucht.
Frag nach der Beschaffenheit der Festung Europa
Und meine Sprache verschwimmt.

II   Das Wort

Das Wort
klingt wie beinahe alle Wörter mit -ling klingt
herabwürdigend
wie Anlernling
wie Engerling
wie Feigling
wie Günstling
wie Häftling
wie Neuling
wie Säugling
wie Schönling

wie Schreiberling
wie Schwächling.
Ausgenommen: Frühling!
Und – was ist mit Schmetterling?
Da stimmt es hinten und vorne nicht.
Er ist lautlos unterwegs, grenzenlos, weltweit ohne *Papiere.*
Und alle freuen sich, wenn er kommt.

III   Ich mag das Wort nicht!

In seiner Heimat ist Verfolgung. Ist Krieg.
Er ist gekommen durch Steppen, Dörfer und Wälder,
über Häfen, auf Geisterschiffen,
er ist erwacht an fremdem Ufer,
er ist gekommen über Berge, Mauern und Zäune,
über Wiesen und Felder,
über endlose Straßen in Städte …
Wie war es an der ersten Tür?
War sie erhellt?
War man freundlich zu ihm?

Ich mag das Wort nicht.
In seinem Nacken sitzt das Grauen seines Landes.
Er ist gekommen durch Nacht und Nacht,
an Tür und Tür.
Warten und Warten.
Und die Ungewissheit hält an.
Es ist Winter in unserem Land.

Ich mag das Wort nicht.
Seine Heimat ist durchwirkt von frischen Gräbern.
Habt ihr ihn gesehen, den jungen Arzt
im Containerlager neben der Autobahn bei Hamburg?
Direkt neben der Autobahn!
Bewacht hinter Gittern.
Bewacht!
Ich sah, seine Arme fühlen sich an wie erfroren.

Ich mag das Wort nicht.
In seinem Herzen ist Heimweh.
Wie schmeckt ihm das Brot hier,
wie träumt es sich nachts in der alten Kaserne, die auf der Freiheit
steht?
Wie wird sein Frühling in der Fremde?

Ich mag das Wort nicht.
In seiner Heimat ist Not. Ist Verfolgung. Ist Krieg.
Januar 2015

Ich gewinn Autoren aus der Region zur „Lesung gegen die Festung Europa". Nehm Kontakt auf zum Leiter der Initiative „Jugend belebt Leerstand", dem FKKZ, dem „Freien Kultur- und Kommunikations-Zentrum", den Jungs, die in der alten Kaserne auf der Freiheit Männer aus Syrien betreuen. Gemeinsam mit dem „Oberlotsen" der „Flüchtlingshilfe Haddeby-Schleswig e. V." und seiner Frau bereiten wir es vor und laden mithilfe der Schleswiger Nachrichten zum 8. Februar ein. Die BürgerInnen sind gebeten, für ein gemeinsames Abendbrot eine kleine Speise mitzubringen. Es kommen 150 Menschen aus der Region. Die Syrer sind Gastgeber, sie kochen Tee. Es kommt ein riesiges Abendbrotbuffet zusammen. Es wird eine wunderbar warme Begegnung. Wir sammeln beinahe tausend Euro für die Jungs vom FKKZ für die Männer aus Syrien.

Nach dieser Veranstaltung organisier ich eine kleine Lesereise, zieh mit wechselnden Autoren durchs Land. Wir lesen gegen die Festung Europa, werden begleitet von lesenden SchülerInnen, von erzählenden, lesenden, singenden Kurden, Syrern, sammeln für „Flüchtlingsinitiativen" …

Spaltung der sozialistischen Internationale

Ich denk an die weisen Voraussichten Willy Brandts, an seine Arbeit als Vorsitzender der Sozialistischen Internationale … Und ausgerechnet jetzt, zu einem Zeitpunkt, als europäische, als weltweite Verwerfungen nach einer kraftvollen „Internationale" schreien, nach einer Solidarisierung mit dem globalen Süden und mit Millionen von Menschen auf der Flucht, zeigt sich die Sozialistische Internationale gespalten (siehe unten, 2013).

Sonntag, 25. Januar: Alexis Tsipras hat unter dem Motto „erstmals links", mit „Syriza", der „Koalition der Radikalen Linken", die Wahl in Griechenland gewonnen. Die Linke in ganz Europa ist in Hochstimmung. – Ich hab noch den monatelangen Prozess in Erinnerung, in dem man uns nach der Bundestagswahl 2013 wie Kaugummi die Regierungsbildung über unsere Bildschirme gezogen hatte, als am Montag, am Tag nach der Wahl (!), Tsipras die Arbeit aufnimmt. Er zieht mit seinem Finanzminister Yanis Varoufakis durch Europa, um Verbündete zu gewinnen für einen „Dritten Weg". (Auch wenn es nicht gelingt, auch wenn das griechische Volk von den Europäischen Institutionen und von einzelnen Machthabern in Nationalstaaten weiter gedemütigt wird – allein zu sehen, wie man so zeitnah, so strikt, so kurzfristig, so sachbezogen agieren kann, ohne drei Viertel der politischen Kraft in parteipolitischem Gezänk zu verlieren … Tsipras und Varoufakis in jenen ersten Tagen und Wochen im jungen 2015 – welche hoffnungsvollen Bilder! Ja. Zunächst sind es vor allem die Bilder. Es war ein Anfang, der scheitern konnte. Der scheiterte. Ja. Die Lage in Griechenland ist höchst kompliziert. Aber wie hoffnungsvoll allein der Mut, sich über ein überüberübermächtiges, eingefahrenes, selbsttätiges, inakzeptables, weil weltwirklichkeitsfremdes Polit-, Wirtschafts- und Finanztriebwerk eines halben Erdteils so hinwegzusetzen und zu versuchen, eine größere Transparenz in der Arbeit des Europäischen Rates zu erzwingen! – Die Forderungen der EU-Kommission, der Europäischen Zentralbank, des Internationalen Währungsfonds waren sozial ungerecht, weil sie die Schwächsten am härtesten trafen, sie waren erfolglos, weil sie die Wirtschaftskrise verschärft und die öffentliche Verschuldung auf Rekordhöhen getrieben haben.)

Ich schäme ich mich für politische Härte aus Deutschland gegenüber dem griechischen Volk.

Im Februar besucht Bundeswirtschaftsminister Sigmar Gabriel ThyssenKrupp Marine Systems in KIEL, ehemals HDW. Er nimmt sich zwei Stunden Zeit für ein Gespräch mit den Arbeitnehmervertretern. Er besichtigt das U-Boot „U34" der Deutschen Marine. „Danach gibt er bekannt, dass sein Ministerium die Herstellungsgenehmigung für zwei weitere U-Boote für Ägypten erteilt hat. Die Werft mit 2.500 Beschäftigten und 350 Leiharbeitern ist damit bis Ende 2018 voll ausgelastet.

Griechenland

HDW

[...] Die Werftindustrie und der U-Bootsbau auf der HDW-Werft von ThyssenKrupp seien ein wichtiges Stück Kerntechnologie Deutschlands. [...] Diese Industrie müsse erhalten bleiben. Rüstungsexporte der Werft seien aus seiner Sicht kein Problem." [...] ‚Wir haben andere Debatten, dabei geht es um Kleinwaffen, das sind heute die Waffen der Bürgerkriege' [...] ‚Es geht auch um Panzer, mit denen im Zweifel die eigene Bevölkerung unterdrückt werden kann. Das alles betrifft nicht HDW.'"[106]

Am 27. Februar wird der Kremlkritiker Boris Nemzow, der sich nach der Nuklearkatastrophe in Tschernobyl 1986 in Umweltinitiativen engagiert hatte, der zwischen 1997/98 unter Jelzin Vizepräsident der Russischen Föderation gewesen war, auf der großen Moskwabrücke erschossen. Kurz zuvor hatte er Putin scharf kritisiert und neue Enthüllungen über den Krieg in der Ostukraine angekündigt.

Am 9. Mai erinnert Russland an den Sieg über Nazideutschland vor siebzig Jahren. Putin gedenkt der 27 Millionen Menschen der ehemaligen UdSSR und der Opfer auf Seiten der Alliierten, die im Zweiten Weltkrieg ihr Leben ließen. Und er beklagt ein Erstarken des Blockdenkens. Hunderttausende verfolgen die Militärparade auf dem Roten Platz, an der 16.000 Soldaten teilnehmen. Gäste sind UN-Generalsekretär Ban Ki Moon, der chinesische Staatschef Xi Jinping, der kubanische Präsident Raul Castro sowie Spitzenpolitiker aus Indien, Nordkorea, Südafrika sowie ehemaliger Sowjetrepubliken. Diese Parade – 2015 (!) – ist die bislang größte Parade zum „Tag des Sieges".

G 7   Am 7. und 8. Juni trifft sich „die Wertegemeinschaft für Frieden, Sicherheit und ein selbstbestimmtes Leben weltweit", G 7,[107] „die sieben führenden Industrienationen", USA, Großbritannien, Frankreich, Italien, Japan, Kanada und Deutschland, auf Schloss Elmau in Bayern. „Der Westen" hat Putin von diesem Gipfel ausgeschlossen. Der 96-jährige Helmut Schmidt sagt: „Ich sehe deutlich, dass Putin beleidigt

---

106 Quelle: NDR-Nachrichten 12.2.2015

107 G7 hat im März 2014 festgestellt, dass angesichts der völkerrechtswidrigen Annexion der Krim durch Russland sinnvolle Gespräche im Rahmen der G8 derzeit nicht möglich sind. Seitdem wird der Prozess als G7 fortgeführt.

ist durch die Tatsache, dass der Westen ihn seiner Vorstellung nach nicht ernst genug nimmt." Der Vorsitzende des Ostausschusses der Deutschen Wirtschaft sagt: „… Es ist immer besser, miteinander statt übereinander zu reden. Gerade in der Krise brauchen wir solche etablierten Gremien." Laut einem Informationsblatt der Bundesregierung zu G7 tauschen die Staats- und Regierungschefs ihre Standpunkte im persönlichen Gespräch aus. „Wichtig ist der intensive Austausch. Jeder soll mit jedem in einer entspannten Atmosphäre reden können." Gipfelgegner haben im Vorfeld vor allem die hohen Kosten kritisiert, die hauptsächlich durch die erheblichen Sicherheitsvorkehrungen entstanden sind. Laut SPIEGEL soll das Treffen den deutschen Staat 112,64 Millionen Euro kosten. Der Bund der Steuerzahler hat den finanziellen Aufwand sogar auf fast 360 Millionen Euro beziffert.

Solidarność

Im Sommer 2015 steh ich vor der ehemaligen Leninwerft in Danzig. Steh vor dem Zentrum für Internationale Solidarität. Steh vor dem Mahnmal, das erinnert an die blutigen Streiks und Arbeiteraufstände von 1956 und 1970. Dieses Mahnmal, das eine Forderung der Streikenden 1980 war, das schon im Dezember 1980 eingeweiht wurde, es trägt diese Inschrift des Dichters Czesław Miłosz: „Ihr, die ihr Leid über den einfachen Mann brachtet, ihr, die ihr über sein Leid lachtet, fühlt Euch nicht sicher. Der Dichter erinnert sich. Ihr könnt ihn töten. Ein neuer wird auferstehen. Taten und Worte – nichts wird vergessen sein."
1980 war Lech Walesa hier „über den Zaun gesprungen" *und hatte die Führung übernommen. Jetzt geh ich über diese Steine. Auf dem Werftgelände steht seit 2014 das* „Europäische Zentrum für Solidarität". *– Solidarność, das war ein bedeutender Wendepunkt zur Auflösung des sowjetisch diktierten Staatssozialismus in Europa. Die Sozialistische Fraktion im Europäischen Parlament, die Sozialdemokraten hatten sich damals sofort mit der Bewegung in Polen solidarisiert. Ich denk an die Ausstellung* „Solidarność", *mit der* „mein" *Europaabgeordneter 1981 Plakate und Texte durch Schleswig-Holstein wandern ließ. Nach allem, was möglich wurde, nach allem, was wieder ist, jetzt – hier –* „Solidarność" *in gesamteuropäischem Kontext, in Form eines Monuments für Solidarität am Weltort Danzig zu se-*

hen, tut gut. Es ist ein Koloss aus dicken, rostigen Schiffsplatten –
Cortenstahl. Ich seh ihn vor europablauem Himmel im Sternenregen
der Schweißer. Er wirkt unüberwindbar. Unverrückbar. Unzerstör-
bar. Für diesen Moment erscheint er mir als die Hoffnung in reinster
Ausprägung. Ich leg eine Gedenkminute für Willy Brandt ein, seh in
meinem inneren Film, wie er am 7. Dezember 1970 am Denkmal für
die Gefallenen des jüdischen Ghetto-Aufstandes von 1943 in War-
schau niederkniet. Denk an seine erste Rede nach der ersten Direkt-
wahl zum Europaparlament. – Spätabends bei Bernsteinlicht husch
ich zum Abschied noch mal durch die Danziger Altstadt: Da! Oskar!
Er trommelt, schreit wieder …

Wir
schaffen
das

Nachdem mehr und mehr Menschen, die Bürgerkriegen, die Greuel
und Not entflohen sind, über die Balkanroute Ungarn erreichen, bereitet die ungarische Regierung die Bevölkerung auf ein konsequenteres
Vorgehen gegen „illegale Einwanderung" vor. Am 31. August äußert
Angela Merkel sich vor der Bundespressekonferenz zur „Flüchtlingskrise": „Deutschland ist ein starkes Land. Das Motiv, mit dem wir an
diese Dinge herangehen, muss sein: Wir haben so vieles geschafft – wir
schaffen das." Als sie das sagt, gewinnt sie meine Sympathie. In dem
Moment hab ich den Eindruck, dass dieser Satz wirklich aus dem Herzen dieser Pastorentochter kommt. In der Nacht zum 5. September entscheidet sie, Tausende am Bahnhof Budapest festsitzende „Flüchtlinge"
in Bussen und Zügen nach Deutschland zu holen.

Bürger-
begeh-
ren in
Schles-
wig

In diesem Jahr verhindern BürgerInnen in einem ersten Bürgerbegehren in Schleswig, das von den GRÜNEN ausgegangen ist, die
Errichtung einer massiven, fünfgeschossigen Wohnanlage anstelle
der sogenannten „Schmid-Villa", unmittelbar vor der Silhouette des
Doms. Das Grundstück am Schleswiger Stadthafen hatten die Stadtwerke (eine hundertprozentige Tochter der Stadt) zuvor spekulativ er-
worben. Die Stadt hatte dem in den Startlöchern stehenden Investor
sogar einen Architektenentwurf bezahlt. Der Bauausschussvorsitzende erklärte dazu in einer Bauausschusssitzung: „Da haben wir noch
mal eine kleine, fünfstellige Summe in die Hand genommen" – unsere
hochverschuldete Stadt – ich fass es nicht! Im Verlauf des Bürgerbe-
gehrens versuchen VertreterInnen der ausführenden Gewalt und der

gesetzgebenden Gewalt wiederholt, VertreterInnen der Bürgerinitiative über den Tisch zu ziehen, was aber nicht gelingt. Das Bürgerbegehren gelingt. (Anschließend kommt es zum Verkauf des Hausgrundstücks. Die Villa bleibt stehen. Die neue Eigentümerin will dort wohnen. Ohne die Bürgerinitiative wäre es nicht dazu gekommen. – Die bedeutende Sichtachse zwischen Haddeby/Haithabu und St. Petri Dom ist gerettet!)

Im September wird Jeremy Corbyn, der sich selbst als „demokratischer Sozialist" bezeichnet, neuer Vorsitzender der Labour-Party in Großbritannien. Er gilt als klassischer Linker der 1980er-Jahre, steht „New Labour" sowie strenger Sparpolitik (Austeritätspolitik) ablehnend gegenüber. Er ist für den NATO-Austritt und lehnt bewaffnete Konflikte ab.

Irgendwann 2015: St. Nikolai klingt über die Förde. Auf der Fahrrinne tuckert wie aus Liliput ein Dampfer der Kieler Verkehrs AG hinter mehreren Kreuzfahrtkolossen hervor. HDW zeigt sein neues Label: ThyssenKrupp Marine Systems. Sie bauen U-Boote für Ägypten. Der Kieler U-Bootsbau steht an der Weltspitze für U-Boote mit nichtnuklearen Antrieben. Und: „Kilian", das „denk mal!", ist weg.

Am 3. September feiert China den siebzigsten Jahrestag der Kapitulation Japans und damit das Ende des Zweiten Weltkrieges. In deutschem Stechschritt marschieren 10.000 Soldaten aller Gattungen am „Tor des Himmlischen Friedens" vorbei. Eine gigantische Waffenschau, bei der Panzer und Interkontinentalraketen auffahren, bei der Hubschrauber und Kampfflieger aufsteigen. Es ist die größte Militärparade in Chinas Geschichte, bei der noch nie gesehene, in China produzierte Waffen präsentiert werden, wie es heißt.

Am 27. September bewundern wir, schleswig-holsteinische AutorInnen, die Willkommensinitiative der Diakonie der Kreise Segeberg-Plön. Wir lesen gegen die Festung Europa in der Marienkirche in Bad Segeberg.
  Mit uns liest der Kurde Fryad Hussein sein folgendes Gedicht, das sein Freund, der Kurde Ghulan Karemi ins Deutsche übertragen hat.

Bei der Anhörung

F - Wie Heißt du ?

A – Flüchtlinge , Asyl

F – Wie alt bist du und woher kommst du ?

A – weiß nicht wo ich genau komme habe aber mitbekommen, dass ich im jahr 1991

Am ein regnerischen tag eng wo am Grenz Gebiet im nah Osten geboren bin .

F – Welche Beruf hast du gehabt ?

A – Welche Beruf habe gehabt ! bei uns gibt´s kein Berufe, wir werden nur

Als Brücke ausgenutzt und missbraucht, das ist nicht wichtig was man für

Ein Schulabschluss hat, wird man am Ende genauso behandelt !

F – Wie kann ein Mensch ein Brücke werden, verstehe ich nicht ?

A – Bei uns jeder muss eng wann ein Brücke werden , damit die so genannte

Politiker die mal im Parlament oder Regierung sitzen ,oder die Militär Generäle

Auf unsere Kosten deren schmutzige Geschäfte und Kriege durchführen!

Und wenn man das ablehnt , wird getötet ! oder muss man eine Brücke werden !

F – Nach deine Meinung , weshalb haben deine Eltern im Jahr 1991 ihren Heimat verlassen ?

A – wie ich mitbekommen habe, ist durch Angst von Vater Löwe geflogen .

F – Was meinst du mit Vater Löwe ?

A – Bei uns unsere Führende Politiker auch wenn die Esel , Wolf oder Hund sind ,

werden trotzdem als Löwen gesehen .

F – und was ist mit dir , weshalb bist du geflogen ?

A – Ich bin wegen Söhne von die Löwen und dunklem Wolfen mit dunklem Bart ,

oder so genannten Isls geflogen wegen die Unterdrückung durch Diktatoren und

Krigs Mafia .

DIE ÜBERSETZUNG

Kurdisches Original   „Plakat" Segeberg

Im Oktober demonstrieren allein in Berlin 300.000 Menschen gegen das geplante Welthandelsabkommen TTIP. Schaffty und ich sind dabei.   TTIP

Am 22. Oktober erscheint mein folgender Leserbrief in „DIE ZEIT": Es ist unglaublich, dass unsere Regierung, dass Vertreter der EU die Migration aus den Krisengebieten im Nahen Osten gegen Geld auf die Türkei abwälzen wollen. Die Situation im syrisch-irakisch-türkischen Grenzgebiet ist ohnedies eine enorme Belastung für diese multiethnische und multireligiöse Region. Zudem besteht die Gefahr, dass die Türkei demnächst zu einer Präsidialdiktatur wird. Was sind – zum Beispiel – 60.000 Flüchtlinge, die, wie es heißt, bis zum Jahresende nach Schleswig-Holstein kommen sollen? Allein von März bis Juni 1945 kamen fast 700.000 Menschen nach Schleswig-Holstein. In der Not der Nachkriegszeit, als alle hier wenig zu beißen hatten. Es ging! Ich möchte erinnern an die Hilfe, die wir nach 1945 erfahren durften – nach dem unsäglichen Grauen, das zuvor von unserem Land ausgegangen war. Ich möchte erinnern an die internationale Solidarität mit Deutschland 1989. Solidarität! Es ist unglaublich, was der Bundesinnenminister in   Türkei den letzten Tagen und Wochen von sich gab. Glaubt man wirklich, dass man mit Abschottung und Diffamierung der Menschen etwas an der Lage verbessern kann? (Ende Leserbrief.)

Am 10. November stirbt Helmut Schmidt. Im Rahmen eines Nachrufs sendet der Deutschlandfunk u. a. sein Zitat: „Der Versuch, die Europäische Union auszudehnen auf die Ukraine, das ist ein ziemlicher Blödsinn, das ist geopolitische Kinderei."

Griechenland

Das ganze Jahr über sieht sich Griechenland – zur eigenen Staatskrise – einem Strom von Zigtausenden „Flüchtlingen" ausgesetzt, die über die EU-Außengrenze nach Europa kommen, während die EU in Brüssel um Quoten und windige Auffanglager in der Türkei feilscht. Die griechische Zivilgesellschaft und ausländische Freiwillige verhindern in Zusammenarbeit mit den kommunalen Verwaltungen, dass die Lage noch katastrophaler wird, obwohl die Mittel angesichts der Wirtschaftslage extrem beschränkt sind. Am 4. November 2015 werden die ersten dreißig syrischen Flüchtlinge von Athen nach Luxemburg ausgeflogen. „Ein Tropfen auf dem heißen Stein", wie Tsipras erklärt.

Anschläge in Paris

Am 13. November verüben „IS"-Terroristen eine Serie von Anschlägen in Paris – auf das Fußballstadtion „Stade de France", auf ein Rockkonzert im „Bataclan-Theater", auf Bars und Cafés. 150 Menschen werden getötet. 352 Menschen werden verletzt, davon 97 schwer. Staatspräsident Hollande ruft den Ausnahmezustand aus. Was ist passiert, dass ein solcher Hass aus dem Hinterhalt in Europas Herz eindringt? – Ich geh zurück zum 11. September, les noch einmal die Überlegungen des französischen Philosophen Baudrillard (s. S. 208). – Wie sich herausstellt, waren es ein 29-jähriger Franzose mit algerischen Wurzeln aus einem Pariser Vorort, ein 28-jähriger Busfahrer aus einem Pariser Vorort und ein 23-jähriger Dschihadist aus Straßburg, die sich im „Bataclan-Theater" in die Luft sprengten. – Zur Erinnerung: Am 27. Oktober 2005 hatten Jugendkrawalle in Frankreich begonnen (s. S. 225). Die Krawalle, auf deren Höhepunkt der Ausnahmezustand ausgerufen wurde, dauerten drei Wochen und verursachten 200 Millionen Euro Sachschaden. Im Präsidentschaftswahlkampf 2007 beteuert Nicolas Sarkozy: „Wir müssen über unsere nationale Identität diskutieren.

Ich werde Frankreich nicht wehrlos zurücklassen gegenüber Einwanderern." und gewinnt damit prompt die Wahl. Die Journalistin Gila Lustiger schreibt dazu in ihrem Buch „Erschütterung": „Nicht der Arbeitslosigkeit, nicht dem Klimawandel, nein, den Bewohnern der Banlieues und den Menschen in Asylbewerberlagern hatte Sarkozy den Krieg erklärt. Der Migrant als Staatsfeind Nummer eins, die Gefahr: Überfremdung. [...] Der Umstand, dass keiner der Jugendlichen mit Migrationshintergrund aus den französischen Vororten mit einer klaren Forderung an die politischen Instanzen herangetreten ist, weder 2005 noch danach, kann nur als absoluter Konkurs derjenigen Parteien angesehen werden, die sich den Kampf gegen soziale Ungleichheit auf die Fahne geschrieben haben. Wo waren die Gewerkschaften? Wo die sozialen Aktivisten? Wo die ganze linke Palette, angefangen mit den Sozialdemokraten der Parti socialiste, den Trotzkisten der Ligue communiste révolutionnaire? Wo waren die Globalisierungskritiker der Lutte Ouvrière und der LCR? Wo die Grünen? Wo waren all diejenigen, die von der sozialen Marktwirtschaft sprachen, von einer herrschaftsfreien und klassenlosen Gesellschaft, von sozialer Gleichheit und Freiheit? Ich weiß nur eins – in den Vororten waren sie nicht."[108]

Mit den Regional- und Kommunalwahlen in Spanien zieht am 20. Dezember Podemos in alle 13 Regionalparlamente ein (20,66 Prozent), Ciudadanos in zehn (13,93 Prozent). Bei den im Juni anstehenden Wahlen in Spanien will der Kandidat von Podemos, Pablo Iglesias, spanischer Ministerpräsident werden.

Podemos

2015 ist das „Europäische Jahr der Entwicklung", in dem es um die weltweite Beseitigung der Armut gehen sollte. Die weltweite Statistik der britischen Hilfsorganisation Oxfam[109] gibt bekannt, dass 2016 ein Prozent der Weltbevölkerung mehr Vermögen angehäuft haben wird als die restlichen 99 Prozent zusammen.

---

108 „Erschütterung über den Terror", Gila Lustiger, Berlin Verlag, Berlin 2016

109 Oxfam: Internationaler Verbund von verschiedenen Hilfs- und Entwicklungsorganisationen – arbeitet dafür, dass sich Menschen in armen Ländern nachhaltige und sichere Existenzgrundlagen schaffen können, Zugang zu Bildung, gesundheitlicher Versorgung, Trinkwasser und Hygieneeinrichtungen sowie Unterstützung bei Krisen und Katastrophen erhalten.

Aus meiner Zigarrenkiste

Ich hab eine Zigarrenkiste voll alter Schlüssel.
Einige davon dienen zum Aufziehen der Türen und Schubladen
meiner Schränke und Kommoden.
Kein Schlüssel passt mehr zu einem Schloss.

Ich hab Urgroßmutters Mahagonischränkchen.
In der oberen Schublade bewahrte sie ihre sauer verdienten Groschen
vom Fischverkauf,
die Bibel und das Gesangbuch, in das sie ihre 12 Geburten eintrug.
Unten grobes Leinen.
Der Schlüssel fehlt.

Ich hab Patentantes Mahagonikommode.
Sie, die sich mit dem Eisbären
fotografieren ließ
hatte mit Onkel Schucan eine
gute Partie gemacht. Sie über-
lebte ihn lange.
Sie ging in Seide und Krepp-Ma-
rocain, in Nerz und Ozelot, be-
hängt mit Brillanten und Gold.
Uns Kindern brachte sie er-
staunliche englische Fruchtge-
lees, Schokoladenhütchen mit
flüssiger Himbeercreme und
weiche Karamellen!
Großvater bekam jedes Jahr zu
Weihnachten eine Kiste Brasil!
Nach ihrem Tod wirrten in der
oberen Schublade lose Konto-
auszüge bis zum Rand.
Das Geld war weg. Warum auch
nicht. Sie hatte kein Kind und
kein Rind.
Der Schlüssel fehlt.

Patentante mit Eisbär

Ich hab Patenonkels Mahagonisekre-
tär
stammt von seinen Vorfahren aus
Ungarn
stand schon in Hamburg-Wellingsbüt-
tel nur zur Zierde.
In ihm fand ich vergilbte Fotos, Zinn-
soldatenarmeen, silberne Reedereia-
schenbecher und goldene Zigarrenspit-
zen. Verrilkte Briefpapiere. Blaustifte,
Bleistifte, Anspitzer, Bleistifthalter,
Bleistiftstummelverlängerer, Füllfe-
derhalter, Tintenfässer, Kugelschreiber
mit alter Reklame ...
An einer der kleinen Schubladen fehlt
der Elfenbein ... Nein, niemand
schlachtet Elfen!

An einer der kleinen Schubladen   PATENONKEL AM SCHREIBTISCH
fehlt der Elefanten-Stoßzahn-Knopf.
An Onkel Schucan denk' ich, wenn ich jetzt SCHENKER[110]*-Container*
seh
Denk: Was er zwischen den großen Kriegen und bis in die Sechzigerjah-
re aufgebaut,
jetzt ist es weltweit unterwwwegs.
Der Schlüssel fehlt.

---

110 Hermann Schucan hatte ab 1911 bei Schenker & Co., Hanseatisches Transport
Kontor Hamburg, Agenten der Baltimore & Ohio Railroad und für Central- und
Ost-Europa gelernt, war Expedient und wurde nach Rückkehr aus dem Felde
1920 Abteilungsleiter. 1922 Leiter der Ex- und Importabteilung mit Gesamtpro-
kura bei Paul Altmüller & Co., Spedition – Schifffahrt – Versicherung – Lage-
rung bis 1928. Er sprach Englisch, Französisch, Spanisch. Private Studien der
Wirtschaftsstruktur der südamerikanischen Länder. Nach 1928 ging er zur
Hamburger Transport-Gesellschaft MBH (TRG), wurde dort Generaldirektor
und Vorstandsmitglied, war Mitglied der „Versammlung eines Ehrbaren Kauf-
manns zu Hamburg e. V." und Inhaber der Karte für die Hamburger Börse. Er
kam mit Chauffeur im Mercedes mit roten Ledersitzen bei uns armen Fischers-
leuten vorgefahren. Er war ein überaus gütiger, ein vollkommen uneingebildeter,
er war ein wunderbarer Mensch.

Meine Alten, sie sitzen jetzt in Urgroßmutters Mahagonischränkchen.
Sie halten die Schranktür von innen zu. Nur mich lassen sie 'rein.
Ich geh in ihren Kleidern in Mahagonny.[111]
Kein Schlüssel passt mehr zu einem Schloss.
2015

Klima-
gipfel in
Paris

30. November bis 12. Dezember Klimagipfel in Paris. Es sind wieder einmal Tausende Menschen mit hochsubventioniertem Flugbenzin um die Welt gedüst und haben unser wertvolles Petroleum veraast. Prof. Mojib Latif[112] hat schon vor der Weltklimakonferenz in Lima im Dezember 2014 gesagt, dass die Politiker nach durcharbeiteter Nacht erzählen würden, sie seien ein gutes Stück vorangekommen und dass wir das nicht glauben sollten. Wenn wir immer weiter CO_2 ausstoßen, drohe eine ökologische Katastrophe, von deren Ausmaß wir uns keine Vorstellung machen könnten. „Es ärgert mich vor allem, dass die Politiker Erfolgsmeldungen verkünden und dabei hin und wieder auch von ‚Durchbrüchen historischen Ausmaßes' sprechen. Im Gegensatz dazu ist der weltweite CO_2-Ausstoß alleine seit 1990 um sechzig Prozent gestiegen. Mehr auseinanderliegen können Anspruch und Wirklichkeit nicht."[113] – Die deutsche Umweltministerin Barbara Hendricks (ich finde sie sympathisch und sie wirkt ehrlich bemüht) spricht jetzt, in Paris, von einem „historischen Tag". Vor Glück über das Erreichte kommen ihr beim Interview Tränen. Ein Abkommen über eine Begrenzung der globalen Erwärmung auf deutlich unter zwei Grad Celsius wird als „Durchbruch" bewertet, während – und das muss sie wissen – bekannt ist – und das ist nur ein Beispiel – dass sich die Zahl der Passagiere im Luftverkehr bis 2020 auf vier Milliarden weltweit erhöhen soll. Das ist

---

111 „Mahagonny" – fiktive Stadt in Nordamerika in Brechts Gegenwart. Das Einzige, was dort verboten ist, ist kein Geld zu haben. Die Oper endet damit, dass die Stadt im Chaos versinkt. Demonstrierende Gruppen ziehen umher. Mahagonny brennt … – Aufstieg und Fall der Stadt Mahagonny" Oper von Kurt Weill, Libretto von Bertolt Brecht.

112 Prof. Mojib Latif, vielfach ausgezeichneter Meteorologe, Klimaforscher, Ozeanograf, Leiter des Forschungsgebiets Ozeanzirkulation und Klimadynamik/GEOMAR, KIEL.

113 Zitat aus dem Interview im Hochschulmagazin „Inside Out" unter der Überschrift „Wir geben uns Scheinwelten hin."

eine Verdoppelung gegenüber 2006. 2034 sollen es sieben Milliarden sein.

Der Klimagipfel kommt mir sinnlos vor.[114]

Bis zum Jahresende sind es eine knappe Million Menschen, bis zu 13.000 täglich, die in Deutschland Zuflucht suchen.

Inzwischen haben der Schleswiger Bürgermeister und der Stadtmanager das Theatergrundstück am Lollfuß auf der Expo Real – Europas größter Fachmesse für Immobilien und Investitionen in München – zum Kauf angeboten.[115] Die – vielleicht – eine Million – die die Stadt beim Verkauf *unseres* Theatergrundstücks einnehmen wird, wird wie ein Tropfen auf dem heißen Stein verdampfen. Dann werden – voraussichtlich – an dieser Stelle Investoren Luxuswohnungen bauen. Schleswig-Theater

Ende Oktober hatte sich in Schleswig der Verein „NEUE Schleihalle e. V." gegründet, der sich für ein „multifunktionales Haus" am alten Theaterstandort im Lollfuß einsetzen will. Es soll eine neue Heimat für das Schleswiger Theater werden und ein Haus für alle Bürger – für Bälle, Kongresse, Messen und andere Ereignisse. Der Verein fordert eine Einwohnerversammlung. Ich bin begeistert! Das ist, was schon unsere Zukunftswerkstatt wollte. Das könnte eine große Bürgerbewegung werden. Auf Anfrage der Schleswiger Nachrichten würdigte der Bürgermeister „… ausdrücklich das ehrenamtliche Engagement der Akteure und sicherte ihnen seine ‚Unterstützung für diesen Weg' zu."[116]

Jetzt im Dezember beschließt die Ratsversammlung einstimmig, das alte Mannschaftsheim auf der Freiheit zu kaufen, um es zu einer Theater-Spielstätte umzubauen. Der Verein „NEUE Schleihalle e. V." erfährt es aus den „Schleswiger Nachrichten" und will nun nicht weiter für den Standort Lollfuß kämpfen.

Zur Chronologie 2015:

7. Januar: Attentat auf das Redaktionsbüro der Satirezeitschrift Charlie Hebdo, bei dem zwölf Menschen ermordet werden.

---

114 Div. Quellen, Zahlen Schrot und Korn 3/2017.

115 shz, 7. Oktober 2015

116 Schleswiger Nachrichten 4. November 2015

Der Leitzins liegt nur noch hauchdünn über der Nulllinie bei 0,05 Prozent.

Im Juni Spaltung der AfD wegen Richtungsstreit. Gründung von ALFA – „Allianz für Fortschritt und Aufbruch".

Am 29. Oktober empfiehlt das Europäische Parlament seinen Mitgliedstaaten, alle Vorwürfe gegen Edward Snowden fallen zu lassen und ihm als Menschenrechtler Schutz zu gewähren.

Von 2006 bis 2015 wurden laut der Internationalen Gesellschaft für Menschenrechte in Putins Russland 246 Journalistinnen und Journalisten ermordet.

Zur Musikbox: Björk „Black Lake" …

2016

2016 überflutet alle Vorstellungskraft, die ich zum Jahreswechsel hatte. Unvorstellbare Verdichtung beunruhigenden Weltgeschehens, aber auch ermutigende Bewegungen und Ideen:

Massengrab Mittelmeer

Wir überlassen Menschen erneut den Winterstürmen der Ägäis und des Mittelmeeres vor Nordafrika, wo schon Hunderttausende Zufluchtsuchende ihr Leben riskiert und Tausende ihr Leben verloren haben, obwohl es möglich wäre, dass sie mit Fähren oder mit Flugzeugen direkt und wohlbehalten und preiswert und registriert in die EU einreisen. Das allerdings setzt eine Form europäischer Solidarität voraus, die nicht im Ansatz erkennbar ist:

„1970 einigten sich die entwickelten Länder darauf, jährlich 0,7 Prozent ihres Bruttosozialprodukts als internationale *Entwicklungshilfe* zu leisten, ein Versprechen, das die reichen Länder fast nie gehalten haben. Doch auch die geleistete Entwicklungshilfe hat ihre Schattenseiten, denn sie ist meist an Bedingungen geknüpft. Oft müssen die Empfängerländer überteuerte Waren und Dienstleistungen von den Geberländern kaufen. Und in Anbetracht des Wirtschaftsprotektionismus, mit dem die Länder des globalen Nordens den Marktzugang für afrikanische Waren versperren, sind die Hilfsgelder ohnehin ein Tropfen auf den heißen Stein. Umgekehrt nutzen die wohlhabenden Länder die Entwicklungshilfe als Instrument, um auf dem afrikanischen Markt Fuß zu fassen. Und da die Hilfe meist als Kredit zu hohen Zinssätzen gewährt wird, steigen die langfristigen Schulden der armen

Länder. Die Entwicklungshilfe hat dazu geführt, dass Afrika sich nicht aus der Abhängigkeit vom globalen Norden befreien kann, während der Mythos von den helfenden Industrieländern aufrechterhalten wird. Einst behauptete die koloniale Rhetorik, Afrikaner seien nicht in der Lage, ihre Länder selbst zu regieren. Der Entwicklungshilfediskurs verschleiert die Eigennützigkeit der Geberländer und zementiert die Vorstellung von der mangelhaften Fähigkeit der Afrikaner, ihr Schicksal in die eigenen Hände zu nehmen. Er verstärkt die Ungleichgewichte zwischen Geber- und Empfängerländern – und täuscht mit der Maske der Wohltätigkeit genau darüber hinweg."[117]

Im Februar ruft Griechenlands Ex-Finanzminister Yanis Varoufakis in der „Volksbühne" in Berlin DiEM25 ins Leben – „Democracy in Europe Movement 2025". DiEM25 will Europa retten, will die EU bis 2025 demokratisieren. Neben viel Aufmerksamkeit erntet Varoufakis nicht wenig Häme.

Am 22. Februar erklärt der Beauftragte der deutschen Bundesregierung für Menschenrechtspolitik Christoph Strässer (SPD) wegen der Unvereinbarkeit seiner Positionen mit den geplanten Verschärfungen der Asylgesetze seinen Rücktritt.

Nachdem schon 2015 die EU wackelig Gipfel auf Gipfel getürmt hatte, berichtet am 7. März der Deutschlandfunk vom soundsovielten EU-Sondergipfel. Diesmal mit der Türkei. Die Redaktion hat schon morgens das Abschlusspapier für abends auf dem Tisch. Erdoğan sind drei Milliarden Euro in Aussicht gestellt, um Flüchtlinge davon abzuhalten, nach Europa zu gehen.

Am 18. März tritt das Flüchtlingsabkommen EU/Türkei in Kraft. Am- nesty International verkündet dazu: „Das ist ein dunkler Tag für Europa und ein dunkler Tag für die Menschheit." Das Europäische Parlament war nicht in die Verhandlungen eingebunden. EU-Präsident Jean-Claude Juncker nennt das Abkommen, 70.000 „Flüchtlinge" auf

---

117 Aus: Auf den Ruinen der Imperien. Die Fortsetzung des Kolonialismus mit anderen Mitteln. Entwicklungshilfe gegen Afrika; Edition Le Monde diplomatique No. 18 – 2016, taz Verlags- und Vertriebs GmbH, Berlin.

EU-Mitgliedsländer zu verteilen, „Herkulesaufgabe". Dabei sind siebzig Millionen Menschen weltweit auf der Flucht, die zum überwiegenden Teil vor den verheerenden Folgen eines globalen Kapitalismus flüchten, der von den „Industrienationen", der vom „reichen Norden", der von „uns" ausgeht.

Der Deutschlandfunk berichtet am 21. März, dass die Österreicher hoffen, dass jetzt, über Ostern, die Grenzen offen bleiben, weil sie auf Feriengäste hoffen, denn sie haben ihre Wellnessangebote ausgebaut.

Die weltweiten Wanderungsbewegungen führen zu heftigen politischen Diskussionen und zu einem weiteren Aufstieg der radikalen Rechten in Europa. Sie führen im Zusammenwirken mit den Folgen der „Agenda 2010"/„Hartz IV", der empörenden Beschneidung des sozialen Systems, des Umbaus des sozialen und wirtschaftlichen Gefüges, also der Abkehr von sozialdemokratischen Grundwerten und

schwere Beschä- digung der SPD Hinwendung zum „Neoliberalismus", zu deutlichen Verwerfungen auch im parteipolitischen System der Bundesrepublik Deutschland. Es zeigt sich eine schwere Beschädigung der SPD, die sich in rückläufigen Wahlergebnissen und Mitgliederzahlen niederschlägt. Bei der Bundestagswahl 2009 erhielt die SPD 23,0 Prozent, 2013 bei der Bundestagswahl 25,7 Prozent. Bei den Landtagswahlen am 13. März 2016 kommt die AfD in Sachsen-Anhalt auf 24,2 Prozent (SPD 10,6 Prozent), in Baden- Württemberg auf 15,1 Prozent (SPD 12,7 Prozent) und in Rheinland-Pfalz auf 12,6 Prozent (hier hat die SPD mit der Kandidatin Malu Dreyer, die auf 36,2 Prozent kommt, noch mal Glück gehabt). Der DGB ist erschrocken, dass Gewerkschaftsmitglieder überproportional AfD gewählt haben.

An- schlag in Brüssel 22. März: Selbstmordanschläge von IS-Terroristen in Brüssel. Auf den Flughafen Brüssel-Zaventem und auf die U-Bahnstation Maalbeck in der Nähe der EU-Kommission. 35 tote, 300 verletzte Menschen. Ausnahmezustand.

„Nuit debout" Seit dem 31. März gibt es in Frankreich eine neue soziale Bewegung: „Nuit debout" = „Die über Nacht wachbleiben" – in Paris auf dem Place de la République und in anderen Städten protestiert sie gegen geplante Änderungen des Arbeitsrechts, gegen Jugendarbeitslosigkeit.

Nächtliche Versammlungen, spontane, parteiferne Demos vergleichbar der Occupy-Bewegung, der Indignados in Spanien.

Jetzt liegt Angela Merkel, jetzt liegt die EU – um sich des „Flüchtlingsproblems" zu entledigen – mit Milliarden von EUROs einem Despoten zu Füßen, der dabei ist, die Türkei in eine Präsidialdiktatur umzubauen. Das heißt, wir schieben „unser Flüchtlingsproblem" ab in eine politisch unsichere Region. Nachdem die Balkanstaaten ihre Grenzen geschlossen haben, berichtet der Deutschlandfunk am 2. April, dass nach der Zustimmung des griechischen Parlaments am 3. April die „Abschiebung" (was für ein furchtbares Wort) der in Griechenland gestrandeten „Flüchtlinge" in die Türkei beginnen soll. Das ist Teil des „Flüchtlingsabkommens zwischen der EU und der Türkei". Dann werden von den Ägäisinseln vor der Türkei gerade eingetroffene Menschen in die Türkei zurückgeschoben. Für diese „Transporte" soll, wie es heißt, für jeden einzelnen „Flüchtling" ein Frontex-Polizist vorgesehen sein. Tausende EU-Bedienstete sind nach Griechenland abgeordnet, um „das Problem zu lösen", die „Abschiebung" in jene höchst explosive, türkisch-kurdisch-syrisch-irakische Grenzregion, in der eine große Vielfalt kultureller und religiöser Gruppen zusammenlebt. In der zudem schon Millionen Menschen aus syrischen, aus irakischen Kriegsregionen im Elend ausharren, in deren Heimat einst Honig flossen und Milch. In der jetzt Menschen hungern müssen, weil den UN-Organisationen – auch von den EU-Ländern – nicht ausreichend Mittel gegeben sind. Wie weiter berichtet wird, will die EU 1.200 „Fachleute" entsenden, die Griechenland bei der Durchführung des „Flüchtlingsabkommens" vom 18. März unterstützen sollen. In den „Hotspots" spielen sich dramatische Szenen ab. Hunderte Menschen, die in den Lagern festgehalten wurden, sind ausgebrochen.

Wenn das Europa ist. Mein Europa ist *das* nicht.

Ich denk an letzte Worte von Willy Brandt, an sein Grußwort, das er als Präsident der Sozialistischen Internationale am 14. September 1992, drei Wochen vor seinem Tod, an den Kongress der Sozialistischen Internationale in Berlin schrieb: **„Wo immer schweres Leid über die Menschen gebracht wird, geht es uns alle an. Vergesst nicht: Wer Unrecht lange geschehen läßt, bahnt dem nächsten den Weg."**

Ich denk: Alle Menschen sind Menschen wie wir – mit dem Traum von Sicherheit, von Familie, von selbstverdientem Geld. Wer gibt seine Heimat, seine Wurzeln, seine Sprache auf ohne Not? Was muss hinter einem Menschen liegen, der auf der Flucht über das Mittelmeer sein Leben riskiert? Ich denk an Tante Dora.

Tante Dora

Irgendwann 1927. Großmutters Schwester Dora verabschiedet sich mit Mann und drei kleinen Kindern von ihren Verwandten auf dem Schleswiger Holm. Lisa (Doras Älteste) und Hein (der mal mein Vater werden wird) spielen mit Heins selbstgebautem Dampfer in einer Waschwanne auf dem Hof Überfahrt nach Amerika. Beim Abschied fragt Lisa: „Givs Du mi de Damper mit na Amerika?" („Gibst Du mir den Dampfer mit nach Amerika?") Hein sagt: „Nee." – Tante Dora landet mit ihrer Familie in Nebraska (Wirtschaftsflüchtlinge würde man heute sagen, mit dem Traum von einem besseren Leben). Sie sah ihre Heimat nie wieder. Sie starb Anfang der 1950er-Jahre an Heimweh. Großmutter erzählte mir, Dora habe dort in Amerika zeitlebens mit ihrem Mann, mit ihren Kindern nur Plattdeutsch gesprochen. – Ende der 1990er-Jahre sagt Vater: „Ob Lisa in Amerika wull noch leeben deit?" („Ob Lisa in Amerika wohl noch lebt?") Wir finden die Telefonnummer ihres Sohnes heraus. Vater sitzt neben mir auf dem Sofa. Ich wähl die Nummer. Lisas Sohn meldet sich. Wir sprechen Englisch. Seine Mutter lebt bei ihm im Haus. Er übergibt den Hörer an sie. Ich sprech kurz mit ihr. Wir sprechen Englisch. Ich übergeb an Vater. Lisa spricht kein Deutsch. Vater spricht kein Englisch. Die beiden unterhalten sich auf Platt! Sie telefonieren lange. Es hört sich so vertraut an – nach all den Jahren. Nach dem Gespräch sagt Vater: „Se schnackt Platt as wenn se nümmer vun hier wech wesen weer." Und er sagt: „Ick harr ehr de Damper domols man doch mitgeven söön." („Sie spricht Platt, als sei sie nie von hier weg gewesen." und „Ich hätte ihr den Dampfer damals man doch mitgeben sollen.")

TTIP   Kaum einer von 800 Millionen Menschen in den USA und in der EU weiß, was sich hinter TTIP wirklich verbirgt. Im April werden Greenpeace ganze Kapitel originaler TTIP-Verhandlungstexte zugespielt. Es geht um „europäische Umwelt- und Verbraucherstandards", Texte, in denen nach dem Willen der Politik nur sehr wenige Menschen – zum Beispiel angemeldete Parlamentarier – unter Aufsicht und sehr strengen Auflagen in einem gut gesicherten Raum im Wirtschaftsministerium maximal zwei Stunden lesen, aber keine Aufzeichnungen machen und anschließend mit niemandem über das Gelesene sprechen dürfen. Ich fass es nicht! Ich frag mich einmal mehr: Leben wir in einer Demokratie? In einem Rechercheverbund von NDR, WDR und Süddeutscher Zeitung wird das Greenpeace zugespielte Material geprüft und für echt befunden. Befürchtungen bestätigen sich. So taucht das bislang geltende „Vorsorgeprinzip" als zentraler Baustein für wirksamen Verbraucherschutz in den Texten gar nicht mehr auf. „Die Industrie soll maßgeblichen Einfluss auf die Ausgestaltung des Abkommens erhalten, und von europäischen Umweltschützern mühsam erkämpfte EU-Standards könnten als Handelshemmnisse deklariert und aus dem Weg geräumt werden." Anfang Mai stellt Greenpeace vor dem Brandenburger Tor einen gläsernen „TTIP-Lesesaal" auf. Den kann nutzen wer will, so lange er oder sie möchte. Die Vorsitzende der GRÜNEN, Simone Peter, sagt: „Die Veröffentlichung ist ein Dienst an der Demokratie."

Nochmal Straßburg

Im April plan ich mit meiner Enkelin eine Reise nach Straßburg. Sie ist jetzt fast 15. Zur Vorbereitung mal ich ihr – auf einen Blick – ausgehend von der Familie als kleinster Zelle des Staates – Kreis um Kreis die Institutionen auf: Kommune/Stadt – Landkreis – Bundesland – Bundesrepublik – Europa/Europäische Union – Vereinte Nationen – mit den Tortenstücken der gesetzgebenden, der ausübenden, der richterlichen und der sogenannten vierten Gewalt der Medien. Als meine Zeichnung fertig ist, denk ich einen Moment lang: das System ist vollkommen! Aber, nein, das ist nur der europäische Blickwinkel. Das ist „eurozentristisch", das ist die Beurteilung inner- und außereuropäischer Gesellschaften nach europäischen Vorstellungen. Das ist unzulänglich. Mir wird klar: Es ist höchste Zeit, das System neu zu denken. – Ende April fahren wir mit einer Besuchergruppe der Nachfolgerin von Gerd Walter und Willi Piecyk nach Straßburg – über dreißig Jahre nach meinem ersten Besuch dort ... Angesichts der gegenwärtigen Lage Europas und der Welt erfüllt mich der Besuch in dieser Stadt in französisch-deutscher Grenzregion, in der Menschen über Jahrhunderte wegen nationaler Gebietsansprüche und Sprachenstreit so viel erdulden und erleiden mussten ..., erfüllt mich der Besuch im Europäischen Parlament mit Wehmut und plötzlicher Sehnsucht. Ich frag mich, warum ich 1993 nicht mit meiner Tochter nach Straßburg, nicht nach „Europa" gegangen bin. Gerd Walter hätte mir sicher eine Stelle vermitteln können. Aber damals, nach der „Schubladenaffäre", war ich vollkommen aus meiner Bahn geworfen, hab es mir nicht zugetraut. – Hier in Straßburg erleb ich jetzt die Wiederbegegnung mit der Straßenbahn,[118] *die im Rahmen einer städtischen Neugestaltung wiedereingeführt worden ist. – Und ich bemerk: Die Pfützen auf den ungepflasterten Wegen in den Parkanlagen am Münster, an der Ill, sie sind rosa! Hier wurden seit 1176 über Jahrhunderte rosa Steine gehauen, geschnitten und gesägt. Das Straßburger Münster ist aus rosa Vogesensandstein gebaut. Wie schön es ist! Wie schön sie sind, die rosa Pfützen ... Wie schön er ist, unser Planet. – Auf der Rückfahrt frag ich meine Enkelin: Wie hat Dir die Europaabgeordnete Ulrike Rodust gefallen? Sie antwortet: „Die könnte ich glatt wählen, Oma."*

„Ach, Europa"

„Ach Europa", das ist der Titel eines Buches von Hans Magnus Enzensberger, das Gerd Walter mir 1987 zum Geburtstag geschenkt hat und das ich jetzt noch einmal les: Fast ein halbes Jahrhundert nach der „Katastrophe der europäischen Zivilisation" und dreißig Jahre vor 2016 beschreibt Enzensberger in Form einer vorausgedachten literarischen Reportage im Jahr 2006 die Folgen der Rekonstruktion des Kontinents. Er schreibt eine ironische Utopie von den Rändern Europas her mit dem Resultat, dass die Irregularität, der Wirrwarr, die Stärke Europas ausmacht. Die Einheit des Kontinents, so wie sie in der Logik der Konzerne, der Parteien, der Bürokratien verstanden wird, erweist sich als Trugbild. Den großen Blöcken einen großen Block entgegenzusetzen, erweist sich als Trugbild. Enzensberger zeigt die Vision einer europäischen Einheit ohne Einheit. Wie sehr er hell gesehen hat, wie sehr sich seine Utopie bestätigt, zeigt sich in den Bestrebungen Jugoslawiens, der

---

118 Als ich zurück bin, erfahr ich bei meinen Recherchen, dass man auch in KIEL über eine neue Stadt-RegionalBahn nachdenkt und dass die Landesregierung beschlossen hat, die Bahnstrecke KIEL–Schönberg wiederzubeleben. Wie wunderbar!

Tschechoslowakei, des Baskenlandes, Schottlands ... Zeigt sich an der Krise der Europäischen Union. Zeigt sich an dem Umgang der EU-Mitgliedsstaaten mit Millionen von Menschen, die jetzt Zuflucht suchen auf dem europäischen Kontinent. – Ach, Europa, das ist eine Wehklage jetzt für alle, die für ein Europa in weltgemeinschaftlicher Solidarität gearbeitet haben, die weiter dafür arbeiten und die weiter darauf hoffen.

Um den 26. April herum wird an den dreißigsten Jahrestag des atomaren GAU in Tschernobyl erinnert: An die laut Weltgesundheitsorganisation (WHO) 600.000 bis 800.000 Helden, die sogenannten „Liquidatoren", die extrem hohen Strahlendosen ausgesetzt waren, um uns alle vor Schlimmerem zu bewahren, die heute tot oder krank und alleingelassen sind; an den kritischen DDR-Strahlenwissenschaftler, der in Hohenschönhausen eingesperrt worden war; an die Menschen, die weltweit an den Auswirkungen erkrankt, gestorben waren. Ich denk an beinahe fünfhundert Atomkraftwerke weltweit. An die Auswirkungen der Niedrigstrahlung. An die Atomwaffenarsenale ...

30 Jahre nach Tschernobyl

„Cornelia Hesse-Honegger ging nach der Katastrophe von Tschernobyl in Gebiete mit radioaktivem Niederschlag und zeichnete mutierte Insekten: verbeulte Gestalten, deformierte Füße, missgebildete Flügel. Von Wissenschaftlern wurde sie dafür zunächst belächelt. Heute geben ihr viele recht. Mir wird schlecht, wenn ich darüber nachdenke, was wir unseren Kindern, Enkeln und Urenkeln antun. Womit die Folgegenerationen sich auseinandersetzen müssen, ist eine furchtbare Vision. Es macht mich wahnsinnig, wenn ohne Rücksicht auf Verluste Entscheidungen zugunsten von AKW-Betreibern getroffen werden. Sicherheit für den Menschen ist überhaupt kein Thema. Wir sind zu gutgläubig und müssen uns mehr einmischen!"[119]

Der 1986 unter lebensgefährdenden Bedingungen gebaute Sarkophag in Tschernobyl ist marode. Ein neues Bauwerk ist bereits so gut wie fertig, ein riesiges Stahlgewölbe, so hoch wie der Schleswiger Dom, über 260 Meter breit, 160 Meter lang, 36.000 Tonnen schwer soll die Kraftwerksruine bis 2017 hermetisch abgeriegelt haben. Der Plan sieht vor, dass der Rückbau der Kraftwerksruine in Tschernobyl bis zum Jahr 2117 vollendet sein wird. Länger hält die neue Hülle nicht. Sie ist auf

---

119 Cornelia Hesse-Honegger in der taz, 25. April 2016

eine Lebensdauer von hundert Jahren ausgelegt. Generationen werden noch zu tun haben mit der Atomkatastrophe von Tschernobyl. 2016 befinden sich 441 Kernkraftwerke in 33 Ländern und 65 werden zurzeit gebaut. Am 17. Mai 2016 wird ein Strategiepapier der EU-Kommission bekannt, wonach die EU Mini-Atomkraftwerke fördern will. Sie setzt also – noch nach Fukushima – weiter auf Atomkraft mit neuen Reaktoren und neuer Technologie. – Ethnologen sprechen von einer nunmehr 10.000 Jahre währenden Zivilisationsgeschichte, denen 100.000 Jahre strahlender Atommüll gegenüberstehen, entstanden innerhalb von rund siebzig Jahren. Der jahrelange Weiterbetrieb von alten Reaktoren wird „Atomausstieg" genannt. – Dreißig Jahre nach Tschernobyl und fünf Jahre nach Fukushima sind, trotz Merkels Versprechen von 2011, immer noch acht Atomkraftwerke in Deutschland in Betrieb. Keines davon wäre heute noch genehmigungsfähig. Die Langzeitlagerung ist weiterhin ungeklärt.

Der mit dem Alternativen Nobelpreis und anderen bedeutenden Ehrungen ausgezeichnete Sozialdemokrat Hermann Scheer hat Konzepte vorgelegt, die den Wechsel zu hundert Prozent erneuerbaren Energien ermöglichen. Hermann Scheer: „Dazu bedarf es keines mit den Energiekonzernen abgestimmten, ‚energiepolitischen Gesamtkonzepts' mit Atomenergie- und Kohlekraftwerkskompromissen, sondern politischer Entscheidungen, die Freiräume für zahllose Energiewechselinvestitionen schaffen."

Zudem gibt es seit Langem überzeugende Studien, wonach das größte Energiepotenzial im Energiesparen liegt. Das wussten wir schon während der Ölkrise Anfang der 1970er-Jahre. Damals betrieb das Bundeswirtschaftsministerium eine Kampagne mit dem Titel „Energiesparen – unsere beste Energiequelle". Das gilt unverändert.

Frauen in der Bundeswehr Ende April spricht sich der Sozialdemokrat Hans-Peter Bartels – ehemaliger Engholm-Redenschreiber, langjähriger Bundestagsabgeordneter für KIEL und jetzt Wehrbeauftragter des Bundestages – für einen deutlich höheren Anteil von Frauen in der Bundeswehr aus. Das müsse für alle Verwendungen bis hin zu den Spezialkräften des KSZ[120] gelten.

---

120 KSZ = Kommando Spezialkräfte, deren Operationen besonderer militärischer Geheimhaltung unterliegen.

Zugleich beklagt er den Umgang mit Frauen in der Bundeswehr. Die Familienfreundlichkeit sei nach wie vor ein Problem. Und: Zu viele Frauen müssten sich sexistische Sprüche anhören.

In der Maiausgabe veröffentlicht „Le Monde diplomatique" die neuesten Zahlen von Sipri [Stockholm International Peace Research Institute] zur Rüstungsindustrie. Das Gesamtvolumen der Waffenverkäufe in den letzten fünf Jahren (2011–2015) war so groß wie noch nie seit dem Ende des Zweiten Weltkriegs. 2014 gab es mehr Kriege als in jedem anderen Jahr seit 2000. Bei den Waffenlieferanten liegen die USA auf Platz eins mit 32,5 Prozent Anteil am Weltmarkt, dicht gefolgt von Russland (25,4 Prozent). „Diese beiden Rüstungsgiganten sind in der Lage, Waffensysteme anzubieten, die unter realen Kriegsbedingungen (‚combat proven') getestet wurden." […] „Deutschland und Japan, die Besiegten des Zweiten Weltkriegs, haben ihre historisch bedingten Hemmungen teilweise überwunden und sind dabei, mit ihrer leistungsfähigen Rüstungsindustrie neue Absatzrekorde zu erzielen." ‹Rüstung›

Wie hatte ich mich nach dem Fall des Eisernen Vorhangs über die Ankündigung der Abrüstung, wie hatte ich mich auf eine friedlichere Welt gefreut.

Am 13. Mai spricht sich die Große Koalition in Berlin dafür aus, dass das Magreb, das heißt Algerien, Marokko und Tunesien als „sichere Herkunftsländer" gelten. Gleichzeitig sehen die Diakonie und der Caritas-Verband und … in diesen Ländern Menschenrechte verletzt. ‹Sichere Herkunftsländer›

Am 19. Mai 2016 gibt die Hohe Vertreterin für Außen- und Sicherheitspolitik der EU, Federica Mogherini, bekannt, dass inzwischen siebzig Millionen Menschen weltweit aus Elend, aus Krieg, aus Not, aus Verfolgung unterwegs sind.

Nach Rundfunkberichten versuchen am 19. Mai dreihundert MigrantInnen, die seit Monaten unter unmenschlichen Bedingungen an der geschlossenen sogenannten Balkanroute ausharren, den Grenzzaun zu überwinden. Sie blockieren die Eisenbahnverbindung zwischen Griechenland und der Republik Mazedonien.

Nachdem die Balkanroute praktisch zu und Griechenland genötigt ist, Menschen in die Türkei zurückzubefördern, die Zuflucht in der Ägäis gesucht haben, ereignen sich im Mittelmeer vor Libyen erneut und erneut Flüchtlingstragödien mit Tausenden Toten. Am 26. Mai sehen wir in der Tagesschau unter ferner liefen ein hochkant zwischen Afrika und Europa aus dem Wasser ragendes Schlauchboot, von dem Hunderte Menschen wie aus einem bunten Playmobilspiel ins Mittelmeer rutschen. Es soll von der Libyschen Küste gekommen sein. „Seawatch" gebraucht dafür das Wort „Rekord" und erklärt: „Am heutigen Tage findet womöglich die schlimmste Tragödie im Mittelmeer statt, die je erlebt wurde." taz, 27. Mai 2016. – Die Fähre von Marokko nach Almeria kostet fünfzig Euro mit Sitzplatzreservierung, hundert Euro in der Zweierkabine mit Dusche, sie dauert sechs Stunden. Die Fähre von Tunis nach Palermo kostet 46,50 Euro. Die Fähre von Algier nach Marseille kostet 230 und eine von Tunis nach Genua achtzig Euro. Eine Kreuzfahrt mit der AIDA gibt es für 715 Euro für sieben Tage von Antalya über Tunis nach Mallorca.[121]

Am 26. Mai verabschiedet das Bundeskabinett den Entwurf eines Integrationsgesetzes, das eine weitere Verschärfung der Asylgesetzgebung bedeutet. Damit sollen Asylbewerber weiter abgeschreckt und ferngehalten, die Bleiberechte und Niederlassungserlaubnisse auf einem möglichst niedrigen Stand gehalten werden. Die Kanzlerin bezeichnet diesen Gesetzentwurf als „Meilenstein", als „Paradigmenwechsel" [Wechsel, der beispielhaft ist für eine neue Richtung]. – Ich hab mich geirrt, Merkel ist nicht jene Pastorentochter, die mit ihrem „Wir schaffen das" von Herzen gehandelt hat. Jetzt zeigt sie sich als leitende Abschieberin in Länder, die nach den Erfahrungen der dort tätigen Hilfsorganisationen eben nicht „sichere Herkunftsländer" sind. Es stehen Wahlen vor der Tür. Ich denk an den Satz, den die Autoren des Grundgesetzes 1949 in den Artikel 16, Absatz 2 der neuen Verfassung geschrieben haben: „Politisch Verfolgte genießen Asylrecht" Punkt! – Das war nach den Erfahrungen der NS-Zeit eine unmissverständliche Selbstverpflichtung, ein Signal an die Weltgemeinschaft.

Am 27. Mai fordern die G7 auf ihrem Gipfel in Japan eine Ankurbelung des Wirtschaftswachstums.

Am 27. Mai wird bekannt, dass der Verein „Mehr Demokratie" durch Zufall von der Existenz einer Studie zum Ceta-Freihandelsabkommen

---

121 Preise 2015, Quelle: taz.

zwischen der EU und Kanada erfahren hat, die das Staatsministerium des grünen Ministerpräsidenten Winfried Kretschmann in Auftrag gegeben hatte. Die brisante Studie lag bereits im Januar vor. „Mehr Demokratie" forderte mit einem Antrag nach dem Informationsfreiheitsgesetz die Herausgabe: Nach der Studie schränkt Ceta den Gestaltungsspielraum von Ländern und Kommunen ein. Zudem sei die öffentliche Daseinsvorsorge nicht ausreichend geschützt und das Recht zur künftigen staatlichen Regulierung nicht uneingeschränkt gewährleistet. Mehr als fünf Monate hatte das Staatsministerium die Studie zurückgehalten. Selbst die Mitglieder des TTIP-Beirats, der die Landesregierung in Freihandelsfragen beraten soll, wurden noch nicht einmal über die Existenz der Studie informiert. Die Landesgeschäftsführerin des Vereins „Mehr Demokratie" erklärt: „Das ist schon ein starkes Stück, dass uns Informationen vorenthalten wurden, die eine wichtige Grundlage für unsere Arbeit sind und unsere Befürchtungen bestätigen."[122]

Mehr Demokratie

Am 31. Mai gedenken Deutsche und Briten der vor hundert Jahren bei der Skagerrakschlacht getöteten Soldaten. Die Kämpfe gelten als größte Seeschlacht des Ersten Weltkriegs. Zur Gedenkveranstaltung, an der auch Prinz Edward, Herzog von Kent, teilnimmt, sagt der Präsident des Deutschen Marinebundes, Karl Heid, die Erinnerung an die Getöteten sei zugleich Mahnung an die Zukunft. Dies sei auch Anlass, „um in uns zu gehen und darüber nachzudenken, wie wir unser Europa in Zukunft gestalten wollen: Gemeinsam oder gegeneinander, als Freunde oder als Konkurrenten."[123]

Gedenken

Auf dem Höhepunkt der hitzigen Diskussionen um den „Flüchtlingsdeal" EU/Türkei verabschiedet am 2. Juni der Deutsche Bundestag die „Armenienresolution", in der die Ermordung von bis zu 1,5 Millionen Armeniern während des Ersten Weltkriegs als „Völkermord" bezeichnet und – nach hundert Jahren – erstmals auch die deutsche Mitschuld an diesem Völkermord klar benannt werden. Bundeskanzlerin Merkel, Vizekanzler Gabriel und Außenminister Steinmeier nehmen „aus Termingründen" nicht an der Abstimmung teil.

Armenienresolution

---

122 Quelle: taz, 27. Mai 2017

123 shz 1.6.2016

Am 10. Juni ruft die Nichtregierungsorganisation „Campact"[124] zu einer Unterschriftenaktion auf: „Das beste Mittel gegen Politikverdrossenheit ist die Mitbestimmung. Wer tatsächlich etwas verändern kann, wendet sich nicht ab – und das stärkt Demokratie und Gesellschaft. Unsere Partnerorganisation ‚Mehr Demokratie' streitet dafür, dass die Bürgerinitiative auf europäischer Ebene, die EBI, nicht nur auf dem Papier ein Instrument der Mitbestimmung ist. Sie soll es uns Europäerinnen und Europoäern endlich ermöglichen, unseren Willen zum Ausdruck und auch in die Gesetzgebung zu bringen." Dann kommt „Mehr Demokratie" zu Wort: „Hallo, viele Menschen sorgen sich um Europa. Sie finden die EU undemokratisch und bürgerfern. Kein Wunder. Die EU-Kommission will die BürgerInnen so weit wie möglich aus der Politik heraushalten. Wir müssen jetzt aktiv werden, um mit einer fair geregelten Europäischen Bürgerinitiative (EBI) den Fuß in die Tür zu mehr Mitsprache in EU-Fragen zu bekommen. Die EBI muss mehr sein als ein Papiertiger. Doch die EU-Kommission stellt sich quer. Sie lehnt es ab, die EBI-Verordnung zu ändern." [...] „Das Europäische Parlament hat [...] fast alle unsere Verbesserungsvorschläge übernommen – aber die EU-Kommission weigert sich, sie umzusetzen." [...] „Viele Initiativen sind in den vergangenen drei Jahren an der Ignoranz und fehlenden Unterstützung der Europäischen Institutionen gescheitert. Bestes Beispiel: die von uns und einem breiten europaweiten Bündnis geplante Europäische Bürgerinitiative ‚Stop TTIP'. Diese hat die EU-Kommission mit fadenscheiniger Begründung für unzulässig erklärt. Die Interessen von Großkonzernen haben in Brüssel offenbar mehr Gewicht als die Sorgen von Millionen BürgerInnen. Das verstärkt den Eindruck vom bürgerfernen Europa und steigert die Politikverdrossenheit. Wir wollen die Politik mitgestalten – auch mit Volksbegehren und Volksentscheiden auf europäischer Ebene. Die Anliegen der BürgerInnen müssen endlich ernst genommen werden. Helfen Sie uns dabei, politisch Druck zu machen!"

Mehr Demo-kratie

---

124 Campact ist eine Bürgerbewegung, mit der 2016 beinahe zwei Millionen Menschen für fortschrittliche soziale, ökologische, demokratische Politik streiten, die sich bei wichtigen Entscheidungen mit Onlineappellen direkt an die Verantwortlichen in Parlamenten, Regierungen und Konzernen wenden. Die Bündnisse schmieden, mit PolitikerInnen debattieren und Protest auf die Straße tragen.

Die Journalistin Ulrike Herrmann kommentiert am 15. Juni in der taz die Großdemonstrationen gegen die französische Arbeitsmarktreform, die Frankreichs „Sommermärchen" (die Fußball-Europameisterschaft) stören: „Die französischen Gewerkschaften glauben noch immer, dass ihr Gegner die eigene Regierung sei. Doch sie machen es sich zu einfach, wenn sie Präsident Hollande als ‚Verräter' abstempeln. Hollande ist nur noch ein Getriebener. Die französischen Gewerkschaften sollten lieber gen Osten blicken – und die Bundesrepublik attackieren. Denn die Arbeitslosigkeit in Frankreich steigt, weil die Deutschen ihre Arbeitslosigkeit exportiert haben. Das Symbolwort heißt ‚Agenda 2010': Systematisch wurden die deutschen Reallöhne gedeckt, um sich Wettbewerbsvorteile zu erschleichen. Die Franzosen hingegen verhielten sich bisher fair. Sie ließen ihre Gehälter mit dem technischen Fortschritt steigen, haben also nicht über Dumpinglöhne konkurriert. Der Preis ist bitter: Durch seine Trickserei hat Deutschland jetzt einen Wettbewerbsvorteil von etwa zwanzig Prozent. Hier herrscht fast Vollbeschäftigung, während in Frankreich etwa zehn Prozent arbeitslos sind. Gegen diese deutsche Aggression ist die französische Politik machtlos. Hollande will jetzt zwar die ‚Agenda 2010' ein bisschen imitieren und ebenfalls auf die Löhne drücken – aber der gigantische Wettbewerbsnachteil lässt sich nicht mehr aufholen. Die Lösung liegt nicht in Frankreich, sondern in Deutschland: Hier müssten die Gehälter so lange steigen, bis die unfaire Wettbewerbslücke wieder geschlossen ist. Bisher sind die Deutschen nicht bereit, den Franzosen entgegenzukommen. Man wähnt sich in der Position des Stärkeren. Doch das täuscht. Die Proteste der französischen Gewerkschaften lassen sich vielleicht noch ignorieren, aber die gleiche Frustration macht auch die französischen Rechtspopulisten stark. Es ist gut, dass das Sommermärchen gestört wurde."

Dieser Artikel macht am Beispiel Frankreichs deutlich, dass es höchste Zeit ist, dass wir Deutschen unser Land von den anderen EU-Mitgliedsländern her bedenken, dass wir darüber nachdenken, welche Rolle wir im europäischen Gefüge spielen …

Am 23. Juni der „Brexit". 51,89 Prozent der britischen Wähler stimmen für den Ausstieg aus der EU. Einer, der sich für sich und seine Partei davon einen besseren Wahlausgang erhoffte, hatte seinen Wählern die

(Marginalien: Auswirkungen der Agenda 2010 / Brexit)

Abstimmung über die Mitgliedschaft ihres Landes in der EU versprochen. Ein anderer hatte gehofft, über den Weg des Ausstiegs Premierminister zu werden. Beide waren offenbar im Grunde genommen vom Ausstieg aus der EU nicht überzeugt. Sie spielten aus persönlicher und aus parteipolitischer Berechnung mit der Zukunft Europas und der Welt. Nach der Wahl gehen Zigtausende Briten auf die Straße. Sie fühlen sich mit falschen Argumentationen hinters Licht geführt.

Spanien Am 26. Juni Neuwahl des Parlaments in Spanien. Trotz der vielen Korruptionsskandale gewinnt die konservative Volkspartei (PP) nicht nur als stärkste Kraft, sie gewinnt entgegen den Prognosen noch Sitze hinzu, bleibt aber von einer absoluten Mehrheit weit entfernt. Die Sozialisten (PSOE) erzielen ihr schlechtestes Ergebnis in der jüngeren Geschichte, behaupten sich aber entgegen ersten Prognosen als zweitstärkste Kraft. Das Bündnis um die Linkspartei Podemos („Wir können") bleibt mit 71 Sitzen (selbe Zahl wie bei der Wahl im Dezember 2015) weit hinter den Erwartungen zurück, scheitert überraschend mit dem Ziel, die Sozialisten zu überholen. Vorerst. Aber sie sitzt inzwischen in allen 13 Regionalparlamenten, hat breite Gesellschaftsschichten politisiert, einen tiefgreifenden Wandel des Parteiensystems bewirkt und macht weiter mit der Neuerfindung der Sozialdemokratie.

An-
schlag in 2. Juli: Zwei Tage vor dem Fastenmonat Ramadan, 250 Tote und mehr
Bagdad als 220 Verletzte bei einem Attentat mit Plastiksprengstoff in Bagdad –
in einem modernen Einkaufszentrum.

Türkei In der Juliausgabe von „Le Monde diplomatique" wendet sich der HDP-Vorsitzende (Demokratische Partei der Völker in der Türkei) Selahattin Demirtaş unter der Überschrift „Wir waren die Zukunft der Türkei" an die europäische Öffentlichkeit. Am 20. Mai hatte das türkische Parlament eine zeitweilige Verfassungsänderung beschlossen, mit der die parlamentarische Immunität Dutzender Abgeordneter rückwirkend aufgehoben wurde. Auszüge: „Damit ging die türkische Politik einen weiteren Schritt auf den Abgrund zu: Die Entscheidung verstößt nicht nur gegen die Verfassung, sie verhöhnt auch die universellen Prinzipien von Recht und Demokratie. Die Verfassungsänderung geht auf einen Vorstoß von Präsident Recep Tayyip Erdoğan zurück und zielte hauptsächlich auf die Demokratische Partei der Völker (HDP), die stärkste Kraft der Opposition im Parlament. […] Und was tun die europäischen Institutionen? Wir warten darauf, dass sie eindeutig und hörbar verurteilen, was hier geschieht. Aber sie ignorieren nicht nur die Zerstörungen, sie lehnen es auch offen ab, irgendetwas zu unternehmen, das den Verbrechen Einhalt gebieten könnte. […] Europa sorgt sich allein um die Flüchtlingskrise, während universelle Werte wie Demokratie und Menschenrechte in der Türkei mit Füßen getreten werden. […] Aber es ist schwer zu verstehen, warum Europa und der Rest der Welt die Situation der Kurden in der Türkei übersieht, die unmittelbar damit zu tun hat. Und noch schwerer zu verstehen ist das Schweigen angesichts der schweren Verstöße gegen fundamentale Menschenrechte, begangen von Erdoğan und seiner AKP, die die Menschen, die vor dem Krieg in Syrien flüchten, zu Werkzeugen ihrer Erpressung machen. […] Mittlerweile haben wir einen Punkt erreicht, an dem schon Aufrufe zum Frieden als Verbrechen betrachtet werden: Vier Hochschullehrer wurden ihrer Ämter enthoben und wegen der Verbreitung „terroristischer Propaganda" angeklagt, weil sie öffentlich eine Petition für das Ende der Militäroperation in den Städten der Südosttürkei verlesen hatten. […] Tatsächlich ist Erdoğan dabei, unter Missachtung der Verfassung seines Landes ein Präsidialsystem auf türkische Art zu errichten, das er im nationalen Recht verankern will. Nur deshalb hat er die parlamentarische Immunität unserer Abgeordneten aufgehoben. Doch das wird nicht leicht für ihn werden: Die demokratische Opposition, innerhalb und außerhalb des Parlaments, wird sich diesem Gewaltakt nicht unterwerfen."

14. Juli: Nizza. Anschlag auf die Feierlichkeiten zum französischen Nationalfeiertag. Der „IS" bekennt sich zu dem Anschlag. Ein erneuter Anschlag von jenseits des Denkens, der zu weiterer großer Verunsicherung führt in Frankreich, in Europa und der Welt.

Anschlag in Nizza

In der Nacht vom 15. auf den 16. Juli Militärputsch in der Türkei, der weltweit große Besorgnis erregt. Erdoğan ordnet den Ausnahmezustand und landesweite „Säuberungen" an. Es folgen Zigtausende Festnahmen und Inhaftierungen. – Ich denk an meine Leserbriefe vom 22. Oktober 2015 und 4. März 2004.

Putschversuch

18. Juli: Anschlag in der Nähe von Würzburg.

Am 23. Juli berichtet DIE ZEIT: „In der Türkei harren drei Millionen
Flüchtlinge aus. 711 durften nach Europa.

23. Juli: Anschlag in München.
24. Juli: Anschlag in Ansbach.
25. Juli: Anschlag in Kabul: 81 Tote, über 230 Verletzte bei Selbstmor-
dattentat während einer Demonstration. Der schwerste Anschlag in
Afghanistan seit dem Ende der Talibanherrschaft 2001. Darüber wird
auf hinteren Zeitungsseiten berichtet.
26. Juli: Anschlag in der Kirche von Saint-Étienne-du-Rouvray bei
Rouen/Frankreich, bei dem der Geistliche erschossen wird.

Jetzt, im Sommer, kommen kaum noch „Flüchtlinge" nach Deutschland. Jetzt gibt der schleswig-holsteinische Innenminister bekannt,
dass das Angebot von „Flüchtlingsunterkünften" zurückgefahren werde. Die Auslastung sei gering. Die schon leerstehenden Einrichtungen
werden geschlossen. – Die Unterkünfte waren mit großen Mühen und
zum Teil unter schwierigen Auseinandersetzungen mit der Bevölkerung eingerichtet worden. – Gleichzeitig leben in der Türkei, in Griechenland, entlang der Balkanroute, Zigtausende Menschen – teilweise
unter freiem Himmel – weiter im Elend, sind Zigtausende unterwegs
aus dem Irak, aus Syrien, von Afrika … nach Europa.

Im umkämpften Aleppo/Syrien sind im Juli 300.000 Menschen unter
grausamsten Bedingungen eingeschlossen.

6. August Anschlag in Charleroi/Belgien.

Ich mag die Anschläge nicht mehr zählen.

Am 17. August berichtet die taz unter der Überschrift: „Nur noch 61
Gefangene in Guantánamo – Die Vereinigten Arabischen Emirate
nehmen die bislang größte Gruppe von Gefangenen auf."
    Für Präsident Barack Obama ist das der größte einzelne Gefange-
nentransfer seiner Amtszeit. Er hatte bei seinem Amtsantritt im Januar

2009 versprochen, Guantánamo zu schließen. Damit scheiterte er jedoch an vielfältigen Widerständen in Washington – die republikanische Mehrheit im Kongress blockierte den Gefangenentransfer in die USA. Die Obama-Regierung suchte nach Unterstützung außerhalb der USA, um das Lager zu leeren. Nach der US-Invasion in Afghanistan 2002 waren über siebenhundert Personen aus mehr als vierzig Ländern als mutmaßliche Mitglieder aus den Reihen der Taliban und Al-Qaida in das Internierungslager Guantánamo/Kuba gebracht und dort Verhör- und Foltermethoden mit Verstößen gegen die Menschenrechte ausgesetzt worden. Keiner der Internierten ist je rechtskräftig verurteilt worden.

Sonntag, 21. August, 14-Uhr-Nachrichten im Deutschlandfunk: Die Bundesregierung will die Bevölkerung zur Vorsorge für den Krisenfall animieren. Sie empfiehlt – zum ersten Mal seit dem Kalten Krieg – wieder Lebensmittelvorräte anzulegen. Ein Angriff auf das Territorium Deutschlands sei zwar unwahrscheinlich ... – Aber?

Mit ihrem 2015 gewählten neuen Vorsitzenden Jeremy Corbyn erlebt Labour einen Masseneintritt von 100.000 neuen Mitgliedern. Damit wird Labour mit 500.000 Mitgliedern die mitgliederreichste sozialdemokratische Partei Europas. Aber die Gemüter innerhalb der Labour-Party spalten sich ...

Am 25. August berichtet die taz: „Forschung wird ignoriert. Die ,Wissenskünstlerin' Cornelia Hesse-Honegger zeigt die Gefahren schwacher Strahlung." Die wissenschaftliche Zeichnerin, die erstmals 1998 ihre Forschungen, ihre gemalten Käfer, die auf Grund radioaktiver Strahlung deformiert sind, veröffentlicht und damit auf die Wirkung von „Niedrigstrahlung" aufmerksam gemacht hat, die uns alle betrifft ..." kommt zu Wort: „Viele Wissenschaftler sehen meine Insektenforschung als nicht übertragbar auf den Menschen. Zu viele von ihnen halten noch an dem Irrglauben fest, dass Niedrigstrahlung den Menschen nicht beeinflusse.

Seit dem Putschversuch am 15. und 16. Juli in der Türkei hat Erdoğan   Türkei
Zigtausende LehrerInnen und Bedienstete aus dem Bereich der Justiz entlassen. Zahlreiche Schulen geschlossen. Regierungskritische Autor-

Innen, JournalistInnen, VerlegerInnen und andere Medien- und Kulturschaffende massiv drangsaliert und verfolgt. Mindestens sechzig JournalistInnen, AutorInnen, VerlegerInnen wurden verhaftet, mehr als 130 Medienhäuser wurden geschlossen, darunter 45 Zeitungen, 29 Buchverlage und 15 Magazine. – „Reporter ohne Grenzen" startet deshalb gemeinsam mit dem Börsenverein des Deutschen Buchhandels und dem PEN-Zentrum die Kampagne „Für das Wort und die Freiheit #FreeWordsTurkey". Gemeinsam rufen sie dazu auf, eine Online-Petition an die Bundesregierung und die EU-Kommission zu unterzeichen. Darin appellieren sie an Bundeskanzlerin Angela Merkel und EU-Kommissionspräsident Jean-Claude Junker, „[…] die Meinungs-, Informations- und Pressefreiheit in ihren Entscheidungen, Handlungen und Äußerungen kompromisslos und aktiv einzufordern und sie nicht zum Verhandlungsgegenstand zu machen. Die drei Organisationen fordern die Verantwortlichen dazu auf, ihre Politik gegenüber der Türkei und anderen Ländern, in denen die Meinungsfreiheit massiv eingeschränkt wird, zu überprüfen. Außerdem fordern sie schnelle Hilfe für verfolgte JournalistInnen und AutorInnen …"[125]

„Euro-Paradox"

Am 25. August berichten die Medien: „Deutschland erwirtschaftet Rekordüberschuss. Die Einnahmen der öffentlichen Kassen übersteigen die Ausgaben um 18,5 Milliarden Euro". Ungefähr gleichzeitig gibt Griechenlands Exfinanzminister Yanis Varoufakis ein Buch heraus. Er schlägt für die Neukonstruktion der gemeinsamen Währung Nehmen und Geben vor: „Wenn der Euro – und damit auch Europa – funktionieren sollen, werden reiche Nordländer wie Deutschland, Österreich, die Niederlande, Dänemark, Finnland mehr Mittel in den Süden schicken müssen. Dieser Transfer kann verschiedene Formen annehmen. Gemeinsame Verschuldung mit europäischen Staatsanleihen ist nur eine Variante. Eine weitere bestünde in koordinierter Finanzpolitik, durch die beispielsweise deutsches Steuergeld in griechische Infrastruktur investiert würde. Ebenfalls überlegenswert: eine gemeinsame europäische Arbeitslosenversicherung. Nehmen jedenfalls geht nicht ohne Geben."[126]

---

125 Quelle: reporter-ohne-grenzen
126 taz 27./28.8.2016

In Fukushima tritt immer noch hochradioaktives Wasser aus der defekten Anlage und vermischt sich mit dem Grundwasser. 180 Milliarden Euro für die Beseitigung der Folgeschäden des Atomunfalls werden geschätzt.[127]

Fukushima

Anfang September fordert die türkische Regierung zur „Armenienresolution" vom 2. Juni eine Geste der deutschen Regierung. Anderenfalls werde deutschen Parlamentariern weiterhin der Besuch des Luftwaffenstützpunkts Incirlik im Osten der Türkei verboten. Darauf folgt ein „Eiertanz" auf der Resolution. Die Bundesregierung erklärt, dass die „Armenienresolution" rechtlich nicht bindend sei. Als Distanzierung wolle sie das aber nicht verstanden wissen.

Armenienresolution

Anfang September hat Spanien immer noch keine neue Regierung. Es gelingt nicht, eine Koalition zu bilden. Es stehen erneut Neuwahlen ins Haus. Spanien ist seit bald einem Jahr ohne Haushalt.

4. September Landtagswahl in Mecklenburg-Vorpommern: SPD 30 Prozent, AfD 20,8 Prozent, CDU 19 Prozent, LINKE 13,2 Prozent.

Im September verschärft sich die Lage in Aleppo, zweitgrößte Stadt Syriens: vor dem Krieg 2,5 Millionen Einwohner, gegründet im 19. Jahrhundert v. Chr. auf einer fruchtbaren Senke zwischen Mittelmeer und Euphrat auf beiden Seiten des Flusses Quwaiq. Seit 1986 Weltkulturerbe.

Aleppo

Am 7. September gibt UNICEF bekannt, dass die Hälfte aller Flüchtlinge weltweit unbegleitete Kinder und Jugendliche sind – ein neuer Begriff: „unbegleitete Kinder und Jugendliche". Sie sind entwurzelt. Sie sind unbetreut. Sie sind lebensgefährdet.

7. September: In der Generaldebatte des Bundestages fordern PolitikerInnen, keine Menschen mit ungeklärter Identität und Nationalität mehr einreisen zu lassen, eine Obergrenze für „Flüchtlinge" zu beschließen.

---

127 Quelle: GEO 9/2016

„Heiß willkommen die Fremden.
Du wirst ein Fremder sein. Bald."
Johannes Bobrowski – 1957
Aus: „Sarmatische Zeit"

10. September im Rundfunk: In beinahe allen Regionen Afghanistans ist Krieg.

Und nochmal Berlin

Sonnabend, 10. September 2016 unterwegs. Autobahn. Landschaft grenzenlos. Stille Felder. Wälder. Dörfer. Kaum Menschen. Die Hochsitze der Jäger erinnern mich an die Wachtürme. Wieder muss ich an Effi denken. – Frühnachmittags Ankunft in Mitte. Über eine Freundin eine winzige Wohnung in siebenstöckigem Plattenbau an der Friedrichsgracht, am Spreekanal. Ich nehm den Fahrstuhl. Sechster Stock. Neben dem Treppenabsatz links und rechts hinter schweren, kaltgrünen Feuertüren lange, düstere Flure. Ich soll nach links. Denk und riech sofort: Hohenschönhausen. Immer noch dieser teerig-torfige Kohlegeruch, den ich aus den kalten Wintern meiner Kindheit – immer noch – in der Nase hab. Das Appartement riecht nicht, ist schneeweiß, nett möbliert und ich hab den Schlüssel. Das Haus liegt direkt hinter dem ehemaligen DDR-Staatsratsgebäude, Schlossplatz 1, das als Beispiel der „Ost"-Moderne 1964 von Ulbricht eingeweiht wurde, in dem Stoph, in dem Honecker, in dem Krenz, in dem Gerlach saßen. In dem ab 1999 Schröder saß, bevor „die Waschmaschine" fertig war. Gegenüber, wo der „Palast der Republik", der „Palazzo Prozzo" stand, entsteht jetzt das Berliner Stadtschloss der Hohenzollern neu. Humboldt-Box. Der Lustgarten vorm Berliner Dom belagert von friedlichen Menschen aus aller Welt. Museumsinsel immer noch Baustelle. Am Spreeufer entlang bis Friedrichstraße. Friedrichstraße. Abendessen mit Friedrich.[128] *– Sonntag. 11. September. Auf einer der Treppenstufen zwischen dem vierten und dritten Stockwerk liegt ein aufgeschlagenes, rohes Ei. Draußen. Schönster Altweibersommermorgen. Dreißig Grad im Schatten. Mitte September Dreißig Grad im Schatten. Berlin!!! Ich will es in mich aufsaugen! Über die Jungfernbrücke über den*

---

128 Friedrich, s. S. 386

Spreekanal und an ihm entlang. Links Werderscher Markt. Auswärtiges Amt. Ministery for Foreign Affairs. Bedenk die unterschiedliche Bedeutung des Wortes Affairs/Affären im Englischen und im Deutschen. Denk an Affären – politische – weltweit. Denk an Steinmeier, sein schweres Amt jetzt. Am Eingang zwei Sicherheitsbeamte im Gespräch. Während ich an ihnen vorbeigeh, knallt eine Taube himmelhochoben gegen die Glasfassade. Stürzt mit dem Schnabel nach unten wie ein Pfeil zwischen den Beamten aufs Trottoir. Blutet. Ist tot. Die Beamten sprechen weiter, als sei nichts. Tun sie so? Passiert das dreimal am Tag? Ich guck mich nochmal um. Noch hat sich niemand zur Taube gebeugt. Berlin liegt noch, gähnt, räkelt sich. Ich bieg links in die Oberwallstraße, geh sie rauf, geh sie runter. Kein Mensch. An den Säulen vor Nr. 6 noch Einschüsse aus dem Zweiten Weltkrieg. Ansonsten picobello Zustand. Was in dem Gebäude ist, steht nicht dran. Kein Name. Nichts. Aber „Securitas" und „Das Gebäude wird überwacht" und über dem Briefkasten das Schild „Bildaufzeichnung". Auf dem Haus befindet sich ein neues Glaskuppelgeschoss. Viele der erhaltenen Gebäude in den noblen Straßen hier haben neue Obergeschosse. Links beginnt die Französische Straße. In 33 a ein Telecompalast. Da beginnt der Dom zu läuten. Der Französische. Am Hotel „Titanic" Ecke Gendarmenmarkt sagt ein Schwarzer in schneeweißem Hemd, der die Glasfassade poliert, mir Fremder sonntagmorgen allein im großen Berlin, freundlich „Guten Morgen". Ecke Französische Straße/Markgrafenstraße die Nolde-Stiftung. Gendarmenmarkt. Das Geläut ist zu Ende. Konzerthaus Berlin. Charlottenstraße. Beinah jeder Straßenname beflügelt die Vergangenheit. Dann Taubenstraße. Bei Lutter und Wegner, gegr. 1811, steht schon der Champagner bereit. Aber noch keine Gäste. Rechts Nr. 44/45: Bundesministerium für Familie, Senioren, Frauen und Jugend. Hm. Das ist doch alles Familie. Links, Ecke Glinkastraße/Taubenstraße klostergelbes Barockensemble. Auf dem Balkon im ersten Stock rankt Kapuzinerkresse. Hier lebte und wirkte von 1768 bis 1834 Friedrich D. E. Schleiermacher, Philosoph, Theologe, Mitbegründer der Berliner Universität, der schrieb: „Sobald man die Gesellschaft als Mittel für den Egoismus braucht, muß alles schief und schlecht werden."[129] Rechts schräg gegenüber die Thüringer Fleischerei. Zu. Wird nicht mehr gebraucht. Ladenfenster mit Werbeplakaten verklebt. Alle

---

129 Schriften aus der Berliner Zeit 1796 bis 1799.

anderen Fenster mit Pressspan vernagelt. Presssssspan mit so vielen „s",
wie ich gerade Lust hab. Sichtachse Taubenstraße endet in älterem Ge-
mäuer. Mauerstraße. Bundesministerium für Arbeit und Soziales von
hinten. Im Vorgängerbau des Hauses links daneben, Mauerstraße 53, wo
sich jetzt der Sitz des/der Beauftragten der Bundesregierung für die Be-
lange von Menschen mit Behinderungen befindet, wohnte von 1809 bis zu
seinem Freitod am 21. November 1811 der Dichter Heinrich von Kleist,
der 1801 an seine Verlobte schrieb: „Wir können nicht entscheiden, ob
das, was wir Wahrheit nennen, wahrhaftig Wahrheit ist oder ob es uns
nur so scheint [...]. Mein einziges Ziel ist gesunken, ich habe keines
mehr."[130] *Im Haus neben dem Ministerium rechts das Bundesamt für*
Verbraucherschutz und Lebensmittelsicherheit. Le-bens-mit-tel-si-cher-
heit? Daneben total vernagelte Fassade. Kreuzung Mauerstraße/Franzö-
sische Straße auto- und menschenleer. Jetzt kommt eine Kutsche mit zwei
trappelnden Ponys, noch ohne Fahrgäste. Ampel Behrenstraße nicht ein
einziger Behr. „Schule bei der Botschaft der Russischen Föderation". Ko-
mische Oper. Dann Schild „Unter den Linden". „Mall of Berlin". Da tau-
chen drei orangene Velotaxis auf. Dann um die Ecke „Unter den Linden"
Menschen. Die Botschaft der Russischen Föderation. Direkt gegenüber
das Forum Willy Brandt Berlin. Daneben Baulücke. Was da wohl hin-
kommt? Dahinter Rückfront wilhelminischen Gemäuers. Ecke Wilhelm-
straße die US-Botschaft auffällig bewacht. Wieder die Ponykutsche – jetzt
mit Fahrgästen Unter den Linden. Ich von Osten auf das Brandenburger
Tor zu. Gedankenflut. Zurück zum Adlon. Auf der Terrasse noch Früh-
stück für Hotelgäste. Für Gäste von außerhalb noch gesperrt. Der nette
Portier macht mich auf den Adlon-Coffee-Shop mit Selbstbedienung auf-
merksam. Kaffee und belegtes Brötchen dort. Ganz normale Preise und
trotzdem Blick auf den Pariser Platz, auf das Brandenburger Tor. Und
die aktuelle Presse. „Die Zeit". Nichts zum 11. September. Jedenfalls nicht
auf den ersten Blick. Schlagzeile: „Wie gesund ist die Liebe". Innen vorn
„Kanzlerdämmerung" und „Die Entzauberte". Dann ein Artikel zum
Ende der Amtszeit Obamas. Auf der anderen Straßenseite die Sonne. In
ihr wieder zurück in den Osten. Vorbei am Europäischen Haus. Es wirbt
mit seinem 360-Grad-Kino. Vorbei an der Baulücke. – Dann steh ich
vorm Forum Willy Brandt Berlin. Sieht zu aus. Ich fass trotzdem an den

---

130 Aus: Heinrich von Kleist. Div. Hrsg., Klassiker Verlag 1987–1997.

Türgriff. Ist offen. Ich geh rein. Bin der einzige Gast bei „Willy". Der Bild-
schirm im Foyer zeigt gerade sein Zitat: „Die reichen Nationen werden
nicht reich bleiben, wenn die Armenhäuser der Welt wachsen." Dann das
Thema „Rüstung und Hunger". Als der Aufseher vorbeikommt, frag ich
nach der Baulücke nebenan. „Da entsteht die neue polnische Botschaft."
Ich freu mich über diese Nachbarschaft. Denk: Und gegenüber die russi-
sche Botschaft. Denk an den „Wandel durch Annäherung" und daran,
was jetzt schon wieder ist. Jetzt beginnt das Filmporträt. Ich setz mich.
Ich fühl mich so zuhause hier. „Willy" als kleiner Junge im Matrosenan-
zug. Mit seiner Mutter in Lübeck. Als junger Mann in Schweden. In Nor-
wegen. Als Presseattaché in Berlin. Bei der Konfettiparade in New York.
Als die Mauer gebaut wird. Als er im Dezember 1963 für die Berliner das
Passagierscheinabkommen erkämpft. Als bekanntester Bürgermeister
der Welt mit Kennedy. Als Kanzler im Bundestag in Bonn. Mit seiner
Rut. Mit seinen Jungs. Mit Guillaume. Als Versöhner der Deutschen mit
sich selbst. Als SPD-Vorsitzender. Als Präsident der Sozialistischen Inter-
nationale. Am Ende des Films 1989 mit glitzernden Augen bei den Feier-
lichkeiten am Brandenburger Tor. Ich verlass das Forum mit ebensolchen
Augen. Komm vorbei am Haus des Deutschen Bundestags Unter den
Linden 50. Beim Einstein. Schräg gegenüber Aeroflot. Unter den Linden
38 das Berliner Haus meines liebsten Rundfunksenders. Nr. 28 = Kind-
heitserinnerung NIVEA: der Geruch, die Schmiere im Gesicht, der Klecks
auf der Nase. Ich überquer die Friedrichstraße, in der jetzt Friedrich
wohnt. Charlottenstraße. Stiftung Preußischer Kulturbesitz im Umbau.
Hinter dem Büchertisch vor der Humboldt-Uni ein Plakat: „Sonder-
sprechstunden für Flüchtlinge. Gasthörerschaft und Studienzugang für
Geflüchtete." Am Büchertisch im Vorbeigehen ein Mittelalter zu seinem
jüngeren Begleiter: „Wer will denn noch Bücher?" Vom Univorplatz
rechts klingt das Spiel eines Hornisten herüber. Hinter ihm die Lin-
denoper – immer noch nicht fertig. Ob ich sie noch ein Mal erleb? Dieser
Traum von einem Opernhaus mit jener reduziert verspielten friderizia-
nischem Rokokoausstattung, 1952–1955 „unverfälscht" wieder aufgebaut,
soll wegen einiger zusätzlicher Sitzplätze und vielleicht besserer Akustik
für bessere Ohren für 240 Mio. Euro umgebaut werden?[131] Ich nehm die

---

131 Die Umbaukosten betragen schließlich rund 400 Mio. Euro, wie es bei der Eröffnung am 3. Oktober 2017 heißt.

Stufen hinauf zur Neuen Wache. Seh Käthe Kollwitz' Skulptur „Mutter mit gefallenem Sohn". Sie, die gesagt hatte: „Ich seh die Welt mit liebevollem Blick", sie ist es selbst, mit ihrem Sohn. Das Kastanienwäldchen hinter der Wache im Vorherbstkleid. Vor dem Ostflügel der alten Humboldt-Uni Heinrich Heine (1797–1856). Eine Plastik von Waldemar Grzimek, daran eine Tafel: „1955 für das Kastanienwäldchen hinter der Neuen Wache geschaffen. Sie missfiel den Auftraggebern. Wurde 1958 im Volkspark am Weinberg aufgestellt und erfreut dort noch immer die Menschen. Dieser von Peter Dussmann gestiftete Neuguss steht nun am ursprünglich geplanten Standort." Zurück. Vorbei am Maxim Gorki Theater. Am Theater am Palais. Im Deutschen Historischen Musem die Ausstellung „Deutschland von allen Zeiten": „Von Kaiser bis Kobold", „Von Luther bis Luftbrücke", „Von Zwietracht bis Einheit", „Von Ritter bis Rennpappe" (mit Rennpappe ist der Trabbi gemeint), „Von Fritz bis Fußballwunder" (mit Fritz ist der Alte gemeint). Dann durch das Labyrinth der rot-weißen Absperrungen und Durchgänge an der Schlossbrückenbaustelle. Vorbei am Humboldtforum, wo das Berliner Stadtschloss der Hohenzollern wiederaufgebaut wird. Ich mag Schlösser. Ich hab selbst eins. Aber angesichts der deutschen Geschichte halt ich es für falsch, dieses Schloss wiederzuerrichten. „… die Initiative ‚NoHumboldt21' fordert die Aussetzung der Arbeit am Humboldtforum im Berliner Schloss und eine breite öffentliche Debatte: ‚Das vorliegende Konzept verletzt die Würde und die Eigentumsrechte von Menschen in allen Teilen der Welt, ist eurozentristisch und restaurativ [Bestrebungen, die auf die Wiederherstellung der durch die Entwicklung beseitigten alten Ordnung abzielen]. Das Humboldtforum steht dem Anspruch eines gleichberechtigten Zusammenlebens in der Migrationsgesellschaft entgegen.' […] Gleiches gelte für die Hohenzollern, deren Repräsentationsbau ungebrochen zur Machtdarstellung eingesetzt werde. […] die Hohenzollern waren hauptverantwortlich für die Versklavung Tausender Menschen aus Afrika sowie für Völkermorde und Konzentrationslager in Deutschlands ehemaligen Kolonien.'"[132] Gegenüber die in Wiederaufbau befindliche Bauakademiefassade von Karl Friedrich Schinkel. Dann Schlossplatz 1. Wo Honecker saß. Wo Schröder saß. Jetzt befindet sich da

---

132 Aus: MERKUR „Zeitschrift für europäisches Denken", 70. Jahrgang, Juli 2016; Beitrag von Thomas Thiemeyer Deutschland postkolonial.

die „European School of Managements und Technology". Dahinter das Nikolaiviertel. Dahinter guckt der Turm des Roten Rathauses hervor. Als ich dem näher komm, geh ich rückwärts. Der Alex ist 'ne Baustelle. Zurück im Plattenbau. Es ist so still im Haus. Ich nehm den Fahrstuhl nicht. Spätnachmittags über die Friedrichsbrücke. Die Oranienbruger Straße ist heute komplett für den Autoverkehr gesperrt. Für Fußgänger im Bereich der Synagoge Kontrollen wie an Flughäfen. Eingang. Ausgang. Tee bei Friedrich und Raana in der Friedrichstraße. Dann nebenan, auf dem Bürgersteig vorm Chinesen, zusammen Dim Sum. Montag. Morgens von hinten um den Plattenbau. Scharrenstraße. Brüderstraße. Ecke Brüderstraße/Sperlingsgasse wohnen in einem stattlichen Barockhaus Philemon und Baucis.[133] Wirklich! Links neben dem Eingang steht PHILEM☉ geschrieben und rechts neben dem Eingang steht BAUCIS geschrieben. Dann Breite Straße. Schlossbrücke. Hinterm Schloss, hinterm Dom an der Spree entlang. Hackescher Markt. Frühstück in den Hackeschen Höfen. Dann mit dem Bus zur Friedrich-Ebert-Stiftung. Hiroshimastraße. Vor der Konrad-Adenauer-Stiftung steig ich wieder in den Bus. Steig am Adlon aus – Eistee und Gucken. Das Wetter ist zu schön. Ich steig auf einen Spreedampfer. Die Studentin am Mikro zählt Berlins Superlative auf, Höchststufen der Steigerung: Der Berliner Dom – für so'n lütten Kaiser und immer noch größte Kirche der Stadt. Die Museumsinsel – größtes Universalmuseum der Welt. Der Alex – mit 368 Metern immer noch höchstes Bauwerk Deutschlands. Der Bundestag – mit drei Millionen Besuchern im Jahr das meistbesuchte Parlament der Welt. Carillon – viertgrößtes Glockenspiel der Welt. Der Zoo – der artenreichste der Welt. Das Kanzleramt – mit 283.646 Kubikmetern Bruttorauminhalt größtes Regierungshauptquartier der Welt (beinah alles Luft), Kosten 500 Millionen DM, Erstbezug Mai 2001: Schröder. In Hochglanzbroschüren find ich noch ein paar Superlative mehr: (Größtes) Denkmal für die ermordeten Juden Europas – „27,6 Millionen Euro" für den „Ort der Information" und für „2.711 Stelen" aus „hochwertigem Beton." „Sie haben keine symbolische Bedeutung oder Beziehung zur Zahl der Opfer", hergestellt aus „sehr festem, grau eingefärbtem, selbstverdichtendem Beton. [...] Um die hohe Qualität der Stelenoberfläche möglichst lange zu gewährleisten, wurden die Stelen in einem mehrstufigen Verfahren behan-

---

133 Philemon und Baucis: Gestalten aus den alten griechischen Erzählungen.

delt, das auch die einfache Entfernung von Graffiti erlaubt." Genaue Angaben zur Anzahl und zu den Gewichten der unterschiedlich hohen Stelen, der ebenerdigen Platten, der Fläche des Ortes. Quadratmeter und Zweck der Räume am „Ort der Information". „Das vollständig begehbare Raster der [...] Betonstelen überlässt es den Besuchern, ihren Weg hinein und hinaus zu finden". Ich ertrage diese Beschreibung nicht! Hauptbahnhof – einer der größten Kreuzungsbahnhöfe Europas. Marie-Elisabeth-Lüders-Haus – beherbergt mit 1,3 Millionen Bänden die drittgrößte Parlamentsbibliothek der Welt. Jakob-Kaiser-Haus – größter Parlamentsneubau hier mit „atemberaubenden Perspektiven aus verglasten Stockwerken in luftiger Höhe". Der Deutsche Bundestag im „Reichstag", er beherbergt mit 1.200 Quadratmetern den größten Plenarsaal Europas. – Was haben die immer Brecht zitiert ... Und nun: Palast an Palast und es hört nicht auf. Jeht 'et nich' 'n bissgen kleener Deutschland?! – Zum Sterben schöner Altweibersommerabend. Essen bei „Weingrün" direkt an der Friedrichsgracht. Halber Broiler vom Grill. Hat juut jeschmeckt. – Dienstag. Morgens stundenlang mit den Berlinern kreuz und quer mit der Tram. Mittags Treffen mit meiner Büroleiterin von 1991 bis 1993, „auch Marlies". Im Sommergarten am Ostflügel der Humboldt-Uni, im „cum laude", sagt sie: „Ich bin siebzig." Ich fass es nicht. Sieht aus wie immer. Wo sind die Jahre geblieben? Wir haben uns viel zu erzählen. Wir haben dramatische gemeinsame berufliche Erinnerungen. Wir fühlen uns beide unserer politischen Heimat beraubt. Wir haben beide ein Enkelkind ... Nachmittags prüf ich bedeutende Blickachsen, seh viele verbaut. Seh Baustellen vor Kirchen, Baustellen, wo einst schöne Plätze Stolz und Freude der Stadt waren. Was neu entsteht, sind von Bauämtern und Denkmalschutz zugelassene Rechenkästen für Architekten und Investoren. Nach Sonnenuntergang (Hauptmann, nicht Mann) wieder zu „Weingrün" (nicht Grünwein, nicht Grünlich). Diesmal mit Friedrich. – Mittwoch. Morgens irgendwo in der Friedrichstraße, 'ne Schrippe und 'n Kaffee. Der eine U-Bahnauf- und -niedergang Französische Straße ist wegen Bauarbeiten geschlossen. Davor liegt ein großes buntgestreiftes Badehandtuch auf dem Pflaster. Darauf liegt 'ne Schaufensterpuppe im Burkini. Ich guck mich um. Ah, direkt vorm Lafayette. Ick steh da und find det super! Dann „Zara" und „Other Stories". Ohne Ersatzfell geht es nicht. Zurück im Plattenbau. Das rohe Ei liegt immer noch auf der Treppe. Was wohl aus ihm *wird? Spätnachmittags Rückfahrt. 22 Uhr 30 zurück auf der Insel der Glückseligen.*

Am 14. September unterzeichnen der deutsche Chemiekonzern Bayer und der US-Chemiekonzern Monsanto eine bindende Vereinbarung zum Zusammenschluss ihrer Firmen. Wenn die Monsantoaktionäre dem zustimmen und die Regulierungsbehörden die Kartellfreigabe erteilen, kauft Bayer für knapp 59 Milliarden Euro Monsanto. Damit würde die Konzentration auf dem Weltagrarchemiemarkt weiter steigen, der schon jetzt von einer Handvoll Unternehmen dominiert wird. Bei Gentechnikpflanzen hätten Monsanto und Bayer mit zusammen weit über neunzig Prozent „eine klare Monopolstellung" wie die „Coordination gegen Bayer-Gefahren" erklärt. Bayer & Monsanto

Zum Hintergrund nur ein Aspekt: Zuerst haben weise Menschen aus verschiedenen Kulturen über Jahrtausende ihre Saat gehegt und gepflegt. Saatgut war Kulturgut. Die Saaten wurden selbst gezogen und untereinander getauscht. Alle Sorten blühten offen ab. Um 1800 mischte sich die Wissenschaft ein – zählte und grenzte ein. Von 1870 an wurde Saat ausgelesen und gekreuzt. Da begann der Saathandel. Aber alle Sorten blühten noch offen ab. 1960 begann die Hybridzucht – Kreuzen von durch Inzucht geprägten Pflanzen oder Tieren, die mehr und schneller wachsen – betrieben zwecks besserer Gewinnmöglichkeiten einzelner weltweiter Unternehmen. Saatmultis. Hybridsaat ist unfruchtbar, kann nicht selbst nachgezogen werden, muss Jahr für Jahr gekauft werden. Der Bauer, der Gärtner ist nicht mehr frei. 1980 begann man mit Genmanipulation. In der Zwischenzeit ist durch all dies die Sortenvielfalt enorm eingeschränkt, Sorten, die von Landstrich zu Landstrich unterschiedlich wuchsen, gediehen und gut schmeckten. Neben dem Einsatz von Kunstdüngern und Pestiziden, deren Folgen für die Fruchtbarkeit des Bodens nicht absehbar ist, breiten sich genmanipulierte Pflanzen und Saaten unkontrolliert aus, ohne dass klar ist, was am Ende daraus entsteht. Es ist unglaublich, aber: Dass wir unsere eigene Saat von unseren eigenen Pflanzen ernten und die Saat untereinander tauschen ist seit 1995 per Gesetz untersagt. Das ist einer der wesentlichen Gründe für den Hunger in der Welt! Dabei gehört Saatgut zum gemeinsamen Erbe der Menschheit!

Am 24. September morgens sendet der Deutschlandfunk eine Erklä-
rung des Präsidenten der Bundesvereinigung der Deutschen Arbeitge-
berverbände, Kramer, der negative Folgen für die deutsche Wirtschaft
befürchtet, sollte die Fremdenfeindlichkeit weiter zunehmen: „Im Ausland seien die Deutschen bislang für ihre Willkommenskultur gefeiert
worden. […] Das ändere sich gerade und es entstehe ein neues Bild.
Das könne dazu führen, dass das Image deutscher Produkte leide und
die Investitionsbereitschaft zurückgehe. Kramer kritisierte insbesondere eine Verrohung der Sprache. Politiker äußerten sich heute in einer
Weise über Flüchtlinge, die ihnen vor einiger Zeit noch peinlich gewesen wäre. Das sei unerträglich, betonte der Arbeitgeberpräsident."

Der Deutschlandfunk sendet weiter:

- dass die EU Flüchtlingslager auch in Ägypten einrichten will.
- dass die EU zur Eindämmung der Migration Libyer trainieren will
für die Küstenwache vor ihrem Land. Das Projekt hat den Namen
„Sophia".
- dass der GRÜNE Europaabgeordnete Sven Gigold schärfere Regeln
beim Wechsel von Politikern in die Wirtschaft fordert.
- dass bei der Urwahl der Labour-Party in Großbritannien mit 61,8
Prozent der abgegebenen Stimmen Jeremy Corbyn als Vorsitzender
wiedergewählt worden ist, der, wie beschrieben, getragen ist von einer breiten Basisbewegung, die „New Labour" sowie strenger Austeritätspolitik [Sparpolitik] ablehnend gegenüber steht, die für den
NATO-Austritt ist und bewaffneten Konflikten ablehnend gegenüber steht. Er bezeichnet sich selbst als „demokratischer Sozialist". –
Gibt es so jemanden noch unter dem Führungspersonal der SPD?

In Wien findet ein zweiter Flüchtlingsgipfel der Regierungen der Länder an der Balkanroute statt. Unmittelbar vor dem Treffen fordert der
Präsident des Europaparlaments, Martin Schulz, in einem Interview
mit der Süddeutschen Zeitung ein Abkommen mit Ägypten nach dem
Vorbild des EU-Türkei-Flüchtlingsdeals. „Diesen Weg müssen wir
einschlagen', sagte Schulz, ohne die katastrophale Menschenrechtssi-
tuation auch nur zu erwähnen." Nach Angaben von Hilfsorganisationen hat das Militärregime von General Abd al-Fattah al-Sisi seit seiner
brutalen Machtübernahme im Juni 2013 mindestens 2.000 Menschen
getötet und mehr als 40.000 in den Foltergefängnissen des Landes ver-

schwinden lassen. Flüchtlinge werden in dem Land fast schon systematisch misshandelt und interniert. Diesmal sind neben VertreterInnen der EU die Regierungschefs und MinisterInnen von elf Ländern dabei. Sie beraten Konzepte zum Schutz der EU-Außengrenzen. Die lückenlose Abschottung der sogenannten Balkanroute wird beschlossen, um die Zahl der nach Europa kommenden Flüchtlinge möglichst auf Null zu reduzieren. Außerdem sollen Rücknahmeabkommen ähnlich dem schmutzigen EU-Türkei-Deal mit weiteren Staaten Nordafrikas sowie Afghanistan und Pakistan geschlossen werden. „Damit hatte die EU und vor allem die deutsche Regierung alle Hüllen fallen gelassen und ihr menschenverachtendes Gesicht offenbart. Es zeigt sich, dass Merkels Flüchtlingspolitik, ihr Beharren auf der Schließung der europäischen Außengrenzen, nie etwas mit ,Willkommenskultur' zu tun hatte, sondern einer extrem reaktionären Linie folgt. Auf dem Wiener Flüchtlingsgipfel beklagt sie, dass trotz der Schließung der Grenzen entlang der Balkanroute im Frühjahr immer noch 50.000 Flüchtlinge auf diesem Weg nach Deutschland gekommen seien. Merkel setzte sich dafür ein, diese Fluchtroute durch den massiven Einsatz von Frontex-Grenzpolizisten vollständig zu versperren. [...] Am 6. Oktober tritt die neue Frontex-Verordnung in Kraft, mit der die Grenzschutzagentur zu einer umfassenden Grenzüberwachungs- und Flüchtlingsabwehrbehörde ausgebaut wird."[134]

25. September: Senatswahlen in Berlin. SPD 21,6 Prozent, CDU 17,6 Prozent, LINKE 15,6 Prozent, GRÜNE 15,2 Prozent, AfD 14,2 Prozent, FDP 6,7 Prozent.

Nach den heftigsten Bombardierungen Aleppos seit Beginn des Syrienkriegs schieben sich Russland und die westlichen Staaten gegenseitig die Schuld zu. UN-Generalsekretär Ban Ki Moon nennt es „Barbarei" und „Kriegsverbrechen".

Ende September mischt sich der Vorsitzende der Deutschen Bischofskonferenz, Kardinal Marx, in die Diskussion über die Asyldebatte ein und fordert: „Ich erwarte, dass rote Linien nicht überschritten werden.

---

134 Quelle: World Socialist Web Site 28.9.2016

[…] Wir sollten niemals vergessen, dass wir über das Schicksal von Menschen sprechen. […] Ich möchte ganz bestimmt nicht, dass bei uns populistische Kräfte die Politik bestimmen."

26. September Sprengstoffanschläge auf Moschee und Kongressgebäude in Dresden – wenige Tage vor den Feierlichkeiten zum 3. Oktober – dort.

Die
Puppen-
spielerin
von Babi
Jar
Am 29. September erfahr ich im Deutschlandfunk, dass ohne eine ukrainische Puppenspielerin die Welt kaum erfahren hätte, was heute vor 75 Jahren in Babi Jar in der Ukraine geschah: Nach der deutschen Besetzung Kiews im Zweiten Weltkrieg ermordeten SS-Sonderkommandos und Soldaten in der Schlucht Babi Jar am 29./30. September 1941 mehr als 33.000 Juden. Ich hör den O-Ton der Zeugenaussage von Dina Pronitschewa beim Kiewer Prozess am 24. Januar 1946: „Ich habe die Augen geschlossen und sprang in die Tiefe. Ich fiel auf die Leichen. Dann hörten die Schüsse auf und die Deutschen kamen nach unten in die Grube, gingen über die Körper und prüften, wer noch nicht tot war. Die erschossen sie. Ich verhielt mich, so still ich konnte, und rechnete mit meinem Ende. Dann wurde es dunkel. Sie schippten Sand auf die Körper. Ich verstand, dass ich lebendig begraben war. Nachts bewegte ich meine linke Hand und spürte, dass sie an der Oberfläche war. Dann schaufelte ich mich frei, dass ich mehr Luft bekam und schließlich grub ich mich ganz aus. Ich kroch über die Leiber aus der Erde wieder heraus. Es war stockfinster. Von oben waren immer wieder Schüsse zu hören, sie feuerten noch im Dunkeln in die Schlucht. Ich war sehr vorsichtig. An einer Seite der Grube kletterte ich nach oben."[135]
Die Ukraine gedenkt an diesem Tag des Massenmordes.
Ich denk – wieder –an die Brüder meiner Mutter. Ich weiß nicht, wo sie 1941 waren. Ich weiß nur: Ihre Gebeine liegen in ukrainischer Erde.
Ich schreib ein Gedicht:

---

135 Quelle: Deutschlandfunk, 29.9.2016.

Das Atmen der Rundfunksprecherin

Wie oft schon hatten sie mir Unbehagen bereitet
die Sitte, die Vorschrift, die Erwartung
Nachrichten wie unbeteiligt zu sprechen
ohne Pause
ohne Regung
ohne Übergang.
Man nennt es „neutral".

Heute
am neunundzwangzigsten September zweitausendsechzehn
hör ich
– zu Beginn der „Internationalen Presseschau" –
zum ersten Mal
eine Sprecherin im Rundfunk
schwer atmen.
Sie muss
wie ich
unmittelbar zuvor
den O-Ton der Frau gehört haben
die Zeugenaussage der Puppenspielerin
die lebendig begraben war
die Stimme aus dem Massengrab in
Babi Jar.

Bei den Feierlichkeiten zum Tag der Deutschen Einheit am 3. Oktober
in Dresden übertönt der Lärm Hunderter Menschen mit Trillerpfeifen
die Rede von Ministerpräsident Tillich. Das Vokabular der Pöbelnden
zeugt von tiefer Verachtung für die Regierenden und die Demokratie:
„Haut ab", „Volksverräter", „Merkel muss weg" … (Siehe dazu S. 336.)

Am 4. Oktober berichtet die shz, dass das Land Schleswig-Holstein
in diesem Jahr voraussichtlich vierzig Millionen Euro für weitgehend
ungenutzte Flüchtlingsunterkünfte, für Container und Liegenschaften
wird bezahlen müssen. Allein 36 Millionen für aufgelöste oder in Auflösung befindliche Landesunterkünfte, deren Verträge teilweise noch bis

Mitte 2017 laufen. Der Rest ist für Unterkünfte vorgesehen, die bereitgehalten werden, falls wieder mehr „Flüchtlinge" nach Schleswig-Holstein kommen. Unterkünfte, die vielfach in Auseinandersetzung mit der Bevölkerung schwer errungen wurden, stehen leer, während auf der Balkanroute zigtausende Menschen festsitzen, während weiter tausende übers Mittelmeer kommen, hunderte auf der Flucht nach Europa ertrinken, unter schwierigen Bedingungen in Flüchtlingslagern in der Türkei und Griechenland ausharren, deren eigene Bevölkerungen unter schwierigsten Bedingungen leben ...

HSH Nordbank

Im Oktober wird bekannt, dass die HSH Nordbank immer mehr unter Druck gerät. Nach der Fusion der Hamburgischen und der Landesbank Schleswig-Holstein 2003 hatten sich diese wie auch andere Landesbanken immer mehr zum „Global Player" gewandelt. Im Verlauf der Krise, die ständig und scheibchenweise neue Enthüllungen ans Tageslicht bringt, hatte Heide Simons erklärt: „Wir waren besoffen vom Erfolg."[136]

Ich hoffe auf eine Veröffentlichung zur Aufarbeitung dieses Skandals, dessen Folgen uns noch lange begleiten, für den noch unsere Enkelkinder als Steuerzahler Unsummen werden bezahlen müssen.

TTIP & CETA

Inzwischen haben 3,3 Millionen Menschen die europäische Bürgerinitiative gegen TTIP und CETA unterzeichnet. Am 13. Oktober entscheidet das Bundesverfassungsgericht in Karlsruhe über die Eilanträge von campact!, foodwatch und MEHR DEMOKRATIE gegen die vorläufige Anwendung des geplanten Handelsabkommens CETA zwischen der EU und Kanada. Das Urteil wird als großer Erfolg und große Ermutigung für über 125.000 BürgerInnen bewertet, die sich mit den vorgenannten Organisationen an dieser Verfassungsbeschwerde beteiligt haben (eine davon bin ich). „Es ist ein Riesenerfolg, dass das Bundesverfassungsgericht unsere Bedenken in einem Hauptsacheverfahren prüfen will – schließlich haben weder die Bundesregierung noch die Europäische Kommission die Argumente bisher ernstgenommen. Das ist ein Schlag ins Kontor von Sigmar Gabriel und Angela Merkel, deren Versuch, ein Hauptsacheverfahren zu verhindern, grandios gescheitert ist. Wir mussten bis zum Höchsten Gericht ge-

---

136 Quelle: Manager Magazin 10.10.2016.

hen, damit endlich über die massiven Gefahren von CETA für unsere Demokratie diskutiert wird. Das Gericht winkt die vorläufige Anwendung nicht einfach durch, sondern formuliert strenge Auflagen – das zeigt, dass die Bundesregierung die Folgen des Abkommens für die Demokratie allzu sehr auf die leichte Schulter genommen hat. Fazit: Wir haben nicht alles gewonnen, aber vieles. Unser Kampf gegen dieses verfehlte Abkommen geht weiter!"[137]

Erst jetzt, im November 2016 (!), bildet sich unter Beteiligung der Regierungsfraktionen ein erster „Runder Tisch" zur Aufarbeitung des „Extremistenbeschlusses"/„Radikalenerlasses". Willy Brandt hatte später eingeräumt, dass der Vorschlag der Innenministerkonferenz, der von den Regierungschefs der Bundesländer und von ihm als Bundeskanzler am 28. Januar 1972 erlassen worden war, „ein großer Fehler" gewesen sei. Vordergründig zielte der Erlass darauf ab, den verschwindend kleinen Kreis von DKP-Mitgliedern aus dem öffentlichen Dienst fernzuhalten. Tatsächlich aber fühlte sich und war ein Großteil der Protestgeneration betroffen. Bis Ende der 1980er-Jahre mussten sich 3,5 Millionen Bewerber für den öffentlichen Dienst auf ihre Gesinnung überprüfen lassen, rund 10.000 „Berufsverbote" wurden ausgesprochen. Damals abgelehnte BewerberInnen für den Schuldienst / für den öffentlichen Dienst kämpfen immer noch um Rehabilitierung.

Der Geschichte dieses Erlasses, die eng verknüpft ist mit den ersten Jahrzehnten nach 1945, sollte man noch einmal tiefer nachgehen – z. B. anhand des eindrucksvollen Beitrags des Historikers Dominik Rigoll zur Mentalitätsgeschichte unserer Republik: „Staatsschutz in Westdeutschland", Wallstein Verlag, Göttingen 2013.

Nach einem unglaublich primitiven Wahlkampf wird am 8./9. November tatsächlich Donald Trump zum Präsidenten der USA gewählt, der die Realität, der die geologischen und klimatischen Gegebenheiten der Erde ausblendet. Noam Chomsky[138] erklärt, dass die Partei der Repu-

Radikalenerlass

Trump

---

137 Aus dem Pressestatement – Thilo Bode, Geschäftsführer der Verbraucherorganisation foodwatch.

138 Prof. für Linguistik, USA, einer der bedeutendsten Denker unserer Zeit, war Kritiker des Vietnamkrieges, ist Kapitalismus- und Globalisierungskritiker,

blikaner unter Trump zur „gefährlichsten Organisation der Welt" geworden sei.
Ich denk an den Schicksalstag 9. November ...

Bei der Wiederholung der Stichwahl um das Amt des Bundespräsidenten stimmen in Österreich 85 Prozent der Arbeiter für den extrem nationalkonservativen Kandidaten. Aber zum Glück gewinnt der Kandidat der GRÜNEN. (Quelle: DER STANDARD, 4.12.2016)

Terror in Berlin Am 19. Dezember kommt es zu einem Terroranschlag in Berlin. Ein Selbstmordattentäter fährt mit einem polnischen Lkw, dessen Fahrer er zuvor getötet hat, in eine Menschenmenge auf dem Weihnachtsmarkt am Breitscheidplatz. Zwölf Menschen werden getötet, über fünfzig schwer verletzt. Der IS bekennt sich zu der Tat.

Zur Musikbox:
Am 16. Juni spielt der italienische Komponist Ludovico Einaudi in Spitzbergen auf einer Eisscholle vor der Kulisse des Wahlenbergbreengletschers auf seinem Piano sein „Klagelied für die Arktis", während um ihn herum der Gletscher zerfällt. Greenpeace appelliert damit an die OSPAR-Kommission (OSPAR steht für „Oslo" + „Paris" und ist ein völkerrechtlicher Vertrag zum Schutz der Nordsee und des Nordatlantiks, in den arktischen Gewässern des Atlantiks ein Schutzgebiet einzurichten. Doch Norwegen, Dänemark und Island blockieren diese Entscheidung und ignorieren damit den Wunsch von über acht Millionen Menschen, die eine Greenpeace-Petition für den Schutz der Arktis unterschrieben haben); Tschaikovsky, Violin Concerto, Op. 35, Patricia Kopatchinskaja und Teodor Currentzis.

2017 Im Januar gibt Oxfam eine Studie bekannt, nach der das reichste Prozent der Menschheit seit 2015 mehr besitzt als der Rest der Menschheit.

Türkei Am 20. Januar erleben wir vor dem Fernseher Tumult und Schlägerei, als eine Mehrheit im türkischen Parlament die Einführung des Präsi-

---

entwickelte die Theorie über manipulative Einflüsse wirtschaftlicher Interessen mithilfe der Massenmiedien auf demokratische Gesellschaften.

dialsystems gebilligt hat. Wenn im April auch eine Mehrheit der türkischen Wähler das System billigt, wäre Erdoğan zukünftig Präsident und Regierungschef und hätte diktatorische Rechte.

Am 20. Januar wird Undenkbares Wirklichkeit: Der Unternehmer und Multimillionär Donald Trump wird als neuer US-Präsident in sein Amt eingeführt. Das eigentlich Beklagenswerte ist, dass eine Mehrheit in der Republikanischen Partei, die ihn kannte, seine Kandidatur zuließ. Danach erst gilt es die Entscheidung der AmerikanerInnen zu beklagen, die – trotz ihrer Abneigung gegen den Kandidaten – keine andere Möglichkeit sahen, als mit Trump gegen das neoliberale System zu protestierten (dem er selbst angehört), und erst dann die Entscheidung jener, die sich verblenden ließen, die auf Trump hereingefallen sind. Zu beklagen ist auch das – nur – Zweiparteiensystem und schließlich das Wahlsystem, das für andere Bedingungen in älteren Zeiten galt, bei dem es am Ende nicht auf die Zahl der Wählerstimmen, sondern auf die Zahl der „Wahlmänner" ankommt: Die Kandidatin der Demokraten, Hilary Clinton, soll rund 2,7 Millionen Stimmen mehr[139] errungen haben als Trump. Trump

Am 3. Februar EU-Gipfel auf Malta. Diesmal tatsächlich auf einer Insel. Vallettas Straßen sind über und über mit rot-goldenen, wie mit Brokat bestickten Fahnen geschmückt. Ich hab noch nie so schöne Fahnen gesehen. Aber – angesichts der „Flüchtlingskrise", der „Eurokrise", der „Krise der EU", des „Brexits", Trumps, der aktuellen Lage in der Ost-Ukraine, wo die Kämpfe sich wieder verstärken, der Frage der zukünftigen Rolle der NATO – gibt es was zu feiern? EU-Gipfel auf Malta

Die Staats- und Regierungschefs einigen sich auf das Ziel, die zentrale Mittelmeerroute von Nordafrika in Richtung Europa zu unterbrechen. Der Plan sieht vor allem eine stärkere Zusammenarbeit mit Libyen vor. Libyen ist das wichtigstes Transitland für „Migranten", die von Afrika nach Europa wollen. Es ist ein Land, das von einem jahrelangen Bürgerkrieg zerrüttet ist, in dem Warlords regieren. Vor allem die libysche Küstenwache soll so schnell wie möglich so ausgebildet und ausgerüstet werden, dass sie von Schlepperbanden organisierte Über-

---

139 spiegel onlie, 7.12.2016

fahrten in Richtung Europa verhindern kann. Flüchtlinge müssten dann zumindest vorerst in dem nordafrikanischen Land bleiben und sollen dort „in angemessenen Aufnahmeeinrichtungen" versorgt werden. Menschenrechtler bezweifeln, dass dies möglich ist, da in Libyen immer noch Chaos herrscht. Kanzlerin Merkel sagt: „Die Situation der Flüchtlinge ist dramatisch in Libyen. Wir brauchen eine politische Lösung für ein stabiles Libyen. Daran ist noch viel zu arbeiten." Hilfsorganisationen kritisieren den Plan, Migranten in Libyen zu halten, als „unmenschlich". Sie sehen eine Zusammenarbeit mit Libyen, die vor allem der Abwehr von „Migranten" und „Flüchtlingen" dient, als „Tiefpunkt europäischer Flüchtlingspolitik", mit der man europäische Grundwerte über Bord werfe. – Es ist absurd. Die Staats- und Regierungschefs versuchen weiterhin das Trugbild zu verbreiten, wonach die Schlepper Übel und Ursache seien. Bei allen erklärten Maßnahmen des Zehn-Punkte-Katalogs von Malta handelt es sich um „Ausgrenzung" und „Abschiebung" der Menschen, die Zuflucht suchen aus wesentlich durch die Industrienationen, durch Kolonialismus und Neokolonialismus verursachter Not.[140]

Brokdorf Am 4. Februar geht das Atomkraftwerk Brokdorf vom Netz, weil Brennstäbe oxidieren und die Gefahr besteht, dass diese undicht werden. Im Reaktor passieren chemische Vorgänge, die niemand erklären kann.

Am 14. Februar seh ich auf Arte „Democracy – Im Rausch der Daten", eine Dokumentation des über vierjährigen Abstimmungsprozesses zur Überarbeitung der EU-Datenschutzvorschriften (Reform der Datenschutzrichtlinie von 1995, als das Internet noch in Kinderschuhen ging). In der Arbeit an diesem Gesetzgebungsverfahren, bei dem der junge Europaabgeordnete der GRÜNEN, Jan Philipp Albrecht, federführender Berichterstatter für das Europaparlament war, seh ich ein Glanzstück gelebter Demokratie. Mit dem europäischen Datenschutzgesetz ist ein Regelwerk entstanden, das den BürgerInnen mehr Kontrolle und Sicherheit für ihre privaten Informationen in ei-

---

140 Zur Migration siehe z. B. Noam Chomsky unter https://diem25.org/noam-chomsky-fluechtlingskrise/

ner digitalisierten Welt verleihen soll. Die Annahme dieses Gesetzes durch das Europäische Parlament im April 2014, die im Verlauf des Abstimmungsprozesses mehrfach gefährdet erschien, das 2018 in Kraft treten wird, seh ich als Sternstunde des Europäischen Parlaments. Diese Dokumentation, Beispiel europäischer Demokratie und nationaler Egoismen sollte – angesichts der Krise Europas und der Welt, der Krise der EU und der Krise der Demokratie – in allen EU-Mitgliedsländern, auf allen Programmen zu bester Sendezeit gezeigt werden und in allen höheren Schulklassen fester Bestandteil der Lehrpläne sein!

Sternstunde des Europäischen Parlaments

Am 15. Februar bin ich enttäuscht: Das Europäische Parlament hat dem umstrittenen CETA-Handelsabkommen zwischen der EU und Kanada zugestimmt (408 zu 254 Stimmen bei 33 Enthaltungen), dessen oberstes Ziel die Liberalisierung der Märkte und nicht der bessere Schutz der europäischen und kanadischen BürgerInnen ist. Eine Mehrheit im Europäischen Parlament hat den Protest Hunderttausender EuropäerInnen nicht ernstgenommen. Die Chancen für einen fairen und ökologischen Handel zwischen der EU und Kanada, für den Erhalt europäischer Umwelt- und Sozialstandards sind vertan.

CETA

Im Verlauf des Monats zeigt die schleswig-holsteinische Landesregierung Mitmenschlichkeit. Sie setzt sich über den Beschluss des Bundes und der Länder vom 9. Februar hinweg. Sie verhängt einen dreimonatigen „Abschiebestopp" nach Afghanistan. Sie hält das Land nicht für ein sicheres Land.

Auf der „Münchner Sicherheitskonferenz" am 18./19. Februar wird einmal mehr deutlich, dass das Thema Abrüstung, das uns 1989 mit so viel Hoffnung erfüllt hatte, wohl komplett erledigt ist. Zudem wird ein Abkommen zwischen der Europäischen Union und der afghanischen Regierung unterzeichnet, mit dem man afghanische Geflüchtete loswerden will. Aus EU-Staaten „Abgeschobene" sollen gegen Milliarden „Hilfsgelder" zurückgenommen werden in das „sichere" Afghanistan, in dem allein im Jahr 2016 über 11.000 Zivilisten getötet oder verletzt wurden. „Es ist ein offenes Geheimnis, dass vor allem die korrupte Politelite von den Hilfsgeldern profitieren wird, während die arme Mehrheit in Afghanistan weiter leidet", heißt es am 21. Februar in der taz.

Aufrüstung

Brokdorf Am 21. Februar erklärt der schleswig-holsteinische Umweltminister Robert Habeck zum Atomkraftwerk Brokdorf: „Erst, wenn die Ursache geklärt und ausgeschlossen ist, dass sich das Problem an anderen Brennstäben wiederholt, kommt ein Wiederanfahren des Kernkraftwerks in Betracht."

DiEM25 Ende Februar legt die Bewegung DiEM25, die vor einem Jahr auf Initiative des griechischen Ex-Finanzministers Yanis Varoufakis in der „Volksbühne" Berlin ins Leben gerufen worden ist, „Ein Manifest für die Demokratisierung EUROPAs" vor, das mit den Sätzen beginnt: „Obwohl sich die Mächtigen in Europa so um ihre weltweite Wettbewerbsfähigkeit, um Migration und Terrorismus sorgen, jagt ihnen nur eines wirklich Angst ein: die Demokratie! Sie berufen sich auf die Demokratie, aber nur, um sie in der Praxis zu verleugnen, auszutreiben und zu unterdrücken. Sie wollen die Demokratie für sich vereinnahmen, umgehen, korrumpieren, mystifizieren, usurpieren und manipulieren, um ihre Energie zu brechen und ihre Möglichkeiten zu blockieren. [...]" DiEM 25 ruft zu einem demokratischen Aufbruch auf: „Demokratisieren wir Europa! Denn die EU wird entweder demokratisch sein, oder sie wird zerfallen!" Das Manifest endet mit dem Absatz: „Wenn wir es nicht schaffen, Europa innerhalb maximal eines Jahrzehnts zu demokratisieren, wenn es den autokratischen Mächten in Europa gelingt, die Demokratisierung abzuwürgen, dann wird Europa unter seiner Hybris zusammenbrechen, zersplittern, und sein Sturz wird ungekannte Not verbreiten – überall, nicht nur in Europa."[141]

Bis 2025 die EU demokratisieren – das dauert zu lange. Wir müssen schneller zur Vernunft kommen, wir müssen sofort handeln (s. u. Postmeier).

Namibia Im März – hundert Jahre nach dem Ende der deutschen Kolonialherrschaft im heutigen Namibia – haben zum dritten Mal *Herero und Nama* in New York Klage gegen Deutschland eingereicht, die zum ersten Mal nicht sofort abgewiesen wird. Sie fordern finanzielle Entschädigung für die Massaker in der damaligen Kolonie Deutsch-Südwestafrika, für den ersten Genozid des 19. Jahrhunderts, bei dem durch

---

141 https://diem25.org/manifesto-lange-version/

deutsche Kolonialtruppen zwischen 65.000 und 100.000 Herero und Nama ums Leben gekommen sind und bei dem ein großer Teil ihres Landes enteignet wurde. Für den 21. Juli 2017 ist eine zweite Anhörung anberaumt. Solange hat die Bundesregierung Zeit, sich zu dem Verfahren zu äußern.

Der ehemalige Bundesumweltminister sowie Ex-Direktor des Umweltprogramms der Vereinten Nationen, Klaus Töpfer, erklärt zur Bodenkrise und Welternährung: […] „Die Auswirkungen der Bodenkrise werden von der Gesellschaft und vor allem in der Politik und Wirtschaft deutlich unterschätzt – der Boden wird in seinen ökonomischen und ökologischen Leistungen vernachlässigt. […] Wenn wir sehen, wie viele Milliarden Tonnen fruchtbarer Böden wir jährlich durch Erosion verlieren, muss man von einer Katastrophe reden. Dazu kommen noch gravierende Probleme durch die Kontamination mit Schwermetallen, Agrar-Chemikalien und Kunstdünger. […] Die Petition [der europäischen Bürger-Initiative ‚People 4 Soil'‚ die auf EU-Ebene ein Bodenschutzgesetz verlangt] macht nicht nur Sinn, sondern ist zwingend notwendig. […] Ich bin überzeugt, dass wir eine Welt mit neun Milliarden Menschen auch ohne gentechnische Maßnahmen ernähren können. Es besteht somit kein Zwang, die Gentechnik zu nutzen – mit ihren möglichen Folgewirkungen, die wir erst mittel- oder gar langfristig erkennen und die dann von unseren Kindern und Kindeskindern bewältigt werden müssen. Mit unserer Ernährungsweise ist die Welternährung allerdings nicht zu gewährleisten. Wir können uns das ethische Desaster nicht erlauben, jährlich bis zu zehn Millionen Tonnen Lebensmittel wegzuwerfen. Auch die viel zu hohen Ernte- und Lagerverluste in den Entwicklungsländern müssen vermindert werden. Wir müssen einen gerechten Zugang zu Lebensmitteln schaffen und wir müssen die Spekulation mit Lebensmitteln stoppen. […]"[142]

Welternährung

Im März berichtet Greenpeace unter der Überschrift „,Normalität' in der Sperrzone", dass Bereiche um das AKW Fukushima wieder besiedelt werden sollen. „Der Plan ist totaler Wahnsinn. […] Die Regierung

Fukushima

---

142 In einem Interview in Schrot & Korn 3/2017.

hat die ganze Region dekontaminieren lassen, damit die Bewohner in die gesperrten Gebiete zurückkehren können. Sie möchte so tun, als habe sie die nukleare Katastrophe rund um Fukushima im Griff. Damit sich die Gemüter der Bevölkerung wieder beruhigen, damit das Misstrauen und der Widerstand gegen die Atomkraft im Land aufhören. Und damit der Betreiber des explodierten Atomkraftwerks, der Energiekonzern Tepco, weniger Entschädigung zahlen muss. […] In einem irrwitzigen Mammutprojekt ließ die japanische Regierung den Boden einer ganzen Region abtragen, ließ Dächer und Straßen waschen, Laub einsammeln und abgemähtes Gras verpacken. Entstanden sind so etliche Millionen Kubikmeter Atommüll. Der liegt nun in Plastiksäcken verpackt überall am Wegesrand. Nach drei Jahren beginnen die Tüten zu reißen. Und dann?"

Ungefähr gleichzeitig wird bekannt, dass zur Olympiade 2020 in Japan Teile der Spiele in der Präfektur Fukushima stattfinden sollen.

Ab April Wahlkampfgetöse. Permanentes transparentes Gerede über Steuersenkungen, Rentenerhöhungen, Einkommensumverteilung und – wie in den letzten vierzig Jahren vor Wahlen – das immer wiederkehrende Versprechen: Kostenloser Kindergartenplatz für jedes Kind. Mal abgesehen davon, dass nicht bei allen Einkommensgruppen ein entsprechender Bedarf besteht: Warum ist das Versprechen immer noch nicht umgesetzt? In einer auf Vergessen angelegten Gesellschaft scheinen solche immer wiederkehrenden uneingelösten Versprechen kein Problem zu sein.

Türkei Mitte April wird bekannt, dass – ungeachtet der aktuellen Spannungen zwischen der Bundesrepublik Deutschland und der Türkei – der Rüstungskonzern Rheinmetall Pläne für den Bau einer Panzerfabrik in der Türkei vorantreibt, die den Mittleren Osten mit Panzern beliefern soll.

Libyen Nachdem im März 2011 westliches Militär in den libyschen Bürgerkrieg eingegriffen hatte, nachdem im Oktober 2011 der Diktator Gaddafi tot war, nachdem es vor sechs Jahren in der britischen Tageszeitung The Times hieß, der Westen habe „ehrenwerte, schnelle und rechtzeitige Hilfe" geleistet, herrschen Chaos und Gewalt in Libyen. „Den Kämpfern geht es nicht mehr um Ideologien, sondern um Geschäft: Schmuggel, Erpressung und Mord."[143]

„Le Monde diplomatique" berichtet über das Bürgerrecht auf Transparenz, über Informationsfreiheit in den USA, über restriktive Behördenpolitik, über regelmäßige Berichte von Journalisten, wonach fast vollständig geschwärzte Aktenordner sowie Antworten erst nach Jahren der Antragstellung eintreffen und dass es in Deutschland nicht anders sei. „Initiativen, das deutsche Informationsfreiheitsgesetz zu reformieren, scheiterten bisher an SPD und CDU. Stattdessen haben die Transparenzgegner einen Sieg errungen: 2013 verurteilte das Bundesverwaltungsgericht nach der Klage eines Journalisten den Bundesrechnungshof dazu, unter anderem Prüfberichte zu den Fraktionsfinanzen herauszugeben. Daraufhin änderten die im Bundestag vertretenen Parteien kurzerhand die Zugangsregelung – zunächst unbemerkt von der Öffentlichkeit, da die Änderung in einer nächtlichen Abstimmung im themenfremden Finanzausgleichsgesetz versteckt wurde. Der Rechnungshof muss seitdem keine Auskunft mehr erteilen. Mögliche Rechtsverstöße der Parteien bleiben geheim. [...] Die fatalste Neuregelung ist jedoch die Einführung von Gebühren, die es Behörden erlaubt, ihre Arbeitszeit den Antragstellern ohne Begrenzung in Rechnung zu stellen." Allerdings: „Ende 2016 urteilte der Europäische Gerichtshof für Menschenrechte nach einer Klage von ungarischen Aktivisten erstmals, dass der Zugang zu amtlichen Informationen als Teil der Europäischen Menschenrechtskonvention zu verstehen ist."[144]

Informationsfreiheitsgesetz

Nach Überarbeitung des Schengener Grenzkodexes gelten ab 17. April schärfere Kontrollen an den EU-Außengrenzen. Sie sollen „schengenweit" zu einheitlich hohem Kontrollniveau beitragen.

Am 17. April findet die Abstimmung über das Verfassungsreferendum in der Türkei zum Systemwechsel von der parlamentarischen Demokratie zum Präsidialsystem statt. 48,6 Prozent der WählerInnen stimmen mit Nein, 51,4 Prozent stimmen mit Ja. Damit wird Erdoğan

Türkei

143 Quelle: Le Monde diplomatique, April 2017
144 Quelle: Le Monde diplomatique, April 2017

künftig nicht nur Staatspräsident, sondern auch Regierungschef sein. Die Gewaltenteilung wird quasi ausgeschaltet. Er kann Minister, hohe Staatsbeamte und Gouverneure ohne Zustimmung des Parlaments ernennen. Er erlangt Einfluss auf die Judikative. Nach Beanstandungen der internationalen Wahlbeobachtermission der OSZE sowie von Beobachtern des Europarats gilt die Abstimmung als manipuliert. Die Oppositionspartei CHP stellt Antrag auf Annullierung des Referendums.

Am 18. April gibt Premierministerin Theresa May bekannt, dass am 8. Juni vorzeitig Neuwahlen in Großbritannien stattfinden sollen, weil für die Brexit-Verhandlungen ein geeintes Parlament notwendig sei.

„Nervöse Republik" Am 19. April 2017 läuft im ersten Programm die Dokumentation „Nervöse Republik. Ein Jahr Deutschland" von Stephan Lamby. Es geht um „Brexit", „Migration", „Pegida", „Lügenpresse", „Politikverdrossenheit" … Interviews mit PolitikerInnen und JournalistInnen … Nach Bildern und O-Tönen von Demos in Ostdeutschland (u. a. der schreckliche Auftritt von Dresdnern anlässlich der „Feierlichkeiten zum 3. Oktober" in ihrer Stadt) ein Statement von Bundesjustizminister Heiko Maas, sitzend auf seinem Besprechungszimmertisch: „Ehrlich gesagt, ich kann das nicht ernst nehmen. Ich kann Ihnen aber auch gar nicht erklären, wieso ich es nicht ernst nehmen kann. All diese ganzen Beschimpfungen mit ‚Volksverrätern' und was einem da noch nachgeworfen wird. Vielleicht ist es irgendwie aber auch ein persönlicher Schutzmechanismus, dass ich es gar nicht an mich heranlassen will. Ich weiß es nicht. Aber es berührt mich nicht. Aber vor allen Dingen, und das ist das Allerwichtigste: es beeinflusst mich nicht." – Er hat es nicht verstanden! Insbesondere auch er als Bundesjustizminister ist u. a. dafür zuständig, dass er solche Entwicklungen in unserem Land ernst nimmt, dass er sie an sich herankommen lässt, um sie zu ergründen und zu analysieren, damit er sie versteht, damit er sie sich und uns zu erklären vermag. Er wird aus unseren Steuergeldern dafür besoldet, dass die Ereignisse ihn berühren und beeinflussen, damit Schaden abgewendet wird von unserem Land!

Frankreich Am 23. April der erste Wahlgang zur Präsidentschaftswahl in Frankreich: Der parteilose Emmanuel Macron erreicht 24 Prozent der Stimmen. Die rechtsextreme Marine Le Pen 21,3 Prozent. Der konservative François Fillon – trotz Skandale – immer noch 20 Prozent. Der linksaußen Jean-Luc Mélenchon 19,6 Prozent. Benoît Hamon, Parti Socialiste, 6,4 Prozent. – Die Wähler in den meisten Regionen haben sich von den beiden großen politischen Parteien, den Republikanern und den Sozialisten abgewandt, sie haben zusammen nur ein Viertel der abgegebenen Stimmen errungen. Die Parteienlandschaft in Frankreich erscheint als Trümmerhaufen.

Am 26. April in aller Frühe berichtet der Deutschlandfunk: Brasilianische UreinwohnerInnen protestieren in der Hauptstadt Brasilia gegen die Landnahme durch Farmer und Rancher. Teilweise mit Pfeil und Bogen bewaffnet und traditionell bekleidet, haben sie Särge mit sich getragen, um auf ihre Situation aufmerksam zu machen. Es sei zu Zusammenstößen mit der Polizei gekommen. Die Sicherheitskräfte seien mit Gummigeschossen und Tränengas gegen die rund 3.000 Menschen vor dem Kongressgebäude vorgegangen. In der Verfassung Brasiliens sei geregelt, dass die Urbevölkerung Land zugeteilt bekomme. Aufgrund der starken Agrarlobby sei dies aber seit Jahren nicht mehr geschehen.

Der Protest der Ureinwohner in Brasilien

Am 7. Mai gewinnt – Gott sei Dank – Emmanuel Macron die Stichwahl zur Präsidentschaftswahl in Frankreich. In seiner Rede am Louvre sagt er, er habe Respekt vor allen WählerInnen, die für Le Pen gestimmt oder sich der Stimme enthalten hätten. Er kenne die Wut, die Angst, die Verunsicherung und die Zweifel vieler Franzosen. Sein Ziel sei es, die Einheit der Nation zu sichern und die BürgerInnen wieder mit Europa auszusöhnen. Macron scheint es verstanden zu haben. Er wendet sich den Wählern zu, die sich abgewendet haben von dem politischen System, das in der jüngeren Vergangenheit in Frankreich tätig war.

Macron

Am 12. Mai ein Cyberangriff mit der Forderung nach Lösegeld. Ein gezielter Angriff auf wichtige Computernetzwerke in noch nie dagewesenem Ausmaß. Systemausfälle bei Institutionen und Unternehmen in aller Welt. In Krankenhäusern in Großbritannien müssen Operationen und Untersuchungen verschoben werden. Blutproben können nicht ausgewertet werden. Die Bahn, Telefonkonzerne, Logistikunternehmen … sind betroffen.

Cyberangriff

Auf Lebens Schneide III

Jetzt im Juni 2017 kitschige Biedermeierrosenvorhänge von der Rückwand
des Fischers nebenan, der letztes Jahr starb, quer durch unseren Garten
zum Fischer auf der anderen Seite, der inzwischen das letzte Original
hier ist. Zwischendrin' kardinallila Ramplerrose verrankt mit Königin
Margarethe. Orangene duftende hinter knallllllllllllllila Storchenschnabel.
Üppige rote Beliebungsrose mit den Füßen in Frauenmantel. Schwarz-
genannte in Wirklichkeit dunkelstlila neben Baumgewordener rosa mit
roten Rändern. Alte altlila einmal blühend hängend über besonderer
Sorte fadenlosen Sauerampfers. Aprikokotte unter Jelängerjelieber. Sha-
kespeare hoch über Kaiserkronen … So wie in diesem Jahr war es noch
nie. Wir waren das nicht.

SpiegelONLINE berichtet am 7. Juni unter der Überschrift „Atomkonzerne siegen vor Verfassungsgericht Die Brennelementesteuer ist verfassungswidrig. [...] Die Atomkonzerne können auf Rückerstattung
von mehr als sechs Milliarden Euro hoffen. [...]"

Türkei Vom 15. Juni bis 10. Juli läuft der türkische Oppositionsführer Kiliçda-
roglu zu Fuß von Ankara nach Istanbul, um gegen Erdoğans Unrechts-
regime zu protestieren. Zunächst verspottet, wird dieser „Marsch für
Gerechtigkeit" eine mächtige Demonstration, der sich Zehntausende
TürkInnen anschließen.

Als am 1. Juli der Deutschlandfunk meldet, dass „Democracy – Im
Rausch der Daten" den „Deutschen Dokumentarfilmpreis 2017" verliehen bekommt, freu ich mich.

G 20- Gipfel in Hamburg

Ab Anfang Juli Vorübungen zum G 20-Gipfel in Hamburg. Anschläge
auf die Bahn, die friedliche Proteste schon im Vorfeld in Misskredit brin-
gen. Während die „großen" Zwanzig bei Kalbsbäckchen und Steinbutt
sitzen und Schaffty und ich bei gebratenem Struvbutt aus der Schlei,
wird bekannt, dass – nach der Befreiung durch den IS – in Mossul/Irak
Hungersnot entstanden ist, dass die UN kein Geld für Hilfslieferungen

hat und dass der Gipfel 130 Millionen Euro kostet. Das Fernsehen ist hin- und hergerissen zwischen den Mächtigen der Welt in der Elbphilharmonie bei „Freude schöner Götterfunken" und Auseinandersetzungen zwischen Randalierern und Polizisten. Die notwendigen friedlichen Proteste Zehntausender, die sich gegen die Gewalt des kapitalistischen Systems wenden, dem täglich weltweit Tausende Menschen zum Opfer fallen, bleiben im Schatten. Von all dem unberührt, kalbt zur selben Zeit am Südpol beinahe unbemerkt Larsen C.[145] Der Gipfel scheitert auf der ganzen Linie.

Lichtblick: Grandiose Performance „1.000 Gestalten". Mit grauem Lehm beschmierte Menschen gehen, schleppen sich, schlurfen, wanken durch die Innenstadt. Einige fallen. Dann, am Ende, auf einem leeren Platz, zieht einer sein Grau aus. Steht in leuchtend blauem T-Shirt. Hilft einer gefallenen Frau auf. Auch sie zieht ihr Grau aus ... Am Ende liegt sich eine bunte Menge jubelnd in den Armen. –

Nach dem Gipfel wird nicht über notwendige Veränderung der Weltpolitik diskutiert, nein, das Für und Wider zum Polizeieinsatz beherrscht die Medien.

Zur Musikbox:

2017 Vollkommene Stille in meinem Turm. Dann Momente, in denen der Raum aus sich heraus zart säuselnd, summend Klang oder gewaltig brummend, scheppernd, trommelnd Hall hervorbringt. Sphären-, Planeten-, Walhall, Nachhall, Vorhall, Sternenmusik? Zum Glück wird das ein Geheimnis bleiben.

Ungefähr hundert Jahre nach dem Matrosenaufstand, fünfzig Jahre nach 1968, vierzig Jahre nach meiner Ankunft in KIEL, dreißig Jahre nach 1988, fünfundzwanzig Jahre nach Engholm beende ich Ende Juni 2017 meine Chronologie, die mir ab 2016 aus den Fugen geraten ist, weil die Welt aus den Fugen geraten ist.

---

145 Larsen C.: Nach seinem norwegischen Entdecker benannter Eisberg in der Westantarktis, von dem eine gigantische Eisinsel (185 × 50 Kilometer) abgebrochen ist. Forscher befürchten, dass ohne das Schelfeis die Gletscher viel schneller ins Meer fließen. Quelle: taz 13.7.2017.

Postskriptum

Unter der Überschrift „Brokdorf darf ans Netz" berichtet die taz am 31. Juli 2017: „Das AKW darf nach fast sechs Monaten gedrosselt hochfahren. [...] Während des Stillstands kam es im AKW Brokdorf zu Problemen. Erst am vergangenen Freitag öffnete eine Klappe im Ladeluftsystem eines Notstromdiesels bei einer Prüfung nicht. Radioaktive Stoffe wurden nicht freigesetzt, so die Atomaufsicht. Am Sonnabend demonstrierten rund achtzig Atomkraftgegener gegen das Wiederanfahren des Meilers, der eine Restlaufzeit bis 2021 hat. (dpa)"

Bundestagswahl am 24. September 2017: CDU 26,8 %, SPD 20,5 %, AfD 12,6 %, FDP 10,7 %, DIE LINKE 9,2 %, GRÜNE 8,9 %, CSU 6,2 %. Die AfD sitzt mit 94 Personen im Bundestag.

Dann ununterbrochenes parteipolitisches Theater. Sondierungen für eine „Jamaika-Koalition". Die Sondierungen scheitern – am 20. November zieht sich die FDP aus den Gesprächen zurück.

2018   Am 9. Februar erklärt Martin Schulz auf innerparteilichen Druck seinen Verzicht auf den Eintritt in die Bundesregierung. Am 13. Februar erklärt er seinen Rücktritt vom SPD-Vorsitz. Für den Sonderparteitag am 22. April nominiert das Präsidium Andrea Nahles als SPD-Vorsitzende. Nach Sondierungsverhandlungen für eine Koalition von CDU/CSU und SPD stimmt in einem Mitgliederentscheid die SPD-Basis mit einer Mehrheit von 66,02 % für eine erneute Große Koalition.

„Die EU-Kommission will Ankara weitere 3 Milliarden Euro für Flüchtlinge und Grenzabschottung überweisen." (taz, 15.03.2018.)

Am 20. März wird bekannt, das der neue Bundesfinanzminister Olaf Scholz sich den Deutschland-Chef von „Goldman Sachs" als Staatssekretär in sein Ministerium holt.

Nach dem Amoklauf an einer Schule in Parkland/Florida demonstrieren in den USA mehr als eine Million Menschen, vor allem SchülerInnen, gegen das laxe Waffenrecht. „**Wir haben entschieden, dass wir etwas tun, weil die Erwachsenen es nicht tun.**" (Alex Wind, Schüler in Parkland.)

Postmeier

Es macht mich fassungslos, was trotz der Vorsätze meiner Generation in den letzten Jahrzehnten geworden ist!

Nach dem „Wirtschaftswunder", nach der Ost-West-Konfrontation, nach der Studentenbewegung, nach der Friedens- und Ökologiebewegung, nach dem Wunder von 1989, das uns mit so viel Freude und Leichtigkeit und Hoffnung erfüllte, ist inzwischen Undenkbares Wirklichkeit geworden.

Wir Nachkriegskinder haben den letzten Moment der alten Kultur noch erlebt und dann die großen Veränderungen mitgemacht, die den Bruch mit unseren Gemeinwesen bedeuteten, die über Jahrhunderte in beständigem Gefüge und bei *nachhaltiger* Wirtschaftsweise weltweit funktioniert hatten. Gemessen an den Grundvoraussetzungen auf der Erde waren sie das Bestmögliche. Das heißt nicht, wir hätten verharren sollen an unseren alten Orten. Aber der Maßstab für die Verwirklichung von besserem Neuen hätte immer an dem orientiert bleiben müssen, was wirklich ist: Wir leben alle zusammen auf diesem Stern,[146] von dem wir nicht weg können und zu dem uns – wie es aussieht – niemand von woanders Überlebenspakete bringen wird. Das konnten wir denken. Und wenn wir getan hätten, was wir auf dieser Grundlage denken konnten, mit all den technischen und wissenschaftlichen Möglichkeiten, zu denen wir fähig sind und die wir stetig hätten verbessern können (die wir aber weitgehend in Tätigkeiten und Produktionen vergeuden, die diese Erkenntnisse unbeachtet lassen), dann hätten wir weniger Verbrauch von fruchtbarem Land, von Boden- und Meeresschätzen, dann hätten wir kurze Wege, bessere Luft, moderateres Klima, ganz viel sinnvolle Arbeit und viel mehr Lebensqualität. Wir waren klug genug und wussten genug, um das zu erkennen, und es wär uns möglich gewesen.

---

146 Ja. Stern! Solange unser irrsinnig wachsendes Wissen – auch über das All – nicht dazu führt, dass wir vernünftig mit der Erde umgehen, möchte ich gern weiter dieses schöne alte Wort in meinen Volksmund nehmen, das auf dem Indogermanischen beruht. Es bedeutet: „Am Himmel Ausgestreutes."

Angesichts der Grundbedingungen auf der Erde und unseres Wissens darüber hätte nicht sein dürfen, was ist!

Wir Nachkriegskinder sind bei zunehmendem Wohlstand in einem Land aufgewachsen, das inzwischen zu den reichsten der Erde gehört. Wir sind Zeugen und/oder Beteiligte der '68er-Bewegung.[147] Wir haben zu Recht im Nachkriegsdeutschland eine Auseinandersetzung mit der Nazidiktatur herbeigeführt. Aber jetzt stehen wir vor der selbstkritischen Überlegung: Sie, unsere Eltern und Großeltern, lebten in einer grausamen Diktatur. Wir leben in einer Demokratie! Was tun wir angesichts des Irrsinns in neuen Kleidern, der inzwischen beinah geräuschlos in jede Ritze unseres Lebens eingedrungen ist und von dem wir nicht wissen, wohin er unsere Enkelkinder trägt? Inzwischen stellt sich uns die Wirklichkeit auf Erden unüberschaubar und unbeherrschbar dar. Es wird wieder annektiert, stationiert, manövriert und höchste Diplomaten agieren unfassbar undiplomatisch. Es wird wieder aufgerüstet. Es ist wieder Kalter Krieg.

Wir stehen vor den Scherben unserer Generation.

Wir Nachkriegskinder haben uns aus dem Joch der Kirche, der Schwarzen Pädagogik, der einengenden dörflichen und familiären Gemeinschaften herausgearbeitet und das war eine Befreiung. Aber inzwischen sind die gesellschaftlichen Bänder, Zusammengehörigkeit und sozialer Zusammenhalt weitgehend zerrissen. Wir und unsere Kinder und unsere Enkelkinder haben den Maßstab für unser Handeln verloren. Die meisten von uns haben schon längst keinen Kontakt mehr zu dem, was uns ernährt und was uns unser Fell ersetzt. Wir sitzen beinahe Tag und Nacht in Welten, die es gar nicht gibt. Inzwischen empfinden wir das vollkommen verrückte gegenwärtige, in weitgehend unbeteiligtem Ton vorgetragene Weltgeschehen schon als „normal". Aber:

Was wir zurzeit erleben, ist ein *mehr* als besorgniserregender Weltmoment.

Was nach der „schlechten Zeit" (wie das „Dritte Reich" nach dem Krieg genannt wurde, das sich uns Nachkriegskindern erst nach und nach erschloss), was in den Jahrzehnten nach 1945 nicht stattfand, „[...]

---

147 Die '68er-Bewegung, die APO, die außerparlamentarische Opposition, hat eine starke politische Bewusstseinsbildung hervorgebracht, deren Bedeutung ich bis heute nicht abschließend bewertet seh.

weil es von der apokalyptischen Angst vor der Bombe überlagert wurde, war die Stimme der grundsätzlichen Zivilisationskritik. Daß etwa der Wohlstand der sogenannten fortschrittlichen Nationen durch ungeheure Ressourcenverschleuderung und durch Expansion eines weltweiten Energie- und Rohstoffimperiums erst ermöglicht wurde, blieb den Lobpreisern des Wirtschaftswunders mit seinen Butterbergen und Massenmästereien politisch und emotional verborgen. Die Freiheit von Furcht und Not wurde durch Übergriff auf die Ressourcen schwächerer Nachbarn und auf die Zukunft unserer Kinder und Enkel erkauft."[148]

Nach über sechzig Jahren Gier-Affen-Schlaraffenland befinden wir uns wieder in einer schlechten Zeit. Ja, „Uns geht's ja noch gold", wir leben in einem der freiesten, reichsten und sichersten Länder der Welt, aber glauben wir wirklich, dass das so bleibt, wenn wir uns gegen das Elend von Milliarden von Menschen auf der Erde abriegeln?

Glaubt wirklich jemand, dass wir uns so den Frieden bewahren?

Bei Schlagzeilen wie „Kriminelle unter den Migranten" oder „Polizei warnt vor aggressiven Bettlerbanden", wo im weiteren Textverlauf dann von *einem* neuen Fall die Rede ist, denk ich an unseren Reichtum und an ihre Armut, denk ich: Was muss passiert sein, bis wir betteln? Denk ich an die Kriminalität, mit der wir seit Generationen die unermesslichen Reichtümer Afrikas plündern. Denk ich an die Fischer dort, denen inzwischen ihre Lebensgrundlage genommen ist, weil die Fabrikschiffe der reichen Industrienationen ihnen ihre Fanggründe ausgeraubt haben. An unsere Lumpen und an unsere „minderwertigen" Hühnerteile, mit denen wir den afrikanischen Markt überschwemmen und damit sein kunstvolles Textilhandwerk und seine Geflügelzucht verdrängen. Denk ich an die Schamlosigkeit, mit der Menschen in Asien, in Lateinamerika, in der Karibik … ausgebeutet und ausgeblutet wurden und werden. An die Weltregionen, in denen sich Millionen Menschen inzwischen von Müllbergen ernähren. – Denk ich an militärische Interventionen und politische Lügen. Denk ich an Deutschland, das inzwischen wieder einer der größten Waffenexporteure ist – Waffen, durch die Menschen gezwungen sind, ihre Heimat zu verlassen. Denk ich an die Menschen, die nicht zu den Verursachern gehören,

---

148 Carl Amery in: „Hitler als Vorläufer Auschwitz – der Beginn des 21. Jahrhunderts?"

aber wegen der menschengemachten Klimaveränderung gezwungen sind, ihre Heimat zu verlassen ...

Wem das nicht genug ist, der sollte den Hintergründen der weltweiten „Migration", der sollte der Geschichte und der Gegenwart des Imperialismus und des Kolonialismus unbedingt tiefer nachgehen.

Der Umgang der deutschen Regierung, der Umgang der Europäischen Union und der Welt mit der gegenwärtigen „Flüchtlingskrise" ist das Ende der Menschlichkeit.

Wären da nicht die neuen Kommunikationsmöglichkeiten, wären da nicht die Helden unserer Zeit, Ärzte, Krankenschwestern und Krankenbrüder und freiwillige HelferInnen, JournalistInnen und AutorInnen, humanitäre Organisationen wie „amnesty international" und „Pro Asyl" und viele andere mehr, dann würden wir sicher mehr im Dunkeln gehalten, würden nicht so genau wissen, dass inzwischen mehrmals mehr Undenkbares Wirklichkeit geworden ist. Aber wir alle sind bestens informiert. Diesmal kann mensch nicht sagen, er habe es nicht gewusst. Wir wissen: Inzwischen befinden sich siebzig Millionen Menschen weltweit auf der Flucht. Wir wissen Bescheid über die Tragödie Afghanistans. Wir wissen Bescheid über das Elend in Afrika. Wir wissen Bescheid über das Land, wo Milch und Honig flossen und jetzt Tränen und Blut – wir kennen die Hintergründe der NATO-Einsätze im Irak und Afghanistan und wissen, dass u. a. hierin die Ausbreitung des „Islamischen Staates" begründet ist. Wir wissen Bescheid über die Zerstörung Syriens. Wir wissen, wie sehr die Länder an den EU-Außengrenzen betroffen sind, wie sehr vor allem die Griechen, die selbst im Notstand leben und trotzdem all die vielen Menschen betreuen, die in ihrer Inselwelt stranden und stranden. Wir wissen Bescheid über die Situation in Süditalien und besonders auf Lampedusa. Wir wissen Bescheid über das Elend in der türkisch-syrisch-irakischen Grenzregion, in den Flüchtlingslagern in Bulgarien, an den Stacheldrahtzäunen vor Ungarn und hinter der Festung Europa in Nordafrika. Wir wissen: Das Mittelmeer ist seit 2016 ein Massengrab. Wir wissen: Während Zigtausende BürgerInnen in unserem Land von sich aus zur Hilfe bereitstehen, stehen viele Flüchtlingsunterkünfte leer – um deren Einrichtung unsere Verwaltungen teilweise schwer mit der Bevölkerung haben ringen müssen, für die Millionen an Mietkosten entstanden sind und weiter entstehen. – Finden wir zu einer Form der Gastfreundschaft, die den Sinn für die Vorzüge des anderen schärft! Wenden wir uns den Menschen zu, die aus großem Elend nach Europa streben, denen wir angesichts der Geschichte mitmenschlich verpflichtet sind. Und an dieser Stelle möchte ich ein Mal das Wort nehmen, das ich eigentlich nicht mag: Ich bin stolz, dass mein Bundesland Schleswig-Holstein sich im Februar 2017 dem Beschluss des Bundes und der Länder zur „Abschiebung" nach Afghanistan widersetzt hat!

Die Menschen, die aus größter Not nach Europa streben, sie brauchen vor allem unsere Sympathie!

Bei aller Wertschätzung für die schwere Arbeit, die ParlamentarierInnen und Regierungsmitglieder – auch – leisten, dass sie jetzt in dieser brisanten Weltlage sich nicht souverän erklären und nicht überparteilich handeln, sondern sich feige und aus Angst vor Machtverlust ausländerfeindlichen, rechtsradikalen Positionen annähern, ist unverantwortlich. Dass sie sich in erster Linie um Verschärfungen des Asylrechts, um „Abschiebung", um „Grenzschließung" bemühen, um sich das „Flüchtlingsproblem" vom Hals zu halten. Dass sie Milliardensummen an Regierungen verschleudern, die in ihren Ländern weder die Menschenrechte noch die Pressefreiheit achten, die in Bürgerkriege verstrickt sind und in denen schon Millionen Menschen in Zeltlager eingepfercht ausharren, ist zutiefst inhuman. Dass sie mit den „Flüchtlingsdeals" mit der Türkei, mit Libyen, mit Ägypten, unsere Seele verkaufen, ist vollkommen inakzeptabel!!!

„Indem unser Gemeinwesen dem Flüchtling sagt, dass er als Mensch kein Mitglied unseres Gemeinwesens ist, sagt es über uns, dass wir als Mitglieder unseres Gemeinwesens keine Menschen sind: bloß Deutsche, keine Menschen."[149]

Eine der Ursachen, die mir für die gegenwärtige Krise wesentlich erscheint, ist die repräsentative Parteiendemokratie mit ihrer Fixierung auf Wahlen.

Es erfüllte mich schon während meiner Tätigkeit in SPD-Wahlkämpfen mit Unbehagen, es erschien mir absurd, anstatt mit vernünftiger Politik zu überzeugen, einen großen Teil der Energie in der Sandkiste des parteipolitischen Konkurrenzkampfs zu verlieren. Und ich hab das in Wahlkampfrunden auch gesagt. Die politische Landschaft

---

149 Christoph Menke, Philosophiekolumne in MERKUR 70. Jahrgang, Juli 2016.

ist weitgehend zu einer Kampfarena der Macht geworden, in die sich hoffnungsvolle, unabhängig denkende Köpfe kaum noch begeben wollen. Und die Menschen sind dabei, Vertrauen in politisches Handeln überhaupt zu verlieren. Sie spüren, dass das zementierte Modell der repräsentativen Parteiendemokratie offenkundig ausgedient hat:

- Hannah Arendt erklärte schon 1975 in ihrer Rede zur Feier des zweihundertjährigen Jubiläums der amerikanischen Revolution, die organisierte Manipulation von Tatsachen durch eine Politik des image-making drohe das Wirklichkeitsempfinden der Menschen und damit deren politische Urteils- und Handlungsfähigkeit zu zerstören.

- Nochmal Jochen Steffen, der 1977 vor dem SPD-Parteivorstand erklärte: „Inzwischen managen wir nicht die Probleme, sie haben uns längst zu ihrem Spielball gemacht. Die Hauptursache ist, dass wir unsere Überzeugungen bis zur Unkenntlichkeit vermarktet haben und selbst nicht mehr die Wahrheit zu sagen und zu sehen wagen."

- Der Sozialdemokrat Hermann Scheer schrieb schon 1979 unter der Überschrift „Verantwortungslose Konfliktaustragung: Die Volksparteiendemokratie in der Bundesrepublik Deutschland betreibt ihren eigenen politischen Bedeutungsverlust, wenn die maßgeblichen Parteien nicht insgesamt zu einer verantwortungsvolleren Austragung ihrer politischen Konflikte gelangen. Die im Parteienwettbewerb notwendige Dialektik [innere Gegensätzlichkeit] von Konsens und Konflikt ist gegenwärtig in Gefahr, in überwiegend parteiegoistischen Kalkülen, in der Hysterisierung von Ereignissen, in der Beschäftigung mit Phantomproblemen, mit Scheinalternativen und mit Sündenbocksuche leerzulaufen, obwohl zentrale gesellschaftliche Probleme einer Lösung harren, für die das politische Bedürfnis und die Möglichkeiten einer breiten Vielfalt ernsthaft bemühter und konkurrierender Ideen, Strategien und Kompetenzen gegeben sind."

– Anonymus schrieb 1988 in ZRP, Heft 2: „Der Fall Barschel. Zur Legitimationskrise unserer Parteiendemokratie – Ansätze zu ihrer Überwindung: Das Vertrauen des Volkes in seine Repräsentanten ist die entscheidende Grundlage einer repräsentativen Demokratie. Dieses Vertrauen ist nachhaltig gestört. Eine wesentliche Ursache der gegenwärtigen Vertrauenskrise ist die Professionalisierung des Parlamentsmandats, die zu einer unzulänglichen Gemeinwohlorientierung und zu einem unverhältnismäßigen Vorrang privater Interessen bei Abgeordneten führt. Dieser Entwicklung sollte durch eine Begrenzung der Mandatsdauer auf zwei Legislaturperioden entgegengewirkt werden. [...]"

- Nach einer Studie der Friedrich-Ebert-Stiftung von 2015 ist bald jeder Dritte der Auffassung, dass unsere Demokratie schlecht funktioniert, unter den Ostdeutschen sind es sogar sechzig Prozent.

- Immanuel Kant kam zu dem Schluss, dass die Politik mit der Moral Hand in Hand gehen müsse, wenn es Fortschritt zum Besseren geben sollte.

Aber die politischen Kräfte, die unserem Land dienen sollten, überbieten sich, unentwegt sich wiederholend, oft sich selbst widersprechend, allzu oft in kleinkarierten, sinnlosen parteipolitischen Diskussionen und verrennen sich bis hin zu kriminellen Machenschaften. Mit der Barschel-Affäre ist der CDU, mit der Schubladenaffäre ist der SPD in Schleswig-Holstein eine ganze Generation hoffnungsvoller politischer Köpfe weggebrochen. Skandale weltweit haben bei den Bürgern inzwischen nicht nur zu Wahlmüdigkeit geführt, sondern zu enormem Misstrauen in politische Glaubwürdigkeit, das sich mehr und mehr zur Gefahr für die Demokratie auswächst. – In Sonntagsreden hieß es über Jahrzehnte: „Wehret den Anfängen", aber das Entstehen neuer radikaler Kräfte auf den Straßen und in der Politik, in Deutschland, in Europa, in der Welt, sie sind nicht Anfänge, sie sind schon Folge ... Die Massenproteste dringen immer weiter in die Gesellschaft ein – auch – weil die sogenannte „politische Klasse" sich offenbar mehr dem Kapital verbunden fühlt als den Menschen, Arbeitnehmer „freisetzt" und Konzerne und Banken absichert, aber zu den Menschen immer nur kommt (und was heißt das überhaupt?), wenn es um Wahlen geht. Die Politik setzt sich viel zu wenig mit den tiefen Ursachen der Bewegung auseinander. An Pegida- und ähnlichen Protesten nehmen ja nicht nur alte und neue Nazis teil, Horden, die einen neuen Sündenbock bei den Immigranten suchen. Europaweit gehen Menschen auf die Straße, die beim globalen Spiel als „Verlierer" dastehen, die wissen, dass die reichen Akteure, die die weltweite Bankenkrise ausgelöst haben, ungeschoren davongekommen sind. Menschen, die sich durch unehrliche Politik verschaukelt fühlen und dies Tag für Tag in den Medien bestätigt hören, lesen und sehen. Da sind Menschen in Ostdeutschland, die sich durch das niedrigere Lohnniveau als in Westdeutschland beleidigt fühlen, das nun schon seit über 25 Jahren besteht. Da sind Menschen, die ihr Leben lang schwer gearbeitet und brav ihre Beiträge in die Sozialversicherungskassen eingezahlt haben, aber im Alter weniger als die „Grundsicherung" bekommen und deshalb um Harz-IV-Zuschüsse betteln und klagen müssen. Da sind Armut[150] und Not inmitten einer Gesellschaft, die sich zu einer der reichsten der Erde zählt. Da sind Ausgrenzung, Beleidigung, Demütigung, Kränkung, Verachtung, verletzter Stolz … Da ist die unvergessene Arroganz, mit der nach der Wende „Wessis" die Institutionen in den neuen Bundesländern übernahmen, mit der das DDR-Vermögen durch die „Treuhandanstalt" verkauft wurde, anstatt es z. B. in Form von Aktienanteilen an die ostdeutsche Bevölkerung zu verteilen. Zur Erinnerung: Die „Treuhand" wurde 1990 als „Anstalt des öffentlichen Rechts" gegründet, um die 8.000 sogenannten „Volkseigenen Betriebe der DDR" nach den „Grundsätzen der Sozialen Marktwirtschaft" zu privatisieren und die „Effizienz und Wettbewerbsfähigkeit der Unternehmen zu sichern", oder, wenn das nicht möglich war, stillzulegen. Im Umfeld der Privatisierung kam es zu Fällen von Fördermittelmissbrauch und Wirtschaftskriminalität. Am 1. April 1991 wurde der Präsident der „Treuhand", Detlev Karsten Rohwedder, von der RAF ermordet. – Als ich 2016 die Dokumentation „Goldrausch – Die Geschichte der Treuhand" von 2012 und die Geschichte über den „Verkauf der Interhotels" von 1991, die die Umbruchjahre wieder lebendig werden lassen, seh, bin ich einmal mehr schockiert. Wer verstehen will, sollte diesem Geschehen noch einmal tiefer nachgehen. All das kann nicht ohne Auswirkungen auf die davon Betroffenen geblieben sein. Große Teile der neu entstandenen politischen „Oberklasse", die den globalen Wirtschafts- und Finanzeliten näher stehen als ihren Bürgern, haben die Entwicklung immer noch nicht verstanden. Nicht nur ihre Politik, auch ihr Umgang mit dem zunehmenden Protest ebnet ausländerfeindlichen, europafeindlichen, diktatorischen Strömungen den Weg.

---

150 Laut „Armutsbericht 2017" der Wohlfahrtsverbände befindet sich Armut in Deutschland auf neuem Höchststand. Trotz wirtschaftlich guter Lage sind 12,9 Millionen Menschen betroffen. Dazu zählen über vierzig Prozent der Alleinerziehenden und ihre Kinder. Langzeitarbeitslose und künftig immer mehr Rentner werden betroffen sein.

Es ist eine neue „Unterklasse" von herabgewürdigten, gedemütigten, verunsicherten Menschen entstanden, die sich kaltblütig verraten, die sich einer wachsenden Bedrohung ausgesetzt sehen, die ein Ventil suchen, die der Einwanderung ihre Zustimmung entziehen aus Angst. Viele von ihnen wissen mit ihrer Zuwendung zu den neuen rechtsradikalen Bewegungen gar nicht, was sie tun. Das ist eine Revolte, die nach politischer Auseinandersetzung schreit! Die politische Klasse wäre gut beraten, den berechtigten Zorn dieser Menschen umzulenken auf die Reiter der globalen Wirtschafts- und Finanzungeheuer, wäre gut beraten, sich in erster Linie um eine Politik für das 21. Jahrhundert, für die Zukunft der Erde, für die Schaffung guter Lebensbedingungen für alle zu bemühen.

„Im Innersten der europäischen Demokratien gibt es den unübersehbaren Bruch zwischen denen, die Arbeit haben und sie mit allen Mitteln zu behalten suchen, und denen, die keine Arbeit mehr haben, aller Voraussicht nach auch nie mehr bekommen und von den Arbeitsplatzbesitzern bekämpft werden. Die Solidarität der Arbeitnehmer ist zerrüttet. […] gravierendstes Phänomen: Der einheimische Arbeiter beginnt häufig, den eingewanderten Arbeiter zu hassen. Und die Folge ist Rassismus."[151]

„In Links und frei" sagt Willy Brandt zur Wirtschaftskrise der Welt und der Weimarer Republik 1930: **„Die Parteien, die sich zur Verfassung bekannten, waren nicht fähig, sich auf die Bekämpfung der Krise zu verständigen."** Das ist jetzt – europaweit betrachtet – wieder so!

Das hat sich wieder und wieder markant auch in den Asyldebatten und in der Berichterstattung gezeigt – beginnend in den 1970er-Jahren, markant 1992 und 2012, als die Zahl von Asylanträgen von Menschen vom Balkan anstieg,[152] sowie 2015, während der Zuwanderung von Hunderttausenden von Menschen, in den Debatten innerhalb der Europäischen Union, in den Auseinandersetzungen zwischen CDU und CSU und in der Großen Koalition in Berlin sowie in den Bundesländern, die sich 2016 in Landtagswahlkämpfen befanden. Es ist unfassbar: Etablierte PolitikerInnen schüren in der explosiven Weltlage – jetzt – Ängste von WählerInnen vor „Überfremdung", suchen darin

---

151 Jean Ziegler: Die neuen Herrscher der Welt. 2002
152 (s. z. B. http://www.zeit.de/2012/49/Debatte-Grundrecht-Asyl-1992/komplet …)

parteipolitischen Vorteil, tragen rechtsradikale Themen und Begriffe in die Mitte der Gesellschaft.

Wir müssen die Art überdenken, wie heute regiert wird!

ɥoɾʍɘuqɪ8 ist eine kluge überparteiliche Debatte, die sich mit der Weltwirklichkeit und „Weltbürgergesellschaft"[153] auseinandersetzt. Die die tatsächlichen Zusammenhänge, Hintergründe und die Geschichte erklärt. Die uns mit unserer eigenen Zuständigkeit vertraut macht – der unseres Landes und unserer persönlichen. Wir brauchen eine Debatte, die den überwältigenden gastfreundlichen Geist, der 2015 in der deutschen Bevölkerung entstanden ist, weiter festigt und verbreitet als ansteckende Gesundheit für Europa und die Welt, eine Debatte, die nicht spaltet, sondern die alle Kräfte zusammenführt, die die Lage verbessern und stabilisieren.

Wir brauchen eine Weiterentwicklung der Demokratie.

Das griechische Wort „Demokratie" bedeutet: „die Herrschaft des Volkes". Aber können wir den Eindruck haben, dass wir auch nur im Entferntesten irgendeinen Einfluss auf das ausüben können, was vor sich geht? Sie nennen es repräsentative Demokratie. Wir dürfen in regelmäßigen Zeitabständen ein Kreuz machen und die Gewählten wollen uns dann repräsentieren. Aber repräsentieren sie uns? Rudi Dutschke im Interview mit dem Journalisten Günther Gaus am 3. Dezember 1967: „Ich halte das bestehende parlamentarische System für unbrauchbar. Das heißt, wir haben in unserem Parlament keine Repräsentanten, die die Interessen unserer Bevölkerung – die wirklichen Interessen unserer Bevölkerung – ausdrücken. […] die muß aber das Parlament verwirklichen. Aber das kann es nur verwirklichen, wenn es einen kritischen Dialog herstellt mit der Bevölkerung. Nun gibt es aber eine totale Trennung zwischen den Repräsentanten im Parlament und dem in Unmündigkeit gehaltenen Volk."

Hier spricht Rudi Dutschke genau das aus, was ich als Arbeiterin in der Bürgerinitiative „Zukunftswerkstatt Schleswig" erlebt hab – sowohl in Bezug auf die kommunale Ebene als auch auf die Landesebene. Ein echter Dialog mit den BürgerInnen scheint der „politischen Klasse" unerträglich zu sein. Aber wir müssen unsere Stimme erheben und wir müssen uns EINMISCHEN, denn im Rückblick werden es nicht

---

153 Ulrich Beck, siehe nächste Fußnote

Konzerne oder Organisationen, Parteien, so oder so gestrickte Bürger-meisterInnen, MinisterpräsidentInnen, KanzlerInnen, werden es nicht RätInnen oder Gremien oder unsichtbare Mächte gewesen sein. Wir alle werden es gewesen sein.

Jeder einzelne Mensch hat Mitverantwortung für seine Zeit!

Nach Ulrich Beck[154] geht es bei der Zukunft der Demokratie um die Alternative, ob die Bürgerschaft „in allen Einzelheiten der Überlebens-fragen" vom Urteil der Experten und Gegenexperten abhänge oder ob man in der kulturell hergestellten Wahrnehmbarkeit der Gefahren die individuelle Urteilskompetenz zurückgewinne. – Lies Ulrich Beck!

Die – jetzt – an der Macht schaffen es offenkundig nicht, angesichts dieses bisher wohl größten Umbruchs in der Menschheitsgeschichte human und verantwortungsvoll für die kommenden Generationen zu handeln. Sie schaffen es nicht, sich freizumachen von ihrer Angst um Machtverlust, lieber passen sie ihre Positionen radikalen inhumanen Bewegungen an. Sie schaffen es nicht, gemeinsam zu handeln.

„Es ist Zeit, dass wir uns unsere Zukunft aus den Händen der ‚Experten' zurückholen. Zeit, in ganz gewöhnlicher Sprache öffentliche Fragen zu stellen und öffentliche Antworten in ganz gewöhnlicher Sprache zu verlangen."[155]

Was wir beklagen, ist so, wie es ist, weil wir es zulassen.

Der Glaube, dass wir mit unserem Wahlzettel unsere Stimme ab-geben, ist ein Irrtum! Der Glaube, „als einzelner Mensch kann man ja doch nichts tun" ist ein Irrtum. Staatlich-politische Einrichtungen, Institutionen – ob in Diktaturen oder in Demokratien – sind Ausdruck von Macht. Sie fallen wie Kartenhäuschen zusammen, wenn „das Volk" nicht mehr hinter ihnen steht und sie stützt. Helmut Schmidt schrieb: „[...] dass Demokratie nicht etwa deshalb die beste Form der Herrschaft ist, weil hier angeblich das Volk herrscht, sondern weil viel-

---

154 Ulrich Beck († 2015) war einer der bedeutendsten deutschen Soziologen der Gegenwart und gehört zu den meistzitierten und anerkanntesten Sozialwissen-schaftlern der Welt. Seine Studie „Risikogesellschaft" (erschienen 1986, im Jahr der Reaktorkatastrophe von Tschernobyl) wurde als eines der zwanzig bedeu-tendsten soziologischen Werke des 20. Jahrhunderts durch die International Sociological Association ausgezeichnet.

155 Arundati Roy, indische Schriftstellerin, politische Aktivistin und Globalisie-rungsgegnerin.

mehr eine Mehrheit des Volkes eine bisherige Herrschaft ohne Gewalt stürzen kann."[156]

Was wir gerade erleben, ist der Verfall unserer Kultur.

Hätten wir seit den 1970er-Jahren einen offenen und herrschaftsfreien Dialog unter sämtlichen Menschen organisieren und führen können, ohne dass Staaten und Großkonzerne massiv Einfluss genommen hätten, um politische Entscheidungen oder gar Erkenntnisse zu verhindern, dann hätten wir es heute wohl kaum mit einem derart dramatischen Umbruch zu tun. Inzwischen ist überüberüberdeutlich geworden: Die großen politischen Systeme haben versagt. Und die Kräfte mit überzeugenden Denkmodellen für ein Überleben auf der Erde, mit funktionsfähigen Ideen, mit Zielvorstellungen, bei denen nicht Wachstum, sondern soziale Gerechtigkeit und langfristige Existenzfähigkeit vorherrschen, konnten sich bisher nicht durchsetzen. Selbst so bedeutende, weltweit agierende Organisationen wie zum Beispiel das Weltsozialforum oder Persönlichkeiten wie der Stifter des Alternativen Nobelpreises Jakob von Uexküll mit seinem Weltzukunftsrat oder Hermann Scheer mit seinen Ideen zur Ablösung atomarer und fossiler Energien konnten sich in der Abgestumpftheit unserer Gesellschaft bisher nicht genügend Gehör verschaffen. Aber ihre klugen Konzepte sind auf dem Weg.

Wollen wir weiter Zeugen, Hehler und Mittäter sein?

Wollen wir, die wir auf soziales und erdverträgliches Miteinander angewiesen sind, weiter untätig der Zerstörung unseres Planeten zur Bereicherung einer kleinen Minderheit zusehen? Der Diktatur einiger weniger Konzerne? Den Auswirkungen fortschreitender Automatisierung, Industrialisierung und Mobilisierung? Hoffnungsvollen Reden unserer RepräsentantInnen auf Klimakonferenzen und dem gleichzeitig bis hin zum Treibstoff hochsubventionierten ungebremsten Ausbau des Flugverkehrs (2016 sind 112 Millionen Passagiere in Deutschland in ein Flugzeug gestiegen, so viele wie nie zuvor)? Dem mörderischen, stetig sich verschärfenden weltweiten Wettbewerb? Dem ungebremsten, ökologisch unverantwortbaren Ausbau des Automobilverkehrs und den kriminellen Machenschaften in den Chefetagen – auch – dieser Branche? Der Konzentration der Macht über unsere Ernährung, die

---

156 „Lehrer der Verantwortung", in: DIE ZEIT, 23.9.1994.

wir aus unseren Händen gegeben und uns damit in vollkommene Abhängigkeit begeben haben? – Nach einer im Mai 2016 veröffentlichten Studie des Forums Umwelt und Entwicklung in Berlin ist die Macht der Konzerne inzwischen grenzenlos. Sie befindet sich in den Händen einer kleinen Clique, die sich jede Opposition kaufen kann. Sie fördern den Einsatz von Pestiziden, die unsere überlebensnotwendige Erdkrume zerstören. Sie haben weltweit das Saatgut unter ihrer Kontrolle, was die Hauptursache ist für den Hunger[157] in der Welt: 805 Millionen hungernde Menschen an den Rändern von Überproduktion und Lebensmittelvernichtung. Für ihre Existenz, die von der Landwirtschaft abhängt, sind die immer stärker werdende Anwesenheit und Einflussnahme der weltweiten Macht der Agrar- und Lebensmittelindustrie sowie das Vordringen der Supermarktketten eher eine Bedrohung als eine Hilfe. Aber nicht nur für sie. Auch für uns: „Das Grundproblem des fortgeschrittenen Kapitalismus ist also nicht, dass ein paar Leute zu viel ökonomisches Kapital haben und andere zu wenig, es ist unser Wirtschaftssystem selbst, das die Selbstbedienung organisierter Kreise auf Kosten des Naturkapitals nicht nur erlaubt – es beruht darauf.“[158]

Wollen wir weiter die Idioten der Geschichte sein?

Wollen wir, dass uns die Kontrolle über unser eigenes Leben ganz entgleitet? Wollen wir weiter Ursache menschengemachter Katastrophen und weltweiten Terrors sein? Wollen wir weiter der Politik für Konzerne und Wachstum um jeden Preis, Konzentration des Kapitals, dem weltweiten Finanz- und Bankenkartell zusehen, dessen Krisen innerhalb weniger Monate mit Unsummen aus öffentlichen Haushalten aufgefangen werden, während Afrika an seinem Elend zerbricht und zugleich weiter und weiter und weiter ausgebeutet wird? Dem Druck von Geld, das nicht in die Volkswirtschaften, sondern in die Finanzströme globaler Spieler fließt? Der Zahlung gigantischer Managergehälter (die – immer noch – gesetzlich gebilligt sind) und -abfindungen

---

157 Armatya Sen – z. B. – der 1998 den Alfred-Nobel-Gedenkpreis für Wirtschaftswissenschaften erhielt – sieht den Hunger in der Welt als Resultat eines Verteilungsproblems. „Allein die weltweit ungefähr eine Billion Dollar, die pro Jahr für Rüstung verpulvert wird, würde ausreichen, um alle Probleme – von der (Um) Weltzerstörung bis zur Verelendung der sog. ‚Entwicklungsländer' – zu lösen."

158 Chandran Nair „Neokolonialismus gegen die Natur" in: Auf den Ruinen der Imperien, Edition Le Monde diplomatique 18/2016.

in zweistelliger Millionenhöhe für oft miserable Arbeit und kriminelle Firmenpolitik? Der Überproduktion und Vernichtung von Lebensmitteln? Der vierten industriellen Revolution, wo bei steigender Produktivität und steigenden Unternehmensgewinnen die Beschäftigungskurve sinkt? Der Aufkündigung der gesellschaftlichen Solidarität? Dem Sozialabbau? Bedenklichen Arbeitsverhältnissen? Erwerbsarmut? Leiharbeit? Massenhaften Zeitverträgen, durch die eine verstärkte Verwundbarkeit der Menschen entsteht, Entwurzelung, bei denen viele an die Ränder der Gesellschaft gedrängt werden und jungen Menschen die Sicherheit zur Familiengründung genommen wird? Schlechten Arbeitsbedingungen, durch die körperlicher und seelischer Stress und Krankheit entsteht. Teilzeitbeschäftigungen, in denen Frauen heute – zum Beispiel – für 400 Euro aufschließen, backen, einräumen, verkaufen, Brötchen schmieren und belegen, Kaffee kochen, servieren, abräumen, freundlich sind, kassieren, abrechnen, wischen, fegen, feudeln und abschließen, ohne fürs Alter abgesichert zu sein? Ausgrenzung? Demütigung? Herabwürdigung? Der Schwächung der Gewerkschaften, deren Zugkraft in globalen Märkten („Billiglohnländer", Firmenpolitik, die mit Abwanderung droht) verloren gegangen ist (aber auch in Korruptionsskandalen in den eigenen Reihen)? Dem Abbau von ArbeitnehmerInnenrechten, die schwer erkämpft wurden, deren Errungenschaften ohne die Organisationskraft der Arbeiterbewegung nicht möglich gewesen wären? Den Gefahren neuer globaler Handelsabkommen, mit denen u. a. die Idee von Niedriglöhnen importiert und ArbeitnehmerInnenrechte eingeschränkt und Verbraucherschutz nachrangig werden? Der stetigen Schmälerung der gesetzlichen Altersversorgung und der zusätzlichen privaten, die man den Bürgern aufgenötigt hat, für die es, wie für die Sparguthaben, inzwischen keine Zinsen mehr gibt? Und nicht zuletzt: Wollen wir weiter der „Privatisierung" der kommunalen „Daseinsvorsorge" zusehen, darunter unsere Lebensgrundlage, das immer knapper werdende und durch landwirtschaftliche und industrielle Einträge immer stärker beeinträchtigte Trinkwasser?

Das Land, die Städte, die Dörfer gehören uns Menschen.

Himmel und Erde, Wälder und Wasser, öffentliche Gebäude und Einrichtungen gehören uns allen!

Unsere Bundesbahn zum Beispiel: Sie war einmal sehr zuverlässig, hatte ganz viel Personal und damit Arbeitsplätze, sie hatte komfortable

Wartehallen und einladende Gaststätten. In viel ärmeren Zeiten waren unsere Bahnhöfe Zierden unserer Städte und Dörfer. Im Zuge der Bahnreform 1994 sollte es zu einer Verbesserung der Leistungen für die Kunden kommen. Ihr Kapital wurde privatisiert. Ihr Name ist jetzt Deutsche Bahn AG. Sie hat in den Metropolen noble Bahnhofslabyrinthe und glitzernde Himmelspaläste gebaut, in denen Chairholderhopping gespielt wird – während wir in verkommenen, zugigen Unterständen stehen, wo uns der Fahrkartenautomat verrückt macht, wo wir warten und warten und uns unsere Notdurft verkneifen, weil wir dort vor Ekel nicht mehr aufs Klo können und …

Krankenhäuser und Alten- und Pflegeheime zum Beispiel: Gesellschaftliche Lebensbereiche, in denen es besonders um Menschlichkeit und Mitmenschlichkeit, um Güte, um Mildtätigkeit geht, wurden privatisiert. Diese Unternehmen arbeiten jetzt profitorientiert – zu Lasten der kranken, der zu betreuenden, der dort arbeitenden Menschen. Aber: Krankenhäuser verkauft man nicht! Es reicht doch, wenn das System sich rechnet! Und sollten bei solidem Wirtschaften Überschüsse entstehen, sollten diese jenen oder ähnlichen Einrichtungen zugutekommen, in denen durch Wohltätigkeit finanzielle Defizite entstanden sind. Die im Gesundheitswesen Tätigen müssen für ihre schwere Arbeit gut und besser vergütet werden, aber niemand sollte sich am Gesundheitswesen bereichern dürfen. An Kranken, an Pflegebedürftigen soll mensch sich nicht bereichern …

Seit 1993 haben Hunderte Städte, kommunale und staatliche Unternehmen in Deutschland und Europa, sogenannte „Cross Border Leasing-Verträge" mit US-Investoren abgeschlossen, bei denen verantwortliche SpitzenbeamtInnen und gewählte BürgermeisterInnen, weitgehend in Unkenntnis der umfangreichen Vertragswerke, öffentliches Eigentum an Investoren verkauft und gleichzeitig zurückgemietet haben. Als mitverantwortliche BürgerInnen sollten wir diesem Geschehen, das einen unfassbaren Demokratienotstand in den Kommunen erkennen lässt, tiefer nachgehen.[159]

„Die Privatisierung der Welt schwächt die normensetzende Kraft des Staates. Sie stellt Parlamente und Regierungen unter Vormundschaft.

---

159 Vgl. „Cross Border Leasing. Ein Lehrstück zur globalen Enteignung der Städte", Werner Rügemer.

Sie entleert die meisten Wahlen und fast alle Volksabstimmungen ihres Sinns. Sie beraubt die öffentlichen Institutionen ihrer regulatorischen Macht. Sie tötet das Gesetz.“[160]

„Die neoliberale Privatisierungsmaschine muss abgestellt werden. Es gibt keinen Grund, weiterhin profitorientierte Unternehmen staatlich zu fördern. [...] Die Vermögensbestände, über die der Staat noch verfügt, dürfen nicht mehr dazu dienen, privaten Unternehmen Gewinne zu verschaffen, sondern müssen eingesetzt werden, um die Lebenshaltungskosten zu reduzieren. Durch einen aktiven öffentlichen Sektor, die Wohnkosten, die Kosten für das Transport-, Bildungs- und Gesundheitswesen zu senken. [...]“[161]

Was können wir angesichts des Zustandes unserer weltweiten Gesellschaft noch bewirken in Verantwortung für unsere Zeit?

Zuerst begreifen: Es geschieht nichts von selbst. Wir sind nicht ZuschauerInnen. Wir sind tief in die Verhältnisse verstrickt. Wir sind Teil des Geschehens und wir sind alle beteiligt. Es sind nicht immer die anderen – es sind – auch – wir selbst, die die Lage herbeigeführt haben. Und dann: Uns empören! Gemeinsam und laut. Beenden wir die Demokratie hinter verschlossenen Türen. Hören wir auf, uns Autoritäten, Hierarchien und Gesetzen zu unterwerfen, denen man den Anschein natürlicher Notwendigkeit gibt.

Untertanengeist können wir uns nicht mehr leisten!

Schaffen wir eine neue Form politischer, sozialer und wirtschaftlicher Organisationen, welche auf allen Ebenen für eine demokratische und gleichberechtigte Aufteilung der Macht unter den BürgerInnen sorgt, die sich auf regionaler, nationaler, kontinentaler und globaler Ebene verbünden. Das ist in Ruhe und Frieden möglich. Setzen wir uns entschieden für Auseinandersetzung auf Augenhöhe, für echte Dialoge an gemeinsamem Tisch, in gemeinsamer Verantwortung, in Vertrauen und in Vertrauenswürdigkeit ein. Erinnern wir uns an das Wunder von 1989, als die Welt sich mit uns gefreut hat. An das weltweite Ansehen, das 2015 entstand, als so viele Deutsche die kalte Realität der „Migranten“ in ihr Leben genommen haben. An den Herbst 2015, als

---

160 Jean Ziegler in „Die neuen Herrscher der Welt“.

161 Paul Mason, Journalist, Ökonom und Berater des Labour-Party-Vorsitzenden Jeremy Corbyn.

300.000 BürgerInnen in Berlin gegen den Irrsinn der Welthandelspolitik (TTIP und CETA) auf die Straße gegangen sind und Millionen im Netz mit ihrer Unterschrift protestiert haben. Erinnern wir uns an die Möglichkeiten von Lichterketten und Massenprotesten. Zuallererst – begreifen wir: Es geht jetzt darum, dass wir in erster Linie VON UNS AUS ANDERS LEBEN! Damit können wir sofort beginnen. Erkennen wir unsere Freiheit. Denken wir selbst: Wo bin ich? Welche Lebensbedingungen bietet die uns allen gemeinsame Erde? Was tu und lass ich als einzelner Mensch, um zu vermeiden, dass sich die globalen Lebensbedingungen verschlechtern. Was tu und lass ich, um sie zu verbessern. Das kann jede und jeder für sich denken. Damit kann jeder und jede sofort anfangen. Dabei haben wir eine enorme Macht. Was wir nicht mehr kaufen, wird nicht mehr hergestellt. Was wir nicht mehr wollen, findet nicht mehr statt. Befreien wir uns aus einer Gesellschaft, die sich von einer Weltwirtschaft, die sich von Wachstumszwängen abhängig gemacht hat. Nehmen wir die Milliarden und Abermilliarden, die im globalen Spiel in endlosem Strom um den Erdball kreisen, und bauen wir gemeinsam die ausgemergelten Länder und Kontinente so auf, dass die Hunderte von Millionen Menschen dort und die sich jetzt weltweit auf der Flucht befinden, in ihrer Heimat oder im Exil menschenwürdig und selbstbestimmt leben können. Setzen wir uns dafür ein, dass die Monokulturen alter und neuer industrialisierter Landwirtschaft auf der ganzen Erde beendet und dass die neuen irrsinnigen Auswüchse modernen Großgrundbesitzes auf der südlichen Welthalbkugel gestoppt werden. Nehmen wir die tatsächliche Wirklichkeit, nehmen wir die Grundbedingungen auf der Erde wieder wahr und beginnen wir, die zivilisatorischen Zerstörungen zu reparieren. Denken wir das richtige Alte neu und entwickeln wir es weiter. Denken wir den Erdboden. Auf ihm die Landwirtschaft. Aus ihm die Ernte. Das sind unsere Lebensgrundlagen, ohne die auch die an den Bildschirmen, ohne die auch DenkerInnen, ohne die auch PolitikerInnen nicht auskommen. Beenden wir von uns aus unsere Gier-Affen-Schlaraffen-Gesellschaft. Setzen wir uns von uns aus für die Einhaltung von Regeln ein, die sowohl unseren eigenen Egoismus als auch die große Bereicherung einiger Weniger zu Lasten des Weltfriedens beenden.

Keine Angst!
Das bedeutet nicht ein verhärmtes, armseliges Leben. Die Erde, die zu gleichen Teilen Eigentum aller Menschen ist, bietet alles, was wir brauchen und Arbeit für alle. Es geht um modernisierte regionale Gesellschaften mit neuer Lebensqualität, bei der – um Gottes Willen (!) – niemand – z. B. – auf sanitäre Grundversorgung verzichten muss. Niemand muss wieder aufs Plumpsklo! Und niemand, der sich darüber erhoben hat, soll sich an landwirtschaftlicher Arbeit beteiligen müssen. Aber die es verstanden haben, werden jetzt selbst, werden von sich aus Verantwortung übernehmen, werden dafür sorgen, dass unser Heimatplanet für nachfolgende Generationen bewohnbar bleibt. Sie werden altes richtiges Wissen mit besserem, neuen verknüpfen, werden Jahrtausende gewachsene gesellschaftliche Werte erkennen und beleben. Werden die elementaren Fähigkeiten zur Selbstversorgung erfahren, werden die wunderbaren Lebensquellen, die irdischen Genüsse hüten und bewahren. Dazu ein einziges Beispiel, und mag es sich zunächst auch noch so befremdlich anhören: Die Meierei muss wieder ins Dorf! Das können wir schaffen. Das wird funktionieren. Und das macht Sinn. Daran knüpft sich gedanklich sofort eine ganze Kette notwendiger Veränderungen in den Bereichen bäuerlicher Landwirtschaft, Handwerk, Handel und Verkehr an, die es zu fördern gilt. Initiativen zur gemeinsamen Gestaltung lokaler Systeme, die uns unsere Macht über unsere eigene Ernährung zurückgeben und Arbeitsplätze bringen, sind grundlegende Bausteine zu einer zukunftsfähigen demokratischen Gesellschaft. Damit werden auch Konzerne, die in den letzten Jahrzehnten Ruinen und verbrannte Erde hinterlassen haben, gezwungen, ihre Verpflichtungen gegenüber den Regionen anzuerkennen. Und die EU, die schon lange „das Europa der Regionen" propagiert, nehmen wir sie beim Wort! Machen wir uns wieder unabhängiger von Vorgaben von außen und von oben und leben wir wieder mehr aus der Region heraus. Beschließen wir selbst in unseren Dörfern und Städten, wie wir leben wollen. Bemühen wir uns um eine offene Gesellschaft, in der wir uns selbst organisieren, in der wir regional und weltweit fair kooperieren, in der wir sinnvollen[162] Welthandel betreiben, in der wir

---

162 Das Herfliegen von Zwiebeln aus Neuseeland, von Äpfeln aus Südamerika, das Schippern von Butter zwischen Irland und Deutschland, das Hin- und Herkar-

uns gemeinsam um die Lösung der Probleme unserer Zeit bemühen. Wenn das nicht gelingt, wird es bald zu sehr tiefgreifenden sozialen und wirtschaftlichen Problemen kommen. Bei der vorigen „Katastrophe" konnten viele unserer Vorfahren sich aus ihrer Region heraus noch selbst helfen, sich sehr weitgehend selbst ernähren. Wenn wir das nicht bedenken, sind wir bei der nächsten Katastrophe verloren, denn die Vorräte in den großen Kühlhäusern und Lebensmittellagern werden binnen weniger Tage verbraucht sein. Das werden dann auch jene Teile der Generation unserer Kinder erkennen, die zur ersten vollkommen entwurzelten Generation gehören (ich überseh nicht meine, nicht die Schuld meiner Generation daran!), denen es unerträglich erscheint, älteres, richtiges Wissen anzunehmen. Sie werden erkennen, dass es überlebensnotwendig ist, sich an den Gegebenheiten unseres Planeten zu orientieren.

Müssen wir auf die Barrikaden, oder geht es auch so?

Wenn das gegenwärtige weltweite bestürzende Geschehen – Krisen, politische Zusammenbrüche, Explosion unkontrollierter Kräfte, der Niedergang der westlichen Kultur, der mit dem Ersten Weltkrieg begann, der mit dem Nationalsozialismus einen unbeschreiblichen Abgrund erreichte, der sich dann mit Ressourcenverschleuderung und Expansion weltweiter Energie- und Rohstoffimperien fortsetzte und mit dem 11. September seinen vorläufigen Höhepunkt erreichte – nicht in großem Elend enden soll, muss jetzt alles Wirken, alle Kreativität in die Entwicklung achtsamer und lebenserhaltender Systeme und Strukturen gehen. Dann geben sich jetzt *alle* Kräfte den Prinzipien Vernunft und Verantwortung hin. Dann verändern sich die Voraussetzungen für Politik und Wissenschaft. Dann verändern wir uns alle und begreifen:

Jetzt geht es zunächst und sofort (!) um eine kluge, überparteiliche Debatte – in unserem Land und weltweit, auf allen gesellschaftlichen Ebenen, in den Familien, in den Schulen und in den Universitäten, in Firmen und Parlamenten, in Hallen und Sälen, auf kleinen und großen Plätzen. Und in den Medien, denn sie sind ein sehr wichtiger Schlüssel zur Veränderung. Das wär der Moment, in dem wir alle uns als gemeinsam auf diesem Planeten Lebende erkennen, in dem wir unser

---

ren von Joghurt zwischen Bayern und Schleswig-Holstein widerspricht diesem neuen Denken und Handeln!

nationales in ein globales und damit in ein realistisches Denken erweitern, in dem wir alle das ganze große Gemeinsame sehen. Stehen wir also auf gegen die Allmacht, gegen die Diktatur des globalisierten Kapitalismus, gegen eine zur Unmenschlichkeit verkommene Zivilisation, die unsere Lebensgrundlagen zerstört. Setzen wir uns auseinander mit den wahren Hintergründen der Gegenwart. Mischen wir uns mit *Achtsamkeit* auf allen Ebenen ein. Gehen wir hin und gucken hinter die Kulissen – wenn es nötig ist mit konstruktivem Ungehorsam. Gründen wir neue soziale Bewegungen, die in einem Demokratisierungsprozess neue gesellschaftliche Übereinkünfte aushandeln, neue Formen des Zusammenlebens, eine vielfältige Weltbürgergesellschaft, die sich in allen Weltregionen selbst neu organisiert und dabei den ganzen Planeten bedenkt. Internationale, kulturelle, politische, hellwache Bewegungen von Menschen, die sich nicht von Bequemlichkeit, von Ruhm, von Reichtum, von Wettbewerb und nicht von korrupten Hierarchien leiten lassen, sondern ihre Angst um ihre eigene Sicherheit überwinden und echte demokratische Strukturen – in Politik und Wissenschaft – erringen oder zurückholen und weiterentwickeln. Führen wir ein weltweites WIR-Gefühl herbei, das uns in die Lage versetzt, gemeinsam das Überleben auf unserem Planeten zu sichern, der uns alle vereint. Wachen wir auf aus unserer gesamtgesellschaftlichen Bewusstlosigkeit. Befreien wir uns aus den Händen jener Anbieter simulierter Realitäten, die sich an unserer Leichtgläubigkeit und ihrer Verantwortungslosigkeit dumm und dämlich verdienen. Machen wir uns frei von unserer selbstverschuldeten Unmündigkeit. Orientieren wir uns an den Irokesen, die bei ihren Entscheidungen bedachten, was diese für die nächsten sieben nachfolgenden Generationen bedeuten. Jede und jeder kann noch heute bei sich zuhause damit beginnen.

Wenn wir uns nicht als Aussterbende betrachten wollen, gehen wir dem gegenwärtigen Geschehen tiefer nach, um zu verstehen, um die Lage zu durchschauen und neu zu denken. Das kann jede und jeder für sich. Das, was wir zurzeit erleben, ist nur ein erster Vorgeschmack. Wir befinden uns in einer „Krise", die die Menschheit in ihrer Gesamtheit betrifft. Mit fortgesetztem Egoismus, mit materiellem Eigennutz werden wir alles, was uns lieb und teuer ist, in die Luft jagen. Wachen wir also auf aus unserer Hypnose, in die uns der Geist des Kapitalismus, in die uns Geld und Gier versetzt haben. Begeben wir uns in einen „Weltlernprozess"[163]. Begreifen wir uns als gleichberechtigte BewohnerInnen der Erde. Denken wir vom anderen her. Erkennen wir den „globalen Verantwortungszusammenhang"[164]. Was hindert uns, miteinander in Frieden zu arbeiten und zu leben? Tragen wir als Einzelne oder/und in kleinen oder größeren Gruppen zur Veränderung bei. In direkter Aktion, in unmittelbarer Beteiligung an politischen Entscheidungen. Bedenken wir: Zukunft ist nicht, auf was wir warten könnten wie Kinder auf Geschenke. Solidarisieren wir uns!

Wir brauchen eine neue Vereinigung der Arbeitnehmerschaft.
Die sozialistische Internationale ist gespalten. Die Linke in Deutschland ist gespalten. Mit der Zersplitterung der Linken bei der Präsidentschaftswahl in Frankreich hat sich die Spaltung der Linken noch einmal mehr vertieft. Die Linke in den USA – die im Vorwahlkampf mit Bernie Sanders die herrschende neoliberale Übereinkunft aufkündigte, die manipulierte Wirtschaft, die Wohlstand und Einkommen in den vergangenen dreißig Jahren im großen Maßstab von unten noch oben umverteilt hat – begab sich in der zweiten Runde – in Parteidisziplin – schließlich auf die Seite Hillary Clintons. Maggie Thatcher und Ronald Reagan und andere hatten Anfang der 1980er-Jahre eine Wirtschaftspolitik begonnen, mit der die traditionellen Industrien zerstört, die Arbeiterschaft gespalten, die Gewerkschaften geschwächt und der soziale Wohnungsbau beendet wurden. Mit der Wahl Bill Clintons 1992 wurde der stufenweise sich fortentwickelnde Neoliberalismus dann sozusagen gesetzlich anerkannt. Er deregulierte das Finanzwesen und schloss Freihandelsabkommen ab, die den Niedergang der alten Industrien beschleunigten. Diese Modelle waren u. a. auch Vorbild für Tony Blairs „New Labour" und für Gerhard Schröders „Agenda 2010".

„In Abwesenheit einer echten Linken bringt der Mahlstrom kapitalistischer ‚Entwicklung' lediglich liberale Kräfte und autoritaristische Gegenkräfte [Kräfte mit absolutem Autoritätsanspruch] hervor, die zu einer perversen Symbiose zusammenfließen. Und deshalb ist der (Neo-)Liberalismus unter keinen Umständen ein Gegengift gegen den Fachismus – sondern dessen Komplize."[165]

---

163 Ulrich Beck

164 Ulrich Beck

165 Nancy Fraser in „Die große Regression".

Die allerallermeisten Menschen wollen nicht überflüssig gemacht und mit einem „Grundeinkommen" abgespeist werden. Sie wollen befriedigende Beschäftigungen, in denen sie Sinn und Anerkennung finden und in Würde ihren Lebensunterhalt verdienen. Das alte und das neue „Proletariat" müssen wieder zueinanderfinden – das alte, dessen Arbeitsplätze weitgehend nach Fernost abgewandert sind, das sich nicht mehr vertreten fühlt, und das neue, das hochschulgebildet zu Billiglohn zuhause vor Bildschirmarbeitsplätzen sitzt – ohne die Möglichkeit, sich gewerkschaftlich zu organisieren? Wir brauchen ein neues, soziales Bündnis zur Abschaffung der Hierarchien der globalen Diktatur des Kapitalismus, zur Schaffung der materiellen Voraussetzungen guter Lebensqualität für alle, bei dem die einzelnen Menschen direkt an politischen Entscheidungen teilnehmen können.

Können wir die Europäische Union umgestalten zu einem erneuerten Friedensmodell?!

Bei aller berechtigten Kritik, bei allem Reformbedarf – die Europäische Union hat nach jahrhundertelangen Konflikten und Kriegen und nach der deutschen Schreckensherrschaft Menschen unterschiedlicher Sprachen und Kulturen in Frieden, Freundschaft und Solidarität zusammengeführt. Jetzt stellt sich die Frage, ob sie befreit werden kann von undemokratischer Verwaltung, von kurzsichtiger Politik, von verheerender Diplomatie, von irrsinniger Geldverschwendung und gleichzeitiger selbstzerstörerischer Sparpolitik gegen stolze Völker. Befreit werden kann von politischen Mächten, die angesichts des gegenwärtigen Flüchtlingselends keinen anderen Weg wussten, als die europäische Seele zu verkaufen?

Wenn ja: Welches Land, welcher Erdteil wär wie die EU in der Lage, eine solche Bewegung zu organisieren? Sie hat die Büroausstattung. Sie hat die finanziellen Möglichkeiten. Sie hat die Fähigkeit, Sprachbarrieren und Schlagbäume zu überwinden. Sie hat – jetzt – die Möglichkeit, sich zu einer wirklichen Demokratie zu entwickeln.

Wenn wir wollen, können wir es schaffen – auf der Grundlage all der großen Gedanken, die uns zum Weltfrieden, die uns zum Überleben auf der Erde hinterlassen sind.

Drei Beispiele:

1. Die Antrittsrede von Willy Brandt als Präsident der Sozialistischen Internationale in Genf am 26. November 1976 (!). Auszug: [...] „Wir

können versuchen, uns die Bilder der Verzweiflung fernzurücken; sie holen uns ein. Sie zwingen uns in die Realität der Weltnachbarschaft, die unsere tägliche Erfahrung wurde. Von uns wird eine neue Solidarität verlangt, die dieser Wirklichkeit entspricht. Wenn die schlichte Menschlichkeit nicht genug ist, dann wenigstens sollte man sich den Gesetzen der Vernunft unterwerfen. Die reichen Nationen werden nicht reich bleiben, wenn die Armenhäuser der Menschheit wachsen. Es gibt auf lange Frist keine Inseln der Privilegierung, keine Oasen des Glücks auf Kosten anderer. Die Offensive für den Frieden muß sich dem Kampf gegen die Weltnot verbinden; wir müssen sie mit auf unsere Schultern nehmen. Es ist wahrlich Zeit für die zweite Offensive – eine Offensive für neue Beziehungen zwischen Nord und Süd. Man muß es lernen, radikal umzudenken, ehe es zu spät ist. Oder einfacher: Man muß denken lernen ..."

2. Das Weltbürgerrecht, das Weltgastrecht, von dem Immanuel Kant gesprochen und geschrieben hat: „dass ursprünglich aber niemand an einem Orte der Erde zu sein mehr Recht hat, als der andere."

3. Andrej Sacharow: „Die Zukunft der Menschen hängt davon ab, daß überall Menschen guten Willens, die von moralischen Prinzipien geleitet sind, mit energischen, öffentlichen, klug geplanten Aktionen in Erscheinung treten."

Wenn wir wollen, können wir es schaffen, im Zusammenwirken der vielen schon in weltgemeinschaftlicher Solidarität tätigen Institutionen wie Ärzte ohne Grenzen, Amnesty International, Attac, Greenpeace, Friends of the Earth, DiEM25, Occupy, Oxfam, Podemos, Reporter ohne Grenzen, Sozialistische Internationale, Transparency International, Weltsozialforum, Weltzukunftsrat ... sowie der hoffentlich mehr und mehr werdenden Kräfte in den alten Parteien, die ihre Verantwortung für ein soziales und ökologisches Gleichgewicht, die ihre Verpflichtungen gegenüber den zukünftigen Generationen nicht nur erklären, sondern wirklich begriffen haben, verwirklichen und leben wollen – unter einem gemeinsamen Dach aller vereinigten Länder der Erde.

Ohne mich auf seine Inhalte zu beziehen: Emmanuel Macron hat gezeigt, was innerhalb kürzester Zeit möglich ist.

Nachspiel

30. Oktober 2015 morgens. Ich sitz in meinem Turm und arbeite an meinem Leierspiel. An der Wand nach Süden, zum Schleswiger Dom hin, hängt ein Gemälde von Willy Brandt. Das hat meine Freundin Geishy Anfang der 1980er-Jahre für ihre Studienmappe gemalt. Sie hat es mir zum Sechzigsten geschenkt. Sie weiß, was er mir bedeutet. An der Wand nach Westen, nach Gottorf, ein Gemälde von Herbert Wehner, auch von Geishy. Dazu dachte ich mir – jetzt – den Titel: „Wohlrabe" oder „Übelkrähe"[166] oder ...? Diese Frage stellte sich Anfang der 1980er-Jahre noch nicht. Und für diese Veröffentlichung hat Geishy mir Björn Engholm gemalt.

Geishy – ich hab sie 1981 kennengelernt. Da war sie noch mit dem Landesgeschäftsführer der SPD verheiratet. Ich hab nie unsere erste Begegnung vergessen, als sie in Malerkittel zu mir ins Büro kam, sich vorstellte und ich dachte: Sie sieht aus wie eine Geisha. Aber der Name stammt aus ihrer Kindheit und hat nichts mit Japan zu tun. – Geishy und ich erleichterten uns gegenseitig das Dasein als Alleinerziehende. Wir hüteten wechselweise unsere Kinder. Wir feierten zusammen Weihnachten. Wir fuhren gemeinsam in Urlaub. Wir vertieften uns in Gespräche und suchten nach Erklärungen für das, was uns unerklärlich erschien. Wir weinten zusammen. Wir trösteten einander. Wir waren – jetzt – in Freiheit. Geishy war viel freier als ich. Ich musste meine Freiheit erst lernen. Mitunter gingen wir zum Abtanzen ins Farout, in der Eggerstedtstraße, gleich bei uns um die ‚Egge'. Die Diskothek wurde in den 1980er-Jahren von den Bhagwans betrieben. Da musste frau nicht warten, bis jemand kam und sie aufforderte. Da konnte frau frei tanzen. Da war es egal, ob sie Linksfüßlerin oder Rechtsfüßlerin ist.

Und nun? – fahr ich immer noch Mutters altes Fahrrad und ...

---

166 In einem seiner legendären Auftritte im Bundestag nannte Herbert Wehner den CDU-Abgeordneten Wohlrabe „Übelkrähe".

... morgens im Bett beim Lesen denk ich:
Was ist das denn?
Unten links vor mir, aus der Bettdecke heraus,
Großmutters Marmorbein.
Und da, rechts, auf dem Buch über dem Zettel,
mein Bleistift geführt von
Großmutters gepunkteter Hand.
Daran, aus meinem Nachthemdärmel heraus,
ihr plissierter Arm.
Ich schau noch mal. Ja!
Großmutters Arme und Beine befestigt an mir.
Ich deck das Bein zu. Zieh den Ärmel runter.
Wer sind ich?

30. Oktober 2016 gegen 22 Uhr. Ich sitz im Turm, um endlich, endlich meinen Text auf den Punkt zu bringen, der mir schon so lange auf der Seele liegt. Um mich herum luckhardtsche Hängeregistratur, Vogelmappen, Bücherkisten, Fotos und Broschüren, Collagematerial und Zettelwelten ...

Denk: Was ich beschreib, sind immer untergegangene Kulturen.

Denk: Die 1970er- und 1980er-Jahre waren die beste und die letzte große Zeit der Sozialdemokratie.

Naivität, Enttäuschungen, Fehleinschätzungen, Fehler waren notwendig, um zu verstehen. Manches wird unverständlich bleiben, weil es nicht verstehbar ist. Aber ich hab verstanden: Hochentwickelter Verstand, hochentwickeltes Denkvermögen bringt nicht unbedingt hochentwickelte soziale Bereitschaft und hochentwickelte Fähigkeit zu Mitgefühl, bringt nicht unbedingt hochentwickeltes Verantwortungsbewusstsein hervor. SchülerInnen sollten nicht in erster Linie auf das Wirtschaftssystem vorbereitet werden, sondern auf die Wirklichkeit auf unserem Stern und auf ihr Leben als Mensch, der vom anderen her denken kann.

Die Frage nach der Ungerechtigkeit Gottes stellt sich mir nicht. Es sind Menschen, die das Absurde, das Elend, das Unrecht bewirken. Es sind Menschen, die sich beklagen und sagen: „Gott ist tot." Ich glaub nicht an eine „heilige christliche Kirche". Gott und Kirche ist zweierlei. Ich glaub an Gott. Ich fürchte ihn nicht. Mir erscheint er barmherzig.

Er ist mein inneres Zuhause. Zu dem, was mich kränkte, befinde ich mich – inzwischen – in heiterer Distanz:

In Hi

m

m

els

Küche

Seit ich draußen
spiel erfahr ich Erniedrigung,
Unrecht, Kränkung. Lange wusste
ich gar nicht warum. Jetzt weiß ich:
Aufgeblasene. Aber bitte, Herr, nicht
das Versprechen einlösen! Mir reicht
ein Arbeitsplatz in der Julienne-Abtei
lung in Himmels Küche. Mein klei
nes scharfes italienisches Messer
bring ich mit. Bis dann.
Leier 2016

Als Kind hatte ich Angst vor Gespenstern. Aber es kamen keine. Was kam, war ein Tanz zwischen Verzückung und Wirklichkeit. Vater sagte: „Du bist himmelhochjauchzendzutodebetrübt". Ja! Und das ist, woraus Schreiben entsteht. Das ist, was mich getragen hat. Das ist, was mich trägt. – Aber jetzt – beinah 170 Jahre nach Karl Marx' Manifest – ist die Welt voller Gespenster. Der Frieden, die Freiheit, die Erde sind in Gefahr. Aber noch ist die Geschichte offen. Noch haben wir die Möglichkeit, den Lauf der Dinge zu verändern auf diesem *schönen* Stern.

Unbändig

Vater fragte schon, als ich noch ganz klein war:
„Wer Dich wohl mal bändigen sollte?"
Ich war in einer brottigen[167] Augustnacht zur Welt gekommen
Mädchen mit blonder Mähne
Und unbändiger Freude.

Bänder und Ketten biß ich von Anfang an durch
Wer kam, um mich zu bändigen
Den trug ich eine Zeit lang zwischen meinen Zähnen
An der Sonne umher
Ließ ihn aber wieder gehen

Der Zustand meiner Zähne wurde ebenso verkannt wie mein Blick.
Ich hab gern geteilt, aber alles, was mir süß zwischen die Zähne kam,
Kurz gelutscht, geknackt, zermalmt
Ich hatte ich hab schlechte Zähne
Wir hätten Freunde sein können.

Ich war von Anfang an von Menschen umgeben
Die versuchten, sie in mich zurückzustopfen
Meine Freude. Aber sie wohnt unsterblich in mir und um mich herum
Abgunst, Gemeinheit, Niedertracht ließen sie nur noch wachsen
Niemand und nichts wird sie je bändigen
Ihre Jungen werden meine Kinder beschützen, wenn ich
Mit meiner unbändigen Freude geh.

Und wenn ich noch einmal auf die Erde komm
Werd ich Haus und Garten und Tiere haben
Wie meine Vorfahren in Angeln
Und ich werd Gedichte schreiben
Werd Leier sein.

Pippileier, Heinrich Leier II. Löwentochter, Ameise, Linksfüßlerin,
Seiltänzerin.

---

167 „brottig" = Plattdeutsch = Hochdeutsch: brütendheiß, schwül

Porträts – nachträgliche Annäherungen

Heinz-Werner Arens

Sonderschulrektor in Dithmarschen wird 1979 Landtagsabgeordneter, wird Vorsitzender des Arbeitskreises Schule und Kultur. Will Kultusminister werden. Wird 1988 Parlamentarischer Geschäftsführer der SPD-Landtagsfraktion. Wird 1993 Vorsitzender des Schubladenuntersuchungsausschusses, wirkt in dieser Rolle überparteilich, unabhängig und findet landesweites Ansehen, während hinter den Kulissen die Hölle tobt. Wird 1996 Landtagspräsident und bleibt es bis 2005. Sehr liegt ihm die Sprache unserer alten Kultur am Herzen. Er engagiert sich in verschiedenen Gremien für das Plattdeutsche, ist einer jener letzten Menschen mit plattdeutschen Wurzeln, bei denen man das Plattdeutsche noch durch das Hochdeutsche hindurch hört (sie stehen auf der Roten Liste). Er erzählte mir: „Ich hatte gedacht, ich sprech akzentfreies Hochdeutsch. Als ich mich bei einem Rhetorikseminar in einer Videoaufnahme zum ersten Mal selbst hören konnte, war ich verblüfft." Als ich Gedichte von Erich Fried ins Plattdeutsche übertragen, sie Hochdeutsch und Plattdeutsch nebeneinander veröffentlicht hab, hat der Geschäftsführer des schleswig-holsteinischen Heimatbundes (SHHB), Willy Diercks, die Idee, dass Arens und ich die Gedichte gemeinsam lesen. Wir lesen abwechselnd Hochdeutsch und in der uns gemeinsamen Muttersprache, Vatersprache: im Literaturhaus KIEL, im Stadtmuseum Schleswig, in der Landesvertretung Schleswig-Holstein in Berlin, vor der Klaus-Groth-Gesellschaft im Klaus-Groth-Haus in Heide … Die einen kommen wegen Platt und gehen mit Fried. Die anderen kommen wegen Fried und gehen mit Platt. Es gelingt, Erich Frieds Gedichte, die menschlich und politisch zugleich, die ein kritischer zeitgenössischer Spiegel sind, dorthin zu tragen, wo sie sonst nicht hingelangt wären. –

Als Arens in den Ruhestand geht, wünscht man sich, dass er Präsident des SHHB werden möge. Er sagt: „Nein." Ich frag ihn: „Warum nicht?" Er sagt: „Es geht dem Ende zu." Bald darauf wird er krank, stirbt am 2. Februar 2011. Da frag ich mich, was es war, was diesen landesweit beliebten Menschen gegenüber anderen ausgezeichnet hat. Ich

komm auf die Antwort: Er stellte bei jeder Begegnung, egal ob Kollege
im Landtag oder Delegierte/r auf dem Parteitag, Bote mit dem Akten-
wagen, Pförtner oder Raumpflegerin spätabends irgendwo auf einem
der Gänge im Landeshaus, hohe Persönlichkeit oder SekretärIn am
Schreibtisch … eine soziale Nähe und Wärme her, wie ich sie so von
niemandem sonst auf meinem Weg erlebt hab. – Mir schien, als trüge
er etwas Ungeklärtes mit sich. Er hat es mitgenommen.

Aung San Suu Kyi

Die sich seit den späten 1980er-Jahren für eine gewaltlose Demokratisierung ihres Heimatlandes Birma/Myanmar eingesetzt hatte, die 1991
den Friedensnobelpreis erhalten, die 15 Jahre unter Hausarrest gestanden hatte, der 2010 von der Militärregierung aufgehoben wurde, die
seit 2012 im birmanischen Unterhaus Pyithu Hluttaw sitzt, die 2013 einstimmig zur Vorsitzenden ihrer Partei (NLD) gewählt wurde und mit

ihrer Partei bei den Parlamentswahlen 2015 die absolute Mehrheit der Sitze errang: Ihr wird heute „Schweigen zum schleichenden Völkermord an den Rohingya", einer muslimischen Minderheit im Westen des Landes, vorgeworfen und „sich nicht um deren Menschenrechte zu kümmern", Fragen zur Lage der Rohingya ausweichend zu beantworten, wofür man taktische Gründe annimmt, nicht ihre überwiegend buddhistischen Anhänger verärgern zu wollen, wie es heißt.[168]

Hans Bär

Hans Bär[169] war viele Jahre Em-de-eL für einen Wahlkreis in der Region Rendsburg-Eckernförde. Er hatte sich früh um Themen gekümmert wie das Verbot tierquälerischer Massentierhaltung, Tierversuche, Naturschutz in der alten Sorgeschleife, Begrenzung der Herzmuschelfischerei, Einrichtung eines Landesamtes für Umweltschutz … 1988 wurde er Minister für Landwirtschaft, Tiere, Wiesen, Honig und Wälder. Welch ein Dienst für einen Bären! Im Grunde genommen – aber es sollten honigarme Jahre kommen. Nicht nur, dass er schmerzlich erfahren musste, dass bär im Zoobinett von unsichtbarer Hand am Nasenring geführt wird. Es dauerte nur wenige Jahre, da sollte es sich um seinen Zoobinettschef verdunkeln, der sich bis dahin sonniger Beliebtheit erfreut hatte. Da saßen sie nun ohne Honig am düstern Brook. Und als dann die Bäume, die beinahe in den Himmel gewachsen waren, geschnitten waren und es wieder heller geworden war, da hielt Hans Bär – brumme und schlecke – es dort noch zehn Jahre aus. Von Zeit zu Zeit wurde in den Zeitungen über seine eine oder andere Idee noch Honig ausgegossen. Und als er dann Anfang des Jahrtausends wieder in Freiheit war, hab ich ihn noch einmal gesehen. Ich hatte ihn eingeladen, in meinem Dorf eine Rede zur „Agenda 21" zu halten (die 1992 auf der Konferenz der Vereinten Weltnationen für Umwelt und Entwicklung in Rio in der Hoffnung beschlossen worden war, damit wir unsere Erde und den Honig für die nachfolgenden Bären- und anderen Tierkinder hüten und bewahren). Zuerst hatte ich es gar nicht bemerkt. Er hatte – frei – einen faszinierenden Vortrag gehalten über

---

168 Siehe unter 1993: Aung San Suu Kyi als Antwort auf die Schubladenaffäre.

169 Fortsetzung von 1978 „Mit einem Bären im Paternoster"

das beispielhaft friedliche Zusammenleben der Tiere, über artgerechtes Wohnen und Essen für Rinder und Schweine und darüber, dass Hühner auch mal gemein sein können ... Er hatte immer noch seinen Humor, mit dem er Groß und Klein in seinen Honigtopf bekam. Auf den ersten Blick schien er der Alte zu sein. Als wir aber nach seinem Vortrag noch eine Weile zusammensaßen, bemerkte ich: Sein Fell war dünn geworden, seine Tatzen zitterten leicht und er roch nach Honigwein. Wie es heißt, soll er wenige Jahre später an der alten Sorgeschleife in die ewigen Honiggründe gegangen sein.

Gert Börnsen

Gert Börnsen war '68 (!) Bundesvorsitzender des Sozialistischen Hochschulbundes, war stellvertretender JUSO-Bundesvorsitzender, seit 1970 Wissenschaftlicher Assistent in der SPD-Landtagsfraktion Schleswig-Holstein, war glühender Anhänger von Jochen Steffen und nach Steffen einer der Vordenker und Konstrukteure der Programmatik der dickschädeligen schleswig-holsteinischen SPD. Er war eines der hellsten Lichter an der sozialdemokratischen Nordlichterkette. War ab 1975 Landtagsabgeordneter für den Wahlkreis KIEL-Mitte und wurde nach dem Fortgang von Klaus Matthiesen 1983 Parlamentarischer Geschäftsführer. 1987 war er Obmann im Barschel-Untersuchungsausschuss. 1988 wurde er Vorsitzender der SPD-Landtagsfraktion. Gert war einer der letzten Menschen, die noch in den 1980er-Jahren mit *Bleistiftstummelverlängerern* gearbeitet haben. Ich seh ihn noch mit einem solchen Gerät schreiben ... Als die SPD-Opposition in den 1980er-Jahren im Landtag, zur Zeit großer Jugendarbeitslosigkeit, eine Ausbildungsplatzoffensive forderte, hab ich ihn gefragt, warum wir nicht auch selbst ausbilden. Ich hab mit ihm gestritten und verhandelt (und das hat Spaß gemacht) und erreicht, dass Landesverband und Landtagsfraktion im Verbund eine Jugendliche ausbilden[170] (an der sich die SPD Schleswig-Holstein noch heute freut). – Die Neubewertung der Affäre von 1987 brachte 1993 auch Gert Börnsen in schweres Fahrwasser, wie die seinerzeitigen Veröffentlichungen zeigen. Bei der Nominierung für den Wahlkreis KIEL-Mitte zur Landtagswahl 1995

---

170 Leider blieb es bei dieser einen ausgebildeten Auszubildenden.

verlor er in einer Kampfabstimmung und einer Wiederholung gegen den Kandidaten Jürgen Weber. Später tourte Gert mit Jochen Steffens „Kuddl Schnööf" (den er wunderbar konnte!) durch die Kreisverbände. Und er begann eine Tätigkeit bei der Telecom. In den 00er-Jahren kam er mit seiner Christiane zu meiner Fried-Lesung ins Literaturhaus und zur Kafka-Lesung in meine Fischerhütte auf dem Holm. Dann hörte ich von seiner schweren Erkrankung. Wurde er krank, starb er im Juni 2014 an dem 1993 zerbrochenen Traum?

Willy Brandt

Ich fühlte mich ihm nah (und darf das schreiben) als ich erfuhr, dass er bei seiner Einschulung erst Hochdeutsch lernen musste.

An den Sonnabenden vor Bundestags-, Landtags-, Kommunal- und Europawahlen war Willy Brandt – traditionell – in Lübeck. Das waren jene Tage, an denen er – allein – in den alten Gassen seiner Mutterstadt unterwegs war, wo er über das Pflaster seiner Kindheit und Jugend ging. Wo er 1945 mit zwei Broten unterwegs gewesen war, die ihm der genossenschaftliche Bäckermeister für seine Mutter mitgegeben hatte. Das war der Moment, als er sich in der zerstörten Innenstadt nicht mehr zurechtgefunden hatte, als er sah, dass Wirklichkeit geworden war, was Heinrich Mann ihm 1938 in Paris mit Tränen in der Stimme gesagt hatte: Dass man die sieben Türme wohl nicht wiedersehen werde. An jenen Sonnabenden vor Wahlen hielt Willy Brandt mittags eine Rede am Rathaus und saß anschließend mit alten und jungen Lübecker GenossInnen zusammen. Mit dem legendären Willy Geusendam. Mit den hoffnungsvollen schleswig-holsteinischen „Kindern" und „Enkeln", für die diese Zusammenkünfte heilige Momente waren. Ihr Held hatte schon während der Stockholmer „Kleinen Internationale"[171] als „Inbegriff des politischen Verstandes in dieser Zeit und darüber hinaus als politische Führungskapazität", als „Mann mit großen internationalen Perspektiven, [...] opferbereit, mit innerer Sammlung und Harmonie ..."[172] gegolten. – Wie viele Steine er schon in jungen Jahren

---

171 „Kleine Internationale", die sich ab September 1942 entwickelte, deren Mitglieder Sozialisten aus alliierten deutschbesetzten und neutralen Ländern waren, unter ihnen einige, die nach 1945 bedeutende Politiker werden sollten.

172 Aus: Willy Brandt: Deutscher – Europäer – Weltbürger, Einhardt Lroenz 2012

geschluckt hatte und wie viele er noch schlucken musste nach seiner Rückkehr nach Deutschland, immer wieder auch Steine seiner eigenen Partei. Wie viel seiner Kraft sinnlos vergeudet wurde in den Abgründen der deutschen Parteiendemokratie, und wie viel Kraft er trotz alledem immer wieder fand. Wie während seiner Amtszeit als Kanzler das Interesse am politischen Geschehen wuchs: Bei den Neuwahlen zum Bundestag 1972 erreichte die Wahlbeteiligung den historischen Rekord von 91,1 Prozent. Heinrich Böll sagte damals: „Wir haben zum erstenmal in der Geschichte eine nicht-autoritäre Regierung. Was einige Führungsschwäche nennen, ist in Wahrheit praktizierte Demokratie." Und er sagte: „Ich betrachte Willy Brandt als Wunder." Willy Brandt an erster Stelle war es, der mit seinem überparteilichen Bewusstsein, mit seinem Europabewusstsein, mit seinem Weltbewusstsein unserer Republik wieder Ansehen in der Welt gebracht hat. Wie unvorstellbar mutig er war, als er damals Undenkbares begann, den „Wandel durch Annäherung", die Öffnung nach Osten – in glücklichem Zusammenwirken mit seinem Weggefährten Egon Bahr, mit Außenminister Walter Scheel, mit Unterstützung seines Umfeldes. Wie er trauern konnte. Das Bild von seinem Kniefall bei der Kranzniederlegung am Warschauer Ghetto ist eingebrannt in das Gedächtnis der Menschheit. 1974 hatten vor allem die Angriffe aus den eigenen Reihen seinen Rückzug als Kanzler bewirkt. Wie groß dann international die Betroffenheit war. Welche überwältigenden Pressestimmen er auslöste. Und wie viel Kraft er wiederum fand, wie viel Gespür für das richtige Wort, für die richtige Geste im rechten Moment. Die Sozialistische Internationale, als deren Vorsitzender er 1976 einstimmig gewählt worden war, erhielt, wie es bei Einhart Lorenz heißt, „dank seiner Position und seines Renommees unmittelbar politische Bedeutung. Ihr Auftakt unter Brandt ist als ‚furios‘ beschrieben worden und ihre Funktion als Werkstatt ersten Ranges." – Egon Bahr, der Willy Brandt so nahe kannte wie kaum ein anderer, sagte: „Willy Brandt war für mich ein guter Mensch, der ein Beispiel dafür bleibt, dass Politik den Charakter nicht verderben muss."

Willy Brandts Weg war ein Kreuzweg. Seine Größe ist noch nicht vermessen. Die Welt schreit nach Menschen, die in seinem Geiste, mit seiner Würde, mit seiner politischen Klugheit zu einer guten Zukunft unseres Planeten beitragen. Ich kann den Schatten, den er in seinen letzten Jahren auf seinem Gesicht trug, nicht vergessen. Ich fürchte, er sah, was kommen würde ...

Ich fühlte mich Willy Brandt nah (und darf das schreiben), als ich erfuhr, wie der eine und andere seiner Söhne sich aus dem Geist einer neuen Zeit heraus über zu wenig Zuwendung durch ihren Vater in ihrer Kindheit und Jugend beklagten, in jener Zeit, als der Mann von seinen hohen Ämtern gefressen wurde. Mal davon abgesehen, was es bedeutet, Kanzler zu sein, und was es für Brandt bedeutete bei seinem Anspruch an sich selbst und bei den irrsinnigen Angriffen gegen ihn: Eine Mehrheit in der Generation unserer Eltern war zum einen durch die Zeit vor unserer Zeit, durch „die schlechte Zeit", wie sie selbst sie im Nachhinein nannten, verhärtet und zum anderen durch Jahrhunderte überlieferte Erziehung mit Gewalt, Einschüchterung, Abhärtung, Ordnungsdrill – Erziehung zu Untertanen ... Jetzt waren die Eltern weitgehend mit sich beschäftigt, wir wurden am Rande groß und zuhause und in den Schulen wurde selbstverständlich noch geprügelt. Wenn ich nach Wochen aus den Ferien bei meinen Großeltern in Angeln zurückkam, begrüßte Mutter mich mit ausgestrecktem Arm. Es scheint in Kreisen der Nachkriegsgeneration – dann – in Vergessenheit geraten zu sein, dass es erst in den 1970er-Jahren langsam zu mehr Gefühl, zu mehr Nähe, zu mehr Zuwendung zu den Kindern, zu gezeigter Zärtlichkeit unter den Deutschen kam. Nach allem, was ich von und über Brandt gelesen und in Dokumentationen gehört und gesehen hab, erscheint er mir im Umgang mit seinen Söhnen, in seiner Haltung gegenüber der Jugend im Vergleich mit vielen Eltern jener Zeit, auf jeden Fall sehr auch im Vergleich mit *meinen* Eltern, als ausgesprochen freiheitlich, gütig und versöhnlich. Dazu ein Beispiel: „Was die Aktivitäten angeht, die meine Söhne als Angehörige der ‚Falken' oder auf eigene Faust entfalten, so wird dadurch das uralte Problem der Generationen aufgeworfen. Es mag bedauerlich sein, daß meiner Überzeugungskraft in der eigenen Familie Grenzen gesetzt sind, aber so ist es. Ich möchte als Familienvater nicht ohne Not mit Zwang ‚regieren', sondern vertraue darauf, daß meine Söhne wie andere junge Leute schon den richtigen Weg finden werden, wenn sie ihre eigenen Erfahrungen gemacht haben."[173]

---

173 aus „Der Briefwechsel" Willy Brandt, Günter Grass 2013.

Rudi Dutschke

Gründonnerstag 1968 wurde das Attentat auf ihn verübt, an dessen Spätfolgen er am Heiligen Abend 1979 starb. Der Theologe Helmut Gollwitzer nannte ihn in seiner Beerdigungspredigt „... einen Nachfolger Jesu". Für den Philosophen Ernst Bloch war er die Personifizierung des Prinzips Hoffnung. Heinrich Böll schrieb Joseph Beuys zum sechzigsten Geburtstag:
„Vergiß nicht, Beuys
Den mehrfach Deutschgekreuzigten
Den Rudi den Dutschke
Er steht da in der Ecke
Friert hungert lächelt vergessen."

Rudi Dutschke hatte sein Land verlassen müssen. Sein Kreuzweg hatte ihn und seine junge Familie, die wieder und wieder ausgewiesen wurden, durch halb Europa geführt. Schließlich hatten sie eine neue Heimat in Aarhus in Dänemark gefunden. 1979 fand er zurück in sein Land, als er einer der Gründer der Partei „Die GRÜNEN" geworden war. Er war als Delegierter des Bremer Landesverbandes zum Gründungskongress am 12. Januar 1980 nominiert worden – aber das hat er nicht mehr geschafft.

Rudi Dutschkes Größe ist noch nicht vermessen.

In Günter Gaus' legendärem Fernsehinterview „Zur Person" am 3. Dezember 1967 sagte er: „Wir sind nicht hoffnungslose Idioten der Geschichte, die unfähig sind, ihr eigenes Schicksal in die Hand zu nehmen. Das haben sie uns jahrhundertelang eingeredet. Viele geschichtliche Zeichen deuten darauf hin, daß die Geschichte einfach nicht ein ewiger Kreisel ist, wo nur immer das Negative triumphieren muß. Warum sollten wir vor dieser geschichtlichen Möglichkeit Halt machen und sagen: Steigen wir aus, wir schaffen es doch nicht. Irgendwann geht es mit dieser Welt zu Ende. Ganz im Gegenteil. Wir können eine Welt gestalten, wie sie die Welt noch nie gesehen hat, eine Welt, die sich auszeichnet, keinen Krieg mehr zu kennen, keinen Hunger mehr zu haben, und zwar in der ganzen Welt. Das ist unsere geschichtliche Möglichkeit – und da aussteigen? Ich bin kein Berufspolitiker, aber wir sind Menschen, die nicht wollen, daß diese Welt diesen Weg geht, darum werden wir kämpfen und haben wir angefangen zu kämpfen."

Rudi Dutschkes Gedanken sind brandaktuell und finden sich heute in Organisationen wie Amnesty International, Attac, Campact, Greenpeace, Podemos, PRO ASYL, Weltsozialforum, Weltzukunftsrat ...

„Dutschke war ein friedliebender, zutiefst jesuanischer Mensch. Was er damals gefordert hat – eine friedliche Weltbewegung –, ist heute drängender denn je ..." (Walter Jens 2006)

Björn Engholm

Was ich nicht verstanden hab: Engholm zog nach der gewonnenen Landtagswahl 1988 als Ministerpräsident in Barschels Büro, wenn auch mit neuen, weißen Möbeln. Das wär mir, nach allem, was war, unerträglich gewesen. Es gab genügend Zimmer im Haus.

Die notwendigen „Rücksprachen", die ich mit Björn in seiner Eigenschaft als Parteivorsitzender zu erörtern hatte, wurden zu Beginn meiner Tätigkeit 1991 von seinen eifersüchtigen Hofschranzen verhindert. Seine Büroleiterin sagte mir: „Ich war auch schon zwei Wochen nicht mehr beim Chef." So fuhr ich in den ersten Wochen meiner Tätigkeit, wenn der Chef z. B. vom Flughafen abgeholt wurde, mit seinen Chauffeuren. Sie erkannten die Notwendigkeit. Beim ersten Mal, es war auf dem Rückweg vom Flughafen Hohn zum Landeshaus, sagte ich: „Hans-Jürgen, fahr bitte nicht so schnell, sonst schaff ich meine Rücksprachen nicht!" Engholm war gerade dabei wütend zu werden (so kannte ich ihn gar nicht), als Gerd Walter, der neben mir auf der Rückbank saß, – hilfreich – in schallendes Gelächter ausbrach. Mit einem Donnerwetter im Herzen der Staatskanzlei sorgte Engholm dann dafür, dass ich mit meinen „Rücksprachen" problemlos Zugang zu ihm bekam, die immer ausgesprochen freundlich und vollkommen unproblematisch verliefen.

Was ich nicht verstanden hab: Björn Engholm hatte nach Mai 1993 kaum ein paar Monate Trauer getragen, als er öffentlich darüber nachdachte, Bürgermeister von Lübeck zu werden.

Was ich nicht verstanden hab: Er, der Galionsfigur der schleswig-holsteinischen SPD gewesen war, deren bedeutendes Anliegen es unter anderem war, aus der Atomenergie auszusteigen, schloss nach seinem Rücktritt als Ministerpräsident und SPD-Bundesvorsitzender

1994 einen Beratervertrag mit dem Energiekonzern Preussen-Elektra ab, der an den Atomkraftwerken Brokdorf und Brunsbüttel beteiligt war. Nach dem Zweiten Weltkrieg hatte die SPD in vierzig Jahren vier Bundesvorsitzende: Kurt Schumacher, Erich Ollenhauer, Willy Brandt und Hans-Jochen Vogel. Seit 1991: Björn Engholm, Johannes Rau (kommissarisch), Rudolf Scharping, Oskar Lafontaine, Gerhard Schröder, Franz Müntefering, Matthias Platzeck, Kurt Beck, Frank-Walter Steinmeier (kommissarisch), nochmal Franz Müntefering, Sigmar Gabriel, Martin Schulz. Bei jedem Wechsel hab ich mich gefragt: Wie es wohl geworden wär, wenn die GenossInnen sich nicht in die Affäre verstrickt hätten, wenn Engholm geblieben wär, wenn er Kanzler geworden wär? Hab ich mich gefragt: Wie weit berührt die Barschel-Affäre das Schicksal der Sozialdemokratie?

Nach Mai 1993 hab ich Engholm nur noch gesehen, wenn er zu Talkrunden aus seiner Marzipanschachtel gekommen war und von „Petitessen" sprach. Ich hätte mir von ihm ein anderes Wort gewünscht.

Am 29. Oktober 2013 berichtet Peter Höver in der shz im Zusammenhang mit der „Uthoff-Affäre" und dem „Abschied" der Kieler Oberbürgermeisterin Susanne Gaschke: „Sogar der frühere Kieler Ministerpräsident Björn Engholm meldete sich zu Wort. Gaschke habe sich im Laufe der Affäre ‚bockig' angestellt und den Schaden so vergrößert, statt eigene Fehler frühzeitig einzuräumen. Engholm hatte [so Höver] 1993 in der sogenannten Schubladenaffäre kurzen Prozess gemacht." Ich seh: Wirklichkeitsverlust „in einer auf Vergessen angelegten Gesellschaft", wie der Dichter Erich Fried sowas nannte.

Joschka Fischer

Der Ministrant war in Oeffingen, der das Gymnasium nach zehn Schuljahren ohne Abschluss verließ, der seine Fotolehre abbrach, der ab 1967 in der APO tätig war, im SDS-Verlag „Neue Kritik" jobbte, 1970 die Karl-Marx-Buchhandlung in Frankfurt am Main gründete, 1971 eine Tätigkeit bei Opel in Rüsselsheim mit dem Ziel begann, über die Gründung einer Betriebsgruppe die Arbeiter zu politisieren und für die „Revolution" zu gewinnen, wo er nach einem halben Jahr fristlos entlassen wurde. Der nach Gelegenheitsarbeiten als Übersetzer, als Taxifahrer, Schauspieler, nach Mitgliedschaft in der gewalttätigen Stadtguerilla (wofür er sich als Bundesaußenminister entschuldigte) GRÜNER und 1985 Staatsminister für Umwelt und Energie in Hessen und bei der Bundestagswahl am 27. September 1998 Außenminister der rot-grünen Koalition geworden war. Ich hatte große Hoffnungen in diesen unabhängigen Geist gesetzt. Als am 24. März 1999 der Kosovokrieg begann, der erste Krieg, an dem sich die Bundesrepublik Deutschland beteiligte, ein Krieg mit NATO-Luftangriffen ohne UN-Mandat gegen einen souveränen Staat, vertrat er als Außenminister eine Position, die er vor der Regierungsübernahme abgelehnt hatte. Da dachte ich: An dieser Stelle hätte dieser grüne Außenminister zurücktreten müssen.

Der GRÜNE Joschka Fischer schloss 2009 einen Vertrag mit dem Energieversorgungsunternehmen RWE OMV als politischer Berater für den geplanten Bau der Erdgaspipeline vom Kaspischen Meer über die Türkei in die EU. Im selben Jahr wurde er Berater für den Autokonzern BMW. Seit 2010 berät er den Handelskonzernriesen REWE. Agenturen vermitteln ihn für bis zu 29.000 Euro Vortragshonorar.

Friedrich III., Herzog von Schleswig-Holstein-Gottorf (* 1597 † 1659)

Mein Lieblingsherzog. Er residierte von 1616 bis 1659 auf Schloss Gottorf. Er lebte in kriegerischer Zeit. Aber er wollte, wie schon sein Vater, lieber Kunst und Kultur in seinem kleinen Land fördern, lieber Handel treiben als Kriege führen. Als von Gottorfs Fürsten wohl der von größtem Ansehen, war er bestrebt, dass sein Hof – damals eine der glanzvollsten Residenzen weit und breit – zu einem Dreh- und Angelpunkt von Kultur im Norden Europas wurde. Er war es, der auf die kühne Idee für jenes Weltwunder von Globus gekommen war, er und sein Universalgelehrter Adam Olearius. Er, Herzog Friedrich III. von Gottorf, war es, der die Idee für eine Universität in unserer Region hatte, die dann sein Sohn und Nachfolger als Herzog Christian Albrecht umsetzte. Die Christian-Albrechts-Universität nahm 1665 ihren Lehrbetrieb auf unter dem Motto: „Pax optima rerum" = Frieden ist die beste Angelegenheit. Er steht für mich als eine der Verknüpfungen meiner beiden Heimatstädte SCHLESWIG und KIEL.

Norbert Gansel

Ich hatte all die Jahre von Weitem diesen Kopf bewundert, der für KIEL im Bundestag saß. Als er sich 1993 dazu bereit erklärte, hatte ich mir *ihn* als neuen Ministerpräsidenten vorgestellt. 1997 wurde er Oberbürgermeister in KIEL und blieb es bis 2003.

2014 im Vormärz vormittags um elf bin ich mit ihm verabredet, bitte ihn um kommunalpolitischen Rat. Er empfängt mich im Park hinter seinem Bauernhaus mit einem köstlichen, selbst gemachten Apfelwein – trockentrockenirdenundirgendwie. Norbert sprudelt wie sein Cidre. Sozialdemokratische Geschichte. Momente. Personen. Ereignisse. Alte und neuere Zumutungen, der Zustand der Partei, Verschröderung, Verstegnerung, das alles ist vollkommen weg aus seinem Gesicht. – Es ist so schön dort draußen auf dem Lande. Es ist Frühling. Er wirkt entspannt, wie ich ihn nie zuvor gesehen hab. Ich erfahr: Auf dem Dachboden seines Bauernhauses, wo einst das Heu überwinterte, lagern jetzt fünfzig Jahre Sozialdemokratie in Chiquita-Kartons, tausend und eine Erinnerung und ein Sitz und ein Tisch aus dem alten Bundestag in Bonn – aus vorwasserwerklicher Zeit.

Unser Gespräch zeigt mir einmal mehr, wie wenig die menschliche Seite der Kieler Affären aufgearbeitet ist, wie persönliche Urteile gefällt worden sind, gefällt werden, die der Wirklichkeit kaum gerecht werden. Nicht gerecht werden können. Sie haben nicht mehr miteinander gesprochen. Niemand hat ein vollständiges Bild. Mir zeigt sich hier einmal mehr, wie sie nach dem großen guten Aufbruch – dann – einander in Konkurrenz gegenüberstanden und wie sehr im Verlauf der Affären auch in Misstrauen. Wie sie einander – auch – verkannt haben. Wie fruchtbar ihre Zusammenarbeit hätte sein können …

Kurt Hamer

Kurt Hamer war eine landesweit bekannte Persönlichkeit. Zur Erinnerung: Als ich 1977 in der SPD-Landtagsfraktion zu arbeiten begonnen hatte, fragte mein Großvater, der leidenschaftlicher Zeitungsleser und als Buchhalter für die Finanzen der Holmer Fischerzunft zuständig gewesen war, mich nach Kurt Hamer: „Der ist doch im Landtag für Finanzen zuständig. Das scheint mir ein guter Mann zu sein." 1967 war Kurt Hamer Landtagsabgeordneter geworden, 1971 stellvertretender Vorsitzender der SPD-Landtagsfraktion, 1975 stellvertretender Vorsitzender des Finanzausschusses. Von 1979 bis 1987 war er Landtagsvizepräsident. Er wollte Finanzminister werden, und dann, als es soweit war, wollte er es nicht mehr. Er kandidierte 1987 auch nicht wieder für den Landtag. Er, der schon zuvor entschieden für die Minderheitenpolitik im dänisch-deutschen Grenzland eingetreten war, wurde 1988 Regierungsbeauftragter für Minderheitenfragen (Grenzlandbeauftragter). Er war Vorsitzender und Sprecher des Geschichtsbeirats der SPD und setzte sich in dieser Eigenschaft u. a. sehr für die Aufarbeitung des Nationalsozialismus in Schleswig-Holstein ein. Er war Fördervereinsvorsitzender für ein Museum für Industrie- und Alltagskultur in KIEL. An der Hörn sollte ein „Museum der Arbeit" entstehen, ein Ort der Begegnung und der Auseinandersetzung mit Zeugnissen von hundert Jahren Industrie und Alltag in KIEL. Ich weiß noch, mit welchem Elan er sich dafür eingesetzt hat. Nach dem Regierungswechsel 1988 war das Projekt auf gutem Weg. Dann waren die Verhandlungen um die Finanzierung aber ins Stocken geraten und das Land hatte seine Zusage zurückgezogen und damit dem Projekt seine materielle Grundlage entzogen. – Ich hatte Kurt Hamer schon in der Landtagsfraktion erlebt und geschätzt und dann, als er mit Übernahme des Landesvorsitzes durch Gerd Walter Landesschatzmeister der SPD geworden war, das Glück, in seiner Eigenschaft als Schatzmeister bis zu seinem Tod im Januar 1991 eng mit ihm zusammenzuarbeiten zu dürfen. – Kurt Hamer war *der* Elderstatesman der SPD Schleswig-Holstein. Bei Regierungsübernahme 1988 hatte er die Mahnung ausgesprochen: „Ein großer Sieg ist schnell verspielt." Seine Erfahrung, sein weiser Rat waren besonders auch nach seinem Ausscheiden aus dem Landtag gefragt. Das wurde u. a. in den Sitzungen des Landesvorstandes deutlich, dessen Arbeit mit der Regierungsübernahme – auch – eine neue Bedeutung bekam.

Ich erinner mich, mit welcher Wertschätzung Kurt Hamer die faire Berichterstattung des Journalisten Erich Maletzke kommentierte, der heute als der Elderjournalist der schleswig-holsteinischen Zeitungslandschaft gilt. Wenn die Landespresse Rezensionen für Veröffentlichungen von landespolitischer Bedeutung braucht, bittet sie Erich Maletzke. Und wenn ich die oder Erich Maletzkes Bücher les, muss ich an Kurt Hamer denken.

Günther Jansen

Von 1967 bis 1969 JUSO-Landesvorsitzender. Ab 1970 Bürgermeister der Gemeinde Süsel. 1975 wurde er SPD-Landesvorsitzender als Nachfolger von Jochen Steffen. Kein Landesvorsitzender der SPD Schleswig-Holstein hat sich einer solchen landesweiten Beliebtheit in der Partei erfreut wie Günther Jansen! Von 1980 bis 1988 war er Bundestagsabgeordneter für Ostholstein. 1988 wurde er mit Leib und Seele Sozialminister – Minister für Arbeit und Soziales, Jugend, Gesundheit und Energie. Er wollte ehrlichen Herzens aus der Atomenergie aussteigen, unser so freundlicher, hoffnungsvoller, sozialer, verehrter Landesvorsitzender Günther Jansen. Für sein herausragendes bürgerschaftliches Engagement, insbesondere für seinen Einsatz als ehrenamtlicher Vorsitzender des Übergangsvorstandes des Universitätsklinikums Schleswig-Holstein, wo er die Grundlagen für die Integration der beiden Universitätsstandorte Kiel und Lübeck in ein gemeinsames Unternehmen schuf, verlieh das Land Schleswig-Holstein ihm eine Ehrenprofessur. Zu seinem 75. Geburtstag hat die schleswig-holsteinische SPD ihn zu ihrem Ehrenvorsitzenden gemacht.

Karl Heinz Luckhardt

Nach seinem Fortgang aus der SPD-Landtagsfraktion ins Kieler Rathaus erschien er mir bei Begegnungen fern und fremd. Als Oberbürgermeister erschien er mir sehr konzentriert. Er blieb drei Amtsperioden – 1980 bis 1992 – bis zum Beginn seines Ruhestands. Ohne Skandal. Luckhardt = Glücksherz. Er *lebte*, er lebt gute, alte, sozialdemokratische Grundsätze. Als Parlamentarischer Geschäftsführer hatte er sich, wie beschrieben, diplomatisch-bescheiden zwei kleine Büroräume neben der Kellertreppe ausgesucht, mit Aussicht nach Westen, auf den Parkplatz des Kultusministeriums (das damals seinen Sitz Ecke Reventloubrücke/Düsternbrooker Weg hatte). Nach Jahren, bei meiner Rückkehr in den Düsternbrooker Weg, in die Staatskanzlei, treff ich staunend auf Menschen, die ihr Selbstbewusstsein offenkundig teilweise durch Größe und Einrichtung ihrer Büros beziehen. 2008 ein Wiedersehen. Im Brunswiker Pavillon. Zum siebzigsten Geburtstag von Prof. Bernhard Schwichtenberg. „Schwichty" hat sich zum Geburtstag wieder Limericks gewünscht. Alle sagen ihre Limericks auf. Karl Heinz Luckhardt singt Arbeiter- und Küchenlieder zu seinem Gitarrenspiel. Wir sitzen nebeneinander. Wir kommen ins Gespräch. Bald darauf kommt er mit seiner Frau zu einer meiner Lesungen in meine Fischerhütte auf dem Holm. Eine herzliche Begegnung. Er schleckt sich die Finger nach dem geräucherten Schnäpel, den er nicht kennt (ein Verwandter des Lachs', der schon aus der Schlei verschwunden war, den die allerletzten Holmer Fischer neu eingesetzt haben). Er bittet mich, die Texte einiger Lieder für ihn ins Plattdeutsche zu übertragen. Ich denk an die „Parteiabende" nach Landesparteitagen, an denen er mit seiner Gitarre auf der Bühne stand und mit Genossinnen und Genossen Arbeiterlieder sang. Wir bleiben in Verbindung. Als ich 2015 bei Luckhardts zu Besuch bin, denk ich: Es gibt noch Sozialdemokraten. Aber gibt es noch die SPD? Ich denk: Im Grunde genommen stehen ursozialdemokratische Persönlichkeiten wie Karl Heinz Luckhardt inzwischen ohne Partei da.

In der Erinnerung erscheint Luckhardt mir als Sozialdemokrat groß und echt. Sein Schwerpunktthema „Einkommensumverteilung" ist unverändert aktuell. Ein Kernsatz aus seinen wirtschaftspolitischen Referaten, mit denen er schleswig-holstein-weit unterwegs war: „Frag nicht danach, wie etwas finanziert werden soll. Wir sind eine reiche Industrienation. Das Geld befindet sich nur in den falschen Taschen."

Im Landtagsinformationssystem finde ich unter den Angaben zu seiner Person in der Kategorie „Orden und Ehrenzeichen" den Hinweis „Verzicht".

Rosa Luxemburg

Zur Erinnerung: Als ich mit 14 begonnen hatte, mich politisch zu interessieren, begonnen hatte, den SPIEGEL zu lesen und mich gelegentlich kritisch äußerte, sagte Mutter zu mir: „Warr bloß nich mol su'n Oolsche as Rosa Luxemburg!" („Werd nur nicht mal so eine Person wie Rosa Luxemburg"). Die Verleumdungen gegen sie – die ein Vorbild war für sittliches Handeln in der Politik, der gesunder Menschenverstand mehr wert war als jede führende Strategie einer Partei, die freiheitlich dachte und unter allen Umständen für Frieden war, die beharrlich gekämpft hat für die Rechte und Freiheit des Individiums – reichten bis tief hinein in die 1960er-Jahre, tief auch in die Reihen derjenigen, für die sie eingetreten war.

Als am 4. August 1914 die SPD-Reichstagsfraktion einstimmig und gemeinsam mit den übrigen Reichstagsfraktionen für die Aufnahme der ersten Kriegskredite stimmte und damit die Mobilmachung ermöglichte, erlebte Rosa Luxemburg diesen Bruch der SPD-Vorkriegsbeschlüsse als schweres, folgenreiches Versagen der SPD. Sie dachte deswegen an Selbstmord. Sie, die für ihre Überzeugung mehrfach ins Gefängnis gegangen war, war der Meinung, dass jede Spaltung der sozialistischen Reihen verhängnisvoll sei.

Rosa Luxemburg, geb. 1871 in Zamość/Polen, ermordet 1919 in Berlin, schrieb als sehr junge Schülerin dieses Gedicht:

„Für diejenigen fordere ich Strafe,
die heute satt sind, die in Wollust leben,
die nicht wissen, nicht fühlen,
unter welchen Qualen Millionen ihr Brot verdienen.
Ich empfinde Schmerzen beim Anblick eines
frohen Gesichtes,
eines frohen Lachens,
weil diejenigen, die der Armut und
der Unwissenheit preisgegeben, weder Lachen
noch Frohsinn kennen.
Ich möchte alle Leiden,
alle verborgenen, bitteren Tränen
den Satten auf ihr Gewissen laden,
ihnen alles mit schrecklicher Rache heimzahlen."

Peter Mertineit

Ich bin ganz entschieden gegen Orden und Ehrenzeichen. Aber Peter, ja, auch wenn sich manch eine/r an ihm die Haut abgeschürft hat, er ist der eine von zwei Genossen, die sich einen Orden verdient hätten. Er hatte sich aus schwierigsten sozialen Verhältnissen zum Organi-

sationsreferenten beim Landesverband hochgearbeitet. Er strotzte vor Kraft. Die Partei war sein Leben. Er war in den Wahlkämpfen z. B. für die Logistik der landesweiten Plakatierungen und für die Verteilung der „Zeitung am Sonntag" zuständig. Er war das Organisationstier der Parteitage. Und vor allem war er der Kontaktmann zu den Gewerkschaften. Er hat lange auf das alte sozialdemokratische Versprechen gehofft, als ehemaliger Arbeiter eines Tages im Landtag zu sitzen. Ich bin ihm Anfang des Jahrtausends noch ein letztes Mal begegnet, als er mit seiner Frau mit C + A-Tüten in der Andreas-Gayk-Straße unterwegs war. Da war er längst im Ruhestand. Wir unterhielten uns einen Moment. Er kam mir gebrochen vor. Er starb am 13. April 2011 mit 78. Ich weiß es nicht, vielleicht hat er ja einen Orden bekommen, bei dem es um mehr als um langjährige Parteimitgliedschaft ging.

Barack Obama

Beginnend im Wahlkampf 2008 bis zu seiner ersten Amtseinführung war mir der Text „Schwarze im Weißen Haus" entstanden (s. S. 240 f.). Als im Oktober 2016 seine Ära zu Ende geht, haben die USA seit drei Jahren keinen Haushalt mehr verabschiedet, weil die Republikaner mit ihrer Mehrheit in beiden Kammern des Kongresses alle Vorlagen der Obamaverwaltung blockiert haben. Der Kampf gegen seine Gesundheitsreform erschien mir absurd. Aus seinen vielbeachteten Reden und unzähligen Statements während seiner achtjährigen Amtszeit geht so viel Klugheit hervor. Seine Rede zur Amtseinführung am 20. Januar 2009. Seine Rede am 4. Juni 2009 in der Universität Kairo – sie stellt eine vollständige atmosphärische Kehrtwende zur Politik seines Vorgängers dar. Seine Rede in Berlin am Brandenburger Tor am 19. Juni 2013.

Was für mich unverstehbar bleibt: Warum verfiel dieser kluge Mensch als einer der mächtigsten Diplomaten der Welt im Umgang mit Putin in alte Muster? Warum bezeichnete er mitten in der Ukrainekrise, 2014, Russland weltöffentlich als „Regionalmacht"? Obgleich Obama die Wirtschaftspolitik Clintons weitergeführt hat, die eine Verschlechterung der Lebensverhältnisse aller Arbeitnehmer herbeigeführt hat, wünschte ich während des US-Wahlkampfes 2016, ER hätte noch eine Amtszeit mit Mehrheit in beiden Kammern des Kongresses.

Friedrich O. J. Roll

Es muss Herbst 1981 gewesen sein, als ich Friedrich zum ersten Mal sah. Gerd Walter hatte ihn zu einem Arbeitsbesuch von Brüssel nach KIEL mitgebracht. Nach der Arbeit saßen wir zusammen im „Le Paris", einer Gaststätte in einem jener schönen Altbauten, die den Lehmberg prägten. Da diese Häuser wenig später abgerissen wurden, verbindet mich mit dem Lehmberg nur dieser eine Moment, der mir unwirklich und schön und fern wie die 1920er-Jahre erscheint: Gelbes Licht, Holzdielen, Thonet-Mobiliar, französischer Wirt, französische Küche, Rotwein und Friedrichs Erzählungen aus aller Welt. Friedrichs Heimat ist Franken, aber zweite Heimat war ihm Schleswig-Holstein geworden, wo er zur Jochen-Steffen-Zeit seinen Wehrdienst abgeleistet und Mitglied des JUSO-Landesvorstandes war – bis er 1974 (bis 1977) nach Wien ging. Dort war er erst stellvertretender, später gewählter Generalsekretär der iusy (international union of socialist youth – Jugendorganisation der Sozialistischen Internationale/SI). Von '77 bis '80 saß er für den iuef (international university exchange fund), einer Nichtregierungsorganisation (ingo = international nongowernment organisation) mit Hauptsitz in Genf als Regionaldirektor für Lateinamerika und die Karibik in San José/Costa Rica. Die Organisation hatte das Ziel, politischen Flüchtlingen aus dem Süden Afrikas und dem cono sur[174] bei der Flucht zu helfen, sie in afrikanischen oder lateinamerikanischen und, wenn es nicht anders ging, in europäischen Ländern unterzubringen. Junge, im damaligen Deutschland desillusionierte Linke waren fasziniert von der Idee, nach dem Sieg des Frente Sandinista,[175] die am 22. August 1978 im Handstreich den Nationalpalast im Herzen der Hauptstadt Managua genommen hatten, nach einer brutalen Diktatur in Nicaragua eine menschlichere Gesellschaft neu aufzubauen und daran teilzuhaben. Friedrich wurde von der Leitung des Frente eingeladen, nach Managua zu kommen. Der iuef leistete dort – zusammen mit Ernesto Cardenal (Friedenspreis des Deutschen Buchhandels 1980) – einen Beitrag zur Alphabetisierungskampagne in Nicaragua. Diese Arbeit begleitete Friedrich aktiv bis zu seinem Wechsel zur Europäischen Gemeinschaft, wo er seit September 1980 als Referent der Sozialistischen Fraktion begann – u. a. für deren Delegation für die Beziehungen mit Lateinamerika. Bitter berichtete er mir später: „Leider ist es uns (si, iusy, iuef, spe u.v.m.) nicht gelungen, das Abdriften des Frente zu einer diktatorischen Partei zu verhindern."

Ab 1980 gibt es keine Frage, bei der er Gerd Walters Europa-Wahlkreis nicht behilflich sein kann, und zwar nicht nur bei Fragen zu Eu-

---

174 cono sur: ist die spanische Bezeichnung für die Länder im Süden Lateinamerikas: Argentinien, Chile, Brasilien, Paraguay und Uruguay (zu diesem Zeitpunkt alle noch unter der Macht diktatorischer und halbdiktatorischer Regierungen).

175 Frente = Frente Sandinista de Liberacion Nacional (FSLN), seit 1961 aktive revolutionäre Befreiungsbewegung in Nicaragua. Stürzte am 17. Juli 1979 die seit 43 Jahren bestehende Somoza-Diktatur. Dann Agrarreform, Alphabetisierung. Zurückdrängen der politischen und wirtschaftlichen Interessen der USA. 1990 abgewählt.

ropa! Er ist lebendiger Geist in der Sozialistischen Internationale. Und er ist einer jener alten KollegInnen, die ihre Urlaube oder Teile davon in Wahlkämpfen in Schleswig-Holstein und anderen Bundesländern verbrachten, für die die Sozialdemokratie, der demokratische Sozialismus das Leben ist. KIEL ist, nein, KIEL war einer seiner weltweiten Stützpunkte. Seit er im Ruhestand ist, wohnt Friedrich in der Friedrichstraße, tief im Osten von Berlin. Er hat immer noch weltweite sozialistische Fäden an den Fingern, die die Bewegung zusammenhalten. Und wenn ein europäischer Weggefährte stirbt, wird Friedrich zur Hilfe gerufen, damit es eine europäische Beerdigung wird.

Wenn ich an ihn denk, denk ich immer an das alte Lied, und ich bin froh, dass ich meinen Kameraden noch hab. In letzter Zeit ist er – unruhig – in Europa unterwegs. – Wenn es Friedrich nicht wirklich gäbe, wäre er eine Romanfigur für die zweite Hälfte des 20. Jahrhunderts.

Eva Rühmkorf

Als Eva von 1990 bis 1992 Ministerin für Bundesangelegenheiten und Stellvertreterin des Ministerpräsidenten ist, bin ich sozusagen Untermieterin bei ihr (der SPD-Parteivorstand ist Mieter meines Büros im ersten Stock der Villa neben dem Landeshaus, „Haus B"). Wenn sie nicht in der Landesvertretung Schleswig-Holstein in Bonn arbeitet, arbeitet sie hier. Eva und ihren Chauffeur Jürgen Peters-Dalock, der mich, wenn er auf Eva wartet, mit Kaffee versorgt oder ich ihn, erleb ich hier in dieser Zeit als einzige Wärmequellen. Eva besucht mich in meinem Büro. Sie trinkt Kaffee mit mir. Sie lädt mich zu ihrem Geburtstagsfrühstück ein: Ich seh sie noch leibhaftig vor mir mit jenem sagenhaften Objekt von Brille, das „Schwichty"[176] ihr geschenkt hatte. Mitunter nehmen Eva und Jürgen mich ein Stück mit dem Auto mit. Bei der letzten Fahrt Ende April 1993 fragt Eva mich, was ich denn nun machen werde. Merkwürdigerweise sag ich ihr, was ich niemandem sonst sagte und selbst nicht wusste: „Ich würd gern schreiben." 1996 veröffentlichen wir beide unser erstes Buch. Wir schicken es uns gegenseitig. Wir bleiben in Kontakt. Ein letztes Mal seh ich Eva, als sie

---

176 Der Kieler Künstler Bernhard Schwichtenberg, Prof. an der Muthesius Kunsthochschule, stellte u. a. Brillen als Kunstobjekte her.

am 8. April 2006 zum Internationalen Frauentag nach KIEL kommt: Sie sitzt im Neuen Rathaus in der Andreas-Gayk-Straße, im Kulturforum KIEL, mit der begnadeten, hochbetagten KIELer Schauspielerin Rosemarie Kilian (die sich gerade von einem Schlaganfall erholt hat, zum zweiten Mal sprechen gelernt hat und wieder schauspielen kann) auf einem Sofa auf der Bühne. Die beiden führen ein tief berührendes Gespräch über das Altern. Bevor Eva auf die Bühne geht, kommt es zu einer Begegnung. Sie nimmt mich in den Arm. Sie hat Tränen in den Augen, als sie mir sagt: „Eigentlich wollte ich ja nie wieder nach KIEL kommen."[177]

Andrej Sacharow

Physiker, der wegen seiner herausragenden Leistungen in der Atomforschung bereits mit 32 Jahren Mitglied der Akademie der Wissenschaften der UdSSR geworden war, direkten Zugang zur politischen Führung hatte – und später an der Verantwortbarkeit der Atomtechnologie zu zweifeln begann. 1975 erhielt er den Friedensnobelpreis mit der Begründung, er sei „das Gewissen der Menschheit". 1968 hatte er mit seinem Essay „Gedanken über Fortschritt, friedliche Koexistenz und geistige Freiheit" weltumfassend die Probleme der Menschheit erfasst und ein globales, positives Zukunftsprogramm zur Menschheitsentwicklung umrissen, das er später durch „Schutz einzelner Menschen vor konkreten Ungerechtigkeiten und konkreter Ungesetzlichkeit" ergänzte. Zu seiner Einsicht seiner persönlichen Verantwortung trug vor allem die Tatsache bei, dass er an der Entwicklung der furchtbarsten, die Existenz der Menschheit bedrohenden Waffe beteiligt war: „[…] weil der Bestrahlung ungeheure Menschenmassen, praktisch die gesamte Menschheit, im Verlauf vieler Generationen ausgesetzt sind. […] die Einzigartigkeit dieses Problems besteht in moralischer Hinsicht darin, dass das Verbrechen völlig ungesühnt bleibt, da bei keinem konkreten Todesfall zu beweisen ist, dass er von Strahlung verursacht wurde, sowie darin, daß unsere Nachkommen unseren Handlungen völlig schutzlos ausgeliefert sind."

---

177 Wer sich noch einmal vertiefen möchte, dem sei „Hinter Mauern und Fassaden", Eva Rühmkorf, Deutsche Verlagsanstalt GmbH, Stuttgart 1996, empfohlen.

Sacharows Werk, mit dem er auch Missstände und das Demokratie-
defizit in seinem Land anprangert, mit dem er gegen den Einmarsch
der Sowjetunion in Afghanistan, gegen die Strategische Verteidi-
gungsinitiative Reagans (SDI) protestiert, ist von weltgeschichtlicher
Bedeutung und zum Verständnis für die Epoche der zweiten Hälfte
des 20. Jahrhunderts unerlässlich: „Gesetzlosigkeit und Einschrän-
kungen der Menschenrechte können auf diesem Planeten ebensowe-
nig toleriert werden wie Krieg, Hunger und Armut. Das Schicksal jedes einzelnen von uns und unser aller gemeinsames Schicksal steht
auf dem Spiel."

Hermann Scheer

In seinem Engagement für eine menschlichere, für eine zukunftsfähi-
ge Welt seh ich Hermann Scheer in einer Reihe mit Willy Brandt, seh
ich ihn als „jesuanischen" Menschen, wie Walter Jens Rudi Dutschke
bezeichnete. Seit 1965 Mitglied der SPD, schrieb er seine Doktorarbeit
zum Thema: „Parteien kontra Bürger? Die Zukunft der Parteiendemokratie". Seit 1980 Mitglied des Bundestages, von 1982 bis 1990 Sprecher
der SPD-Bundestagsfraktion für Abrüstung und Rüstungskontrolle.
Er gehörte zu den Initiatoren vieler Gesetze zur Förderung erneuerba-
rer Energien. Er beeinflusste die Energiepolitik der SPD maßgeblich.
Er gehörte seit 1988 zu den Mitbegründern der gemeinnützigen Vereinigung für Erneuerbare Energien EUROSOLAR. Er war 2001 Mit-
gründer und ehrenamtlicher Präsident des neu gegründeten Weltrats
für Erneuerbare Energien. 1999 erhielt er den Alternativen Nobelpreis
für sein Engagement für die erneuerbaren Energien: „Mein Ausgangspunkt sind nicht die erneuerbaren Energien, sondern die Gesellschaft –
aus der Erkenntnis, welche elementare Bedeutung der Energiewechsel
für deren Zukunftsfähigkeit hat. Der Wechsel zu erneuerbaren Energien hat eine zivilisationsgeschichtliche Bedeutung. Deshalb müssen
wir wissen, wie wir ihn beschleunigen können. Knapp sind nicht die
erneuerbaren Energien, knapp ist die Zeit." 1999 distanzierte er sich
vom Nato-Einsatz der Bundeswehr während des Kosovo-Konflikts,
der von der rot-grünen Koalition gebilligt worden war. Er empörte sich
darüber, wie Spitzenpolitiker der rot-grünen Koalition in Aufsichts-
ratsposten und über Beratertätigkeiten Industriegelder abkassieren als

„unmoralisch und korruptiv". Hermann Scheer war u. a. Mitglied im Stiftungsrat des Weltzukunftsrates. 2009 kandidierte er nicht mehr für den SPD-Bundesvorstand und begründete dies in einem Brief unter anderem damit, dass „es allzu üblich geworden" sei, „politische Macht-spiele auszutragen" und „Scheinlösungen zu produzieren" und er darin nicht involviert sein wolle.

In dem Dokumentarfilm „Let's make Money" (2008) äußerte Hermann Scheer u. a.: „Wenn wir so weiter machen, dann kommen neue Selektionsmechanismen zwischen Staaten, zwischen Rassen, zwischen Religionen, zwischen berechtigten Menschen und unberechtigten, zwischen wertvollen und nicht wertvollen Menschen, dann wird der monetäre [in Geld umgerechnete] Wert des Menschen irgendwann in den Vordergrund geschoben und dann beginnt ein neues Zeitalter der Barbarei. Das ist unausweichlich."

Carl Hermann Schleifer

Von 1983 bis 1988 Finanzstaatssekretär im Kabinett Barschel, einer jener hoffnungsvollen politischen Köpfe, dessen politische Karriere mit der Barschel-Affäre beendet war. 2011, als Prof. Rainer Winkler im Rahmen der Bürgerinitiative „Zukunftswerkstatt Schleswig" die Idee entwickelt hatte, Schleswig und Umgebung zu einer Gesundheitsregi-on auszubauen und diese mit Gesundheitstourismus zu verknüpfen, lernte ich Dr. Schleifer persönlich kennen – in seiner Eigenschaft als Vorstandsvorsitzender der Damp-Holding. Sein Auftritt erschien mir brillant. Aber die Schleswiger SozialdemokratInnen, von denen Wink-ler in erster Linie erwartet hatte, dass sie das hoffnungsvolle Projekt in die Hand nehmen, denen er mehrfach jedwede Unterstützung an-geboten hatte, bekämpften es, diffamierten Winkler, stellten unsere Bürgerinitiative „ganz bewusst" öffentlich als politischen Gegner dar (siehe Chronologie). Die Schleswiger Kommune hat nichts aus der Idee gemacht. Alles verlief im Sand. Eine SPD-Mandatsträgerin fragte *mich*: „Schleifer, weißt Du, wer das ist?"

Die in Zusammenwirken mit Carl Hermann Schleifer positiv aufge-baute Kooperation zwischen Zukunftswerkstatt, Landtagsfraktionen, Schleswiger Ratsversammlung und Gesundheitswirtschaft hat gezeigt, was jenseits kleinkarierter Parteipolitik möglich wär!

Helmut Schmidt

Ich sitz nie morgens vorm Fernseher. Am 23. November 2015 sitz ich morgens vorm Fernseher. Eine der letzten tragenden Säulen der Erde ist weg. Wie sie ihn verehrt haben, meine Alten auf meiner Insel, die nie etwas anderes gewählt haben als SPD. Der Fischer. Der Arbeiter. Der, der den städtischen Müllwagen und den Bürgermeister gefahren hat und geraucht hat wie Helmut Schmidt, wie ein Schlot. Die im Krieg waren wie er. Die zur selben Zeit Probleme mit den dritten Zähnen hatten wie er und sagten: „Em geiht dat mit dat Gebiss uck nich anners as uns." (Ihm geht es mit dem Gebiss auch nicht anders als uns"). Die lange vor ihm gestorben sind. Wenn sie sich über ihn unterhielten, sprachen sie von „Schmidt-Schnauze". Sie schätzten sein klares, kluges, verständliches, unverschnörkeltes Wort. Sein Kein-Wort-zu-viel. Ich haderte mit ihm. Einerseits. Er war mir zu unduldsam, zu autoritär. Ich wollte Frieden und er wollte Mittelstreckenraketen. Ich hatte Visionen. Er sagte, wer Visionen habe, müsse zum Arzt. Dabei hatte er selbst welche.[178] Er war für Kernkraft und gegen „Multikulti". Auf die Umweltbewegung, die Friedensbewegung, die GRÜNEN, reagierte er mir zu spät. 2007 noch hielt er die Debatte um die globale Erwärmung für „hysterisch überhitzt". Andererseits verehrte ich ihn. Mit welcher Sicherheit er Ermessensspielräume nutzte und sich über Dienstwege und Gesetze hinwegsetzte, die sich im Ernstfall der Menschlichkeit in den Weg stellten, sich als sinnlos, als falsch erwiesen. Ich wünschte, da wären mehr Menschen in Verantwortung mit seiner weitblickenden, geistigen Freiheit, mit seiner sicheren Orientierung an unabhängiger Vernunft, mit seinem Understatement, jener in Untertreiben ausartenden persönlichen Bescheidenheit.

Heute ist Kamera auf seiner Beerdigung. Gnadenlos geht sie an seiner Susannes traurige Augen. An Kissingers Hörgerät. An Merkels Kette. An die Gesichter gealterter ehemaliger Bürgermeister. An berühmte geschlossene Augen … Kamera geht entschieden zu nah und ich geh mit. Geht an die weißen Lilien. Geht an das glänzende Rednerpult, in dem sich eines der Ornamente des schmiedeeisernen Gitters spiegelt als

---

178 In seiner Rede vor dem Hamburger Gemeindetag 1964 sagte er in Anlehnung an das Jeremia-Wort „Suchet der Stadt Bestes": „Wer der Stadt Bestes erstrebt, muss Ziele vor Augen haben, auch wenn er weiß, dass er sie nicht erreichen kann …"

Kreuz. Geht mit Helmut Schmidt, jetzt getragen von Soldaten, seinen letzten Weg aus dem Michel. Jetzt blendet mein innerer Film ihn als Verteidigungsminister ein: Er, wie als Verteidigungsminister gemacht; und ihn in „Deutschland im Herbst": Wer hätte diese Zeit getragen wie er? Er und Ben Wisch und sein Stab. Dann geht die Kamera mit ihm seinen letzten Weg, der schwarz gesäumt ist von trauernden Menschen. Geht mit ihm durch seine Stadt, die er hingebungsvoll liebte. Geht mit ihm durch sein Hamburg, ein letztes Mal. Ich trauer. Eine der letzten tragenden Säulen der Erde ist weg.

Gerhard Schröder

Schröder geriet 1992 unter Druck wegen seines Einsatzes für Waffenexportgeschäfte. 1995 sagte er, es gehe nicht mehr um sozialdemokratische, sondern um moderne Wirtschaftspolitik. Angela Merkel lobte in ihrer ersten Regierungserklärung am 29. November 2005 seine „Agenda 2010, die neben der Gesundheitsreform die größte Kürzung von Sozialleistungen seit 1949" (Schlagzeile FAZ am 30. Juni 2004) darstellt. Wenige Wochen nach dem Regierungswechsel 2005 wurde bekannt, dass Schröder einen Posten bei der NordStream AG angenommen hatte, die zu 51 Prozent zur russischen Gazprom gehört. Damit wurde er für ein Projekt tätig, das er bereits als Regierungschef wohlwollend begleitet hatte.

Der Sozialdemokrat Hermann Scheer beschreibt Schröders Methode „modernen Regierens" als: „[...] autokratisch, selbstgerecht, mit einer Ideologie der Ideologiefreiheit. Ein technokratisch-gouvernementalistischer Stil, in dem die eigene Partei und die eigene Fraktion nur noch als Störfaktor gesehen und bloß noch zum Abnicken gebraucht werden, als eigentlich lästiges und querulantenhaftes Beiwerk. Das ist eine Regierungsmethode, die in einer offenen Gesellschaft anachronistisch [durch die allgemeinen Fortschritte und Errungenschaften überholt, nicht mehr üblich] ist und mit der ein systematisch irreales Politikverständnis entstand, dass es nur noch auf die mediale Inszenierung vor allem der Spitzenkandidaten ankäme, auf einen ‚deus ex machina' [Entscheidung von oben; Eingreifen einer Gottheit] – als hätten wir kein viergliedriges, gewaltengeteiltes, politisches System, in dem nicht einfach durchregiert werden kann. Es ist die Methode der Überpersonalisierung der Politik und einer Unterbewertung politischer Programme. Letzteren wird schon deshalb immer weniger Glauben geschenkt, weil der Eindruck vorherrscht, dass das jeweilige Führungspersonal sie selbst kaum noch ernst nimmt. Vor allem aber ist es eine Methode der ständigen Verwechslung der veröffentlichten Meinung, auf deren Beeinflussung sich die Aufmerksamkeit des Spitzenpersonals konzentriert, mit den tatsächlichen öffentlichen Meinungen – also den sich in der Bevölkerung sammelnden Erfahrungen und Meinungsströmungen."[179]

Als großes Verdienst Schröders seh ich sein Nein zur Beteiligung Deutschlands am Irak-Krieg.

Jochen Steffen

KIELer Jung, der 1954 JUSO-Landesvorsitzender in Schleswig-Holstein geworden war, der 1963 eine Kandidatur für das Amt des stellvertretenden SPD-Landesvorsitzenden abgelehnt hatte, weil nicht geklärt sei, „wieweit sich die Partei nach links hin für alle sozialistischen Kräfte öffnet, soweit diese auf dem Boden des Grundgesetzes stehen". Als ich 1977 in der SPD-Landtagsfraktion begann, hatte Jochen Steffen gerade sein Landtagsmandat niedergelegt. Den Fraktionsvorsitz im Landtag hatte er bereits 1973 aufgegeben. Er hatte sich geweigert, von Landtagspräsident Helmut Lemke das Bundesverdienstkreuz entgegenzunehmen. 1975 hatte er – auch aus gesundheitlichen Gründen – den Landesvorsitz und im November 1976 seinen Vorsitz in der 1973 neu gegründeten „Grundwerte"-Kommission aufgegeben, deren Aufgabe es war, die Grundwerte des Godesberger Programms zu aktualisieren und zu präzisieren, für die er sich auch nach 1975 weiter hatte einsetzen wollen. Nun wollte er die „anti-reformistische" Politik des SPD-Bundeskanzlers Helmut Schmidt und die Haltung der Parteispitze zur Kernenergie nicht mehr mittragen. „Als Mensch, als Person und auch als Politiker halte ich den Widerspruch zwischen unseren Prinzipien und unserer tatsächlichen Politik – nebst ihren propagandistischen Begründungen – nicht aus". An Willy Brandt schrieb er: „Ich habe als

---

179 Quelle: Gastbeitrag Hermann Scheer „Schluss mit der Basta-SPD", Stern, 9.10.2009.

sehr junger Mensch in meinem Verhältnis zur Hitlerjugend und als Soldat im Krieg gelernt, daß der einzelne, der das Ganze nicht billigt, aber auch nicht verhindern kann, wenigstens fortgehen oder die Finger davon lassen kann. Ganz gleich, ob man dann Ausgestoßener oder Spucknapf und Fußmatte für jedermann ist." Und: „Ich glaube zutiefst, daß es keine qualitativen Veränderungen gibt (im Sinne von Verbesserung der gesellschaftlichen Beziehungen), die allein durch Mittel und Maßnahmen des Staates (die ich nicht gering schätze) zu bewirken wären. Ohne gleichzeitige qualitative Veränderungen zu mehr Mitbestimmung des einzelnen, zu mehr gesellschaftlicher Selbstbestimmung, zu mehr ‚Menschlichkeit' im Umgang mit der Natur, d. h. Veränderung der bisherigen Werte, der Organisation und der Kommunikation der Menschen, in einem Akt mit den staatlichen Maßnahmen – erreichen wir schließlich – in den Konsequenzen, nicht in der ursprünglichen Absicht – das Gegenteil von dem, was wir wollen. Ich bin kein ‚Staatssozialist'. Unsere Praxis ist extrem ‚staatssozialistisch'. Ich glaube, daß – unter diesen Bedingungen – alle ökonomischen Fortschritte Rückschritte in der Menschlichkeit (Beziehung Mensch, Arbeit, Gesellschaft, Natur) bedeuten müssen."

Und er erklärte, „... daß ich keine ‚neue Partei' gründen werde". Damit setzte er seiner Beteiligung an der Diskussion über die Gründung einer neuen Linkspartei ein Ende.[180]

Peer Steinbrück

Ich fand ihn schön frech und fähig ... Aber dann erschien er mir mehr und mehr als Paradebeispiel für jene Politiker, die es nicht merken ... Im Bundestagswahlkampf 2013 war er als Sozialdemokrat wegen seiner Nebentätigkeiten, seiner abenteuerlich hohen Nebeneinkünfte und seiner mangelnden Diplomatie heftiger Kritik ausgesetzt. Als er Ende September 2016 mit fast siebzig Jahren sein Bundestagsmandat niederlegte, heuerte er als Berater bei der Bank Ing-DiBa an. Warum muss er bei allem, was er an Diäten, Gehältern und Honoraren eingenommen hat und bei satter Altersversorgung jetzt noch gegen Geld eine Bank beraten? Kann er nicht ohne Bezüge ehrenamtlich sozial-humanitär

---

180 Zitate aus: „Jochen Steffen Personenbeschreibung", agimos, Kiel 1997.

tätig sein? Er sei hier nur als eines von zahllosen Beispielen genannt: Er hat es immer noch nicht gemerkt. Er ist mit Ursache für den Zorn, für den Unmut, der sich in Teilen der Bevölkerung aufstaut und mehr und mehr zu Verwerfungen im politischen System führt.

Gerd Walter

Einer der immer wiederkehrenden Termine, die Gerd Walter am Herzen lagen und stets freizuhalten waren, waren jene Sonnabende, die Vortage von Landtags-, Bundestags- und Europawahlen waren, an denen Willy Brandt – traditionell – zur Abschlusskundgebung nach Lübeck kam. Mittags hielt „Willy" dann die Wahlkampfabschlussrede am Rathaus seiner Heimatstadt und anschließend vertiefte man sich mit ihm in ausgesuchtem Kreis. Walter wurde 1968, mit 19, Mitglied der SPD. Studierte in Berlin und Hamburg Politologie. Absolvierte eine Ausbildung zum Redakteur beim „Lübecker Morgen" und war Redakteur bei der „Nordwoche" in KIEL. Ab 1975 war er Dozent in der politischen Erwachsenenbildung, in der Gustav-Heinemann-Bildungsstätte in Malente (bis 1979). Walters politischer Ziehvater war der 1911 geborene Willy (Wilhelm) Geusendam, der als Kind, als Jugendlicher die Verfolgung, die Verhaftung, die Ausweisung seines kommunistischen Vaters miterlebt hatte. Der nach dem Abitur seinen Vater in die Sowjetunion begleitet und dann, während des Dritten Reichs, selbst im Zuchthaus und von 1935 bis 1945 in Konzentrationslagern gesessen hatte. Nach dem Krieg war Geusendam beim Verlag der „Frankfurter Rundschau" tätig. War Chefredakteur beim „Lübecker Morgen". War Redakteur bei der „Nordwoche" in KIEL. War von 1969 bis 1973 erster stellvertretender SPD-Landesvorsitzender neben Jochen Steffen. Geusendams Wirken gilt als bedeutender Beitrag zur linken Ausprägung der schleswig-holsteinischen SPD. Walter hatte sich neben dem Europaengagement nach der ersten Direktwahl 1979 in jenem ersten Engholm-Landtags-Wahlkampf 1982/1983 als Wahlkampfleiter leidenschaftlich eingebracht. 1983/1984 schloss sich unmittelbar sein zweiter Europawahlkampf an. Nach der Europawahl 1984 zeigte er sich wegen mangelnder Unterstützung schwer enttäuscht. Er trat als erster stellvertretender Landesvorsitzender zurück und konzentrierte sich ausschließlich auf sein Europamandat. Erst als die schleswig-holsteinischen Genossen ihn im November 1987 baten, als Nachfolger von Günther Jansen Landesvorsitzender zu werden, fand er zurück in die Landesspitze. Im Verlauf seiner Tätigkeit als Europaabgeordneter vertiefte sich Walters Kontakt zu Willy Brandt. Er galt als einer seiner hoffnungsvollsten „Enkel", war als Nachfolger von ihm (1979) und Katharina Vocke (1984) Spitzenkandidat der deutschen Sozialdemokraten zur Europawahl 1989. 1992 berief Engholm ihn als Minister für Bundes- und Europaangelegenheiten in sein Kabinett. 1993 sah es so aus, als würde Walter im Falle eines Wahlsiegs der Sozialdemokraten mit Engholm ins Kanzleramt gehen. (Ich hätte mich sehr gefreut, wieder mit ihm zusammenzuarbeiten.) 1996 übernahm er zusätzlich die Leitung des Justizministeriums. Walter hatte einen sehr hohen Anspruch an sich und an sein Umfeld. Er ertrug dienende, unterwürfige Menschen nicht. Er erwartete von seinen MitarbeiterInnen unabhängiges Denken und Arbeiten. Ich weiß KollegInnen in Bonn, in Brüssel, die nicht mit ihm klarkamen. Sie erkannten hinter der Fassade seiner gelegentlichen Übellaunigkeit den Menschen Walter nicht. Ich war jenes Humphrey-Bogart-Gesicht von meinen Holmern gewohnt, die in ihrem rauen Jargon es selbst als „Klei-mi-an-de-Mors-Gesicht" („Leckmich-am-Arsch-Gesicht") bezeichneten. Mir war es also möglich, durch Walters Fassade hindurchzusehen, die wohl auch Schutzwall war im aufreibenden politischen Alltag, in seinen von Arbeit überbordenden Tagen und Nächten. Ich wusste, dass sich dahinter Wohlwollen befindet. Vielleicht war es auch das Gesicht der gescheiterten Revolte, die noch nicht lange zurücklag – ich denk an das Gesicht von Albert Camus. Mitunter guckte er wie Mick Jagger. Ich erlebte Walter als fair, freiheitlich und menschlich. F. O. J. Roll (siehe dort), enger Freund Walters, empfahl zu Walter die Lektüre des Bilderbuchs „Das Biest des Monsieur Racine", Tomi Ungerer, Diogenes 1985.

Seit 1993 hatten wir nur noch hin und wieder telefonisch und schriftlich Kontakt. Als wir uns im Frühjahr 2017 nach 24 Jahren wiedersahen, erzählte er mir, er habe 2000 das Kabinett Simonis verlassen, um der in der Landtagsfraktion gärenden Debatte über eine Ablösung von Simonis durch ihn zu entgehen. „Ich war ausgebrannt. Ich wollte leben. Ich wollte mit meiner Familie leben. Ich habe mein Leben gerettet." Nach unserem Wiedersehen bin ich tief erschüttert, wie sehr meinem langjährigen beruflichen Weggefährten bis heute die Verwerfungen in die Knochen sitzen, die die Barschel-Affäre nach sich gezogen hat.

Horst Weber

Er war neben Peter Mertineit der andere Genosse, dem ich den einen der beiden von mir vergebenen Orden der Schleswig-Holstein-SPD verliehen hätte. Nach seiner Tätigkeit als SPD-Kreisgeschäftsführer in Nordfriesland leitete er ab Ende der 1970er-Jahre die Druckerei des Landesverbandes. Nein! Er *war* die Druckerei! Und er war ein Kamerad! Aus Anlass seines 25-jährigen Dienstjubiläums hatte der damalige Landesvorsitzende Gerd Walter mich gebeten, einige Zeilen über Horst aufzuschreiben, die er in seine Landesparteitagsrede für den 1. Oktober 1988 in Travemünde einbaute: „Für Horst Weber haben wir den großen Janosch-Bären gekauft, der den Eigenschaften von Horst sehr nahe kommt, der so ziemlich der beste Kollege der Welt ist. Er ist wirklich sehr groß. Er breitet liebevoll seine Arme aus. Er ist weich. Er liebt Süßes sehr. Er kann aber auch brummen – zum Beispiel wenn die Partei, wenn der Landesgeschäftsführer mit den verrücktesten Papierverschwendungsideen kommt, dann hört er einfach auf zu reagieren. Frei nach Janosch: Wenn man einen Freund hat, der Brummen, Drucken, Kopieren und Mensch sein kann, dann braucht man sich vor gar nichts zu fürchten, nicht mal vor einem Landesparteitag."

Ich hab Horst nach 1993 noch mitunter am Kleinen Kuhberg besucht. Im Oktober 1998 hab ich ihn zum letzten Mal gesehen: Ich komm vom Alten Markt die Kehdenstraße 'runter und seh ihn – zeitungslesend – in einem Erker der KIELer Stadtbücherei (die sich damals noch Ecke Kehdenstraße/Holstenbrücke befand). Ich geh 'rein. Setz mich zu ihm. Sag: „Horssy, was machst Du denn hier am hellichten Vormittag?" Er strahlte: „Ich bin seit vier Wochen im Ruhestand." Ich wusste, er hatte schon gelegentlich über Ruhestand nachgedacht, sich die Rente ausrechnen lassen. Er ertrug den Geist im Haus nicht mehr. Das Klima hatte sich dort nach 1988 mehr und mehr verschlechtert. Wahlkampf um Wahlkampf. Die Verwicklung in die Barschel-Affäre … Er war ausgelaugt wie viele der KollegInnen. Er war in seiner großen Gutmütigkeit oft enttäuscht worden. Ich werd nie diesen Moment in der KIELer Stadtbücherei vergessen: Seine lieben braunen Augen strahlen,

SPD-Landesparteitag 1989, Timmendorfer Strand: vorn links Horst Weber, daneben Marlies Jensen, Mitte Ilse Kleidschun, rechts daneben Maria Mertha

aber sein Gesicht ist blass, durchsichtig, eingefallen … Er kommt mir vor wie Dr. Schiwago in der Schlussszene, als er glaubt, von der Straßenbahn aus Lara erkannt zu haben, als er aussteigt, als er versucht, ihr zu folgen, als er zusammenbricht und stirbt … Vier Wochen später ist Horst tot. Er ist mit 63 am 30. November 1998 gestorben.

Hans Wiesen
(Siehe S. 94 und S. 371.)

Postmeier

Nach dem Verlust unserer Ideale und Hoffnungen
nach Unbehagen und Verunsicherung
nach langem kollektiven Schweigen –

geht es jetzt darum,
zu neuen Fragen und Aktivitäten zu kommen,
zu einer Neuerfindung des Sozialen,
zu wirklichem Dialog –

geht es jetzt darum,
gemeinsam mit Menschen, die es schon seit Längerem versuchen,
gemäß den Gegebenheiten unseres Planeten zu neuen Lebensformen zu
kommen und richtige alte wiederzubeleben,
sie gemeinsam zu gestalten und zu leben,
um andere Verhältnisse herbeizuführen –

VON UNS AUS ! – regional – landesweit – europaweit – erdweit! –

Es geht jetzt um eine neue Epoche jenseits des globalisierten Kapitalis-
mus', der unseren Lebensraum zerstört.

DANK

- allen, die mich bei diesem Abenteuer mit Rat und Ermutigung begleitet, die mich bei der Recherche und der Suche nach Fotos unterstützt haben und denen diese Veröffentlichung vieles verdankt
- Dr. Oliver Ihle für Engelsgeduld bei der Geburt dieses Buches
- Dr. Jürgen Jensen für die so freundliche und überaus unkomplizierte Übertragung der Rechte für die Veröffentlichung historischer KIEL-Fotos
- Antje Klein, Freundin aus bester sozialdemokratischer Zeit, für kluge Beratung und gemeinsame Vertiefungen
- Alt-Oberbürgermeister Karl Heinz Luckhardt, der mein „politischer Vater" ist und der mich nach dem Lesen des Manuskripts sehr ermutigt hat
- Ute Pfeiffer, Freundin und Gefährtin im Denken und Schreiben, für kritisches Lesen, das mir Sicherheit gegeben hat
- Brigitte Rave-Rieger für Gemälde und treue Freundschaft
- Dr. Jens Rönnau für die Möglichkeit, dieses Buch an einem Ort vorzustellen, an dem ich mich in meinem geliebten KIEL Zuhause fühl: im Verein „Mahnmal Kilian" - Geschichtsvermittlung zur Friedensförderung und Völkerverständigung
- Silke Salomon-Spanjer, schwesterliche Freundin, für intensive Begleitung, für wieder und wieder und wieder Ermutigung, für aufbauende Kritik und klugen Rat
- Gerd Walter an dieser Stelle für Zusammenarbeit für Europa und Schleswig-Holstein, die mir bis heute meinen Glauben bewahrt hat, dass Fairness, Glaubwürdigkeit und Menschlichkeit in der Politik möglich sind.

Und:
Ohne Dich,
Schaffty,
hätte ich das alles nicht geschafft.

Anhang

Literatur / Quellen

Agenda 21, Hrsg. Bundesministerium für Umwelt, Köllen Druck + Verlag, Bonn 1997.

AKW Brokdorf: Chronik. http://www.ndr.de/kultur/geschichte/AKW-Brokdorf-Chronik.

Andrej Sacharow: Mein Leben, Piper, München 1991. Ausgewählte Texte u. a. Gedanken über Fortschritt, friedliche Koexistenz und geistige Freiheit 1968, Goldmann Verlag, München 1986.

Auf den Ruinen der Imperien, Edition Le Monde diplomatique 2016.

Björn Engholm: Die Geschichte einer gescheiterten Hoffnung, Rainer Burchardt, Werner Knobbe, Deutsche Verlangsanstalt, Stuttgart 1993.

Cross Border Leasing: Ein Lehrstück zur globalen Enteignung der Städte, Werner Rügemer, Verlag Westfälisches Dampfboot, Münster 2004.

Das Deutsche als Männersprache, Luise F. Pusch, Suhrkamp Verlag Frankfurt am Main 1984.

Das Ende der Welt, wie wir sie kannten, Leggewie/Welzer, Fischer Verlag, Frankfurt/Main 2013.

Das geheime Wissen der Frauen, Barbara G. Walker, 1983, Zweitausendeins, Frankfurt 1993.

Das Imperium der Schande. Der Kampf gegen Armut und Unterdrückung, Jean Ziegler, C. Bertelsmann Verlag, München 2005.

Das musst du erzählen < Egon Bahr > Erinnerungen an Willy Brandt, Propyläen, Berlin 2013.

Das sind wir unseren Kindern schuldig, Jakob von Uexküll, Europ.Verlagsanstalt, Hamburg 2007.

Das Verschwinden der Gegenwart über Geschichte und Politik, Christian Meier, Carl Hanser Verlag, München 2001.

Das Wort hat der Abgeordnete Neugebauer, Hrsg. Ges. f. Rendsburger Stadt- und Kreisgeschichte, RD-Druck und Verlagshaus OHG, Osterrönfeld 2014.

Der energethische Imperativ, Hermann Scheer, Verlag Antje Kunstmann, München 2010.

Der Geist des Terrorismus, Jean Baudrillard, Passagen Verlag, Wien 2002.

DER LANDTAG, Die Parlamentszeitschrift für Schleswig-Holstein, Nr. 02/Juni 2016.

Die Angst vor den anderen. Ein Essay über Migration und Panikmache, Zygmunt Bauman, Suhrkamp, Berlin 2016.

Die Botschaft des Jahrtausends, Carl Amery, Paul List Verlag, München 1994.

Die Flottille außergewöhnlicher Seekrieg deutscher Mittelmeer-Torpedoboote, Wirich von Gartzen, Koehlers Verlagsgesellschaft mbH, Herford 1982.

Die Frau und der Sozialismus, August Bebel, J. H. W. Dietz, Berlin, Bonn 1980.

Die Geschichte der IG Metall Verwaltungsstelle bis 1989. 120 Jahre Metallarbeiterbewegung in Kiel, Wilfried Kalk, Neuer Malik Verlag, Kiel 1989.

Die Geschichte des Kieler Handelshafens, Wachholtz Verlag, Neumünster 1991.

Die Grenzen des Wachstums, Dennis L. Meadows, Deutsche Verlagsanstalt, Stuttgart 1972, Die neuen Grenzen des Wachstums, Donella und Dennis Meadows und Jørgen Randers, Rowohlt, Reinbek 1993 sowie Grenzen des Wachstums – Das 30-Jahre Update, Maedows/Randers, Hirzel Verlag, Stuttgart 2007.

Die große Regression. Eine internationale Debatte über die geistige Situation der Zeit, Suhrkamp Verlag, Berlin 2017.

Die Identität Europas, Thomas Meyer, Suhrkamp Verlag, Frankfurt am Main 2004.

Die Kunst, nicht regiert zu werden, Ekkehart Krippendorf, Suhrkamp Verlag, Frankfurt/Main 1999.

Die neuen Herrscher der Welt, Jean Ziegler, C. Bertelsmann Verlag, München 2003.

Die Politik der Macht. Arundhati Roy, btb/Goldmann Verlag/Random House GmbH 2002.

Die Torheit der Regierenden, Barbara Tuchmann, S. Fischer Verlag, Frankfurt/Main 1984.

Die verborgene Geschichte der Frauenarbeit, Anke Wolf-Graaf, Belz Verlag, Weinheim 1983.

Die Zerstörung der Kultur des Einzelnen durch die Konsumgesellschaft, Pier Paolo Pasolini, Verlag Klaus Wagenbach, Berlin 1979.

Empört Euch! Stéphane Hessel, Indigène éditions 2010, Ulstein, Berlin 2011.

Ernste Fragen, Erwin Chargaff, Klett-Cotta, Stuttgart 2000.

Erschütterung über den Terror, Gila Lustiger, Berlin Verlag, Berlin 2016.

Exit, Wohlstand ohne Wachstum, Meinhard Miegel, Ullstein Verlag, Berlin 2011.

Freiheit oder Kapitalismus, Ulrich Beck, Frankfurt/Main 2000.

Freundesland Rut Brandt, Hoffmann und Campe, Hamburg 1992.

Hinter Mauern und Fassaden, Eva Rühmkorf, Deutsche Verlagsanstalt GmbH, Stuttgart 1996.

Hitler als Vorläufer Ausschwitz – der Beginn des 21. Jahrhunderts? Carl Amery, Luchterhand Literaturverlag, München 1998.

Hoffnung in der Dunkelheit, Rebecca Solnit, Pendo Verlag, München und Zürich 2005.

Humanismus für das 21. Jahrhundert, Frieder Otto Wolf, Humanistischer Verband Deutschlands, Landesverband Berlin-Brandenburg 2014.

ifg, Frau und Gesellschaft, 6. Jahrgang 1988, Heft 3, Kleine Verlag, Bielefeld 1988.

Jochen Steffen, Biographische Skizzen, Hrsg. Jens-Peter Steffen, agimos Verlag, Kiel 1997.

Kiel im Kaiserreich 1871–1918, Jürgen Jensen, Karl Wachholtz Verlag, Neumünster 1978.

Kiel-Journal. Das Magazin zum Stadtjubiläum 1992, Verlag i.de, Stampe 1991.

Kiel im Wirtschaftswunder, Jürgen Jensen, Karl Wachholtz Verlag, Neumünster 1987.

Kiel-Lexikon, Tillmann/Rosenplänter (Hrsg.) Wachholz Verlag 2011.

Konzernmacht grenzenlos. Die G7 und die weltweite Ernährung, Forum Umwelt und Entwicklung, Berlin, Mai 2015.

Kriegsschauplatz Kiel, Luftbilder der Stadtzerstörung 1944/45, Hersg. Jürgen Jensen, Wachholtz Verlag 1989.

„Laudato si". Über die Sorge für das gemeinsame Haus. Die Umwelt-Enzyklika, Papst Franziskus, Verlag Herder, Freiburg im Breisgau 2015.

Magazin.ausgestrahlt, Ausgabe 30, Februar/März/April 2016.

MAJDAN! Ukraine, Europa, edition.fotoTAPETA, Berlin 2014.

Migration in Deutschland und in einigen anderen Ländern, Arbeitsbericht Nr. 275, Staatsinstitut für Schulqualität und Bildungsforschung München, München 2005.

Migration: Noam Chomsky unter https://diem25.org/noam-chomsky-fluechtlingskrise/

Nun muß sich alles, alles wenden, Walter Kempowskis „Echolot" Kriegsende in Kiel, Wachholtz, Neumünster 2005.

Parteien kontra Bürger? Die Zukunft der Parteiendemokratie, Hermann Scheer, Piper Verlag, München 1979.

Perspektiven der Weltgesellschaft, Ulrich Beck, Suhrkamp Verlag, Frankfurt/Main 1998.

Prinz Heinrich von Preußen, Hrsg. Hering/Schmidt, Wachholtz Verlag, Neumünster 2013.

Rosa Luxemburg, Elzbieta Ettinger, Verlag J.W. Dietz Nachf., Bonn 1990.

Rudi Dutschke: Jeder hat sein Leben ganz zu leben. Die Tagebücher 1963–1979, Kiepenheuer & Witsch, Köln 2003.

Russisches Tagebuch Anna Politkovskaja, DuMont, Köln 2007.

Saat-Multis und Welthunger, Hrsg. Freimut Duve, Rowohlt Taschenbuch Verlag, Reinbek 1983.

Schiffbau in Kiel, Christian Ostersehlte, Husum Druck, Husum 2014.

Schwankender Westen, Udo Di Fabio, Verlag C. H. Beck Verlag, München 2015.

Sexismus, Marielouise Janssen-Jurreit, Carl Hanser Verlag, München Wien 1976.

Studie eines Forscherteams um den Flensburger Gesichtsprofessor Uwe Danker zur „geschichtswissenschaftlichen Aufarbeitung der personellen und strukturellen Kontinuität nach 1945 in der schleswig-holsteinischen Legislative und Exekutive".

Tschernobyl, Swetlana Alexijewitsch, Piper Verlag, München/Berlin 2015.

Und dachten, sie wären die Herren, John Seymour, dtv, München 1984.

Unser Schmidt, Theo Sommer, Hoffmann und Campe, Hamburg 2010.

Von Howaldt zu HDW, Christian Ostersehlte, Koehlers Verlagsgesellschaft, Hamburg 2004.

Wahrheit und Macht, Arundhati Roy, btb Verlag, München 2004.

Wahrheit und Politik, Hannah Arendt Patrizia Nanz, Verlag Klaus Wagenbach, Berlin 2006.

Was mehr wird wenn wir teilen, Elinor Ostrom, oekom verlag, München 2011.

Weltrisikogesellschaft, Weltöffentlichkeit und globale Subpolitik, Ulrich Beck, Picus Verlag, Wien 1997.

„Wir sind stolz auf unser Können." Werftbeschäftigte berichten von ihrem Arbeitsleben. Geschichtswerkstatt anl. des 175-jährigen Jubiläums der ThyssenKrupp Marine Systems in Kiel, Bearbeitung: Dr. Friedrich Stamp.

Wie wir leben und wie wir leben könnten, William Morris, Eugen Diederichs Verlag, Köln 1983.

Wilhelm Geusendam, Herausforderungen KJVD-UdSSR-KZ-SPD. Zur Geschichte der Arbeiterbewegung und der Demokratie, Neuer Malik Verlag, Kiel 1985.

Willy Brandt: Auf der Zinne der Partei, Berlin/Bonn, Dietz Verlag 1984.

Willy Brandt: Links und frei, Hoffmann und Campe, Hamburg 1982.

Willy Brandt: Deutscher-Europäer-Weltbürger, Einhart Lorenz, Verlag W. Kohlhammer 2012.

Willy Brandt: Erinnerungen, Ullstein, Berlin/Frankfurt 1992.

Willy Brandt: Über Europa hinaus. Dritte Welt und Sozialistische Internationale, Berliner Ausgabe Band 8, Grebing/Schöllgen/Winkler, Dietz Verlag Bonn 2006.

… wird die fernste Zukunft danken, Kiels Geschichte und Kultur bewahren und gestalten, Festschrift für Jürgen Jensen.

Wir hatten ein barbarisches, schönes Leben Rudi Dutschke. Eine Biografie von Gretchen Dutschke, Kiepenheuer und Witsch, Köln 1996.

Wir sind die Mehrheit. Für eine offene Gesellschaft, Harald Welzer, Fischer Verlag, Frankfurt am Main 2017.

sowie

Landtagsdebatte zum Schlußbericht des „1. Untersuchungsausschusses der 13. Wahlperiode"/Plenarprotokoll 13/109 vom 19. Dezember 1995 unter „Geschichtswerkstatt in der SPD Schleswig-Holstein".

Abschlussbericht des Schubladenuntersuchungsausschusses" – 1. Untersuchungsausschuss der 13. Wahlperiode vom 12.12.1995 – Schleswig-Holsteinischer Landtag, Drucksache 13/3225.
Manuskripte des Deutschlandfunks und des NDR-Fernsehens.
div. Ausgaben DIE ZEIT, Hamburger Abendblatt, KN, Le Monde diplomatique, MERKUR Deutsche Zeitschrift für europäisches Denken, shz, taz ... wikipedia. Geschichtswerkstatt der SPD Schleswig-Holstein etc.

Nachweise zu Bildern und Fotos

12, 14, 15, 19, 20, 21, 22, 24, 25, 26 („Milchpottsammlung": Collage Marlies Jensen-Leier), 33, 34, 35, 37, 38, 41, 53, 58, 63, 81, 86, 95 („Mit einem Bären im Paternoster": Collage Marlies Jensen-Leier), 102, 103,
110, 115, 125, 126, 129, 152, 163, („Ausstieg aus der Schublade": Marlies Jensen-Leier), 207, 221, 248, 290, 291, 370, 339: Fundus Marlies
Jensen Leier

28, 29 Stadtarchiv Kiel. Nutzungsrechte: Gesellschaft für Kieler Stadtgeschichte – aus: „Kriegsschauplatz Kiel Luftbilder der Stadtzerstörung", Dr. Jürgen Jensen, Neumünster (o. J.) – mit freundlicher
Genehmigung von Dr. Jürgen Jensen, Kiel

44, 45, 385 Stadtarchiv Kiel. Nutzungsrechte: Gesellschaft für Kieler
Stadtgeschichte – aus: „Kiel im Wirtschaftswunder" auf Pressefotos von Friedrich Magnussen, Hrsg. Jürgen Jensen – mit freundlicher Genehmigung von Dr. Jürgen Jensen, Kiel

50 Rathaus Schleswig – mit freundlicher Genehmigung von Sönke
Hansen, „Alte Schleihalle", Schleswig

66, 92, 94, 131 Brigitte Rave-Rieger

90, 145 Der Schleswig-Holsteinische Landtag, Erich Maletzke & Klaus
Volquartz, hrsg. vom Schleswig-Holsteinischen Landtag; die ursprünglichen Urheber der Abbildungen konnten nicht ermittelt
werden.

114 Ulrich Dagge, aus: Alt-Kiel und die Kieler Altstadt, von Jürgen
Jensen, mit freundlicher Genehmigung von Jürgen Jensen

147 „Archiv der sozialen Demokratie", Friedrich-Ebert-Stiftung, Bonn

160 Abrißblock von Thomas Pfannkuch, Europabüro am Kleinen
Kuhberg in Kiel

178 Seite aus einem „Landtagspressespiegel" von Dezember 1993

191 Jens Rönnau, Kiel; mit freundlicher Genehmigung von „Mahnmal
Kilian e. V."

245 Schleswiger Nachrichten, sh:z Verlag

252 Günter Zint

274 Stern-Druck, Schleswig

286 Übersetzung: Ghulan Karemi

287 Kurdisches Original von Fryad Hussein; Plakat zur Veranstaltung
M. Jensen-Leier

Trotz sorgfältiger Recherche konnten nicht alle Urheber bzw. deren Rechtsnachfolger ausfindig gemacht werden. Sollten unberücksichtigte Rechtsansprüche bestehen, so sind diese beim Verlag geltend zu machen.

Vita

1950 als Fischertochter auf dem Schleswiger Holm geboren. Volksschule.
Bürolehre bei der Stadtverwaltung Schleswig. Verwaltungsangestellte.
Tätigkeiten als Chefsekretärin. Ab 1977 Mitarbeiterin des Parlamentarischen Geschäftsführers der SPD-Fraktion im Schleswig-Holsteinischen Landtag. Ab 1981 Wahlkreisassistentin des SPD-Europaabge-
ordneten für Schleswig-Holstein in Kiel. Ab 1991 Terminreferentin des
SPD-Bundesvorsitzenden. Nach den politischen Ereignissen 1993 enttäuscht – Ausstieg aus der Berufstätigkeit. Seitdem: lesen – denken –
schreiben: „Auseinandersetzung mit dem Zustand unserer weltweiten
Gesellschaft" – auch in Form von Kurzprosa und Lyrik. – Der Holm vor
Schleswig, jene Insel, von der aus Leiers Vorfahren über Jahrhunderte Fischfang betrieben, ist Ausgangspunkt für ihre Vertiefungen. Ihre
erste Veröffentlichung 1996 „Petri-Patri-Paradies" steht als Beispiel für
weltweit untergegangene Lebenskultur, denn der Ort liegt, wie kaum
ein anderer, in seinem alten Gefüge noch *nachahnbar* da.

Zudem hat die Autorin sich mit der plattdeutschen Sprache ausein-
andergesetzt, zum Beispiel Gedichte von Erich Fried und eine Erzählung von Franz Kafka ins Plattdeutsche übertragen und Hochdeutsch
und Plattdeutsch nebeneinander veröffentlicht. Dabei ging es ihr darum, die Literaturfähigkeit dieser Sprache nachzuweisen und sie wieder
mehr ins Ernstgenommene zu holen.

Veröffentlichungen

PETRI-PATRI-PARADIES Vom Holm, den Holmern und der Welt, Wachholtz Verlag, Neumünster 1996.

MIT DEN HOLTHAMER OP DAT SÖÖTE GEHEEMNIS ins Plattdeutsche übertragene Gedichte des Lyrikers ERICH FRIED, hochdeutsch und plattdeutsch nebeneinander, agimos Verlag, Kiel 2000.

ES WAR EINMAL EIN MENSCH WIE DU VOR 1.000 JAHREN IN HAITHABU, Bilderbuch für Leute von 3 bis 103, 2000, Agimos Verlag Kiel.

WIRKLICH GEWESENE UTOPIE, Essay – 2. Versuch zum Schleswiger Holm, Wachholtz Verlag, Neumünster 2004.

UND PLÖTZLICH MÖGEN ALLE KAFKA! „Ein Bericht für eine Akademie" – Erzählung von FRANZ KAFKA – hochdeutsch und plattdeutsch nebeneinander, Hede Haddeby Verlag, Schleswig 2006.

HEDE HADDEBY – vor 1.000 Jahren in Haithabu – Pixyformat mit Lied/Noten – hochdeutsch, plattdeutsch sowie Hörbuch/CD, HEDE HADDEBY Verlag, Schleswig, 2007.

DAS WELTWUNDER VON GOTTORF – Hörbuch/CD/Booklet – hochdeutsch und plattdeutsch – gelesen von der Autorin, begleitet von Barockmusik von Johann Theile (1646–1724) Kantaten für Schloß Gottorf, Hamburger Ratsmusik, Simone Eckert, Hede Haddeby Verlag, Schleswig 2008.

Schwarze im Weißen Haus in „CoLibretto Lest doch was ihr wollt." Eine Anthologie der Autorengruppe CoLibri Books on Demand GmbH, Norderstedt 2009.

Kurzprosa und Lyrik in verschiedenen Ausgaben von „SCHLESWIG KULTUR", Zeitschrift des Kulturzentrums Schleswig e. V.

Lyrik und Satire in „Vom Ursprung der Welt bis zur Mündung der Schwentine" Eine Anthologie von NordBuch verlegt bei vitolibro, Malente 2013.

Sehnsucht nach der Landschaft Ostpreußen. Essay: Auszug im Magazyn POLONIA Nr. 5/2015, ISSN 2197-9324 sowie auf der Webseite des Magazins.

Trilogie zur Lesung gegen die Festung Europa am Literaturtelefon KIEL 2015 und in „Schleswig KULTUR" 2015.

Frollein Röhrig, Portrait einer Schleswiger Lehrerin in Heft 31 der Gesellschaft für Schleswiger Stadtgeschichte 2016.
Exil oder: Leierspiel für meine polnische Freundin. Lyrik in der Literaturzeitschrift „Reibeisen" – Europa-Literaturkreis Kapfenberg/ Österreich 2017.

„Kurlturdialog Schleswig-Holstein"

Redebeitrag Marlies Jensen-Leier, Schleswig zum „Kulturplenum" am 28. Februar 2014 im Kieler Landtag (bei den Stichworten handelt es sich um Stichworte aus dem vorgelegten Kulturkonzept der Kulturministerin)

Ich bedanke mich sehr für diese Veranstaltung heute.

In Sorge um die Zukunft unseres Gemeinwesens habe ich mit einigen Schleswiger Bürgern vor jetzt fast vier Jahren die Bürgerinitiative Zukunftswerkstatt Schleswig gegründet unter dem Motto: Was kann ich tun für meine Stadt (inzwischen sind wir über 200 Mitglieder).

Wir wollen
- Mitverantwortung wahrnehmen für unsere Stadt, für unsere Zeit
- Schleswigs Potenziale wieder mehr zur Entfaltung bringen
- eine lebenswerte nachhaltige Stadt hinterlassen für die nächste Generation.

Wir haben uns erlaubt, mehr Demokratie zu wagen.

Wir haben uns u. a. für den Erhalt unserer Stadtbücherei eingesetzt und einen Bücherei-Förderverein gegründet, der erfolgreich arbeitet. Frau Ministerin, Sie haben das sehr freundlich begleitet.

Wir hatten die Idee, Kulturerbe und Landschaft mit den Chancen eines sanften Gesundheitstourismus zu verbinden und die Stadt als Tourismus-Ziel stärker zur Geltung zu bringen. Stichwort: *Kulturwirtschaft*!

Wir haben dies so weit vorangebracht, dass eine Studie erstellt worden ist und städtische und regionale Gremien inzwischen an einer Weiterentwicklung dieses Konzepts arbeiten.

Wir pflanzen Rosen in der Altstadt …

Mir selbst liegt besonders das Thema *Kulturerbe* am Herzen:

Schleswig ist nicht irgendeine Stadt. Schleswig ist nach Lübeck die Stadt mit dem reichsten Kulturerbe im Land. Wir haben dies mit einer Chronologie belegt. Das ist Schleswigs Reichtum, Landesreichtum. Diesen Reichtum gilt es weiterzuentwickeln. Schleswig als Stadt hat sich damit bis heute nicht verknüpft. So haben wir begonnen, auf kommunaler, auf regionaler und auf der Landesebene für diesen Gedanken zu werben. Wir wollen Schleswigs Kulturerbe bewahren und unsere Stadt als touristisches Ziel stärker zur Geltung bringen. Auf EU-Ebene wurde schon Ende der 80er Jahre bedacht: Die Industrien verlagern sich nach Fernost, Europa wird Museum!

Welch eine Zukunftschance für Schleswig und das Land! Da bitten wir um Zusammenarbeit Frau Ministerin!

Stichwort: *Kulturwirtschaft*. Da geht es gar nicht unbedingt um Geld, da geht es um Standorte, Kooperation und um Dialog!

Heute geht es hier um die Theorie. In Schleswig befinden wir uns schon in der Praxis, und die sieht so aus:

Stichwort: *Kulturelles Erbe erhalten* – für eine Argumentation zur Zerschlagung des Volkskundemuseums reichen die fünf Minuten Redezeit nicht. Dazu gab es nicht mal im Ansatz einen Bürgerdialog.

Stichwort: *Theater*

Vor einem Jahr erklärten Sie, Frau Ministerin: „Ein Theater auf dem Hesterberg oder gar kein Theater!" Wenn das kein Druck ist, Frau Spoorendonk, für unsere hochverschuldete Stadt. Und wie sich das anhört gegenüber einer Bürgergesellschaft im 21. Jahrhundert, die sich vom Bundespräsidenten getragen fühlen darf. Stichwort: *„Die Bürger fragen."*

Seitdem fordern wir Bürger schriftlich und telefonisch wieder und wieder bei den Entscheidern in Kiel hartnäckig den Dialog. Auch beim Herrn Ministerpräsidenten. Wir wollten das gern intern und in aller Form besprechen aus Sorge um die Zukunft unserer Stadt. Nachdem unsere Bemühungen ein Jahr lang unbeachtet blieben, habe ich mich am 7. Februar 2014 mit einem Text an die überregionale Presse gewandt. Danach kam einiges in Gang. Das hat auch mit der gestrigen Entscheidung im Schleswiger Rat zu tun.

Stichwort: *Kreativität* – ein konstruktiver Bürger-Beitrag.

Es war uns als Bürgerinitiative gelungen, zwei Professoren aus Dessau zu gewinnen Diese haben sich (ohne Kosten für Stadt und Land!) mit ihrer internationalen Studentengruppe ½ Jahr lang – vor dem Hintergrund der Schleswiger Gesamtsituation – der Thematik angenommen, sind zwischen Dessau und Schleswig hin und her gependelt, haben Theatermodelle gebaut und diese im Februar 2013 in Schleswig offiziell vorgestellt. Die Professoren waren selbstverständlich bereit, Ihnen, Frau Ministerin, ihre Erkenntnisse darzulegen. Zwei Professoren aus Dessau zu Gast in unserem Land, in unserer Stadt. Sie haben die Professoren nicht nur nicht angehört, sie haben auf deren Bereitschaft mit keiner Silbe reagiert. Die Entscheidungen fielen ohne jeden Dialog mit den Bürgern. Gestern war in Schleswig Ratsversammlung. Für den Antrag zum Theater-Standort Hesterberg gab es keine Mehrheit. Aber Sie können versichert sein, alle Ratsmitglieder, die Schleswiger, wollen ein Theater! Wer etwas anderes behauptet, sagt die Unwahrheit.

Stichwort: *Rahmenbedinungen*. Die Projekt-Planung am Hesterberg ist erkennbar nicht zu Ende gedacht und nicht zu Ende gerechnet, ist für die hochverschuldete Stadt so ein unabwägbares, ein unverantwortbares Risiko! Trotzdem hat Schleswig 5 Millionen für ein neues Theater zugesagt.

Es sind Fehler gemacht worden in Schleswig in den letzten Jahren, das möchte ich hier heute auch sagen. Aber es sind nicht die Schleswiger, die das Schleswig-Holsteinische Landestheater gefährden!

Inzwischen kristallisiert sich mehr und mehr heraus: das alte Theater ist möglicherweise gar nicht abbruchreif. Das wird jetzt geprüft werden. Stichwort: *Kulturerbe bewahren!* Dem könnte ggf. die Sanierung folgen und die Wiederaufnahme des Spielbetriebes dort. Und dann dürfen wir nachdenken über ein zukunftsfähiges Theatermodell – Stichwort: *demografische und mediale Entwicklung* – am exponierten, am großartigen Standort zwischen Lollfuß und Schlei – zwischen Gottorf und Dom – im Blickfeld der Besucher des Weltkulturerbes Haithabu: Stichwort: *Blickbeziehungen und Silhouetten.* Das will man den Heuschrecken überlassen? Das könnte ein Zukunftsprojekt werden, an das sich – zum Wohle des Touristiklandes Schleswig-Holstein – manches anknüpfen, mit dem sich manches verknüpfen ließe, auch für Investoren. Darum wollen wir uns auch als Bürger bemühen. Da gibt es 100 Ideen. Stichwort: *Kulturwirtschaft!*

Im Pressetext des Ministeriums zur Diskussion des Kulturkonzepts fand ich den Hinweis: „Wir freuen uns auf Ihre Beiträge und auf eine faire, respektvolle und an der Sache orientierte Diskussion."

Das wünschen wir Schleswiger BürgerInnen uns auch, Frau Spoorendonk, Herr Albig.